서울과 노동시

서울과 노동시

2010년 10월 25일 1판 1쇄 찍음
2010년 10월 30일 1판 1쇄 펴냄

엮은이	서울과 노동시 기획위원회
펴낸이	김영현
주간	손택수
편집	김혜선, 박준, 이상현, 진원지
디자인	풍영옥
관리 · 영업	김태일, 이용희

펴낸곳	(주)실천문학
등록	10-1221호.(1995.10.26.)
주소	우121-820, 서울시 마포구 망원1동 377-1 601호
전화	322-2161~5
팩스	322-2166
홈페이지	www.silcheon.com

ⓒ 실천문학사, 2010

ISBN 978-89-392-0642-7 03810

이 책 내용의 전부 또는 일부를 재사용하려면
반드시 지은이와 실천문학사 양측의 동의를 받아야 합니다.

이 도서의 국립중앙도서관 출판시도서목록(CIP)은 e-CIP홈페이지
(http://www.nl.go.kr/cip.php)에서 이용하실 수 있습니다.
(CIP제어번호 : CIP2010003860)

서울과 노동시 기획위원회 엮음

서울과 노동시

실천문학사

| 책 머 리 에 |

노동의 해석을 통해 본 서울의 풍경들

　시골 사람들에게 서울은 설렘의 대상이자, 두려움의 대상이며, 동경의 대상이다. 서울은 마법의 공간이다. 서울에 가면 모든 게 이뤄질 것 같다. 온갖 부류의 사람들이 자신의 꿈을 실현하기 위해 존재하는 곳이 서울이다. 하지만 서울은 그렇게 만만한 곳이 아니다. 각자의 꿈과 욕망이 뒤엉키는 가운데 서울은 우승열패, 적자생존이라는 정글의 법칙이 작동하는 곳이다.

　서울은 근대의 욕망이 쟁투하는 공간으로, 곳곳에 일제 강점기 아래 추구된 식민지 근대의 기획으로 인해 근대적 삶의 지평을 주체적으로 모색하지 못한 안타까움과 비애가 짙게 깔려 있다. 식민지 종주국인 일본의 국부(國富)를 위해 서울은 유무형의 다양한 자원을 착취당했다. 식민지 근대라는 미명 아래 제국의 문명은 약소국 민중의 삶을 철저히 식민화하였다. 서울의 피식민지 민중은 일본 제국의 야망을 위해 노동력을 빼앗겼다. 아시아의 평화는 뒷전으로 밀린 채 점령자의 무한 지배 욕망을 증식하기 위한 제국의 음험한 폭력 앞에 서울은 속수무책이었다. 그리고 한국전쟁의 소용돌이는 서울을 초토화시켰다. 죽음의 음산한 기운이 감도는 서울은 사람의 삶터가 아닌 짐승의 삶터나 다름이 없었다.

이렇게 20세기 전반기의 서울은 식민지와 전쟁의 광풍 속에서 살아남는 것 자체가 기적이었다 해도 과언이 아닌 살벌한 삶의 전장터 그 자체였다. 그곳에서의 노동은 자주적 국민국가를 세우기 위한 것이었고, 비록 온전한 국민국가의 형태는 아니지만, 국민국가로서의 기틀을 튼실히 다지기 위한 역할을 톡톡히 담당해왔다.

그런데 우리는 알고 있다. 국민국가의 물적 토대를 굳건히 다지는 과정에서 국가권력은 노동자의 신성한 노동행위를 대단히 불온한 것으로 간주하였다. 노동자 계급 해방을 부르짖는 그들의 애타는 절규를, 지극히 위험한 불온 사상으로 딱지 붙임으로써 사회로부터 그들을 소외시키려 하였다. 노동자는 묵묵히 일만 하면 되었지, 노동자로서 추구해야 할 노동의 권리는 노동의 현장과 유리돼 있었다. 노동자는 산업화의 일꾼으로서 칭송되었으나, 그것은 어디까지나 국민국가의 안정을 유지하는 차원일 뿐이었다. 노동자의 신명을 돋우는 세상을 위해 국가가 존재하는 게 아니라, 국가의 안녕과 안정을 위해 노동자는 일만 하면 된다는, 노동을 억압하는 이데올로기를 뿌리내리고자 하였다. 하여, 노동자들이 밀집하여 살고 있는 영등포의 가리봉, 종로의 청계천 평화시장 일대는 불온한 지역이었다. 이 얼마나 모순된 공간인가. 국가의 부를 축적시키는 주요한 역할을 하는 지역이되, 노동자 계급 해방을 일궈내는 곳이기에 이곳은 지극히 불온한 지역이었다. 이 모순 속에서 서울의 노동자들은 노동의 아름다운 가치를 추구했다.

이 책은 그동안 흩어져 있던 서울과 관련한 노동시를 한곳에 모아 서울이 노동의 관점에서 어떠한 모습으로 해석될 수 있는지에 초점을 맞추었다. 이들 자료를 수집하고 정리하기 위해 편자들은 이 땅에서 발표된 시들을 총망라하여, '서울과 노동'의 주제로 포괄할 수 있는 시들을 추려내었다. 시들을 검토하는 과정에서 서울이 노동의 측면에서 어떠한 변화 양상을 보이고 있는지를 흥미롭게 지켜보았다. 역사의 국면과 단계마다 서울은 여러 얼굴을 보여주었고, 마찬가지로 노동시 역시 역사의 구체적 현실 속에서 다양한 모습으로 다가왔다. 노동자로서의 계급의식이 선명하지 않았을 당시의 서울, 노동자 계급의 자기인식이 명확해졌을 무렵의 서울, 그러한 계급에 대한 인식이 유연해진 서울, 심지어 계급 자체에 대한 인식보다 계급이 갖는 욕망에 주목해야 하는 서울 등 노동자와 서울에 대한 관계는 단순하지 않다.

  이 책을 통해, 서울에 대한 맹목을 경계하고, 서울을 구성하고 있는 다양한 삶의 양상과 욕망의 풍경이 정직하게 응시되기를 바란다. 또 노동이 주요한 삶의 원천인 서울이 소비지상주의와 정글의 법칙을 넘어, 인류의 평화를 위한 대안적 삶의 양식을 추구할 수 있는 아름다운 곳으로 인식되었으면 한다.

  서울과 관련한 노동시의 자료 수집과 정리를 위해 애써주신 동료 선후배 및 출판사 편집부에 뭐라 감사의 말씀을 전해야 할지 모르겠다. 역사는 이렇게 새로운 형식으로 다시 씌어지는 것이다.

2010년 10월
편저자를 대신하여
고명철 씀

| 일러두기 |
_ 시 작품의 표기는 작품 말미에 명시한 출전의 표기를 따랐다.
_ 출전이 병기되어 있는 경우, 전자는 발표 지면 혹은 작품이 최초에 수록된
 단행본이며 후자는 이 책이 표기를 따른 단행본이다.

차례

1부
1900~1950년대

017 • **권환**　몇 배나 향기롭다/기계
020 • **김광현**　새벽길/飢餓線에서
023 • **김기림**　8월 데모행렬에 부치는 노래
024 • **김대준**　歸心
029 • **김동석**　눈은 나리라
031 • **김상동**　田園哀話/京釜線
037 • **김상민**　황혼의 가두/여직공
052 • **김상훈**　8·15의노래/정객(政客)/노동자(勞動者)
058 • **김석송**　그대들은나이다
061 • **김성택**　오월제(五月祭)
064 • **김창술**　都市의얼골
067 • **김해강**　都市의겨울달/默禱/鎔鑛爐
074 • **돌이**　슬리는農夫의무리여
077 • **동령**　분화
081 • **박로아**　눈오는밤
083 • **박산운**　忘憂理/추풍령
086 • **박세영**　순아/바다의女人/都市를向하야
094 • **박찬일**　별
097 • **박팔양**　남대문/도회정조(都會情調)/태양을 등진 거리 위에서
105 • **백철**　이제五分/날은추워오는데
112 • **송상진**　강변(江邊)의 공사장(工事場)
114 • **여상현**　噴水/七面鳥/某日消息/餞別
121 • **오장환**　수부(首府)/야가(夜街)/갱/어머니 서울에 오시다/승리의 날
138 • **유진오**　山/窓

152 • 이병윤　서울을쏘기는이에게
155 • 이병철　울면서 딸아가면서/거리에서/驛頭에서/哭
160 • 이상화　哭子詞
163 • 이성범　수도(首都)
167 • 이용악　거리에서/유정에게
169 • 이호　前詩
171 • 임화　네거리의 순이/우리 오빠와 화로/오늘밤 아버지는 퍼렁이불을 덮고/다시 네거리에서/9월12일
185 • 조남령　北岳山 산바람 불어내린 날
188 • 조종현　도회의저녁
190 • 조허림　이국의 서울

192 • 이성혁　해설 l 식민지 수도 경성의 근대화와 노동시의 대응

2부
1960~1970년대

211 • 고은　빈 무덤
213 • 김광규　희미한 옛 사랑의 그림자
216 • 김광섭　성북동 비둘기
218 • 김수영　巨大한 뿌리/어느날 古宮을 나오면서
223 • 김준태　서울驛
225 • 민영　踏十里 壹
226 • 박봉우　仁旺山 건빵/서울 下野式
230 • 신경림　山1番地/罷場
233 • 신동엽　鐘路五街/散文詩 〈1〉/서울
240 • 오규원　개봉洞의 비/유다의 不動産
243 • 이성부　우리들의 糧食/새벽길/서울式 海女/蘭芝島
253 • 이시영　새벽 들/정남이

256 • **장영수** 道峯 IV
258 • **정희성** 어머니, 그 사슴은 어찌 되었을까요/언 땅을 파며
264 • **최하림** 겨울 牛耳洞 詩
266 • **황명걸** 서울 1975년 5월/무악재에서

268 • **박수연** 해설 l 예속의 시대와 위계의 균열

3부
1980~2000년대

281 • **강세환** 구두닦이 남매
283 • **강은교** 그 여자 2/그 여자 3
287 • **고은** 파고다공원/인사동/상계동 가는 길
292 • **고정희** 프라하의 봄 · 9/몸바쳐 밥을 사는 사람 내력 한마당/우리 동네 구자명 씨/서울 사랑
312 • **고형렬** 세밑 공덕동/청계 6가/가좌역 1시/청계천에서 눈물
319 • **공광규** 비굴한 개/을지로에서
322 • **구광렬** 돼지국밥을 먹으며
324 • **권혁웅** 드래곤/마징가 계보학
328 • **김경미** 새벽, 한강에서/청량리 588번지
331 • **김광규** 독립문 역/목발이 김씨/종묘 앞마당
337 • **김교서** 꽃을 사세요
340 • **김기택** 우리나라 전동차의 놀라운 적재효율/그들의 춘투/상계동 비둘기/어린 시절이 기억나지 않는다
346 • **김기홍** 종로에서 붙잡힌 쥐의 탈을 쓴 몽타즈
349 • **김남주** 선반공의 방
352 • **김명수** 104번지의 골목/서빙고를 지나며/김목수의 새벽/목장갑 한 켤레/청계천 평화시장
362 • **김명환** 우리를 헤어져서 살게 하는 세상은 1/우리를 헤어져서 살게 하는 세상은 2

369	김사이	가리봉 성자/달의 여자들/사랑은 어디에서 우는가/숨어 있기 좋은 방/출구
376	김선우	불경한 팬지/고바우집 소금구이
379	김신용	陽洞詩篇 2/그 여름의 殘影/백치의 달/카멜레온을 위하여/밥 이야기 1/심양대
390	김영한	만약 사람이 죽어/시
395	김영환	소모임/좁쌀 두 톨
399	김용만	철산리·7
403	김정환	원효대교 공사장에서/홍은동에서/마장동 시외버스 정거장/한강(둘)
410	김종해	항해일지 3/항해일지 12
413	김주대	도화동 사십계단 1
415	김지하	지옥 1/지옥 2/지옥 3/서울길
423	김진경	성산동 詩/영등포/유엔탑/指紋/한강에서
429	김진완	성탄전야/사과/산동네 풍경/지네발 떼기
434	김창완	忍冬일기 Ⅶ
436	김태정	까치집/북한산
439	김해자	김명운/황학동 안네/미싱사의 노래
443	김해화	철근쟁이/잠실 이야기/갈쿠리/아파트 보고서 1
451	김혜순	나의 우파니샤드, 서울/황학동 벼룩시장/예술의 전당 밖의 예술의 전당/황학동 재생고무호스공업사
459	문병란	피혁공장의 소년공원
462	문익환	전 태일
466	민영	중랑천 하나/중랑천 둘
468	박노해	손 무덤/조선사람 껍질/가리봉 시장/지문을 부른다
480	박몽구	돌아오지 않는 것/동숭동 퇴근길에서/올림픽 공원에서/창신동 귀가
487	박선욱	마포 나루터/따로국밥/공덕동 일기/엄지시장
494	박영근	취업공고판 앞에서/앞날을 향하여/앞날을 향하여·2/어머니/문장수업
503	박인섭	짐발이 자전거 1
505	박일환	위성도시에 살다/집으로 가는 먼 길
508	박철	영등포 로터리
510	박해석	변사체로 발견되다/이용악

513 ·	박후기	탄력에 대하여
515 ·	박흥식	월계동 콩밭
517 ·	송경동	목발/가두의 시/셔터가 내려진 날/이 삶의 고가에서 잊혀질까 두렵다/재개발을 기다리는 까치들
524 ·	송종찬	화차를 기다리며
526 ·	신경림	길음시장/귀뚜리가 나를 끌고 간다/비에 젖는 서울역
529 ·	신현림	잠실의 늦가을
531 ·	안현미	거짓말을 타전하다/뉴타운 천국
534 ·	양정자	사변 직후/옛 한강 길
536 ·	유종순	서울 예수
539 ·	유종인	발가락
541 ·	윤재철	북한산을 오르며/쌀밥을 선전하는 시대
545 ·	윤중호	흑석동 김씨/흑석동 日記 · 하나/흑석동 日記 · 둘/남대문시장에서/본 동일기 · 넷
554 ·	이강산	집/뱀골
558 ·	이대흠	두만강 푸른 물
559 ·	이병승	엄마의 팔뚝
562 ·	이수익	수색역(水色驛)/어느 밤의 누이
565 ·	이승철	1984년 구로동 불빛/작업일지 2/청소부 金氏
572 ·	이승희	집에 오니 집이 없다
574 ·	이시영	옛 나루에서/이태원길/과천서 서울로/문화이발관
579 ·	이영광	2001−세렝게티, 카불, 청량리
583 ·	이영진	안전한 출근길/자동차로 자유로를 달려 퇴근하는 샐러리맨
587 ·	이용한	가을, 횡단보도가 내려다보이는/舜臣, 광화문에 불시착하다/우울한 벽화
594 ·	이재무	마포 산동네/물난리/구로역에서/신도림역
599 ·	이재성	오늘 서울에서 살아 남은 사람은?
603 ·	이진명	눈물 머금은 신이 우리를 바라보신다/젠장, 이런 식으로 꽃을 사나
607 ·	이진심	흑석동 · 3
609 ·	임동확	Homeless
612 ·	장경린	新世界에서/인물화/후암동/다음 정류장이 어디냐/하얀 전쟁을 향하여

620 ·	장만호	김밥 마는 여자
622 ·	정규화	어머니/영등포/명희
627 ·	정영상	가랑잎 카랑잎/교보문고에서/삼청동을 떠나며
631 ·	정동목	기억 속의 마을 · 셋/도봉동 거미/미아 삼거리/중랑천은 흘러 어디로 가나
637 ·	정호승	고요한 밤 거룩한 밤/서울의 예수/파고다 공원
643 ·	정희성	용산시장에서/서울역 1998
646 ·	조기원	풍자시대에서
648 ·	조기조	구로동 아리랑/난시청 지역에서
650 ·	조동범	둘둘치킨/서울외곽순환고속도로
654 ·	조영석	노량진 고시촌/당나귀/선명한 유령
659 ·	조재도	철거민촌에서
661 ·	조정권	매혈자들
663 ·	채광석	밧줄을 타며
666 ·	최두석	귀가/김기섭/산길/고재국
670 ·	최석하	청계천변 1/청계천변 2
673 ·	최성수	서울에 살기 위해/문화방송, 지금 파업중입니다/새벽 명동
679 ·	최영숙	도로확장공사
681 ·	최종천	화곡역 청소부의 한달 월급에 대하여
683 ·	표광소	섬
685 ·	하종오	중랑천 나나노집 3/청량리 역전/면목동 죽세공/코리안 드림 2/한 아시안
692 ·	함민복	금호동의 봄/달의 눈물/서울역 그 식당
696 ·	황규관	안양천을 건너며
698 ·	황인숙	工作所 거리/해방촌, 나의 언덕길
701 ·	황지우	신림동 바닥에서/⑮청량리/제1한강교에 날아든 갈매기/徐伐, 셔볼, 셔볼, 서울, SEOUL/지하철에 기대고 서 있는 석불
712 ·	유성호	해설ㅣ음각된 서울, 핍진한 노동 형상
005 ·	책머리에	
725 ·	부록	수록 시인 약력

1부 1900~1950년대

권
환

몇 배나 향기롭다
―반민주주의 지도자들에게

그대들의 풍선같은 배속에
무엇을 채우려하던
흰쌀밥이건
누런 된장이건
청계천에 시꺼멓게 흘러가는 개숫물이건
쓰레기통 속 썩은 생선 뼈다귀이건
구린내 나는 정권욕이건
비린내 나는 독재욕이건
우리는 아무런 관계도 안 하리라
그저 잠자코 있으리라

만약 그 정권욕 그 독재욕을 위해

삼천리나 되는 우리 강토를

싼값으로 팔아먹으려고만 안 하면야

죄없는 삼천만 민중을

무서운 구렁 속에 밀어 넣지만 안 하면야

만인이 두 손을 들고 부축하여야만

만인이 목을 빼고 기다리는

우리 정부 세우는데 돌던지지만 안 하면야

또 그래서 우리 땅을 영원히

두 조각 내려는 음모만 안 하면야

친일파 특권계급 손바닥 위에서

히틀러 동조(東條)의 후계자 되려고만 안 하면야

아! 그 풍선같은 배를 채우려고

그러지 말아라 그만 헤맬지어라

주―린 이리처럼 미친 개처럼

미아리 고개 밑 커다란 탱크에

경안(景安) 시민의 배설물이 차 있으니

그대들의 정권욕 독재욕보다

몇 배나 깨끗하고 몇 배나 향기로운

―5월 20일 병석에서

『한성일보』(1946. 5. 22.) / 『아름다운 평등―권환 전집』(황선열 편, 전망, 2002)

기계
―산문시

국판(菊判) 8페지―통이나 발채나 낡을대로 낡은 이것이 내가 부리는 기계다.
나는 날삯 팔십전을 받으려고 아침 일곱시 반에 벤또를 끼고 와서 판을 실고 잉크를 붓고 무릎 살죽바탕……에 기름을 부은 뒤에는 스톱을 재낀다. 그러면 기계는 2마력 동력의 힘을 빌려서 마치 잠자던 동물이 깨어나 뛰는 것처럼 털그럭 털그럭 돌아간다.
나와 금년 봄에 들어온 견습공 민(閔)의 두 우울한 얼굴. 종일토록 아무 말 한마디 없는 두 입, 마치 무슨 두 로보트와 같이, 그러나 가끔 가다가 "아리랑 아리랑 아리랑 고개를 넘어가자"를 작은 양철공장이 떠나가게 소리 맞추어 부르면서 털그럭 털그럭.
나는 종이 꼽기, 민(閔)은 박기 종일 마주서서 주고받고 하다가 오후 일곱시 먼지 찬 공장 안이 어두컴컴한 때에 스톱을 재치면 낡은 기계는 마치 늙은 동물이 종일 뛰다가 휘떡 누워 쉬듯이 털그덕 그친다.
그래서 묵직하게 저린 두 다리 온 맥이 풀어진 몸둥이를 끌고 빈 벤또 통을 털렁거리면서 현저동 맨꼭대기 여편네가 꿍꿍 앓고 있는 토막방을 찾아가는 이 생활은 정말이지 참 지긋지긋한 생활이나, 그렇지만 이 크지도 않으나 또 그다지 작지도 않은 국판 8페지―20세기의 발단된 기계가 나와 견습공 민(閔)의 손으로 털그덕 돌아가고 털그덕 그치는 것을 가만히 보고 생각할 때에 나는 어쩐지 두 어깨가 으쓱 일어난다. 가슴속이 펄쩍 뛴다. 모든 슬픈 기분이 모든 못생긴 마음이 다 사라진다

『조선일보』(1934. 6. 16.) /『아름다운 평등―권환 전집』

김
광
현

새벽길

햇불 아닌 電燈이 슬피 허물지게 우는
옛 宮門을 지나
프라타나스 列를 지여
햇빛 그리는 길

돌담을 넘어 짐승의 노린내 풍기여오고
도적의 말꿉소리 뒷등 구름다리에 울리는듯
아직 어두움에 눌리운 길 우에 내가 섰다

기쁨처럼 솟아올으는
밝은 사상으로 힘차게 믿어지는 사람들이
앞서 나아가는 길
새나라 바래

드새는 새벽길을 내가 간다

이 모다 우연이 아니여 떳던 눈을 감어
감었던 눈을 또 다시 떠
꽃 봉오리 봉오리 가슴에 안어
인제 정말 붉은 太陽이 모란을 밝앟게 피우리라

(一九四五年 八月)

『전위시인집』(노농사, 1946) / 『해방공간의 문학 · 詩 1』(김승환 · 신범순 편, 돌베개, 1988)

飢餓線에서

사랑할 땅도 없이
배고프든 날이 더욱 슬퍼
애오라지 울음에 지치든 倭놈의 옛날

옛을 다시는 생각치 않으려든 것인데
쌀이 없다
쌀이 없다고
모―든 사람이 市廳앞에 엉키여 소리칠 때
나는 옛보다 굶주리고
역시 쌀보다 돈 없는 내 自身을 먼저 찾었다

쌀과 돈은 도모지 刑罰일 수 없는데
罪있는 이의 집에 돈과 쌀은 있어
벼슬아치를 다투는 그 中에도 늙은 謀利輩

어데까지나 돈보다 나라를 사랑하는 나로써
그냥 이러한 잘못 이 속에서 살아야 하느냐
또 다시 옛과 같이 누구를 원망하느니보다
나도야 인제는 卑屈을 버리고
겨레와 나라를 진실히 사랑하는 사람들과
새로운 우리의 來日을 도모하야
배를 쥐어잡고라도 앞으로 나아가련다

(一九四六, 二月)

『전위시인집』 / 『해방공간의 문학 · 詩 1』

● 김기림

8월 데모행렬에 부치는 노래

바람에 떨리는 수천 깃발은
창공에 쓰는 인민의 가지가지 호소다

소리 소리 외치는 노래와 환호는
구름에 사무치는 백성들의 횃불
타다 타다 빛도 없는 8월의 횃불

아스팔트로 뒤흔들며 밀려오고 밀려가는 발자국의 조수는
어둔 별 설레는 파도소리냐
다가오는 새날의 발울림이냐

『현대일보』(1946. 8. 9.) / 『해방기의 시문학』(오현주 편, 열사람, 1988)

김대준

歸心

(一)

聰아.

너를 보지못한지 벌서 열두해로구나!

네몸이 나서 아즉 젓도 썰어지기 전, 넷가지에

물이 올으든 봄, 서울복판에

새로운音響이 터저 十年의沈默을 깨우처울리든그봄!

(二)

聰아.

지금쯤은 너도 네어머니로부터

들어서 알리라만은 그봄! 새로운音響이 울리든 그봄!

진ㅅ머리에 나섯든 어른들과 젊은몸들이

뭇으로 묵겨가든그째에 새론쯧을 품ㅅ고 나는그쌍을 버서낫섯노라.

(三)

聰아.

구즌비 축축이 나리던 깁흔밤, 으슥한 좁은골목

두근거리는가슴을 업눌으며 담ㅅ벼락에 밧작부터

네어머니께 뒤ㅅ일을 부탁하고, 마즈막情을 나눌째

너는 그째에 어머니품에 안ㅅ겨 젓쪽지를 문채 고요한잠에 들엇더니라.

(四)

聰아.

그적이 생각하면 어제와도 갓다만, 싸지니 벌서 열두해로구나!

네몸이 성실하게 자랏다면 올에가 열세살.

만히도 컷겟구나! 철도 낫겟구나!

아비생각도 하겟구나! 어머니세음도 돕겟구나!

(五)

聰아.

째로는, 돌아가 네손을 쥐여도 보구십흔마음 안솟는것도 아니다.

너댓날식 침식을엇지못하고 몸이 병들어 쓸어질째면

가슴도 치며, 한숨도 짓는가운데 돌아갈마음 산과도 갓더구나!

더구나 서리찬 새벽 북만의찬달알에 울고가는 기력이소리를 들을적이랴!

(六)

聰아.

어제는 로령 오늘은 만주. 다함업는 낫과밤을 지우고 새울쌔.
문허진 가슴을치고, 더운 탄식을 내쑴긴들 열백번에 그칠거냐?
더구나 일은 썩기고, 동무는 쌔앗길쌔,
가업는 曠漠한荒原에 쏫닐혼 외로운그림자가 지터가는黃昏에 싸일쌔이랴!

(七)
聰아.
그러나 그것들은 흐릿한, 한째에 어지러웟든 情緖에,
지나못하는것이다. 그러케 연약한 情緖에 붓잡힐 내이냐.
내 쎠―마듸마듸가 썩기고, 내살 갈래갈래로 찌저저보아라.
가슴에서 골수까지 뺏질은 한개의 고든 기둥이야 쌔쌕이나 할게냐?

(八)
聰아.
살을 싹거내는듯, 눈보라에 냅다치워 길을넘는눈ㅅ구렁에 파무치면서두,
간을 삶어내는듯, 찌는더위에 컥컥 쓸어저 답답한가슴을 곽곽 긁으면서두
바드득바드득 혀를깨물고, 두주먹 발발 썰며,
닐어스든 나이다. 죽엄으로 위협한단들 더운쯧이야 녹일줄 잇겟늬?

(九)
聰아.

그쑨아니다. 내 억개와 팔, 그리고 허벅지와 정강이에
보기흉한 숭(허물)이 열ㅅ간데는 더되리라.
선득한 칼날에 피흘으는 억개를 동여매고 동무를 구할째,
총알에 느러진다리를 질질쓸고, 달음질 칠째 아! 내심장이 얼마나 날쒸엿
겟늬?

(十)

聰아.
압흐로도 피가 식ㅅ고, 살이 구더지는날까지,
밟어온길을 되밟는가운데 더운 투쟁史는 짜질것이다.
어이 一秒一刻인들 마음에 빈틈을 둘가부냐.
가슴을 베여서라도 맹서하리라. 아비의쯧을 니저다오.

(十一)

聰아.
미리부탁이다마는 언젠들 내몸은 돌아가지못하리라.
내목숨이 슨킨단들 무칠쌍인들 긔약할거냐?
하지만 마음만은 돌아가리라. 네가슴에, 조국백성의가슴에,
씩씩하게 잘자라 아비의쯧을 닛는자식이 되여다오. 되여다오.

(十二)

聰아.
오오 너를보지못한지 벌서 열두해로구나!

열두해 나는동안 너의곳도 만히는 변햇겟지.

오오 ××가의자식은××가가 되느니라.

아비일을 마음으로 비는가운데.

씩씩하게 잘자라 잘자라 쯧을닛는자식이 되여다오. 되여다오.

――一九三〇年作―

『大潮』, 1930. 8. / 『카프시전집 2』(김성윤 편, 시대평론, 1988)

김
동
석

눈은 나리라

달밤을 대낮이라 우겨가며
술 먹고 춤 추던 무리들 잠든 듯 고요한
서울의 거리 죄 많은 거리 거리……

달빛은 꾸어온 빛깔인 것을
그나마 구름에 가리워 아득한
종로 네거리 아스팔트 위엔

양인이 씹다 버린 츄우잉·껌
한갑에 이십 원하는 로올리의 담배껍질
어지러운 거리 잔뜩 찌프린 밤거리.

인제 진정 눈이 나리려 하느냐

차고도 포근한 너를 기다린지 오래어니
죄 있는 놈 잠든 틈을 타서 오려 하느냐.

나리라 함박꽃인 양 눈은 나리라
너는 이성의 순결한 옷자락으로
짓밟혀 더럽힌 거리를 품어 안으라.

흥분한 야망과 욕심을 깔아 앉히고
눈은 나려 나려서 거리 거리를 덮고
먼동이 트기 전 오예와 치욕은 숨으라.

거리마다 부지런한 이들의 얼굴 얼굴
그들의 발길이 밟고 가는 순백의 길―
그 길 위에 붉은 태양은 빛깔을 던지리라.

『길』(정음사, 1946) / 『해방기의 시문학』(오현주 편, 열사람, 1988)

● 김
　상
　동

田園哀話

小作爭議가 끝나지 않어
散髮한 볏단이 밭고랑에 누어있는 들길을
지처 쓰러진 이야기를 담고 牛車바퀴가 게을리 굴러가고
荒凉하다. 賤한 손 百姓이 사는 이 마을엔
어미가 子息을 헐벗겨 떨리고
삽살개 사람을 물어 흔들고
金錢과 바꾸워진 딸자식을 잊으랴 애썼다.
日章旗가 太極旗로 變했어도
그것은 지친 그들에게「萬歲」소리로 높이낼 負擔밖에
설익은 빵덩이 하나 던저주지 못했다

北滿에서 떨다온 三돌아
어미 죽고, 기여들 집 한 間 없고,

잊지못한 게집 가버리고

말해라 포근이 안아줄 어느 것이 너의 祖國이냐?

싸늘하고 모진 돌맹이, 주저앉을 땅마저 地熱이 식었구나

칼든 화적이 송아지를 몰아가고,

여호고개 밑에서 殺人났던 이야기가

골 안에 遑遑히 피묻은 말발굽처럼 도라다닌다

「獨立」! 骨髓에 겨려, 꿈되어 알른거리드니만

마츰내 닥처온 네가 싫다. 이름좋은 그림자였드냐!

악착하구나 永雪은 차곡이 싸이는대

누덕이 옷에 한결같이 주리고 떨어

안죽음을 恨하는 하라버지와

못살아 발버둥치는 작은 것들을

그대로 보고 있어야 하느냐? 獨立의 貴한 선물로……

新作路 나자 젊은 것들 끌어가고

拓殖會社에 마지막 世傳畓을 팔든 날

일만하면 먹여주는 마름집 소八字가 부럽다고

石伊는 밤새워 울드니 이날도 亦是 소가 부러운게다.

왜놈이 쫓겨만가면 제것이야 찾을줄 알었드니

한마지기 석섬이 더나는 이 넓은 들을 또 누가 차지하노!

먹이 찾어 뿔뿔이 흐터지든 무리

빈주먹 쥐고 거지되며 찾어들며 前生에 지은 罪를 뉘우치고,

壬亂때부터 살아온 이 · 마을이 三百年동안 쉰집이 못찬다고

하라버지 嘆息하야 山禍라 일커르고,
病들어도 藥한첩 못써보고 죽이는 눈알이 까―만 어린 것을
惶恐無地하야 山神에게만 빌었다.
朝鮮아 물어보자! 그대의 아들 八割이 굶주리누나
어인 前生에 罪지은 者 이리 많으며
어인 송장의 毒이 이리 크며
어인 神靈의 극성 이리 限없나
아아 農軍은 사람이 아니라니 「朝鮮」아 이래야 옳으냐!

퉁겨진 힘줄과 억센 손마디와 삽자루와 번쩍어리는 호미
방아타령하는 목통과 거사 춤 추는 엉덩이와
씨름 잘하는 정갱이 삽질하는 두주먹이였다.
土地를 다고 아아 土地를 다고
목매여 울면 들은체나 하겠느냐. 아아 政客은
農軍이었는 서울에서만 會議를 하는구나
그들은 農軍을 爲해 稅金과 刑罰을 定하고
農民은 일하다가 죽고 자식새끼 無識해야 하는 슬픈 代價를 지불한다.
씨뿌리고 쌌트면 김매고, 익으면 걷어드리고 말으면 쌓고
피땀을 애껴서는 안되는, 비바람을 避해서는 안되는
부즈런하고 억세야만되는 이일은 우리 農軍만이 한다.
아아 土地를 農軍에게 다고. 배곫아서 일 못하는 農軍이 없게 해다고……
이렇게 부르짖고 싶다. 딱한 百姓들이 이렇게 부르지저야 한다.
그러나 그들은 洋보다 順하기에 洋服쟁이 두려워 고개숙이고,

모도다 빼앗기고도 말할 주변이 없다.

마을 앞 목매다라 죽은 소나무 있고,
그앞엔 젓가슴처럼 탐스러운 들이 가로놓여,
오롱조롱 매달린 어린 것들이 바라보고 있것만
小作爭議가 끝나지 않어
散髮한 볏단은 눈(雪)에 덮이고
지쳐 쓰러진 이야기를 싣고 牛車바퀴가 굴러갔다
이땅 사람들의 장꺼리를 싣고 罹災民을 싣고
邑에서 나오는 수선스런 소문들과 窒息하는 農軍의 生活을 싣고
머슴이 이끌고 여윈 소가 끌고 마루택이를 넘어
牛車바퀴는 게을리 사라진다.

달도 없이 밤은 유난히 검고
눈 우에 자꾸 서리가 내린다.

『전위시인집』(노농사, 1946) / 『해방공간의 문학 · 詩 1』(김승환 · 신범순 편, 돌베개, 1988)

京釜線

끝없이 서로 合치 못할
슬픈 運命으로 매련된 두줄 레일이여

우리들의 가장 소중한

國土의 가슴 우에 금을 그어서

그대 목매인듯 무슨 아우성이

또 絶望의 우름을 던지고 사라지느냐

옛날 帝國主義의 모진 채쭉을 실어올 때부터

우리들의 자랑스러운 푸른하늘에

검은 煙氣만 끝없이 吐해왔느냐

農民들의 허리가 古木처럼 말러가도

밤을 새워 侵略者의 武器를 실어날른 너

열 손까락으로 깍지끼어 끌어안은

어머니의 아들을 빼어서가든 너

京釜線이어

가난한 百姓들의 서름과 노염을

枕木처럼 깔고 너는 달리느냐

눈이 멀도록 기다리는

우리의 새나라를 실어올 날은 언제냐

釜山 港口에 낯선 貿易船이 다으면

산떼미처럼 쌓인 商品을

부지런히 부지런히 실어 날르는

倭敵의 그날부터 한길밖엔 굴를즐 모르는

너는 어찌하야 불을먹고 사느냐

아아 이 車室에 가득
답답한 사람들은 모도 어데로 가는가
헤여나지 못할 숨막힐 氣流 속에
누가 막우 쓰러저 울고 있다

꿈많은 나의 어린 時節을 실어날르던
나의 肉體의 굵은 血脈처럼
끊임없이 오르나리는 殘忍한 車輪이여
다시 子息을 빼았긴 어머니의 눈알과
양담배 팔기에 입이 부은
이땅 어린것들의 처량한 목소리 속에
너는 무엇을 爲하야 그리 숨이 가뿌냐

『신천지』 3권 1호, 1948. 1. / 『해방공간의 문학 · 詩 1』

김
상
민

황혼의 가두

험악한 騎士처럼 저문 바람은
벽돌집 드러난 앙가슴을 스치며
검은 기폭같은 어둠을 불어 닥치고
팅겨진 전선이 잉잉거린다
가로수 회초리가 떨린다
찢어진 종이조각
풀어진 새끼오리
말똥 지프라기 담배 깜부기
상품시장 하루동안의 배설물이
몸부림치며 휩쓸리는데
거리엔 어느덧 불이 켜졌다

오피―스에서 몰려나오는 雇員들이다

데파―트에서 흩어지는 점원들이다

은행 보험회상의 종업원들이다

공장에서 돌아오는 직공들이다

중학생 대학생

군중!

군중!

어깨가 서로 갈리고

구두가 서로 밟히고

가까스로 궤도를 따라가는

전차는 차마다 질식한다

열시간 품팔이에 태엽처럼 풀어져

끼리 끼리 고개를 느리고

요행을 기다리는 식구들의 얼굴이 어른거리며

환멸과 불안을 안고 돌아간다

그러나 군중은 환멸보다 불안보다

독립보다도 절박한 것이 있다

살아야겠다!

무슨 짓을 해서라도

살고서 보아야겠는데

쌀도 없다 김장도 없다

겨울을 견딜 나무가 걱정이다

내 또한 하루일이 끝나지 못한 채

엷은 옷깃을 여미며 여미며
바람을 거슬려 황혼을 간다
무리와 함께 짙어오는 황혼을
황혼!
낙엽이 볼은 갈겨보나
나는 이 계절의 종식을 아뢰는
낡은 잔해에 좀체로 낭만하지 않는다
나는 짙어가는 황혼을 안다
황혼 속에서 열리는
모든 추악과 비밀을 그대로 본다
설레는 무리를 물결처럼 갈라 헤치고
써―치 라이트 써―치 라이트
이제 화려한 요정마다
성한 향안이 베풀어지면
공개된 비밀회의!
신사들의 입끝에선 값진 여송연과 함께
의자와 시세가 제멋대로 오르내리고
태평양 거센 물결을
외국 상선이 제비처럼 넘나들께다
남조선은 날마다 이렇게 어두워간다

골목엔 새로 밤의 윤리가 벌어졌다
황해 건너 밀수한 호콩

럭키 스트라이크

미국 병정의 입다 버린 군복

캔디— 쪼꼬렛

비누 향수 만년필

싸구려! 싸구려! 미국 물건이 싸구려!

아직 자리잡지 못한 미국의 국외 시장에

생활이 빚어낸 불량소년들은

일곱살부터 상품의 이윤을 배운다

네온싸인 깜박이는 카—페 엔젤에선

여급의 뜻없는 웃음소리가

벌써부터 피곤했다

취한 손들의 어울리지 않는 도라지타령은

암만해도 싱겁다

매춘시장이여!

매춘시장이여!

여기선 웃음소리 한마디가

한달의 육체노동보다 값이 나간다

돈!

돈은 흔히

사람의 온갖 자유를 빼앗고 말았다

나는 걷는다

궤도를 잃은 굉음에 얼굴을 붉히며
나는 혼자서 걸으며 생각한다
남조선!
하늘 내려앉고
안개 짙은 황혼의 남조선!
여기도 한 때
세기의 그믐 밤이 ㅇ고
오래 그립던 태양이 빛났었다
어둠을 틈타 도적질하던 두더쥐는
눈부신 광명 아래 땅굴을 찾고
동면했던 민중은
네굽을 구르며 뛰며 행진했다
그러나 빛나는 광선 속엔
불순한 독소가 너무 많이 섞였다
어둠이 남기고 간 구더기떼는
도로 졸도한 두더지에게
피를 주고 영양을 주었다
보라!
해방된 거리 위에
×××의 ×××이 훈장을 찬 채
말을 타고 시위하지 않느냐!

남조선!

양반이 영창을 밀면
상놈이 와 절을 드리고
지주의 큰기침 소리에
소작인이 굽실거리고
공장 굴뚝에선 연기 아니 나고
실직한 무리가 줄지어 방황하는
남조선!
넓은 거리에 기폭 일어서
부르짖던 자유
아아 ××가 어디로 갔느냐?

열렸던 입이 다시 봉해졌다
뜨인 눈이 다시 감겼다
행동이 다시 ×××에 묶이었다
약소민족이란 슬픈 이름이었다
슬픔을 참기는 어려운 일이다
그러나 여기는
슬픔보다 견디지 못할 것이 있다
배가 고프다 배가 고프다
이가 갈리는 전쟁 무렵에
공출 빼앗기고도 밥을 먹었더니
남조선 일천 칠백만 석의
잣알보다 기름진 ×× ××× ××

썩어빠진 ×× ×××가 창자를 흔든다
허울 좋은 해방 조선의 얼굴아
아무리 생각해봐도
이것은 민주주의가 못되는구나

8월 15일이 그리워진다
전설처럼 멀어진 8월 15일이
그것은 민중의 고향이었다
박해당한 민중의 것이다
천대에도 사역에도 소처럼 견디었으나
죽음이 앞에 닥쳤을 때
민중은 또한
고삐 놓인 황소처럼 억세다
8·15를 찾자!
우리의 8·15를 찾자!
남조선 ××은 부풀었다

××도 좋았다
××도 좋았다
×× ×× 어디든지 좋았다
선지피 무르녹은 자락에 덮인
마저 쓰러진 동지의 시체를 매고
몰려가는 헐벗은 대열 또 대열!

풀어제친 가슴은 가슴마다

쌓인 분에 도가니처럼 달았다

"쌀을 다고!

자유를 다고

우리의 8·15를 다고!"

거리에 넘쳐 소리치며 내달으면

무기없는 머리엔

×××화신의 ××이 박히고

××이 박히고

훈장을 찬 ×××은

안경을 벗고

죽음이 앞에 닥쳤을 때

이것은 파괴적이라고

다음날 신문에

주먹같은 활자로 ××했다

××의 흉한 발톱에 온전히 사로잡힌

아아 기고한 겨레다

그러나 다시 일어나야 한다

일어나 싸워야 한다

무한히 뻗은 역사의 줄기 위에서

순간이나마 외어서서는 안된다

斷崖가 앞을 막을지라도

나는 결코 한숨을 아니 쉬련다
한숨이란 패배한 자의 것이다
한숨은 일과 청춘을 좀먹을 뿐이다
나는 청년은
시대의 닻줄을 끌고
단애를 뛰고 바다를 건넌다
그래서 바른 곳으로 이끄는 것이다

오늘도 아침내 진저리나는
낡은 시대의 설교를 들었다
계룡산과 논어와
천명과 가훈과 양반의 범절과
나는 그만 집을 튀어나와
하루 해
동무를 만나고
선전문을 쓰고
회의에 가고
지금 황혼에 돌아온다
내가 아버지에게 비밀을 갖는 것쯤
결코 몹쓸 놈은 아닐게다

네거리마다
날카로운 눈이 행인을 감시한다

나는 이 파견(番犬) 앞에서 더욱

천연하다

어리석은 것아!

정녕 나의 안에는

총알보다 무서운 것이 있다

나는 그의 옷과 벙거지에서

부자놈에 턱찌끼 내음새와

빨린 인민의 비린내를 맡으며

황혼을 간다

싸구려 소리 요란하고

매춘시장 늘비한 골목을

시대의 닻줄을 끌고

광명을 찾아서 나는 걷는다

『옥문이 열리던 날』(신학사, 1948) / 『해방기의 시문학』(오현주 편, 열사람, 1988)

여직공

땟국에 절은 해어진 부루스와

뒷축 물러난 고무신으로

나는 지금 사람의 물결을 뚫고

걸음 바삐 공장에 간다

자가용 자동차에 실려
미끄러지듯 달아나는 기름진 신사에겐
나는 아예 뜨이지두 않을게다
누런 여우털에 쌓여 냄새 풍기며
고운 맵시 보이려 나온 계집은
낯살 찌프리며 길을 비킨다
값진 비단옷이 더럽는다구

비웃을대루 비웃으렴
없이 여길대루 없이 여기렴
다섯해 내리 가뭄과
우박보다 무서운 공출난리에
비단 짜는 공장에 팔려온
나는 강원도 두메 소작인의 딸
굽높은 뾰족구두와 여우목도리의
호사스런 신사가 부럽지 않다
꺼스름 일은 손가락으로
여윈 얼굴두 자랑스럽다 이렇게

오늘 아침두 한톨 쌀이 없어
멀건 비지찌개에 창자를 떼우고
시골엔 추운 겨울에
홑것을 감고 계신 행랑살이 아버지와

눈깔사탕이 먹고 싶다는 어린 동생이 있다
궁한 살림이 그냥
어둠과 슬픔을 벗어나지 않지만
나는 지금 황홀한 앞날은 안고
그러나 참기 어려운 분노를 누르고
공장에 간다

공장의 싸이렌아!
오늘두 또 어린 가슴을 놀라키고
가녀린 몸둥이를 위협하느냐
이젠 그만 희망의 나팔처럼
이 소녀를 참새처럼 달마거리게 하라

그것은 결코 꿈이 아니란다
오늘두 연약한 육신을 팔아
공장주를 배불리기 위해 간다만
우리는 일터와 일을 통해서 싸운다
우리의 노동으로 짜낸 비단이
우리 헐벗을 몸에 감길 수 있구
수고하는 오빠들의 옷깃을 빛낼 수 있는
그날

팔마구리처럼 넘나드는 북과

들어가는 바쿠와
짜올려 가는 비단에
새앙쥐 노리는 고양이처럼
자미롭게 정신이 팔릴게다

심장을 뒤흔드는 기계의 요란한 소리두
싫지 않게 살 속에 스며
묵은 시대의 비밀과
새로운 날의 예언이 속삭일게다

날마다 쉬는 시간이 오면 사내동무는
자본주의의 모순을 이야기한다
그것은 신기롭고도 참된 이야기다
나는 지리한 날을 속아 산 것과
굶주린 추억과 현실에
다시금 입술 깨물구 낯을 붉힌다
그리구 새로운 결심과 맹서를 갖는다

저녁이면 모여앉아
오늘 하루의 피로를 이야기하구
오늘 하루의 생활을 반성하구
다음날의 투쟁을 의논한다
열두시간 일끝에

세끼 쌀값이 모자라는 품값!
품값을 올려다구
일하는 시간을 줄여다구
노동자가 지지리 천대받는 노동자가
당당히 정치의 자리에 서서
노동자의 요구를 주장할 수 있는
인민의 나라를 하루 바삐 세워라

기름진 신사야
다시 무슨 흉계를 꾀하려 싸다니느냐
사치스런 아씨야
무명지에 끼인 금반지를 벗고
너희두 일을 하구 먹으려므나
일하는 사람만이 근로하는 사람만이
나라의 기둥이다

모두들 아직 주리구 속아 살지만
보아라 우리에게 자라가는 조직이 있다
우리는 오는 날의 믿음이 있다
부루스 주머니에 숨은 야무진 주먹이 있다
어느 무리 있어 섣부르게
이 벌의 집을 불지르려느냐 오거라

굴뚝 뻗쳐 솟은 저 공장이 완전히
우리의 손아귀에 돌아오면
시골에 계신 아버지 배를 문지르고
어린 동생 마음껏 눈깔사탕을 먹구
나는 일에 충실한 사내동무와
아름다운 언약을 이야기하련다

나는 영웅도 정치가두 아니다
한개 근로하는 공장 노동자
허리 굽은 소작인의 딸루
무리에 끼어 가며 이렇게 자랑스럽다

아아 공장은 나의 위대한 일터
나의 신성한 학교다
기쁨을 머금고
분하길래 도로 희망을 안고
나는 간다 일하러 나의 공장으로

『옥문이 열리던 날』 / 『해방기의 시문학』

● 김상훈

8·15의노래

눈물 웃음 마구 뒤섞여
36년의 울분이 폭발하던 날
기차 전차 택시― 화물차 위에
사람들이 곡식단처럼 열려서
만세 부르며 몰려 다니던 날

그날 우리들의 새나라는 세워졌어야 했다

죄 지은 놈 당연히 벌을 받고
사례진 논밭을 얻은 농군들의 웃음 속에
일터와 자유를 얻은 노동자의 환희와
아들 딸의 손길잡은 어머니의 자랑 속에
버젓이 세워질 우리들의 새나라는

어찌하여 굶주린 인민의 아우성과

인민의 용사들이 피에 젖었느냐

우리들의 8·15로 하여

찬란한 추억 속에서만 있게 하겠느냐

쓴 침을 삼키면서

안타까운 불평만을 되풀이할 때가 아니다

미소공위엔 돌팔매가 들고

민족의 영웅은 쓰러지지 않느냐

젖줄 잃고 피나게 우는 어린 것들을 위하여

학원없는 동생과 실신한 아주머니와

눈감지 못한 채 죽어간 동무들을 위하여 어깨 맞대이고

우리들의 8·15를 함성에 젖게 하자

『독립신보』(1947. 8. 15.) / 『해방기의 시문학』(오현주 편, 열사람, 1988)

정객(政客)

여송연 금테 안경 고급 코코아가

오늘도 드높은 석조건물에서 정담(政談)을 한다

거리에는 헐벗은 천민이 긴 밤을 떨어 새고
역두(驛頭)에는 전재민(戰災民)의 참상이 뼈가 저려도
하늘에 사무치는 민중의 소리를
들은 체도 않고 정담을 한다

실직자의 어머니는 피골이 상접하고
주먹밥 한 덩이에 살인이 나도
으젓이 점잖과 체면을 지켜
회전의자 위에 정객은 천연(天然)하다

사선을 넘어온 이 땅의 아들들이
조국을 위해선 생이나마 바치겠다
지도자를 기다려 밤새도록 서 있어도
철비(鐵扉)는 ○○닫히고 회의는 끝날 줄 몰라

해외의 그 어른만 기다리는 무리
엎어놓고 통일만 하자는 양반
술장수 하던 어른 광산 부로―커와
은행가 요리 장수가 점잖은 시합만 한다

노동자가 내쫓긴 공장에는
연기 없는 굴뚝에 가마귀만 울고
상인의 뱃속에는 흉계가 차서

남발(濫發)된 지화(紙貨)가 시장을 뒤덮는데

양주 놓인 테이블엔 지난한 정담

민중은 얼마나 기다려야 하노

『대열』(청구사, 1947) / 『해방기의 시문학』

노동자(勞動者)

움집엔 항시 메마른 것들이 드나들어

맏놈은 도적질을 익히고

둘째 놈은 쓰레기통을 뒤진다

노동을 팔아야 살아 가겠는데

공장주인은 매국(賣國)에 바쁘고

더러운 계집은 악담이 늘어

가슴을 앓으며 피를 토한다

지질이 못난이로다

아들 딸마저 대소롭지 않아

쓴 침에 창자를 축이고

익혀 온 버릇이라 머리를 숙인다

별도 가리지 못하는 판장 속에

움츠리고 병든 벙어리

분노도 굴욕도 지친 이야기다
하룻밤 얼어 새일 일이 딱하여라

옛날엔 성황나무 선 마을에서 그도 양반이더니라
귀밑머리 풀어 행례(行禮) 지낸 기와집과
꿩이 알 치러 오는 살찐 밭고랑이 있더니라

거짓말 할 줄 모르고 슬픈 얼굴도 지을 줄 몰라
흙을 파는 게 죄일 리 없으련만
순사가 면서기가 하그리 두려웠다
내리 삼년 한발에 솥단지를 달아매고
소작(小作)이 옮기던 날 목놓아 울었다

울어야 어이할 길 없는 그 무슨 악착한 숙명이던고
등짐 위에 세살박이를 앉히고 모롱이 모롱이 울며 걸어왔다

이 날부터 기찻간에서 피묻은 전통이 짓밟히고
싸늘한 돌담 밑에서 서리를 맞았고
퉁겨진 손마디에 쇠사슬이 엉켜
감독의 눈 앞에 참새처럼 떨며
함마와 굉음과 용광로와 부상
몸서리나는 피로에 죽음이 부러웠다

겨울이면 얼어 부푸는 발꿈치와 발가락

녹쓸은 먼지는 폐벽(肺壁)에 진물이 나

염통에 피가 썩어 가면서

열두 시간 버러지처럼 움직였다

헐벗고 섰으면 거기엔 헐벗은 무리밖에 없어

진종일 아우성에 아귀(餓鬼)들은 물어뜯고

무엇 때문인지 누가 빨아 가는지도 몰라야 하는

아아 삶은 기―ㄴ 몸부림이로다

이렇게 살다가 죽으면

그의 아들이 또 이렇게 살다가 죽고……

여윈 쥐새끼가 페스트균을 물어 나르는 거리

등불 하나 없고 거적대기 문을 바람이 쑤신다

어린 것과 아내가 지쳐 쓰러진 위에

밤은 두덕두덕 안개처럼 덮히우는데

찌푸린 얼굴이 팔자를 분배한 신을 저주하느냐

날이 새이면 거리엔 해방의 경축이 요란하련만

인민의 일꾼은 출혈과로로

어제도 오늘도 숨이 가쁘거니

노동자! 그대의 거칠은 손이

언제나 피묻은 채찍을 꺾으려나

『대열』/『해방기의 시문학』

김
석
송

그대들은나이다

서울

一

바람이분다,
살을어이는듯한 北風이다.
압히캄캄하다,
咫尺을 分別할수업는 그믐밤이다.
나는헤매인다,
가는곳도업시 발가는대로.

아, 여기는 都會이다,
朝鮮에서도첫재라는 서울이다.
數十萬가난뱅이가,
밤낫으로 헤매이는 서울이다.

보아라 지금나의압헤도,
거지쎼가 벌벌썰며지나간다.

二

밋친듯한바람은,
鍾路네거리에서 재주를넘는다.
거지쎼들은 행랑뒤로쏫차간다.
바람도 뒤를쏫차간다.

이번에는 北村으로몰닌다,
心術구진바람은 쪼압흘막는다.
오도가도못하고 웃둑선,
아, 가련한 그대는누구인가?

三

아, 가련한 그대들이어!
그대들은 나이다, 이몸이다.

밥버리를위하야 終日토록,
口逆나고 쌔압흔일을하고,
늣게야 집이라고 차저들면,

가이업슨안해의 야윈얼골엔,

적막한우슴이 맛는인사요,
하루동안 굼주린어린것들은,
먹을것내이라고 졸러대이는……

아, 가련한 그대들이어!
그대들은 나이다, 이몸이다.

四
(此節全部十六行削除)

『生長』, 1952. 2. / 『카프시전집 1』(김성윤 편, 시대평론, 1988)

김성택

오월제(五月祭)

오 오월제!
깃발이 나부낀다
노도(怒濤)와 같이 폭풍우와 같이
성동(城東)으로 성동으로 몰려드는
노동자 동무들의
억세고 넓고 긴 행렬 위에
붉은 깃발이
선혈처럼 붉은 깃발이
태양과 같이 태양과 같이
나부낀다 펄 펄 펄……

친일파, 친팟쇼, 민족반역자……
모―든 착취자들의 도당은 전율하라!

시위자의 우렁찬 메이―데이의 노래 천지를 흔들고
5월의 훈풍에
신록도 힘차다.

보라! 성동광장에 대열한
이십만 노동자의 씩씩한 모습을!
임립(林立)한 브랑카―드와 기치 밑에
산 역사가, 역사 기수의
넘치는 힘이
열화처럼 열화처럼 타오르지 않느냐

"의장! 긴급동의요!"
적의 심장을 향하여
거탄(巨彈)을 발사하라! 연속하여 발사하라
사람이 사람을 착취하고
사람이 사람을 압박하는
인류의 오―랜 치욕의 역사의
종지를 찍을
오― 위대한 담당자,
우리는 이 땅의 노동하는 대중이다!

아아(峨峨)한 우랄산맥을 넘어
모스크바의 형제와 호흡이 맞고

태평양 저 건너—

시카고의 형제와 한가지 맥박이 뛴다.

아름다운 세느 강반(江畔)에

파리의 형제의 보무(步武)도 당당커니

만국 노동자여 단결하라!

『해방일보』(1946. 5. 4.) / 『해방기의 시문학』(오현주 편, 열사람, 1988)

김창술

都市의얼골

一

무덤에서 쒸여나온 녀자의 얼골처럼
무서히질린 都市의얼골이여
영양부족에 자동차소리에
부서올는낫작들이 큰길에쏘다니면서
그리도조흔듯이 헛웃음치는 가련한꼴악산이여

二

너저분생활에 파리한몸을
몬지속에 기어가며
화려한비단에싸힌 영장이즌 철부지의등신
이것도 참된사람의마음이냐 고혹된벌레냐
아침을못짓고도 화비단옷을걸치인

都市人의얼골의거짓이여 그림자여

三

지화냄새가 코셰여가는은행의공긔에

발개진 두눈방울이 되진되어

팔닥 팔닥 팔닥 팔닥 팔닥

넘어가는소리에 마취된 現代人의불상한 마음아

버려라 말어라 조급된인간성아

해물근그것을 바랄수잇느냐

四

내버린여송연을 주어먹으려다 어더마진 거러지와도가티

이세상은그만티 발달된것을 가슴에삭이럄으나

다못 못쌔어서 배알는 청렴한시대이니 두어라 그마음보지도말고 내길을 차질쑨이다

한분동안이라도 한순간이라도 어서

大衆의 본얼골을보기위하야

五

오 얼마전부터 이길을거러왓것만

거짓에부푸른얼골이 그얼골이

빈충마진당나귀처럼 쯔덕임은의연코나

그러나 세계는변동되는데생각은터지는데

이얼골의운명이멋칠이냐 都市의明滅이여
—『흘러간詩篇 都市』가온데서—

『조선일보』(1927. 1. 3.) / 『카프시전집 1』(김성윤 편, 시대평론, 1988)

김
해
강

都市의겨을달

살을어이는듯찬바람은
都市의밤거리에해매이는
불상한무리를위협하는데
서편한울에기우려진
이즈러진겨을달은
눈물을먹음은듯
찬빗은 써는령우에
고요히흐르고잇서라
◇
거리의한모퉁이 약한숫불에
어린군밤장사의 썰리는가는목소리─
골목골목이도라다니는
만두장사의웨치는소리─

오―목숨의악착함이여!
늙은어머니 어린동생은
찬구들에주림을안고
썰고잇나 이제나이제나기다리며―
◇
바람찬거리우를것는
안마장이의쇠피리소리―
두터운별독담알에 쪼구리고안저
『추어라』! 덜덜써는거지의울음소리―
아―얼마나구슯흔소리이냐?
거을달알에都市의모양은
저쓸쓸한墓地보다더하여라
◇
오―겨을밤都市의참혹한光景이여!
긴밤이다―새이도록
오즉흐르는찬달빗알에
고닯흔령의구슯흔소리만이
밤한울공긔를흔드러노흘 섄이로구나!
―二, 十八夜 C都市에서―

『조선일보』(1926. 11. 20.) / 『카프시전집 1』(김성윤 편, 시대평론, 1988)

默禱

해골들이 데굴데굴 굴르는
都市의 밋바닥을 보라
보히지안는 큰힘은 흐르고 잇나니
흔들흔들 흔들리는
都市의공중을 돌아
보히지안는 무거운힘은 불으고잇나니
都市의 城壁이 얼마나 强하냐?
밋바닥에
숨어흐르는 큰힘이
한구퉁이를 터트리고
솟는날—
공중에 움즉이는 무거운 긔운이
지붕을 날리고
몸채를 쓰러트리는날—
맹렬한 긔세로 삶의 波濤가
룡소슴치며
大地를 들엇다 노앗다하리니
오— 그째 그째엔
산산히 부서진 都市의
쏘각그림자인들
멈춤이 잇슬것이냐?

오— 바닥에 흐르는 흐름이여!

공중에 움직이는 긔운이여

피는 쉬일대로 쉬라

혼은 빗날대로 빗나라

그리하야 다시

大地에 安定이 오는날

光明한 새터전을 베풀라

『조선일보』(1926. 12. 17.) / 『카프시전집 1』

鎔鑛爐

一

풀이 무성한 청기와ㅅ장우엔나는새가 짓을들이고

丹靑이 가시어가는 아름드리기둥미텐

종이 긁어먹은가루가

다북히 싸히지안햇나?

—집은다—기울어가거늘

—집은다—기울어가거늘

귀돗치고 탕건쓴 千年묵은 구렁이는

그래도 넷껍질만 쓰고안저

밤나무 등걸만 끌어안ㅅ고잇고나

二

썩어버린 조상의 썩다귀를 팔어

째낀망건에 玉관자를 부치면무슨榮光이냐?

쌍에무친 질그릇조각을 차저내며

몬지가 길로안진 넷책장을뒤적인들

쫓기는 막단골목에 자랑될것이 무엇일것이냐?

三

차라리福德房도령님이 될지언정—

넘우나櫓를 거슬러 저어올라가기에

피는말러 神經은구더짐이냐?

瞳子에 錯覺이생겨

둥근것을 모나게봄이냐?

오—빗두러짐도分數가잇지

귀먹은四八눈들이어!

四

비틀거리는걸음에

뒷걸음질을 칠것은 무엇인가?

눈은 압흐로 박혓나니

살ㅅ길을 압헤서 차즈라

九尾狐의작란은

이날의鐘路에서 벌서멀어젓나니

오—거리로 쒸어나와

새벽바람을마시라

그리고 탕내나는 묵어운곰팡일랑

모조리 썰어버리라

五．

오—이사람들아! 그대들은 지금 칼날을 밟고섯나니

기울어저가는 넷집일랑

쾌히불살으라—

쑤드려부스라—

—벌서부터 鎔鑛爐엔

붉은쇠ㅅ물이 쓸코잇나니

—쑤다려

—부시어

鎔鑛爐에 부서너흐라

오—새벽ㅅ바람에

鎔鑛爐의불ㅅ길은 더욱猛烈하여진다

六．

바위인들 안녹으랴?

물인들 쓸수잇스랴?

鎔鑛爐에 이는불ㅅ길은

아무것도 두려워함이 업다

오―이불ㅅ길은

새로운宇宙를 創造할힘이다

―넷날이여!

―넷날의 얼골이여!

―…마음이여!

썩! 물러가라

휘둘으는칼날은

털억까지도容赦치안는다

―이詩를『頑廢詩人』의 가슴에던지노라―

『조선일보』(1927. 6. 2.) / 『카프시전집 1』

● 돌
　이

슬리는農夫의무리여

아아 슬리는 農夫의 무리어
너희는 洋服닙은 者에게 슬리어
서울 長安을 이리로 저리로 슬리도다
무엇에 놀란듯한 얼싸진듯 한 눈으로
비틀비틀 슬려다님을 볼째에
아아 나는 너희를 爲해 눈물지노라

아아 슬리는 農夫의 무리어
너희의 王國인 벌판에서
광이를 힘껏들엇다 노흐며
西山이 문허저라고 소리치던 豪氣,
그自由, 그主翁的態度는 어이하엿나,
서울 惡童들의 비웃는 소리에

눈이 둥글어 쓸려를 다니는고
아아 나는 너희를 爲해 눈물지노라

아아 쓸리는 農夫의 무리어
너희는 무엇을 보러 서울에 왓던고
너희의 膏血을 쌔는 무리의 安樂이 기름이 흐르는 살이더냐
너희의 쌈으로된 糧食과
너희 안해들의 피로된 필육이
어듸로 간데를 차자옴일러냐
무엇을 찾는듯한 너희 눈이어
나는 너희를 爲해 눈물지노라

아아 洋服쟁이에게 쓸리는 農夫의 무리어
제발 그의 뒤를 싸르지말라
네의 淳朴한 正直한 天性으로
저 손흰 무리의 甘言에 속지도말고
「너는 나를 싸르라」하고 그가 號令할쌔에
「盜賊놈아 물러가라!」하고 웨치라
갓을 빗두루쓴 農夫들이어
天下는 너희의것이니라—

아아 서울의 큰거리로 쓸리는 農夫여
어서 집을 가라, 벌로 돌아가라

南大門을 나설째에 발에서도 서울의 먼지를 떨어버리라
兄弟여! 그것은 怨讐의것이니라, 罪惡의것이니라,
兄弟여 넓은 들에 모혀 그크다른발들로 힘껏 짱을 굴르라
땅이 큰 소리를 찌르고 떨어 世界의 不義를 흔들어버리게하라
아아 世界의 創造者요 養育者요 維持者요 主人인 農夫여

『개벽』, 1924. 8. / 『카프시전집 1』(김성윤 편, 시대평론, 1988)

● 동
　령

분화(憤火)

폭발하다
남산
서울이
남조선이!

섣달에도 대목
칼바람은 총바람은 몰아쳐도

불길 불길 불길!
아아 얼마나 누르고 참아왔더냐

지심(地心) 저어 밑바닥
울렁대던 지열이여 화맥(火脈)이여

불끈 일어서는 지열이여

무너져가는 대궐

허물어지는 성루(城樓)

마지막 한조각마저도

태워버릴 태우고야 말

오오 민족의 노염(怒焰)이여

눈이 부시누나

귀가 윙윙 거리누나

하늘을 덮는 젊은 깃발

노도를 삼키는 저 군호(軍號)

깨어나는 장엄한 힘의 거상(居像)

바람아 불어라

더 더 세기의 바람아

얼굴 얼굴 불받는 얼굴들—

역사의 제전에 바칠 현란(絢爛)한 꽃다발

통곡이냐 노래냐

아니 고함이냐

입술 깨물어도 흘러나리는 눈물

아 이것은 또 어디로부터 솟는 힘이냐

흔들리는 지구여

뒤집히는 바다여

위축하는 천체여

오오 누구의 아들인가?

누구의 딸들인가?

뼈만 남은 손 잡아보아도

따습게 흘러오는 가슴의 피

옳다! 겨누어라 피의 화살

저 흐린 태양마저 쏘아라

춤추는 패랭이

피리부는 연미복

뼈다귀 물어뜯는 탈바가지들

피에 취한 눈을 들어

똑바로 보라 내 두눈을

탄도(彈道)처럼 풀리는 우리의 갈 길

이제 움직인다 나아간다

남산 봉화대 화염권(火焰圈)이여

불똥 알알이 구슬같이 작열하는

너와 나 청춘이여

섣달에도 대목

자꾸만 쏟아져도 함박눈은 밀가루는

우리들 지금 여기 모여있다.

『독립신보』(1947. 1. 25.) / 『해방기의 시문학』(오현주 편, 열사람, 1988)

● 박로아

눈오는밤

겨울밤에 나리는 눈은
放浪者의 마음가티 슻이 업는데
肺病든 나무와 검둥개 들은
눈이 傳하는 하늘의 童話를 알어듯는구나

지나간 한해 너못본동안
엇지 내熱情이식으랴 마음이 늙엇스랴
조심 조심 내품에 숨어들면서
볼을맛대고 가삼에 손을 언저보는구나

눈은 어느새 서울의 靜脈가튼 청개천우에
향긔놉흔 한幅 東洋畵를 그리엿구나
래일아침 안악네들이여!

익순한솜씨로 방망이 소래를 덧그려보소

電車소래 조차 그윽히 들늬는 이밤

눈보라치는 曠野를 생각하면서

내눈은

銀花와가티 곱게싸인 논우에

點點이 鮮血을 차즈면서 썰고잇구료

——一九三一·十一·一〇—

『신여성』, 1931. 12. / 『카프시전집 2』(김성윤 편, 시대평론, 1988)

박산운

忘憂理

아아 하늘에 가는 무심한 구름도 잠시 귀를 기우리라
나뭇가지에서 노래하는 즐거운 새들도 잠시 노래 멈추어라
오날 이땅을 제 목숨처럼 사랑하던 세 靑年 훌륭한 머리를
어머니 품 안에 길이 맡기는 날이거니
다시 못올 먼―길 눈물 먹음고 가시는데
이땅도 설어운가, 눈에 보여 고요히 젖어가는가……
우렁찬 새벽 황홀이 屛風둘른 일은 봄
무수한 太陽 밝게 타 이끌어가는 저쪽
도라보면 아직껏 내(烟)가 나고있는
歷史의 마당에서
세 靑年 먼저 보고 소리치신 새나라 우리나라
어늬 때 어늬 곳
나어린 자손들 맑은 눈동자 빛내이며

흰수염 눈물로 씻는 슬픈 이야기
오늘 내동무 세분 忘憂里에 가시다
우리 동무 세분 忘憂里에 가시다…….

『학병』 1권 2호, 1946. 3. / 『해방공간의 문학 · 詩 1』(김승환 · 신범순 편, 돌베개, 1988)

추풍령

해가 지면 골짜기 물소리만 높아가는
가죽나무 잎사귀 긴 초가 동리

죽은 듯 고요히 밤이 깊어 오면
못견디게 솟아오는 하늘 별빛 따라

어느 곳 내 사랑하는 이는 오날도
연세베(麻) 잉아 걸고 몸이 가늘어져……

아아 그곳은 내 노래의 요람터
진짓 내 노래는 그곳에서 자랐도다

서울이여 소란한 나의 도시
그―는 불인 듯 또 나를 재촉하고

일찌기 땅에 묻힌 큰 할아버지
황홀히 꿈을 안고 넘어선 이 재 우에

숨이 가쁘다 부르는 깊은 피리소리
인제는 나를 다시 또 서게 하느뇨!

―신선한 인민의 깃발에 열리는
바다, 서늘한 바다 속으로

보라 즐거운 새벽에 깨어 소리치며 나르는
나는 한낱 젊은 갈매기와도 같구나

『전위시인집』(노동사, 1946) / 『해방기의 시문학』(오현주 편, 열사람, 1988)

박
세
영

순아

순아 내 사랑하는 동생,
둘도 없는 내 귀여운 누이
내가 홀홀이 집을 떠날 때,

너는 열여섯의 소녀.

밤벌레 같이 포동포동 하고
샛별 같은 네 눈,
내 어찌 그 때를 잊으랴.

순아 너, 내 사랑하는 순아,
너는 오빠 없는 집을 버리려고
내가 집을 떠나자마자,

서울로 갔드란 말이냐.

집에는 홀어머니만 남기고,
어찌하면 못살어
놈들의 꼬임에 빠저 가고 말었더냐.
어머닌 어쩌라고 너마저 갔더란 말이냐.

그야 낸들 목숨이 아까워 떠났겠니,
우리들의 일을 위하여
산 설고 물 설은 딴 나라로,
달포나 걸어가지 않았겠니.

어느듯 그 때도 삼년 전 옛일,
내 몸은 헐벗고 여위고
한숨의 긴 날을 보냈을 망정,
조국을 살리려는 오직 그 뜻 하나로
나는 양식을 삼었거니.

너, 내 사랑하는 순아!
빼앗긴 조국은 해방이 되어
왜놈의 넋이 타버리고,
오빠는 미칠듯 서풍모냥 왔는데도
너는 병든 몸으로 돌아오다니.

딴 시악씨드냐,
그 고왔던 얼굴이 어디로 가고
내 그 옛날 순이는 찾을 길 없고나.

가여워라 지금의 네 모습
어쩌면 그다지도 해쓱하냐,
어린 너의 피까지 앗어가다니
놈들의 공장 악마의 넋이 아직도 씨였니.

그러나 너, 내 사랑하는 순아,
집을 돌보려는 너의 뜻 장하고나,
낮과 밤, 거리거리로
입술에 분홍칠하고 나돌아 다니는
오직 행락만 꿈꾸는 시악씨들 보다야.

왜놈의 턱찌끼를 얻어먹고 호사하며,
침략자와 어울리여 민족을 팔아먹으랴던
반역자의 노리개가 아닌 너 순아,
차라리 깨끗하구나,
조선의 순진하고 참다운 계집애로구나.

(一九四五. 一二. 八)

『햇불』(우리문학사, 1946) / 『해방공간의 문학 · 詩 1』(김승환 · 신범순 편, 돌베개, 1988)

바다의 女人

바다의 바람은 松林을 울니고
갈멕이 밋칠듯이 날나헤매는 구름낀낫은
세상을 모르는 젊은놈의 가슴을 憂鬱하게 맨들어
구름이 버서지기를 기다리는지 裸體의黑人과가티 한울을처다본다
都市의 ××××× 아들들은
한녀식 두녀석식 나와서—
　　× ×
구름은 검은데 더검어 바다는 금방에暴風雨가 닐어들어
갈멕이도 쫓겨든다 숩으로 한놈식 두놈식
그리하야 저들의享樂場은 大砲를맛는 都市와도가티 쌔어진다 문허진다
　低氣壓에눌여 呼吸조차 할수업는 이바다에 바다를 갈느랴는소리 松林을 쓸어트리는소리 波濤의 쫓기는소리 이 어지러운 움직임은 우리의마음과 이가티도 갓단말이냐
　　× ×
그러나 漁夫의안해가 어제까지도 바다ㅅ가 海棠花덤불에 숨어
그녀석의 쇠임에쌔저 이가티 말하엿단다
　『서울손님 나는 당신이 그리워요』
그럴째마다 女人의 아름다움에醉하야
　『바다의 시악씨여 어엽분 시악씨여』
그녀석은 이가티 외첫단다
　　× ×

저기 숩속에 보히는건 어부의집

세상이 문허지거나 다러나거나

저이들은 다만 고요한 속삭임에 熱中되여 오늘의낫을 보내고잇다

바다는 이미 修羅場이되고 遺物을 쌔트리고 말엇슬째

밤이되야 숩사이로 창빗치 빗기는데도

어느틈엔지 그녀석은 그女人과함씌

아메리카映譁와도가티 지랄을한다

   × ×

숨이죽은 바다ㅅ가의 밤은

冷血類의 嘆息으로 찻슬째

그녀석은 아낙네의 험한손을 놀줄 모르고

그말에 마음을 모조리 쌔앗기엿다

  『나를 서울로 가게하여주세요

  당신이 나는 그리워요

  비린내나는 사나히 나는 실혀요』

  『나는 영원이 그대를 사랑하리라』

이가튼 말은 그녀석에서 백번이나 나왓다

그럴째마다 그女人은 都市의歡樂을 꿈꾸엇다

夫久에 이저질 저의 괴로움을 깃버하야

來日로 써나자는 것이다

   × ×

그러나 그녀석은 잇흔날아즘 그女人도몰내 좀도둑가티 다랏낫다

   × ×

戰跡과가튼 바다ㅅ가의 모양

前日과가티 海棠花덤불에 나타나는 그女人의 야윈모양도

마티 暴風雨에 시달닌 海濱과갓구나

저이들의 享樂場은 모두가 破滅된채

强熱한 느진아츰의 太陽을 쏘이고 잇슬재

츠렁크들고 도라가는 녀석들

堤防의 길은 自動車로 奔雜하엿다

　　　　× ×

그러나 어부의안해의 氷水와가튼 嘆息을누가알야

『배불쓰기 그녀석은 속임쟁이

나는 붓그럽다 엇지 쏘 내사나히를보랴

그녀석의말을 참으로 알엇든 나는

차라리 바다 저깁히 쌔질가보다

그놈은 내몸을 휘정거리고 다라낫스니

아—분하구나

그러나 나는 목숨이 잇슬째까지 싸호리라

그놈들을 개로 알니라

저이들은 그짓세상에서 길니워지고 쏘 익숙해저서

가는곳 삭위는곳마다 그짓을 정말로 행세하는 놈들이구나

내한번속앗지 쏘 속으랴

오— 저기서 흰돗단배가 오는구나 낫익은 저배!

아마도 나의 사나희가 도라오는게다

타는볏에 지지리탄 내 사나희

그리고 그짓이란 쌔알만콤도 몰으는 씩씩한사나희를

나는 왜 차려들엇나

저배에서 怒濤와 싸우며

집이라고 안해라고 도라오는 그이가 오직 내사나힐 뿐이다

세상에 가난한게집은 잇째까지 얼마나 그놈들에게 짓밟히엇늬

나는 마지리라 쌔긋한마음 불타는마음으로 나의 男便을 마지리라』

지금에 그女人은 쏠녀오는 波浪을 거슬여도라오는 漁船을向하야 한거름 두거름

저도 모르게 나간다

배에서는 북소리 둥둥 붉은긔가 펄펄날닐쌔…………

『음악과 시』, 1930. 8. / 『카프시전집 2』(김성윤 편, 시대평론, 1988)

都市를向하야

都市는 부르짓고잇다

最後의날이 온것가티 욋치고잇다

이는 悲鳴이아니면 무엇이고 발악이아니면 무엇잇겟늬

오로라의힌곰처럼 웃둑슨쌜딍

조갑이가티 山등성이를 덥흔초가집

그리고 아스팔드를 달니는 전차 자동차

어엽븐 조그만 惡魔의 都市에는

잠자기떼가티 무수한 ×××날나왓다

아― 이것이 二十世紀의 都市다

그대여 二十世紀의 젊은이어든 귀를기우려드러라

이조그만 어엽븐魔都는 그대들을 유혹하고잇스니

낫에는 『심포니』밤에는 「짜쓰」

그리고 라듸오의 音波와의 交響樂

高層쎌딩의 窓이열니면

타이피스트가 蒼白한얼골로 기대여섯고

거리에는 魔都의化身 그리고 世紀末의女性

浮華에쓴 그들이 秋波를건느며 가지안는가!

그러나 人間性을써난 偉大하다는그들

히틀너와 뭇소리니 그리고 蔣介石 저―루스벨트 그들의 一動一節이 每日과가치 알녀지고잇다

그리고號外다號外 지금은 福州가 爆擊되고 蔣介石이 敗北되고

百隻建艦을 發表하면서도

루스벨트가 軍縮會議를 通電하엿고

게르만의挑戰 양키의抑壓

안테나에 걸니는 無數한報告여!

그러나 享樂을꿈꾸는 무리들은

밤이거나 낫이거나 이世紀를 노래하고잇다

零下二度의 치위가 두려운지 꼼작도못하는 그들의압헤

오직 모든利權의 핸들이 쥐여저잇다

(下略)

『형상』, 1934. 2. / 『카프시전집 2』

박찬일

별

머리를 짓누르는 어둠 속에
어디서 오는
이다지 가뿐 숨결들이냐

몸부림 치며 가슴 죄이는
억센 두팔을 드리운
노동자는
일터 잃고 돌아오고
외국상품을 팔러 거리에 나선
아낙의 등뒤를
쓰러져가는 널판지 울타리에
바람은 휘불어치는데

그리웠던 조국의 처마 밑에서
젖먹이 손끝에 가슴 헤치우며
뚫어진 교복 입은 열두살먹이
딸년의 손목을 잡고 또 쫓겨나
굶주리고 갈 곳 없어 두 볼이 검푸른
전재민(戰災民) 어머니는 떨고만 섰다

다시금 뒤쫓아오는
놈들의 발자욱 소리 들으며
적의 흉계를 알리는
새소식과
전투신호와
굳은 약속을 안고
뜨거운 혈맥이 흐르는
문틈마다 볕을 뿌리고 간다

바라다 뵈는 하늘에 새날을 부르며
어느 날쌘 사내의 자취인가
골목 골목 바람벽은
벌써 웅얼거린다

그러면 드높은 곳에
수많은 내 사랑아

살 길을 가르키는 신호등이다
모두 눈짓을 하여라
이 컴컴한 골목마다 걸음 바쁜
우리 굳센 동지에게

이제 이 밤도 새면
툭 터져 내닫는 물결
가슴 가슴에 햇살을 받아
다같이 자유와 해방의 노래 속에
피 묻은 깃발
높이 퍼덕이는
새로운 아침을 맞이하자
1946. 12

『조선시집』(아문각, 1947) / 『해방기의 시문학』(오현주 편, 열사람, 1988)

박팔양

남대문

서울은 행복스러운 도성이외다
그는 그의 가슴에 남대문을 안았으니
사랑하는 사람을 안은 젊은 사나이와 같이
즐거움과 든든함으로
그의 마음은 하나 가득할 것이외다

내가 고생살이 십 년을 하는 동안에
무엇을 바라고서 살았사오리까마는
새벽안개 속에 묵묵히 서울을 지키고 있는
남대문 하나를 바라보고 살아왔사외다

이 도성의 사람들이 또한 그러하외다
그들이 울분하여 터질 듯한 가슴을 안고

거리에서 거리로, 비틀거리는 발길을 옮길 때
누가 그들을 위로하여 주었사오리까
없사외다, 오직 남대문 하나이 있을 뿐이외다

내가 모든 행복으로부터 버림을 받고
붉은 주먹을 쥐고 죽음을 부르짖으며 뛰어다닐 때
남대문은 그윽한 중에 나에게 말하였사외다
"참고 준비하라! 이제 약속한 날이 온다!"고—

친구께서도 만약 마음의 문을 열으신다면
남대문의 그윽한 말소리를 들으시리다
"기다림에 지쳐 소망을 잃어버린 백성들이여
감격한 중에 준비하라! 약속한 날이 가까웁다"는

내 고요히 눈을 감고 남대문을 볼 때에
그곳에 제단 모으고 기도드리는
가난하고 불행한 많은 목숨을 보았사외다
"거인이 오소서 거인이 오소서
약속한 날이 어서 오소서"

오늘도 나는 나의 사랑하는 복순이와 같이
이른 아침에 남대문의 곁을 거닐었사외다
우리 조상과 우리를 보고 또 우리 자손을 지킬

어버이 같은 자비와 예언자 같은 위엄을 가진
그의 앞을 오랫동안 떠나지 못하였사외다

『동광』, 1927. 1. / 『박팔양 시선집』(유성호 편, 현대문학, 2009)

도회정조(都會情調)

도회는 강렬한 음향과 색채의 세계
나는 그것을 얼마나 사랑하는지 모른다.
불규칙한 직선의 나열, 곡선의 배회,
아아 표현파(表現派)의 그림 같은 도회의 기분이여!

가로에는 군악대의 행렬이 있다.
둥, 둥, 두리둥둥, 북소리와 북소리의 전투
제금*과 날라리의 괴로운 음향은
바람에 퍼덕거리는 기(旗) 밑에서 난조(亂調)로 교차된다.

보아라, 저 사층 벽돌집 밑에는
사흘 굶은 노방(路傍)의 음악가가 사현금을 턱에 걸고
깡깡, 낑낑, 목 찢어지는 소리를 한다.

---
* 현악기의 일종

그의 주위에는 된 놈, 안된 놈, 모두 모여 섰다.

전차가 그 거대한 몸을
평행선의 궤도 위로 달릴 때
차 안에 앉은 수리학자 아인슈타인의 제자는
평행선의 궤도가 무한의 종국(終局)에 가서 교차될 것을
몹시 근심하고 앉아 있다.

직선과 사선, 반원과 타원의 선과 선,
도회의 건물들은 아래에서 위로 불규칙하게 발전한다.
육층 꼭대기 방에 앉은 타이피스트는
갸냘픈 손으로 턱을 고이고 한숨 쉬이고 있다.

문명기관 총신경이 이곳에 집중되어
오오! 현대문명이 이곳에 있어
경찰서, 사법대서소, 재판소, 감옥소, 교수대,
학교, 교회, 회사, 은행, 사교구락부, 정거장,
실험실, 연구소, 운동장, 극장, 음모단의 소굴,
아아 정신이 얼떨떨하다.

아침에는 수없는 사람의 무리가 머리를 동이고
일터로! 일터로! 밥 먹을 자리로
저녁에는 맥이 풀려 몰려오는 사람의 무리가

위안을 구하려, 향락장으로 향락장으로!
연극장과 도박장과 유곽과 기생집은
한 집도 빼놓지 않고 만원이다.

기생이 인력거 위에 높이 앉아
값비싼 담배를 피우면서 연회장으로 달릴 때,
순사는 다 떨어진 양복에 헬메트를 쓰고
네거리에선 STOP과 GO를 부른다.
거미새끼들같이 모였다 헤어지는
상, 중, 하층의 각 생활군(群)을 향하여.

어떻든 이 도회란 곳은
철학자가 혼도(昏倒)하고 상인이 만세 부르는 좋은 곳이다.
그 복잡한 기분과 기분의 교류는
어느 놈이 감히 나서서 정리하지를 못한다.
마치 그는 위대한 탁류의 흐름과 같다.

그러나 비 오는 저녁의 고요한 거리에는
비스듬한 장명등(長明燈)이 높은 전신주 밑에서 조을고,
환락을 구하는 친구들이 모두 방안에 들었을 때
거리에는 아스팔트 인도 위에 가느다란 비가 나린다.
외로워서 외로워서 우는 것 같이
그것은 히스테리 환자, 눈물 흘리는 것 같아서

짜릿하고 가슴 빠근한 엷은 비애를 느끼게 한다.
그것도 역시 사랑할 도회의 일순간이 아니오

『여수시초』(박문서관, 1940) / 『박팔양 시선집』

태양을 등진 거리 위에서

나는 오늘도
단 하루밖에 없는 나의 단벌 '루바시카'*를 입고
황혼의 거리 위로 걸어간다.
굵은 줄로 매인 나의 허리띠가
퍽도 우악스러워 보이는지
'불독' 독일종 강아지가
나를 보고 쫓아오며 짖는다.
'짖어다오! 짖어다오!'
내 가슴의 피가 너 짖는 소리에
조금이라도 더 뛰놀 것이다.

나는 또 걷는다.
다 떨어진 병정구두를 끌고

---
* 러시아 남자가 착용하는 블라우스풍의 상의.

태양을 등진 이 거리 위를
휘파람을 불며 걸어간다.
내가 쓸쓸한 가을 하늘을 치어다보고
말없이 휘파람만 불고 가는 것은
이 도성의 황혼이
몹시도 적적한 까닭이라.

그러하되 몇 시간 후에
우리가 친구들로 더불어 모여앉아
기나긴 가을밤을 우리 일의 토론으로 밝힐 것을 생각하매
나의 가슴은 젊은 피로 인하여 두근거린다.
"나는 젊은 사나이다!"
하고 주먹이 쥐어진다.

조락의 가을이 오동나무 잎에
쓸쓸한 바람을 불어 보낸다.
"오오! 옛 도시 서울의 적요한 저녁 거리여!"
그러나 이는
감상적 시인의 글투!
우리는 센티멘털하게 울지 않기로 작정한 사람이다.

그렇기는 하나 역시 우리 눈에도
시멘트로 깔린 인도 위에

소리 없이 지는 버드나무 낙엽이 보인다.
울기 잘하는 우리 친구가 보았던들
그는 부르짖었으리라,
"오오! 낯모르는 사람 발밑에 짓밟힌
이 거리의 낙엽이여!" 하고—
그러나 지금은 이 고장 시인들이 넋이 빠져
붓대를 던지고 앉았으니
울 사람도 없다. 노래할 사람도 없다.
(아아, 나는 모른다.)
이 땅이 피로한 잠에 깊이 잠겨 있음이라.

나는 고개를 숙이고 생각한다.
그저 걸어가자
설움과 희망이 뒤범벅된
알지 못하게 뻐근한 이 가슴을 안고
가는 데까지 가보자고……
숭례문— 가을의 숭례문이여,
그대는 무엇을 묵묵히 생각만 하고 있느뇨?

『여수시초』 / 『박팔양 시선집』

백
철

이제五分
―써스女從業員姉妹에게

一

그날午后!
나는 차고(車庫)의한모통이에서
오늘밤 회합의 푸랜을 생각하고잇슬째
써스의 충돌 그리고 오오女車掌의즉사다! 차ㅅ고외의동무의웨치는소리!
나는 연필과 조희를 포켓트에 뭉처넛코
그대로 차ㅅ고밧그로 쒸여나왓다
―마츰내 일은버러지고 말엇구나!
그것은 미리예긔한 일이엿것만
나의가슴은 알지못할흥분에쒸노랏섯다
모여서 써드는 동무들의거동
그리고 그들의 웨치는소리 소리들!

―충돌된장소는 룡산××장 압

쌔스는 ×仁 쌔스

그리고 즉사한녀차장의일흠은

오오 내가 가장 신임하고 사랑하는

부인부의……하든××숙!

愛人이여!

누가 죽어서 통분치아느랴만은

그것이 이처럼 네사내를 놀내게할 네의 죽엄이엇슬줄이야!

二

내가 현장에 간 그쌔는

네가 탓든 No. 56 쌔스는

부상한 탕크(戰車)가티 짓누어잇고

쫙― 둘너선 동무들 그리고 구경꾼

나는 바로 그가운데서

무슨 씀찍한것을발견햇슬가?

산산히 씨저저죽은 네모양!

낡은 헌겁가티 헤어저잇는 네시체!

한쪼각식갈너진 네 팔 다리 머리 젓가슴!

오오 그리고

아스팔트우에 중글중글한 ×줄기!

나는 못볼것이나 본듯이

손으로 낫츨 가리우고 한참동안쌔지못하엿다

그러나 愛人이여
너의사내는 어리석은 게집가티 눈물을 흘니지아넛다
도리여 마음은 씃업시 침착해지고
쌧매듸에 삭여서 쌔달어지는것이잇섯다
하로에 팔십마일이상을 달니여야하는
우리들의 일은 이와가티 위험한것이다
생명을맛거러노은 우리들의노동
그의 실례(實例)를 그대로 보여준
오오! 너는 첫재의 희생자이엇다

三

그일이 잇슨후
우리들에게는
너의죽엄을 가치잇게 긔렴하려는
멧츨의 배밧분날이 지내가고
오늘은 너의장의ㅅ날
네사내도 다른동무와가티 이장례식에참례하엿다
타락간부들이 준비한 이즐비한장례식!
소복한 동무들과 벼로맨든상장
령여압뒤에 느러진 힌무영줄
그리고 四十여개의 화환!
그것들을 바라보면서 나는생각한다
대체 죽은사람에게 이것이무엇일가? 라고

그러나 과장은말한다
너는 활발하고도 온순햇스며 정의감이 두터웟다고!
남어잇는 우리들까지 속여내려는 그들의심사!
하나 愛人이여!
너의장례를 그들에게만 맛겨둘 우리들이아니다
우리들은 네죽엄을 우리들의방법으로
그러타 우리들의방법으로 너를 기렴할줄을 알고잇다
보라! 우리들의준비는
네상여를직히는 七百명의동무의가삼에!

四
이제 五分!
네의 상여가 이곳을써나갈째에
네사내의 날카랍은 횟파람소리로
―此間二行不得己略―
그리고 네의귀한시체를 우리들손에 직히여서
남대문통을 넘어서 종로네거리로
그리고 다시서대문으로! 우리들의 …ㅇ모다
그것이 네에대한 우리들의 …것이다
이제 五分…출발시간!
오오 나는 울넝거리는 가삼으로
그순간을 고대하고잇다.

『신여성』, 1932. 10. / 『카프시전집 2』(김성윤 편, 시대평론, 1988)

날은추워오는데

바른편하날에 저늑햇놀을 바라보면서
××町모퉁이를 도라가는
구루마의 찻몸(車體)은 左側에시우러진다.

××역압을지내고 ×××를넘어서
다음에 닥치는 곳은 ××장압!
지낼째마다 가삼이 차지는 이곳
우리들은 언제나 여긔서 속도를 느린다.

닛지못할 ×월의 그날
×숙동무의일이 잇슨후
지금은 한달하고 스무날!
아직도 기억에새롭은 ×냄새나는 哀傷을실(載)고
무심한 구루마는 그데로 이곳을 지나간다.

그리고 그뒤에 닥친일
동무의 ×업을 갑잇게 긔렴하려고
배밧분활동과 분주한련락!
오오! 그리하야 명에있는총파⋯⋯⋯계획!

그러나 사건은 행동에 나가기전에

모진··········거의폭풍은 덥처저왓다
긔억하라!
열두명의 동무들이 ×니어간후
오늘은 벌서 한달여를채,

××와················의 ×문에 니를악물고
씃씃내 벗치고잇는 그이들!
오오! 우리들의 귀한··········들이다.

종일토록 팬취를 너은 손아귀
저리고 압혼팔을 놉히들면서
오라잇!
벌서 구루마는 한강교를 닷고잇다
모서리치는 강바람이 쏘아드는 이저녁!
어느듯 느즌가을이다
이처럼 추워오는밤! 그리고 새벽에
따듯한 내이한벌도 업시
×방의 그들은 얼마나 괴롭을가?

한강을 지내여·········포까지
이제 한숨으로 오늘일이 씃난다
구루마여! 바릿세를 내이라!
오늘저녁 일곱시!

그들이간후 두번재갓는 회합이다
오늘밤의 ········는
희생자의 ·········원금 모집이다
내일은 쉬는날!
그들에게 따듯한옷을 차입하야지!

『제일선』, 1932. 11. / 『카프시전집 2』

● 송
　상
　진

강변(江邊)의 공사장(工事場)

여기는 노들강 백사지벌판
구릿빛 사나이들의 '배따라기' 실어오는 한낮 지난 강촌(江村)의 오후
여름내 사나운 물결과 싸워 이겨온
맥(脈) 지친 뽀푸라 숲이 반넘어 뿌리를 솟힌 대로 기울어지고
경사진 뚝 두던을 다람쥐같이 달리는 '도로꼬'도
곰방대 피워물고 지껄이는 몇 사람과 같이 정지했다.

지난 번 홍수에 흘러간 마을 이촌동(二村童) 자리에
검은 옷 입고 각반(脚絆) 친 쓰메에리가 오늘도 '청사진'을 뒤적거리고 있다
멀―리 뽈대에 달린 삼각의 붉은 깃발이 주릴 대로 주린 살림을 애수로 노래하기에 목메인 지금
돌아오지 못할 싸―늘한 강바람에 팔랑거리고 있다

이제 몇날이 지나면 '배따라기'와 인연 머—ㄴ 신사들이
자기네들의 놀라운 계획과 원대한 장관을 찬양할 것이고
흙차 한번 스코프 하나 쥐어보지 못한 쓰메에리들이
성대한 피로연에 넘치는 술잔을 들 것이다.

거치른 풀밭에 반추(反芻)하기에 바쁜 황소 두 마리
물 위에 비친 버들가지의 그림자를 지우는 배추 씻는 아낙네
물동이 이고 가는 처녀의 수줍은 양만이 마을의 풍경이 될 수 없는 슬픈 이 날의 강촌은
싸이렌 소리에 일어나고 싸이렌 소리에 잠드는 수많은 젊은이들을 낳았고
배 부리기에 허기진 분이네 아버지도 다른 마을사람들과 같이 스코프라는 새 말을 배웠고
뚝 넘어 흙차 레—루를 어제도 오늘도 달리고 있다.

여기는 노들강 백사지벌판
집과 사람과 웃음을 앗아간 지금은 사공의 동무가 아닌 남의 땅이다
강가에 땅파먹던 선조가 이 물을 먹었고 고기잡이와 뗏목을 띄우던 형제가 이 물 이 흙을 사랑하였으련만—
세월이 흐르고 또 한번 돌아올 때
철다리에 불을 토하며 질주하는 기차와 함께
억대우 같은 장정 그 녀석들은 어데론지 종적을 흐리었고
애수에 찬 강촌의 저녁은 오늘도 눈물을 싣고 흘러만 간다.

『낭만』, 1936. 11. / 『물 위에 기약 두고』(윤영철 편, 실천문학사, 1988)

● 여상현

噴水

슬픈 歷史가
午睡에 잠긴 古宮

홰를 치며 우는
닭의 울음이 어데서 들릴 것만 같다

하늘을 쏘는 噴水
地熱과 함께 猛烈히 뿜는 義憤이런가

墻넘어 불타는 아스팔드 거리에는
生活이 落葉처럼 굴르고―

텅비인 庭園엔 星條旗 하나

「共委」休會後, 園丁은 때때로 먼 虛空만 바라볼 뿐

비들기 깃드는 추녀 끝엔 풍경이 떨고
꼬리 치며 몰였던 금붕어떼 금새 흩어진다

노상 속임수 많은 여름 구름은
무슨 재주를 필듯이 머뭇머뭇 지나가는데
내 마음의 噴水도 사뭇 솟곳치려 하는구나

(德壽宮에서)

『칠면조』(정음사, 1947) / 『해방공간의 문학 · 詩 1』(김승환 · 신범순 편, 돌베개, 1988)

七面鳥

速製의 憂國士와 洋裝女들은
어느새 七面鳥의 習性을 배웠다
낯설은 사람과도 外交가 能해
蓄財의 지름길로만 달리는 것이다

일직이 黑人들이 즐기던 새라
開拓者들이 잘도 먹었었다지
「린컨」氏의 獅子吼가 功을 이루어

解放朝鮮에까지 와준 黑人의 恩惠를 어이 모르랴

昌慶苑에서 돈 내고야 구경한
가지가지의 異國産 즘생 중에도
어른들이 가장 무서워하는 變節의 奇鳥
謀利輩들은 무릎치며 嘆服하리라

「크리스마스」의 七面鳥 料理床가에
戀愛도 장사도 政治도 하그리 어려운 일이 아니오매
國民들의 榮養이 좀 좋았으랴
호사스러운 歲月이 연실처럼 풀려나가는 것이렸다

메마른 이 나라 백성들도
이제 七面鳥 料理를 귀떨어진 소반 우에 올려놓고
情다운 食口들이 모이고, 四寸성님도 오시래서
獨立이 오느니 가느니 이야기 할 건가

『칠면조』 / 『해방공간의 문학 · 詩 1』

某日消息

Ⅰ 데릴사위의 죽엄

脫走兵의 작은 勝利者로
解放을 맞난 姑母님 사위

十月 騷擾의 회오리 바람 속에
怨痛히 同族의 銃에 맞어
두 時間만에 絶命했다는 소식
青孀寡婦 二十餘年에
無男獨女 데릴사위의 죽엄이라

일직이 倭軍을 물리친 忠壯公이
아침 저녁 오르나리던 無等山은
말 없이 서있을 뿐이였고—

姑母님과 內從妹의 두 寡婦가
땅 치며 울지도 못하드란 光景
등짐장사 故鄉사람이 와서
이야기하다 말고 서로 울었나이다

II 아버지의 편지

네거리에서 맞나자는
連絡時間은 아직 멀었는가

초조에 타는 마음을 쪼아대는

啄木鳥같은 懷中時計야

勞動黨「데모」가 거리를 휩쓸어

온 長安이 뒤끓고 있는 날

三一制 小作料가 틀림없냐고

노상 속고 살던 農民을 代身해

이날 시골 아버지의 편지도 왔다

『칠면조』 / 『해방공간의 문학 · 詩 1』

餞別
─運朝를 보내며

發車 十分前의 초조에 끼어

어미 등에 엎드려 층층대를 나리는 세살쟁이야

百圓짜리 再生 고무신에 帽子도 없는 여섯살 난 언니와

세낱의 生命이 故鄕의 南行車에 오르는구나

유달리 노랑머리칼에 깊숙한 눈매

동네아이들이 洋國놈이라도 부르는

너는 그래도 흔한 洋사탕 하나 못 얻어먹고
옥수수 투겨 쌍주는 할머니 앞에 손을 내미는 것이다

돌팔매질이 일수인 네 언니 녀석이
이웃집 洋館 유리窓을 깨던 일이 생각킨다
彩송花 핀 시골 울타릿가에 닭쫓는 장난
네 행여 장독대에 돌을 던질가부냐

깨여진 車窓에 비최는 세 얼굴
汽笛과 함께 너와 나는 時體말 「꿀바이」를 외이고
내 검은 煙氣와 두줄기 철로를 바라보는
이 瞬間 새삼스리 무서운 生活의 戰慄을 느끼고 있다

여름 하늘은 속임수가 많아 비는 오지 않고
보리 익는 故鄕에도 시름이 많다구나
밀가루, 安南米, 薄俸살이의 서울
살길을 찾아 보내는 이 마당 굳은 期約도 없어

정작 새나라가 서면, 秋收의 가을이 오면
아니 解冬의 봄이 안곽게 드는 그날이 오면
다시 함께 모여 우리 밥을 끄리잣구나
나는 册도 사고, 네게는 두뿔난 모자도 씨우리라

改札口엔 무수한 票찍은 부스럭지가 바람에 날고
으슥한 구석마다 움추리고 있는 戰災民들
막車를 보내 驛頭에 내 다시 발을 멈춰
먼 하늘에 별과 달과 다시 露店의 촛불을 바라보고 있다

『칠면조』/『해방공간의 문학·詩 1』

● 오
　장
　환

수부(首府)
―수부는 비만하였다. 신사와 같이

1

　수부의 화장터는 번성하였다.
　산마루턱에 드높은 굴뚝을 세우고
　자그르르 기름이 튀는 소리
　시체가 타오르는 타오르는 끄름은 맑은 하늘을 어지러놓는다.
　시민들은 기계와 무감각을 가장 즐기어한다.
　금빛 금빛 금빛 금빛 교착(交錯)되는 영구차.
　호화로운 울음소리에 영구차는 몰리어오고 쫓겨간다.
　번잡을 존숭(尊崇)하는 수부의 생명
　화장장이 앉은 황천고개와 같은 언덕 밑으로 시가도(市街圖)는 나래를 펼쳤다.

2

덜크덩덜크덩 화물열차가 철교를 건널 제
그는 포식하였다.
사처(四處)에서 운집하는 화물들
수레 안에는 꿀꿀거리는 도야지 도야지도 있고
가축류―식료품.―원료. 원료품. 재목, 아름드리 소화되지 않은 재목들―
석탄―중석―아연―동, 철류
보따리 멱대기 가마니 콩 쌀 팥 목화 누에고치 등
거대한 수부의 거대한 위장(胃腸)―
관공용(官公用)의
민사용(民私用)의
화물, 화물들
적행낭(赤行囊)―우편물―
묻어 들어오는 기밀비, 운동비, 주선비, 기업비, 세입비
수부에는 변장한 연공품(年貢品)들이 낙역(絡繹)하였다.

3

강변가로 위집(蝟集)한 공장촌― 그리고 연돌(煙突)들
피혁―고무―제과―방적―
양주장(釀酒場)―전매국……

공장 속에선 무작정하고 연기를 품고 무작정하고 생산을 한다
끼익 끼익 기름 마른 피대가 외마디 소리로 떠들 제
직공들은 키가 줄었다.
어제도 오늘도 동무는 죽어나갔다.
켜로 날리는 먼지처럼 먼지처럼
산등거리 파고 오르는 토막(土幕)들
썩은 새에 굼벵이 떨어지는 추녀들
이런 집에선 먼 촌 일가로 부쳐온 공녀(工女)들이 폐를 앓고
세멘의 쓰레기통 룸펜의 우거(寓居)─다리 밑 거적때기
노동숙박소
행려병사 무주시(無主屍)─깡통
수부는 등줄기가 피가 나도록 긁는다.

4

신사들이 드난하는 곳
쭈뼷쭈뼷 하늘을 찔러 위협을 보이는 고층 건물
둥그름한 주탑(柱塔)─점잖게 높게 뵈려는 인격
꼭대기 꼭대기 발돋움을 하여 소속(所屬)의 깃발이 날린다.
무던히도 펄럭이는 깃발들이다.
씩, 씩, 뽑아 올라간 고층 건물─
공식적으로 나열해 나가는 도시의 미관
수부는 가장 적은 면적 안에서 가장 많은 건물을 갖는다.

수부는 무엇을 먹으며 화미(華美)로이 춤추는 것인가!
　뿡따라 뿡, 뿡, 연극단의 군악은 어린이들을 꼬리처럼 달고 사잇길로 돌아 나가고
　유한(有閑)의 큰아기들은 연애를 애완견처럼 외진 곳으로 끌고 간다.
　"호, 호, 사랑을 투우처럼 하는 것은 고풍이에요"

5

　쉿 쉿 물러서거라
　쉿 쉿 조용하거라
　─외국 사신의 행렬
　각하, 각하, 각하─
　간판이 넓어서 거추장스럽다.
　가차이 오면 걸려들면 부상!
　눈을 가린 마차마(馬車馬)가 아스팔트 위로 멋진 발굽 소리를 흥겨워 내뻗는 것도 이럴 때다!

6

　초대장─독주회 독창회
　악성(樂聖)─가성(歌聲)─천재적 작곡가
　남작의 아들─자작의 집
　수부의 예술이 언제부터 이토록 화미(華美)한 비극이었느냐!

향연과 향연

예술가들이 건질 수 없는 수렁 속으로 빠져 들어가는 일은 슬픈 일이다.

7

여행들을 합니다
똑똑하다고 자처하는 사람은
서울을 옵니다
영미어(英美語), 화어(華語), 내지(內地)말 조선말
똑똑하다고 하는 사람들은 뒤리뒤섞어 이야기를 합니다.
돈을 모은 이는 수부로 이주합니다
평안한 성금법(成禽法)이외다
조선(祖先)의 토호질한 유산
금광
일확천금 투기—
돈을 많이 모은 사람은 고향을 떠납니다
돈을 많이 모은 사람은 고향을 떠나옵니다.

8

박물관—사원—불각 교회당……
뾰족한 피뢰침들
시민들은 이러한 곳을 별장처럼 다닌다

시민들은 이러한 곳을 공원처럼 다닌다
이런 곳에는 많은 남자가 온다
이런 곳에는 많은 여자가 온다
수려한 자연을 피하여 온 사람들
모조된 자연이 있는 공원으로 몰리어온다

9

수부는 어느 때 시작되고 어느 때 그치는 것이냐!
카페와 빠는 나날이 늘어가고
제비처럼 날씬한 예복—
대체 이놈의 안조화폐(贋造貨幣)들은 어데서 만들어내이는 것이냐!
사기—음모—횡령—매수—중혼(重婚)……
돌이킬 수 없는 회한과 건질 수 없는 비애
퇴폐한 절망에 젖은 대학생들—
의사와 의학사
너들은 푸른 등불 밑에서 무슨 물고기와 같은 우수(憂愁)들이냐!
하수도공사비—
도로포장공사비—
제방공사비—
인건비 창창(窓窓)이 활짝 열어제치고 잇몸을 드러내고 웃는 중소상업자
중소상인들의 비장한 애교
"어서요 옵쇼 오십쇼"

18간 대로—병립된 가로등—가로수

다람쥐처럼 골목으로 드나드는 택시들—

외길로만 달아나는 전차들 전차는 목적이 없기 때문에

저놈은 차고로 되들어간다

트럭—

모터 사이클 그냥 사이클

무진회사(無盡會社)의 외교원들은 자전거로 다니며 조사에 교통비를 받는다

10

대체 저널리즘이란 어째서 과부처럼 살찌기를 좋아하는 것인가!

광고—광고—광고—화장품, 식료품

범람하는 광고들

메인 스트리트 한낮을 속이는 숙난한 메인 스트리트

이곳을 거니는 신상(神商)들은

관능을 어금니처럼 아낀다

밤이면 더더더욱 열란(熱亂)키를 바라고

당구장—마작구락부—베비, 골프

문이 마음대로 열리는 술막—

카푸에—빠—레스트란—차완(茶碗)—

젊은 남작도 아닌 사람들은 왜 그리 야위인 몸뚱이로 단장을 두르며

비만한 상가, 비만한 건물, 휘황한 등불 밑으로 기어들기를 좋아하냐!

너는 늬 애비의 슬픈 교훈을 가졌다
늬들은 돌아오는 앞길 동방―한낮이 솟을 제
가시뼉다귀 같은 네 모양이 무섭지는 않니!
어른거리는 등롱에 수부는 한층 부어오른다

11

숙부는 지도 속에 한낱 화농된 오점이었다
숙란하여가는 수부―
수부의 대확장―인근 읍의 편입

『낭만』, 1936. 11. / 『오장환 전집』(김재용 편, 실천문학사, 2002)

야가(夜街)

쓰르갯바람은 못 쓰는 휴지쪽을 휩싸아가고
 덧문을 척, 척, 걸어닫은 상관(商館)의 껍데기 껍데기에는 맨 포스터 투성이.
 쫙 퍼지는 변화가의 포스터
 주보(酒甫)
 초저녁 북새통에 갓을 비뚜로 쓴 시골영감
 십년지기처럼 그 뒤를 따라 나가는 늙은 좀도적!

음험한 눈자위를 구을리며 쑹덜쑹덜 수군거리는 거지

헌 구두를 훔키어잡고 달아나는 아편쟁이 눈썹이 싯푸른 청인(淸人)은 훔침훔침 괴춤을 추썩거리며 어둠 밖으로 나온다.

불안한 마음

불안한 마음

생명수! 생명수! 과연 너는 아편을 가졌다.

술맛이 쓰도록 생활이 고달픈 밤이라 뒷문이 아직도 입을 다물지 않은 중화요리점에는 강단으로 정력을 꾸미어나가는 매음녀가 방게처럼 뼷낙질을 하였다.

컴컴한 골목으로 드나드는 사람들―골목 뒤로는 옅은 추녀 밑으로 시꺼먼 복장의 순경이 굴뚝처럼 우뚝 다가섰다가 사라지고는 사라지고는 하였다.

영화관―환락경. 당구―마작구락부―도박촌.

『시인부락』, 1936. 12. /『오장환 전집』

갱

갱이 있다

갱은 고도한 자본주의 국가의 첨단을 가는 직업이다

성미 급한 이 땅의 젊은이는 그리하여 이런 것을 받아들였다

알코올에 물 탄 양주와

댄스로 정신이 없는

장안의 구석구석에
그들은 그들에게까지 이러한 사실을 알려주었다.

아 여기와는 상관도 없이
또 장안의 한복판에서,
이 땅이 해방에서 얻은 북쪽 38도의 어려운 주소(住所)와
숱한 '야미'꾼으로 완전히 막혀진 서울길을
비비어 뚫고 그들의 행복까지를 위하여
전국의 인민대표들이 모였다는 사실을······

그러나
갱은 끝까지 직업이다.
전국의 생산이 완전히 쉬어진 오늘에
이것은 확실히 신기한 직업이다.
그리하야 점잖은 의상을 갖추운 자본가들은
새로이 이것을 기업한다
그리하야 그들은 그들의 번창해질 장사를 위하여
'한국'이니 '건설'이니 '청년'이니
'민주'니 하는 간판을 더욱 크게 내건다

『인민보』, 1945. 11. / 『오장환전집』

어머니 서울에 오시다

어머니 서울에 오시다.
탕아 돌아가는 게
아니라
늙으신 어머니 병든 자식을 찾아오시다.

―아 네 병은 언제나 낫는 것이냐.
날마다 이처럼 쏘다니기만 하니……
어머니 눈에 눈물이 어릴 때
나는 거기서 헤어나지 못한다.

―내 붙이, 내가 위해 받드는 어른
내가 사랑하는 자식
한평생을 나는 이들이 죽어갈 때마다
옆에서 미음을 끓이고, 약을 달인 게 나의 일이었다.
자, 너마저 시중을 받어라.

오로지 이 아들 위하여
서울에 왔건만
며칠 만에 한 번씩 상을 대하면
밥숟갈이 오르기 전에 눈물은 앞서 흐른다.

어머니여, 어머니시여! 이 어인 일인가요
뼈를 깎는 당신의 자애보다도
날마다 애타는 가슴을
바로 생각에 내닫지 못하여 부산히 서두르는 몸짓뿐.

―이것아, 어서 돌아가자
병든 것은 너뿐이 아니다. 온 서울이 병이 들었다.
생각만 하여도 무섭지 않으냐
대궐 안의 윤비는 어디로 가시라고
글쎄 그게 가로채었다는구나.

시골에서 땅이나 파는 어머니
이제는 자식까지 의심스런 눈초리로 바라보신다.
아니올시다. 아니올시다.
나는 그런 사람과는 아무런 관계도 없습니다.
내가 생각하는 것은
이 가슴에 넘치는 사랑이 이 가슴에서 저 가슴으로
이 가슴에 넘치는 바른 뜻이 이 가슴에서 저 가슴으로
모든 이의 가슴에 부을 길이 서툴러 사실은
그 때문에 병이 들었습니다.

어머니 서울에 오시다.
탕아 돌아가는 게

아니라
늙으신 어머니 병든 자식을 찾아오시다.

『신문학』, 1946. 6. / 『오장환 전집』

승리의 날

메이데이
남조선에도
두 번을 맞이하는
우리들의 날.

물오른 가지에 봉오리 터져나오듯
이날을 앞서
뿌리치는 단 빗발!
멀리서 찾어온 세계노련의,
공위 속개의,
그리고 또
스물네 시간 파업에서 깨달은
우리의 힘.

식민지에 생을 타고난,

아니
썩어빠진 나라조차 가져보도 못한
우리들 근로하는 동지는
오매에도
아! 찬란한 그 이름
인민의 조국,
인민 그대로의 이름일 내 나라
어서 갖기 위하여
우리는
악덕한 자본가의 밑에서도
우선 공장의 굴뚝을
연기로 채우려 하였다.

동무, 동무,
다시 무엇에 초조할 것이냐.
자나 깨나
망치를 휘둘러
차돌같이 단단하여진 팔뚝과 같이
방동의 불풍구
무쇠가 녹아내리는 도가니를 거쳐온 우리들이
조석으로 다니는 거리
거리는 큰 행길에서 실낱 길까지도
아즉 우리의 것은 아니어

산등셍이에 불붙는 마음을 모으고 있을 때,
보아라!
우리는 눈뜨는 인민의
햇불을 두르는 마음으로
온 서울을 내려다본다.

하 하 하
한데 모이면
이렇게 큰 힘이
콧등을 쥐어질리고
턱주갱이를 치받히고
갈빗대를 분질려가며
무한정
피를 빨리고, 기름을 뜯기는 사람들인가.
아니다.
그러기에 우리는 모였다.
3월 1일의,
6월 10일의,
9월 총파업에서
10월항쟁의,
다시 오늘의,
모두가 흘린 피들은
한 방울도 헛됨이 없어

테러와
간계와
음모와
온갖 억울을 물리치고
날이 가면 갈수록
더욱 커지는
눈뜨는 동무들을 합하여
우리는 오늘 여기에 치민다.

온 세상 사람이 손에 손을 맞잡고
춤을 춘다면
그 춤이 지구를 한 둘레 돌 것이라고
불란서의 시인은 노래했지만
이 노래는 헛되지 않어
올해는
뿔라구에서 열리는
세계노련대회에 초청을 받은
우리의 전평,
그렇다.
수없이 흘리고 간 인민의 피들은 헛되지 않아
온 세상의
근로하는 인민이 눈을 부비고
손에 손을 맞잡어

피 빠는 놈들을 걷어차면
피 빠는 앞잡이를 걷어차면
그때는 얼마나 아름다운 세상일 거냐.
그때는 해마다 개운한 날세일 거냐.

『나 사는 곳』(1947) / 『오장환 전집』

유
진
오

山

아무데서나 山이 보이는
티끌 날리는 서울

검푸른 山 마루에
그림같은 붉은 구름이 걸리면
어수선한 발자욱들이
바삐 움직여가는 거리

속삭임을 주고받을
동무를 기다려
누렇게 물드는 街路樹에
등을 기대면
갑짝이 시장끼가

벌레처럼 기어내린다

밀려가는 사람들 사이
이따금 얼굴 익은 동무들이
握手도 없이
눈만을 끔벅이고 지내치는
쌍, 가슴 아픈 오늘날이다

지난해 가을 이맘 땐
모롱이 모롱이 산마다에
횃불이 있었드라만
시방 이 가을엔
그 때를 그리우는 마음이
머얼리 어두어가는
산을 노린다

電車, 自動車, 馬車, 추럭
찔, 찔, 또 찔……
목마른 서울 거리엔
몬지만 휘날리느냐

正刻이다
동무는 헐덕이며

손을 쥐었다
집없는 우리들이다
어깨를 부닥드리며
네거리까지 거러가자

재빠른 속삭임이 끝났다
約束한 날까지
우리는 헤어지자

어지러운 거리
숱한 사람들 속에 끼어
동무는 보이지 안는다

아아 부푸는 숨결로
네거리에 스며
더 한층 검푸러
자주빛 구름 휘감아 도는
산은 나의 가슴 속 깊이
英雄들의 모습을 그려주는구나

아무데서나 山이 보이는
티끌 날리는 서울
거리거리에

山은 가슴마다에 있고

밤이면 머얼리 아득한
별빛 그리워
마지막 가는 날에도
부를 노래
가만 가만 불러보며

어수선히 디디고 간 발자욱
먼지 속에 쌓인 어두운 길 우
타박어리든 발길이 개벼워
간다

(1946. 10)

『문학』 1권 7호, 1948. 4. / 『해방공간의 문학 · 詩 1』(김승환 · 신범순 편, 돌베개, 1988)

窓

Ⅰ

어둠을 向하여
정기 없는 눈처럼

뻐꿈히 열린 窓

이그러진 담베락을 의지하고
조으는듯 까부라질듯
덤덤히 말이 없다.

아지 못할 냄새를 풍기며
가슴을 조이게 하는

낡은 城 밑 군풀 욱어진 곳에
해와 바람은 등져도
비에는 명색은 없는 窓

城넘어 해사한 지붕 아래
쏘는듯 화끈하는
제마다 수실 달은
아름다운 窓들

城을 사이에 터를 갈라
窓들과 窓들은
어제도 오늘도 바라만 보고 있다.

II

여름내 뿌려치는 비 바람 속에
간간히 울음 소리마자 풀끼 없는
어린 것 소리에 시달려
한여름 가고

퍼어런 눈자위
고달푼 얼골이
한숨을 내품는 窓으로

城壁 돌틈에
부스러지는 모래와 함께
삐라처럼 가랑잎이 날러들어가고
가랑잎처럼 삐라가 날러들어가고

얕은 하늘 고요한 밤에
솜 눈이 송이송이
히멀건 窓을
녹힐듯 얼어붙일듯이 두다릴 무렵

窓 안에선
어둠을 타고 그림자인양

미끄러져 들어간 사나이
굵은 목소리 嶺南 사투리가
섞여 들리는

이날부터
종이 소리
무엇을 굴리는 소리
밤을 도와 그치지 않고

밤마다 저녁마다
힘차고 무거운 노래 소리
나즉히 들리기 시작한 후엔

窓은 어둠을 뚫고
멀리 험한 풍랑을 헤아리는
燈台처럼 자꾸 높아만 갔다

때로는 흐린 밤
구름 속에 빛나는
별인양 떨렸고

혹시는 미움에 치밀려
핏발슨 눈처럼

城 넘어 휘황한 窓들을
달려들듯 쏘아보며

사나이와 사나이
에미나의 눈길이 마조칠 때
싸늘한 七首의 흐름이
미운 놈의 가슴팍에
금을 그어놓는다.

Ⅲ

엔징 소리 나면
헤트라잍 불길이
굶주린 이리처럼
굽은 城 윗길로 달려왔고

大門 소리 찌르릉
여닫는 소리와 함께
혀 꼬부라진 소리 들린 뒤

이내 柘榴를 터트린듯
妓女의 웃음소리
취한 마음 흔들리는 노래 소리

연이어 나고

平安道 咸鏡道 사투리
비—루 거품처럼
호화로이 떠돌고

비오는 날
눈오는 밤
철을 잊은 밤마다의
名節이 불을 밝히고

노랫가락이 잦으면
째즈가 풍척이자
치마 꼬리 휘감고
얼싸안은 사람들의
그림자 그림자

눈부시는 窓 넘어
무쇠 欄杆 베란다
城 위 松林길에
어즈러이 맴돌아간다

때론 會議가 있어

우와— 물결처럼 이는
歡呼와 拍手 소리
그리곤 술잔 부딪는 소리
장고 소리 웃음 소리

눈물도 한숨도 없고
눈 비 바람 모오두
헤아려 지내가는 無風地帶
울음 소리라곤
大門 안과 밖에 있는
귀를 찌르는 세파―트의 울음 뿐
그러나 이것도 울음은 아니어

아름다운 窓
취한듯 어른거리는 窓 넘어로
흘러나오는 平安道 사투리와
南韓 放送하는 라디오 소리

窓앞 베란다 쇠난간 우엔
포기 포기 꽃나무
시들을듯 조을고

窓마다 포도넝쿨마냥

쇠넝쿨이 서리어
바람도 비도 고양이도
도적도 피해버리는

이 窓으로 해
밤마다 마을 사람들의 잠은
늘 설어도
窓은 취한듯 怒한 눈길로
城아래 초라한
窓들을 굽어다 본다

IV

낡은 城 넘어
무든 年輪이 돌아간 숲길
여기 무서운 權力이
눈을 부릅뜬 窓과

城 밑 무시로
바스러져 내리는 모래와
千年 묵은 隷屬의 道德으로
이내 찍어 눌릴듯한
무수한 窓들과 窓들은

城을 사이에 터를 갈라
말이 있을 수 없고
말 쓸데 없어

거기 반짝이는 불빛이
부디처 불꽃을 일으켜
하늘과 땅
낡은 城과 숲길이
파아랗게 타오를 날
이날을 바래
묵묵한 침묵이
어두운 밤과 밤을 밝힌다

미여진 문풍지 파닥이는
쇠넝쿨도 나무 토막도 가리지 않은
초라한 窓들은
이젠 아무 것도 잃을 것 없기에
미움과 함께
은연히 견디어 가고

세파―트와 쇠넝쿨과
서슬 푸른 權力이
겹겹히 웨워싼 窓들은

不安하기에
저녁마다 燭光을 돋군다

아아 그러나
도적과 不安을 막기 위하야
쇠줄 느린 窓들은
실상은 비와 바람에 떨며
쥐와 빈대로 더불어
서름에 찌들은
저 窓 안에서
얼마나 악착스리
알찌게 빼앗어갔든 것인가

나의 사랑하는
불상한 동무들은
이러한 窓 안에서
굶주려 숨 넘어갔다.

그러기에
도적이 두려워
어둠이 무서운 아름다운 窓들엔
權力과 함께
부유한 도적이 살지 않느냐

부디쳐 파아랗게

타오를 날

이날이사 나즉한 목소리는

우렁찬 나팔처럼 울리고

하늘을 찌르는 불꽃은

우리의 旗ㅅ발

어둠을 뚫고

아름다운 窓들

그들이 사랑하는 窓들은

鐵窓이 되리라

아아 이것은 偶然이 아니다

强盜와 富者에겐

鐵窓을 주라

『창』(정음사, 1948) / 『해방공간의 문학 · 詩 1』

● 이병윤

서울을쪼기는이에게

밤은깁히 잠들어가고
電燈불은 갓부게하품을할제
作別의설은 가삼을부둥켜안고
썰리는손을 굿게잡건만
오 그대는소김업시 쪽가야만하느냐

서울을 써나려는 그대여
검푸른서울의霧圍氣는
구든意志의 사나희를 내좃치나니
나는 決코너를 일흐랴하지 안앗슬쑨이냐
두알몸동이가 거츠른 가시밧헤서
밋친놈가티뒹굴고 날쒸며
얼그러진 두靈魂은

넓은들우에 멋업시 춤추다가
저들이 파노혼수만흔 산송장들이
뒹구는무덤속에 쌔저버렷나니
오늘의 그대는 이싸를爲하야 싸우다가
도리혀숨막혀가는 이都市에 쫏김을밧는고나
외로히 별빗만 반작이는 잠자는밤에
울엉찬汽笛소리와함께 黑煙만남기고
네가 탄 汽車는 그대로 쩌나가는구나
좀더큰일을爲하야 쩌나가는 그대야
그를 전송하는 여러동모들아
우리는 쌀리 간얄핀눈물을 씻자
그리고 오날이싸의 사나희 우슴으로
뒤ㅅ날을 맹서하고 깃부게 作別하자

來日의 깃붐을爲하야
오늘의 이설음을 박차버리고
힘잇게 발길을 옴겨놋는동모야
너를보고못낫다 어리석다하여도
오직나하나만은 그들압헤서
참된벗이라고 부르며쩌안으련다

오오날의 쩌나지안흐면안이될
긔구한運命에 다달은 사랑의동모야

나는 소리놉혀 외첫노라

만타! 우리의할일은—

크다! 우리의希望은—

『조선일보』(1930. 2. 11.) / 『카프시전집 2』(김성윤 편, 시대평론, 1988)

이
병
철

울면서 딸아가면서
―同志 故 全海鍊 靈前에

海鍊아
인제는 아모리 불러도 대답없는 너의 일흠을
울면서 딸아가면서 부르겠노라

다섯자(五尺)도 채 못되는 작은 키로 하늘을
바로 고으려든 네보람

盜賊의 손에 묻질려 ○○ 한그루의 넋을
울면서 딸아가면서 부르겠노라
獨立門을 지나 西大門을 지나 光化門을 지나도 비는 나린다

海鍊아

너를 먼첨 뒤를 딸으는 많은 우리 모두가 다 굵다란 목성으로 너의 赤旗를
울면서 딸아가면서 부르겠노라

『전위시인집』(노농사, 1946) / 『해방공간의 문학 · 詩 1』(김승환 · 신범순 편, 돌베개, 1988)

거리에서

웃을 때마다 보조개 우물지는 안해를 콧구멍이 빠곰빠곰한 어린 것들을
洛東江 건너 마을에 버리고 쫓겨왔다.

하도 바람부는 날이기에 자락을 거슬러 젊음을 버티면서
몇몇 동무들은 시장한 會館에서 나를 기다릴텐데.

아 이 어인 바람이 멎지않아
휘몰리는 발거름을 바로 고누으려는 발거름을 비틀거리면서,
바람벽마다 전봇대에 누덕이진 삐라를 읽는다.

힌손이 좀 부끄러웠음인가 내가 내 등뒤에 숨으려는 나를 헐벗은 틈에서
새삼 보았느니라, 어서 굵다란 첫획을 그을 붓과 잉크를 사가지고 건너가자.

(一九四六. 九月, 다시 서울에 와서)

『전위시인집』 / 『해방공간의 문학 · 詩 1』

驛頭에서

귀떨어진 소반이며 바가지며
그리고 오오랜 가난에 끄슬린 양은냄비며
모주리 노끈으로 알뜰히 꾸려들고.

젖먹이와 네살먹이와 나의 안해와
어두운 밤 집웅도 없는 貨物列車에 실리여 오면서

머얼리 아스럼 감었다가 다시 더 바래보는
눈망울 속에
별처럼 또렷이 빛나야 할 나의 位置였다.

일혼 아홉개 「턴넬」을 하나식 헤아리면서 하나식 지날 때마다,
캄캄한 어둠이 싫어서 싫어서
얼마나 汽笛소린들 소스라처 울었을겐가마는

京慶線 五〇〇키로
불길처럼 가슴을 식식어리며 쬐그만 汽車가 이윽고 와닿으면

모두들 구래나루 숭게숭게 기뤄가지고
三八式 步兵銃에 쫓겨오는 시굴사람들 틈에 끼여서
나의 안해와 어린 것들과.

어디 쬐그맣게 번지수를 나의 門牌를 밝힐 집이나 한채 있었으면 좋겠다.

『신천지』 2권 1호, 1947. 1. / 『해방공간의 문학 · 詩 1』

哭
— 嗚呼哀哉

아들딸아 손주놈들 앞뒤에 주렁주렁 거나리고 서울메누리 앞세우고, 날만 따스해지면 남산공원으로 동물원으로 화신상회로 나드리 실컨 서울구경을 하시겠다는 어머니.

태백산 밑에서 나서 태백산 밑에서 여쉰환갑투룩 밭갈기와 산에 산나물 이름섬기기와 호박국에 농사는 천하지 대본이라는 것과.

열두대문집 마람사리 한세월에 천한사람의 말 두어천개쯤 귀에 이켰을 뿐, 흙빛 얼굴을 들어 유쾌한 우슴 한번 온전히 웃어본적도 없이 느트나무 처럼 늙은 어머니.

묏돼지보다도 더한 등살에 자식놈들 뿔뿔이 잃어버렸든 자식놈들 딸아, 인제사 좋은 세상 왔으니 기와집 한 채쯤 지니고 서울살겠다고, 서울에는 사래긴 밭도 많고 논도 많은줄 알았다고.

여름에 보리밥 먹기 좋은 상추쌈과 녹두랑 팥이랑 강냉이 당고추 같은것 이라든지, 봄철들면 뿌려야할 가지가지 씨앗을, 뜨내기 이불봇짐 속에 소중히 이어오신 어머니.

왜놈들가도 또더한 왜놈들 등살에 예나제나 상기도 쫓겨다니기만 하는 둘째의 일흠을 불러, 어느때 참말로 좋은 세상이 와서 참말로 기와집 한채쯤 지니고 살겠느냐고 물으시든 어머니.

어머니 어머니!
날시가 풀리어 채 따스해지기도 전에 화신상회 동물원 구경을 하시기도 전에, 쫓겨다니는 이 자식놈을 돌볼결도 없이 어데로 어데로 이렇게 바뻐 길을 채리시는 것입니까.

목이 터지두룩 아모리 불러도 대답없이 하늘가 자꾸만 머얼리로 바뻐가시는 어머니, 어듸매 살기 좋은 나라 살기 좋은 번지수를 찾아 가시기에 이처럼 이처럼 바쁜길이옵니까.

가시든길 돌아오이소 어머니,
왜놈들과 왜놈들의 부치는 아주 사뭇 쫓아버리고 봄이오면 틀림없이 이 땅에 봄이오면, 이불봇짐과 함께 가지고 오신 어머니의 씨앗을 갈아 꽃피우겠읍니다, 꽃피우겠읍니다.

『문학평론』 3호, 1947. 4. / 『해방공간의 문학 · 詩 1』

● 이
　상
　화

哭子詞

웅히야! 너는 갓구나
엄나가 넌지 아비가 넌지
너는 모르고 어데로 갓구나!

불상한 어미를 가젓기 째문에
가난한 아비를 두엇기 째문에
오자마자 네가 갓구나.

달보다 잘낫든 우리웅히야
부처님보다도 착하든웅히야
너를 언제나 안아나줄고

그럭게 팔월에 네가 간뒤

그해 십월에 내가 갓치어
네어미 간장을 태웟드니라.

지내간 오월에 너를 엇고서
네어미가 정신도 못차린 첫칠날
네아비는 쏘다시 갓치엇드니라.

그런뒤 오은 한해도 못되어
가진쑴 온갓힘 다쓰려든
이아비를 바리고 너는갓구나.

불상한 속에서 네가 태어나
불상한 한숨에 휩새고 말것
어미아비 두가슴에 못이박킨다.

말못하든 너일망정 잘웃기싸에
장차는 어려움업시 잘지나다가
사내답게 한평생을 맛칠줄알앗지.

귀여운 네발에 흙도 못뭇처
몹슬 이런변이 우리에게온것
아, 마른하늘 벼락에다 어이견주랴.

너위해 얽든쑴 어디쓰고
네게만 쏟든사랑 뉘게다줄고
웅히야 제발다시 숨쉬어다오

하로해를 네겨테서 못지나본것
한가지로 속시원히 못해준것
감옥방 판자벽이 얼마나 울엇든지.

웅히야! 너는갓구나
웃지도 울지도 꼼짝도 안코.

불상한 선물로 설음을세고
가난한 선물로 몹쓸병안고
오자마자 네가 갓구나

한울보다 더미덥든 우리 웅히야
이세상엔 한아박게 업든웅히야
너를 언제나 안어나줄꼬―

『조선문예』, 1929. 6. / 『카프시전집 1』(김성윤 편, 시대평론, 1988)

● 이
　성
　범

수도(首都)

바다의 오만한 상어마냥
이 국제 비행기가
산맥의 이마 위로
떠
가고,

수심끼인 산악의 밑으로
도시는 여기 엎드렸도다

계절따라 돌아오는 금조의 무리
물길따라 번성하는 어족의 무리
돌아온 수도는 흥성하련만
개미의 장날보다 어수선토다.

집터 허물어진 빈터에는
여름 한 때 하루살이떼마냥
행상들이 모여든다 모이어든다
상품과 사기가 무수히 교역되는 시장

시체옷 벗겨입는 아편쟁이의 눈시울
임자네는 죽음의 길을 보았나이까
셔다 찌글렁 찌글렁

이방의 겨레들은
나라와 사랑을 찾아
이불과 학대를 짊어지고
조국으로 조국으로 돌아왔으나

수도의 거리거리
사람이 사람을 보는 눈은 모두가 백안
햇빛 고루 비칠 땅에
슬기없는 유령들이 횡행합니다
영사막의 인물들을 선생님
이차원에서 끌어내 주세요 정말

사람과 사람사이의 경쟁을 위하여
교지(巧智)와 기만을 배우기 위하여

사람들은 수도로 수도로 모이어든다
죄악의 꽃이 매독처럼 번지어가고
사람이 사람을 사랑할 수 없는 땅
윤락의 윤리
자유경쟁이란 어찌하여 만들어진 범죄의 씨이냐

태고 혼돈의 창생기
이 땅의 거찬 의욕으로 스스라쳐난 산악
뭇세월에 너의 의지를 덮으려던
눈과 비와 바람을 씻고 너는
동방 가웃ㅇ의 서울을 지켜왔도다

땅 속 천길에 사무치는
지ㅇ의 어두운 소리 들리거든
말하라 산악
또는 이 땅
용의 등어리로 굽이쳐 뻗은
태백의 산맥 굽이굽이
안개가 일어
구름이 일어
새로운 싹 틔우는
ㅇ우를 장만하는
풍운을 부르는가 산악

(丙戌 2月)

『신천지』 1권 3호, 1946. 4. / 『해방기의 시문학』(오현주 편, 열사람, 1988)

이용악

거리에서

아무렇게 겪어온 세월일지라도 혹은 무방하여라, 숨막혀라, 잔바람 불어 오거나 구름 한 포기 흘러 가는게 아니라 어디서 누가 우느냐.

누가 목메어 우느냐, 너도 너도 너도 피터진 발꿈치, 피터진 발꿈치로 다시 한번 힘 모두어 땅을 차자. 그러나 서울이여, 거리마다 골목마다 이마에 팔을 얹는 어진 사람들.

눈보라여, 비바람이여, 성낸 물결이여, 이제 휩쓸어 오는가, 불이여 물결이여, 노한 청춘과 함께 이제 어깨를 일으키는가.

우리 죄그마한 고향 하나와, 우리 죄그마한 인민의 나라와, 오래인세월 너무나 서러웁던 동무들 차마 그리워, 우리 다만 앞을 향하여 뉘우침 아예 없어라.

『신천지』 1권 11호, 1946. 12. / 『해방기의 시문학』(오현주 편, 열사람, 1988)

유정에게

요전 추위에 얼었나보다 손등이 유달리 부은 선혜란 년도 입은 채로 소원이 발가락 안나가는 신발이요 소원이 털모자인 창이란 놈도 입은 채로 잠이 들었다

겨울엔 역시 엉덩이가 뜨뜻해야 제일이니 뭐니 하다가도 옥에 갇힌 네게 비기면 못 견딜 게 있느냐고 하면서 너에게 차입할 것을 늦도록 손질하던 아내도 인젠 잠이 들었다

머리맡에 접어 놓은 군대 담요와 되도록 크게 말은 솜버선이며 고리짝을 뒤적거렸자 쓸 만한 건 통 없었구나 무척 헐게 입은 속내복을 나는 다시 한 번 어루만지자 오래간만에 들린 우리집 문마다 몹시도 조심스러운데

이윽고 통행금지 시간이 지나면 창의 어미는 이 내복 꾸러미를 안고 나서야 한다 바람을 뚫고 바람을 뚫고 조국을 대신하여 네가 있는 서대문 밖으로 나가야 한다

1947. 12

『현대시인전집 1』(동시가, 1948) / 『해방기의 시문학』

• 이
  호

前詩

鐘路에선白衣群

熱이식엇고 핏氣가죽엇고

彈力이업서진 고깃쌩이의무리가

오고간다

陽地쪽에서 말나쌔진 무우가치

뇌랏케 쭈굴터리고 치덕치덕햇다

노란 하품을 吐하고

기침한번 캑하지못하구

쌍만보고 오물소물 거러간다

屢百年 짓발피인 길바닥과가치

쌀고 민태인체로 거러간다

흰옷은하는것업시

누르기만햇다

횃토불을 거덕하게 싸화노코
다태와야 비린내하나 나지안을것들이
─짓발피인 光明中에서─

『문예운동』, 1926. 6. / 『카프시전집 1』(김성윤 편, 시대평론, 1988)

임
화

네거리의 순이

네가 지금 간다면, 어디를 간단 말이냐?
그러면, 내 사랑하는 젊은 동무,
너, 내 사랑하는 오직 하나뿐인 누이동생 순이,
너의 사랑하는 그 귀중한 사내,
근로하는 모든 여자의 연인……
그 청년인 용감한 사내가 어디서 온단 말이냐?

눈바람 찬 불쌍한 도시 종로 복판에 순이야!
너와 나는 지나간 꽃 피는 봄에 사랑하는 한 어머니를
눈물나는 가난 속에서 여의었지!
그리하여 너는 이 믿지 못할 얼굴 하얀 오빠를 염려하고,
오빠는 가냘핀 너를 근심하는,
서글프고 가난한 그날 속에서도,

순이야, 너는 마음을 맡길 믿음성 있는 이곳 청년을 가졌었고,
내 사랑하는 동무는……
청년의 연인 근로하는 여자 너를 가졌었다.

겨울날 찬 눈보라가 유리창에 우는 아픈 그 시절,
기계 소리에 말려 흩어지는 우리들의 참새 너희들의 콧노래와
언 눈길을 걷는 발자국 소리와 더불어 가슴속으로 스며드는
청년과 너의 따뜻한 귓속 다정한 웃음으로
우리들의 청춘은 참말로 꽃다왔고,
언 밥이 주림보다도 쓰리게
가난한 청춘을 울리는 날,
어머니가 되어 우리를 따뜻한 품속에 안아주던 것은
오직 하나 거리에서 만나 거리에서 헤어지며,
골목 뒤에서 중얼대고 일터에서 충성되던
꺼질 줄 모르는 청춘의 정열 그것이었다.
비할 데 없는 괴로움 가운데서도
얼마나 큰 즐거움이 우리의 머리 위에 빛났더냐?

그러나 이 가장 귀중한 너 나의 사이에서
한 청년은 대체 어디로 갔느냐?
어찌 된 일이냐?
순이야, 이것은……
너도 잘 알고 나도 잘 아는 멀쩡한 사실이 아니냐?

보아라! 어느 누가 참말로 도적놈이냐?
이 눈물 나는 가난한 젊은 날이 가진
불상한 즐거움을 노리는 마음하고,
그 조그만 참말로 풍선보다 엷은 숨을 안 깨치려는 간지런 마음하고,
말하여보아라, 이곳에 가득 찬 고운 젊은이들아!

순이야, 누이야!
근로하는 청년, 용감한 사내의 연인아!
생각해보아라, 오늘은 네 귀중한 청년인 용감한 사내가
젊은 날을 부지런할 일에 보내던 그 여윈 손가락으로
지금은 굳은 벽돌담에다 달력을 그리겠구나!
또 이거 봐라, 어서.
이 사내도 네 커다란 오빠를……
남은 것이라고는 때 묻은 넥타이 하나뿐이 아니냐!
오오, 눈보라는 '트럭'처럼 길거리를 휘몰아간다.

자 좋다, 바로 종로 네거리가 예 아니냐!
어서 너와 나는 번개처럼 두 손을 잡고,
내일을 위하여 저 골목으로 들어가자,
네 사내를 위하여,
또 근로하는 모든 여자의 연인을 위하여……

이것이 너와 나의 행복된 청춘이 아니냐?

『조선지광』, 1929. 1. / 『임화문학예술전집 시』(임화문학예술전집 편찬위원회 편, 소명출판, 2009)

우리 오빠와 화로

사랑하는 우리 오빠 어저께 그만 그렇게 위하시던 오빠의 거북무늬(紋)
질화로가 깨어졌어요
언제나 오빠가 우리들의 '피오닐' 조그만 기수라 부르는 영남(永男)이가
지구에 해가 비친 하루의 모든 시간을 담배의 독기 속에다
어린 몸을 잠그고 사온 그 거북무늬 화로가 깨어졌어요

그리하야 지금은 화젓가락만이 불쌍한 영남이하구 저하구처럼
똑 우리 사랑하는 오빠를 잃은 남매와 같이 외롭게 벽에 가 나란히 걸렸
어요

오빠……
저는요 저는요 잘 알었어요
왜 그날 오빠가 우리 두 동생을 떠나 그리로 들어가실 그 날 밤에
연거푸 말는 궐연(卷煙)을 세 개씩이나 피우시고 계셨는지
저는요 잘 알었어요 오빠

언제나 철없는 제가 오빠가 공장에서 돌아와서 고단한 저녁을 잡수실 때
오빠 몸에서 신문지 냄새가 난다고 하면
오빠는 파란 얼굴에 피곤한 웃음을 웃으시며
……네 몸에선 누에 똥내가 나지 않니— 하시던 세상에 위대하고 용감한

우리 오빠가 왜 그날만

　말 한마디 없이 담배 연기로 방 속을 메워버리시는 우리 우리 용감한 오빠의 마음을 저는 잘 알았어요

　천정을 향하여 기어올라가던 외줄기 담배 연기 속에서— 오빠의 강철 가슴속에 박힌 위대한 결정과 성스러운 각오를 저는 분명히 보았어요

　그리하여 제가 영남이의 버선 하나도 채 못 기웠을 동안에

　문지방을 때리는 쇳소리 마루를 밟는 거치른 구두 소리와 함께— 가버리지 않으셨어요

　그러면서도 사랑하는 우리 위대한 오빠는 불쌍한 저의 남매의 근심을 담배 연기에 싸두고 가지 않으셨어요

　오빠!— 그래서 저도 영남이도

　오빠와 또 가장 위대한 용감한 오빠 친구들의 이야기가 세상을 뒤집을 때

　저는 製絲機를 떠나서 백 장에 일 전짜리 封筒에 손톱을 뚫어트리고

　영남이도 담배 냄새 구렁을 내쫓겨 봉통 꽁무니를 뭅니다

　지금— 만국 지도 같은 누더기 밑에서 코를 골고 있습니다

　오빠! 그러나 염려는 마세요

　저는 용감한 이 나라 청년인 우리 오빠와 핏줄을 같이 한 계집애이고

　영남이도 오빠도 늘 칭찬하던 쇠같은 거북무늬 화로를 사온 오빠의 동생이 아니예요

　그리고 참 오빠 아까 그 젊은 나머지 오빠의 친구들이 왔다 갔습니다

　눈물나는 우리 오빠 동무의 소식을 전해주고 갔어요

사랑스런 용감한 청년들이었습니다
세상에 가장 위대한 청년들이었습니다

화로는 깨어져도 화젓갈은 깃대처럼 남지 않았어요
우리 오빠는 가셨어도 귀여운 '피오닐' 영남이가 있고
그리고 모든 어린 '피오닐'의 따뜻한 누이 품 제 가슴이 아직도 더웁습니다

그리고 오빠……
저뿐이 사랑하는 오빠를 잃고 영남이뿐이 굳센 형님을 보낸 것이겠습니까
슬지도 않고 외롭지도 않습니다
세상에 고마운 청년 오빠의 무수한 위대한 친구가 있고 오빠와 형님을 잃은 수없는 계집아이와 동생
저희들의 귀한 동무가 있습니다

그리하여 이 다음 일은 지금 섭섭한 분한 사건을 안고 있는 우리 동무 손에서 싸워질 것입니다

오빠 오늘 밤을 새어 이만 장을 붙이면 사흘 뒤엔 새 솜옷이 오빠의 떨리는 몸에 입혀질 것입니다
이렇게 세상의 누이 동생과 아우는 건강히 오늘 날마다를 싸움에서 보냅니다

영남이는 여태 잡니다 밤이 늦었어요

― 누이동생

『조선지광』, 1929. 2. / 『임화문학예술전집 시』

오늘밤 아버지는 퍼렁이불을 덮고

오늘밤 아버지는 퍼렁이불을 덮고
노들강 건너편 그 조그만 오막살이 속에 잠자는 네 등을 두드리고 있다.
그리고 지금 내가 네가 일에 충성된 것을 생각하며 대님을 묶은 길다란 바지가 툭 터지는 줄도 모르고
첩첩히 닫힌 창살문 밖에 밝아가는 하늘을 바라보며 두 다리를 쭉 뻗고 있다.
아직도 내가 동무들과 같이
오토바이에 실려 '불'로 '×××'로 끌려 다녔을 때 너는 어린 개미처럼
'사시이레' 보퉁이 끼고 귀를 에이는 바람이 노들강 위를 불어나리고
있는 집 자식들이 털에 묻혀 스케트 타는 얼음판을 건너
하루같이 영등포에서 서울로 아버지는 찾아왔다.
나는 네가 착한 아이라고 칭찬한다.
그러나 만일 네가 그것 때문에 조금치라도 일을 게을렀다면은
네가 정성을 다하여 빨아오는 그 양말짝이나마
어떻게 아버지는 마음 놓고 발에 신을 수가 있었겠느냐
벌써 섣달!

동무들과 같이 아버지가 한데 묶여 ×무소로 넘어올 때
그때도 너는 울지 않고 너는 손을 흔들며 자동차를 따라왔다.
그러나 만일 네가 만일 네가
아버지 자식의 사이를 잡아 제친 온 동무들과 우리들 사이를 잡아 제친
이 일을 네가 새로운 사업을 위하야 생각하지 않았다면은
너를 잊어버리지 않고 너를 한껏 사랑하는 아버지는 마음 놓고 ×밥을 입에다 넣지를 못하였을 것이다.
그러나 아버지는 안다.
너는 언제나 일에 충실하고 지금도 또한 충실한 것을
오늘도 그 전에 아버지가 건너다니든 노들강 얼음판 위를
영등포에서 용산으로 용산에서 영등포로
이어지는 귀중한 명맥을 버선목 깊이 숨기고
너는 혼자서 탕탕 얼음을 구르며 건넜으리라
그리고 또 밝는 새벽일을 잊지 않고
풋솜같이 깊이 자는 네 등을 두드리며 아버지는 조그만 네 가슴에 손을 얹어보고
네 가슴이 시계처럼 똑똑이 맥치는 것을 한껏 칭찬한다.
빠르지도 않게 느리지도 않게 언제나 틀림없지
아버지나 너는 언제나 일에 한결같아야 한다
그것 하나만을 가슴속 깊이 가지고 있어야 한다.
한번 폭풍에 짓밟힌 우리들의 사업은 언제 또 어그러질지도 모를 것이다.
그러나 언제이고나 우리들이 맘이 한결 같으면은 언제나 틀림없이 맥차는 염통이 가슴 속에서 움직이면

우리들 모두다 가슴에 파묻힌 염통을 괭이로 한목에 푹 파내이기 전에는
　아무 때이고 아무 ×에게이고 우리들의 가슴을 만져보라고 내밀어보자
　무엇이 감히 우리들의 자라는 나무를 뿌리 채 뽑을 수가 있겠는가
　영리하고 귀여웁고 사랑스러운 아들아 아버지는 요전에도 네 연필로 쓴
편지를 생각하고
　네 가슴이 똑똑이 뛰고 있는 것을 칭찬하고
　퍼렁이불 자락을 끌어 어깨를 덮고 있다 일에 충실한 착한 너를 생각하며

『제일록』, 1933. 3. / 『임화문학예술전집 시』

다시 네거리에서

지금도 거리는
수많은 사람들을 맞고 보내며,
전차도 자동차도
이루 어디를 가고 어디서 오는지,
심히 분주하다.

네거리 복판엔 문명의 신식 기계가
붉고 푸른 예전 깃발 대신에
이리 저리 고개를 돌린다.
스톱―주의―고―

사람, 차, 동물이 똑 기예(技練) 배우듯 한다.
거리엔 이것밖에 변함이 없는가?

낯선 건물들이 보신각을 저 위에서 굽어본다.
옛날의 점잖은 간판들은 다 어디로 갔는지?
그다지도 몹시 바람은 거리를 씻어갔는가?
붉고 푸른 '네온'이 지렁이처럼,
지붕 위 벽돌담에 기고 있구나.

오오, 그리운 내 고향의 거리여! 여기는 종로 네거리,
나는 왔다, 멀리 낙산(駱山) 밑 오막사리를 나와 오직
네가 네가 보고 싶은 마음에······
넓은 길이여, 단정한 집들이여!
높은 하늘 그 밑을 오고가는 허구한 내 행인들이여!
다 잘 있었는가?
오, 나는 이 가슴 그득 찬 반가움을 어찌 다 내토를 할가?
나는 손을 들어 몇 번을 인사했고 모든 것에서 웃어보였다.
번화로운 거리여! 내 고향의 종로여!
웬일인가? 너는 죽었는가, 모르는 사람에게 팔렸는가?
그렇지 않으면 다 잊었는가?
나를! 일찍이 뛰는 가슴으로 너를 노래하던 사내를,
그리고 네 가슴이 메어지도록 이 길을 흘러간 청년들의 거센 물결을,
그때 내 불쌍한 순이(順伊)는 이곳에 엎더져 울었었다.

그리운 거리여! 그 뒤로는 누구 하나 네 위에서
청년을 빼앗긴 원한에 울지도 않고,
낯익은 행인은 하나도 지내지 않던가?

오늘밤에도 예전같이 네 섬돌 위엔 인생의 비극이 잠자겠지!
내일 그들은 네 바닥 위에 티끌을 주으며……
그리고 갈 곳도 일할 곳도 모르는 무거운 발들이
고개를 숙이고 타박타박 네 위를 걷겠지.
그러나 너는 이제 모두를 잊고,
단지 피로와 슬픔과 검은 절망만을 그들에게 안겨 보내지는 설마 않으리라.

비록 잠잠하고 희미하나마 내일에의 커다란 노래를
그들은 가만히 듣고 멀리 문 밖으로 돌아가겠지.

간판이 쭉 매어 달렸던 낯익은 저 이계(二階)
지금은 신문사의 흰 기(旗)가 죽지를 늘인 너른 마당에,
장꾼같이 웅성대며, 확 불처럼 흩어지던 네 옛 친구들도
아마 대부분은 멀리 가버렸을지도 모를 것이다.
그리고 순이(順伊)의 어린 딸이 죽어간 것처럼 쓰러져 갔을지도 모를 것이다.
허나, 일찍이 우리가 안 몇 사람의 위대한 청년들과 같이,
진실로 용감한 영웅의 단(熱)한 발자국이 네 위에 끊인 적이 있었는가?
나는 이들 모든 새 세대의 얼굴을 하나도 모른다.
그러나 "정말 건재하라! 그대들의 쓰린 앞길에 광영이 있으라"고.

원컨대 거리여! 그들 모두에게 전하여다오!
잘 있거라! 고향의 거리여!
그리도 그들 청년들에게 은혜로우라.
지금 돌아가 내 다시 일어나지를 못한 채 죽어가도
불상한 도시! 종로 네거리여! 사랑하는 내 순이야!
나는 뉘우침도 부탁도 아무것도 유언장 위에 적지 않으리라.

『조선중앙일보』(1935. 7. 27.) / 『임화문학예술전집 시』

9월 12일
―1945년, 또 다시 네거리에서

조선 근로자의
위대한 수령(首領)의 연설이
유행가처럼 흘러나오는
'마이크'를 높이 달고

부끄러운
나의 생애의
쓰라린 기억이
포석(鋪石)마다 널린
서울 거리는

비에 젖어

아득한 산도
가차운 들창도
현기(眩氣)로워 바라볼 수 없는
종로 거리

저 사람의 이름 부르며
위대한 수령의 만세 부르며
개아미 마냥 모여드는
천만의 사람

어데선가
외로이 죽은
나의 누이의 얼굴
찬 옥방(獄房)에 숨지운
그리운 동무의 모습
모두 다 살아오는 날
그 밑에 전사하리라
노래부르던 깃발
자꾸만 바라보며

자랑도 재물도 없는

두 아이와

가난한 아내여

가을비 차거운

길가에

노래처럼

죽는 생애의

마지막을 그리워

눈물짓는

한 사람을 위하여

원컨대 용기이어라.

『찬가』(백양당, 1947) / 『임화문학예술전집 시』

조
남
령

北岳山 산바람 불어내린 날

北岳山 산바람 불어내린 날
屍體를 거두는 누나 네 동무
피! 피! 피투성이의 三淸會館에
屍體를 거두는 누나 네 동무
朝鮮人民共和國 만세와
弱少民族解放 만세를
부르짖고 쓰러진 세 동무의 屍體
얼굴박고 엎드린 李동무의 屍體
病院에서 寃死한 金동무의 屍體
北岳山 산바람 불어내린 날
屍體를 거두는 누나 네 동무

朝鮮이 世界로 나아가려는 지음

民主主義 깃발 아래 싸우다가
팟쇼의 毒牙에 참혹하게도 넘어진
우리 學兵 세 동무야 그대들 아느냐?
北岳山 산바람 불어내린 날
한없이 눈물만 흘리면서
그대를 거두어준 누나들을 아느냐?

눈물이 그대들 얼굴에 떨어지면
하얀 손으로 씻어주고
눈물이 눈에 어려 않보이면
힌 사매 깃으로 씻어가면서
그대들 거두어준 누나들을 아느냐?
피투성이 누더기 이불이나마
다독다독 덮어준 누나들을 아느냐?
그것은 婦女同盟 누나 네 동무
머리에 오롯한 後光이 빛나는
오오! 그들이야 天使이었다!
오오! 그들이야 天使이었다!

北岳山 산바람 불어내린 날
한없이 눈물만 흘리면서
시체를 거두는 누나 네 동무
머리에 오롯한 後光이 빛나는

오오! 그들이야 天使이었다!

『학병』 2호, 1946. 2. / 『해방공간의 문학 · 詩 1』(김승환 · 신범순 편, 돌베개, 1988)

조종현

도회의저녁

아리랑

『달아달아』 달노래 불든아이들
달노래에 흥겨워 춤도추더니
『아리랑 아리랑 아라리요』
아리랑 노래를 불으며노네

선술집

전등불이 어스름빗최는거리
갈지ㅅ자 거름을 걸는주정꾼
『네가잘나 내가잘나 그뉘가잘나』
소리치며 선술집 압흘지내네

거지떼

어린거지 큰거지 줄다름질치네
대문간에 기대여 하로밤자려다
행낭어멈 고함에 넉두리를일코
어린거지 큰거지 줄다름질치네

신문배달
새신문이 나왓다 어서보라고
불이나케 도르는 신문배달부
배달부의 엉덩이 춤출째마다
절렁절렁 쌍방울 울음웁니다

공장누나
하로종일 긔계에 시달리우고
저녁늦게 길거리 돌오는누나
공장누나 가엽네 허리가굽네
꼿다운 청춘이 허리굽엇네

야시장?
야시장? 왜드네 종로네거리
하나둘식 왜드는 야시장숀들
십오전에 두개식 골나잡으라
밤새도록 웨치려 모혀드누나

『조선일보』(1930. 7. 2.) / 『카프시전집 2』(김성윤 편, 시대평론, 1988)

조
허
림

이국의 서울

썩은 심장들이 난무하는 마도(魔都)
악의 꽃이 만발한 서울

자유란 매국노와 카―페의 콧노래였더냐

해방이란 배금사상의 네 활개였더냐
모―든 권력을 돌리라
지축을 흔들던 데모는 어디로 가고

백만의 꿈쪽이 딩구는 네 가슴을
함부로 짓밟는 구세주의 구둣발소리

언제부터 껌씹는 복까지 타고 났던

낯설은 손님들을 끼고 춤추는 서울아 나라없는 슬픔아

독립문 위에
또 누가 이국의 기를 꽂으려 하느냐

대한도 아니란다 네의 조국은
옆구리에 칼을 맞아 꺼꾸러지고

어제는 「게이죠」
오늘은 SEOUL
내일은 또 무슨 문패를 달테냐

웃지도 울지도 미치지도 못하는
벙어리가 된 환멸아 나라 잃은 서울아

(외치렴)

언제 너는 날개를 펴고
남산과 삼각산과 태양 위에 인민의 국기를 세울테냐
1945. 12

『건설』 7호, 1946. 2. / 『해방기의 시문학』(오현주 편, 열사람, 1988)

| 해 설 |

식민지 수도 경성의 근대화와 노동시의 대응

이 성 혁

1

 도시사회학적 연구에 따르면 식민지 수도 경성이 확연한 근대적 도시로 본격적인 질적 전환을 거치면서 형성되기 시작한 것은 1920년대 중반이다. 1920년대 중반에는 인구의 과밀화와 시가지의 무질서한 팽창으로 다양한 도시 문제가 분출하기 시작하여 도시 계획의 필요성이 제기되었고 일제 식민 권력을 상징하는 건물이 건축되는 동시에 기능주의에 입각한 모더니즘적 양식의 상업 건물도 건축된다. 그리고 1920년대 후반이 되면 본격적인 근대적 도시 문화 시장이 형성되기 시작하면서 경성의 조선인들도 소비문화 상품의 소비자로 등장하게 되고 '다이쇼 데모크라시' 시기의 도시 대중문화가 대거 유입된다.[1] 물론 이러한 근대 도시화는 일제에 의한 자본주의 공업화의 본격적인 이식에 따른 것이다. 일본에 값싼 식량을 공급하기 위해 1920년대부터 조선에서 행해진 산미증산계획은 쌀의 증식에는 그다지 성공하지 못하고 일본으로 빠져나가는 양은 증가하여 조선인들을 기아 상태로 몰아넣게 된다. 그래서 많은 조선인들이 일본이나 만주, 조선 내의 도시로 이주한다.[2]

---

1) 김백영, 『지배와 공간—식민지도시 경성과 제국 일본』(문학과지성사, 2009), 65~70쪽.

도시가 이들을 끌어당길 수 있었던 것은 자본주의적 생산양식의 본격적인 이식과 발전이 1920년대 조선에서 도시를 중심으로 이루어지기 시작했기 때문인데, 이 본격적인 이식과 발전은 총독부가 산미증산계획을 발표함과 함께 1920년 회사령을 철폐하면서 자본의 이식 기반을 확충, 확대하고자 하는 정책을 시행하면서 부터다.[3] 하지만 자본의 이식을 통한 공업화의 진전은 식민 본국과 비교하여 불충분했다. 그래서 농촌의 궁핍화로 인해 활발해진 도시로의 인구 이동에 대응할 만한 고용이 창출되지 못했기 때문에, 도시 주변에 불안정한 잡업층이 체류하게 되는 과잉 도시화와 도시의 비공식 부문이 확대된다.[4] 그렇기에 식민지 수도 경성은 근대적인 도시로 변모하면서 자본주의의 모순을 극명하게 보여주는 공간이 되었다. 1920년대부터 경성은, 한쪽에서는 거대한 건물이 세워지고 새로운 거리가 생겨나면서 첨단 소비문화가 자리를 잡아가지만, 다른 한쪽에서는 반실업자들이 토막을 짓고 비참하게 살아나가는 착종된 공간이 되어갔던 것이다. 게다가 근대적 도시화가 진행되면서 남쪽에는 일본인이 주로 거주하는 마찌(町)가, 북쪽에는 조선인이 주로 거주하는 동(洞)으로 분할되어갔기 때문에 경성은 식민지의 '이중도시'로서의 성격을 띠기 시작했다.

경성에서의 식민지 근대성의 형성은, 독립운동의 노선 변화에도 일정한 영향을 끼친다. 알다시피 3·1만세운동 이후 조선의 독립운동은 사회주의운동으로 전화되어 나갔다. 그러한 전화는 도시에서 프롤레타리아가 증가하게 된 사회적 변화와 상응한다. 도시에서 형성되고 있었던 프롤레타리아는 일본 제국주의에 대항하는 민족해방 운동의 핵심 세력이자 더 나아가 사회 체제의 근본적인 변혁까지 이루어낼 수 있는 세력으로서의 잠재력을 갖고 있는 것으로 일군의 지식인들은 생각했다. 게다가 노동쟁의가 크게 늘어났다. 1920년 81건의 파업 횟수는 1925년까

---

2) 하시야 히로시, 김제정 옮김, 『일본제국주의, 식민지 도시를 건설하다』(모티브북, 2005), 55~60쪽.
3) 서울사회과학연구서 경제분과, 『한국에서 자본주의의 발전』(새길, 1991), 54~55쪽.
4) 하시야 히로시, 앞의 책, 57쪽.

지 수십 건을 오르내리다가 1926년부터 급속히 증가, 1931년에는 205건으로 늘어난 것이다.[5] 도시에서의 노동자와 빈민의 증가와 그들의 조직화된 파업은, 그들이 제국의 통치력에 도전할 수 있는 계급으로서 조직될 가능성을 보여주는 것이었다.

노동자와 잡업층, 빈민들을 조직하기 위해 1920년대부터 세워진 숱한 노동 단체들은 프롤레타리아의 세계관과 '과학'을 바탕으로 구성된 사회주의 이념을 자신의 무기로 삼았고 점점 더 급진적으로 변모해갔다. 당시 지식계 및 문화계 역시 사회주의 수용 속에서 격심한 과도기를 맞이하고 있었다. 점차 지식계와 문화계의 담론 헤게모니도 사회주의자들이 잡기 시작했다. 문학계에서도 마찬가지의 현상이 일어났다. 알다시피 사회주의를 수용한 작가들과 지식인들이 기성 문단의 무기력을 비판하며 '카프'(조선 프롤레타리아 예술 연맹)를 결성하고 문단에서 강력한 세력을 갖게 된다. 카프의 작가들은 사회주의 이념을 바탕으로 문학 활동을 하게 되는데, 그렇다고 이들의 활동 지향을 일본발 사회주의의 무비판적 수용에 의한 것이라고만 말할 수는 없다. 왜냐하면 빈곤이 집적되기 시작한 경성의 실제 상황이 그들을 프롤레타리아의 입장에 서는 문학으로 이끌었기 때문이다. 그들은 생생하게 드러나기 시작한 도시의 비참한 현실을 외면하는 문학을 더 이상 할 수 없다고 생각했으며, 그 현실을 고발하고 상황을 깨뜨리는 데 일조하는 문학을 해야 한다고 생각해서 의기투합했다. 그리하여 카프 소속 시인을 포함한 일군의 '신경향파적'인 시인들은 1920년대 중반부터 프롤레타리아의 입장에 서서 경성의 빈곤을 드러내는 '노동시'를 내놓기 시작했다.

여기서 '노동시'의 개념에 대해 잠깐 논해야겠다. '노동시'란 장르 개념은, 자본주의 아래에서의 노동 현실에 대해 비판하고, 그에 대한 대안을 모색한 시들이 분출했던 1980년대에 구체화된 것이다. 1920년대 중반에서 1930년대 중반까지 생산된, 프롤레타리아적 입장에서 창작된 시들에 대해서는 '프로시'란 이름으로 불리어왔다. '프로시'란 일제 강점기 특정 시기에 형성된 개념이고 그 시기의 특정한

---

5) 안재성, 『한국노동운동사 1』(삶이보이는창, 2008), 62쪽.

시들을 대상으로 한 개념인 것이다. '노동시' 역시 '프로시'와 마찬가지로 1980년대라는 역사 속에서 형성된 개념이다. 하지만 '프로시'나 '노동시' 양자 모두 프롤레타리아의 생활을 바탕으로 프롤레타리아의 입장에서 삶의 잠재력을 억압하는 강제적 노동 현실을 비판하며 자본주의를 넘어서는 대안을 모색했다는 면에서 공통점이 있다. 그래서 '프로시'의 후대에 형성된 개념이자 현재에도 통용되는 '노동시'에 '프로시'를 포함시키는 것도 큰 무리는 없다고 생각된다.

한편 이와 관련해서, 시인이 노동자인지 노동자가 아닌지 그 신원에 따라 '노동시'라는 장르명이 붙여질 수는 없다. 육체노동자가 아닌 지식인 시인이 노동 현실을 비판하는 시를 지속적으로 써냈다면, 그를 '노동자 시인'은 아닐지라도 '노동시'를 쓰는 사람이라고 부를 수 있을 것이다. 반면 육체노동자인 시인이 노동 현실에 대해 시를 쓰지 않는다거나, 아니면 자본주의하에서의 노동을 찬미하거나 그 노동 현실을 긍정하는 시를 쓴다면, '노동자 시인'인 그를 '노동시'를 쓰는 시인이라고 말하기 힘들다. '노동시'는 시인의 신원이나 소재주의로 정의될 수 없는, 1980년대에 역사적으로 내용을 얻은 개념이다. 그 내용은, 시인들이 자본주의에 대해 노동자 입장에서 비판적인 시적 사유와 실천을 행해왔던 데에서 채워진 것이다. 일제 강점기 '노동시'의 작가 역시 육체노동자에 의해 써진 것은 아니다. 당시 '노동시' 거의가 지식인에 의해 써진 것이다. 하지만 그 지식인 시인들이 프롤레타리아의 관점과 세계관을 가지려고 했으며 또한 식민지 자본주의 체제에 비판적이었고 시를 통해 노동자 운동에 기여하고자 했기에, 그 실천 활동으로서 집필된 시 작품을 '노동시'의 범주 안에 포함시킬 수 있을 것이다.

2

노동자의 입장에서 경성의 근대화 과정은 빈곤 속에서 저임금 노동을 강요당하거나 실업 상태에 놓여야 하는 고통스러운 현실이었다. '노동시'와 '경성'과의 만남은 농촌의 빈곤화와 경성의 근대화 과정이 중첩되면서, 경성에 모여든 농촌 출신 빈민들의 현실을 드러내는 데서부터 이루어진다. 돌이(乭伊)의 「쓸리는農夫의 무리여」는 "洋服닙은 者에게 끌리어/서울 長安을 이리로 저리로" "무엇에 놀란듯 한 얼쌔진듯 한 눈으로/비틀비틀 쓸려다"니는 농부의 무리를 형상화하고 있다. 이들 농부들은 아마도 경성의 근대화 초기 노동력을 확보하고자 한 도시의 공업 자본이 돈을 많이 벌 수 있다며 도시로 꾀어온 이들일 것이다. 이들은 근대화의 풍모를 갖추기 시작한 도시 경성의 풍경에 어리둥절했을 것이고 "서울 惡童들"은 그 촌스러운 모습을 비웃으며 돌아다녔을 것이다. 이러한 장면을 보고 있는 시인은 마음 아파한다. 이들 조롱받고 있는 농부들은, 시인이 생각하기에 "너희의 王國인 벌판에서" "광이를 힘껏들엇다 노흐며/西山이 문허저라고 소리치"며 노동했던 존재였기 때문이다. 이 농부들과 대척적인 위치에 있는 자들이 이들을 꾀어온 경성의 자본가들이다. 그들은 "너희의 膏血을 쌔는 무리"이자 "너희의 쌈으로 된 糧食"을 뺏어온 자들이다. 시인은 이 착취자의 꾐에 빠져 경성에 들어온 농부들에게서 "怨讐의것"이자 "죄악의것"인 "서울의 먼지를 털어버리"고 "벌로 돌아가라"고 호소한다.

이 시인은 농촌과 도시의 관계를 선악의 이분법으로 인식하고 농부가 도시에 들어오지 말 것을 권유하는 선에서 도시의 빈곤 문제를 바라보고 있다는 점에서 단순한 사유를 보여주고 있다고 하겠다. 농업 노동을 찬미하고 있다는 점도 그가 노동에 대한 낭만적이고 비현실적인 관념을 갖고 있으며 농부들이 도시로 끌려올 수밖에 없는 농촌의 가난에 대해서도 인식하지 못하고 있다는 것을 드러낸다. 또한 도시가 어떤 곳인지 모르고 도시에 들어오고 있다며 농부들의 무지를 비난하고 이들을 계몽하려는 태도로 문제를 해결하려고 한다는 점에서도 시인의 한계를 지적할 수 있겠다. 농부들을 찬양하는 듯하지만, 사실 그는 그들보다 우월한 입장에서 그들을 바라보고 판단하고 있는 태도를 보여주고 있는 것이다. 하지만 이 시는 괭이를 잃고 빈손이 된 프롤레타리아가 되어 도시로 유입된 농부들의 모습을 도시 자본에 대해 비판적인 입장에서 진술하고 있다는 면에서 주목할 만하다. 한편 김석송의 「그대들은 나이다」에서는, 시인이 빈민들이 우글거리는 서울의 거리를 묘사하면서 그들과 자신을 동일시하고 있다는 점에서, 「씰리는農夫의무리여」
보다 '노동시'로서 한 걸음 더 나아가고 있다.

바람이분다,/살을어이는듯한 北風이다./압히캄캄하다,/咫尺을 分別할수업는
그믐밤이다./나는헤매인다,/가는곳도업시 발가는대로.//아, 여기는都會이다,/朝
鮮에서도첫재라는 서울이다./數十萬가난뱅이가,/밤낮으로 헤매이는 서울이다./
보아라 지금나의압헤도,/거지쎼가 벌벌썰며지나간다.//(중략)//밥버리를위하야
終日토록,/口逆나고 쎄압흔일을하고,/늣게야 집이라고 차저들면,//가이업슨안
해의 야윈얼골엔,/적막한우슴이 맛는인사요,/하루동안 굼주린어린것들은,/먹
을것내이라고 졸러대이는……//아, 가련한 그대들이어!/그대들은 나이다, 이몸
이다.

"咫尺을 分別할수업는 그믐밤", "朝鮮에서도첫재라는 서울"을 "가는곳도업시
발가는대로" 헤매다니는 시인이 마주치는 것은 "거지쎼가 벌벌썰며지나"가는 모습
이다. 「씰리는農夫의무리여」에서는, 경성으로 올라온 가난뱅이들이 아직 '얼빠진
듯'한 얼굴로 비틀비틀 걸어 다니고 있는 정도였다. 그런데 김석송이 쓰고 있는 시
점에서의 가난뱅이들은 "벌벌썰며" "밤낮으로 헤매"야 할 정도가 되었다. 석송의
시에서는 도시에서의 빈곤이 일반화되고 명확하게 가시화되고 있는 것이다. 이
시의 시적 화자는 이러한 빈곤한 군중들에게 무엇을 명하거나 설명할 처지에 놓
여 있지 않다. 도리어 그 시적 화자는 저 무리 속의 한 사람이다. "終日토록" 구역질
이 날 정도로 일을 해야 하지만 자식들이 굶주려야 하는 현실에서, 거리를 헤매고
다니고 있는 시인으로서는 저 "벌벌썰며지나"가는 "數十萬가난뱅이"가 자신과 달
라 보일 수 없다. 지식인이자 저임금 노동자인 시인은 저렇게 형성되고 있는 도시
빈민들과의 동일시를 통해 그들의 입장에 서지만, 허나 그 입장은 막연한 비애에
기초하고 있다. 그는 빈민의 비참함만을 볼 뿐이고 그들을 가련해할 뿐이어서, 빈
민의 형상에서 어떤 인식을 가져오지는 못하고 정처 없이 그들처럼 헤맬 뿐인 것

이다. 하지만 위의 시는 가속화되는 사회의 자본주의화 아래에서 형성되고 있는 무정형의 도시 프롤레타리아의 형상을 드러내면서 시인 자신도 그 프롤레타리아의 일원임을 자각하는 반성이 담겨 있다는 면에서 주목할 만하다.

경성에 형성되고 있던 도시 빈민의 형상은 이호나 김해강도 그려내고 있다. 이호는 「前詩」에서 그 형상을 "鍾路에선白衣群/熱이식엇고 핏氣가 죽엇고/彈力이 업서진 고깃뗑이의 무리"라고 묘사하고 있고 김해강은 「都市의 겨울달」에서 "살을어이는듯찬바람"이 "都市의밤거리에해매이는/불상한무리를위협하는" 상황 아래 "都市의모양은/저쓸쓸한墓地보다더하"다면서 "오—겨을밤都市의참혹한光景이여!"라고 탄식하고 있다. 이들의 시들은 극도로 비참한 도시 빈민의 모습을 강렬하게 드러내고자 하는 경향을 보여주고 있는데, 이는 박영희가 개념화한 "신경향파"와 유를 같이 하는 것이라고 할 수 있다. 생활의 비참함을 드러내면서 그 비참으로부터 자연발생적인 반항을 이끌어내곤 했던 신경향파 소설과 비슷하게, 이러한 시들은 강한 비유를 통해 도시 빈민의 비참을 독자에게 각인시키면서, 동시에 그 비참에 대한 자연발생적인 반응으로서 서정적 자아의 비통함을 토로하는 방식으로 구성된다.

3

이렇게 신경향파적인 시들에서 경성은 묘지나 지옥과 같은 공간으로 의미화된다. 하지만 1927년에 들어오면 서울은 어떤 잠재력을 안고 있는 공간으로 묘사되기 시작한다. 그것은 도시 프롤레타리아의 점차적인 성장과 노동 운동의 성장을 시인이 인식하기 시작했다는 것을 의미한다. 가령, 「남대문」에서 박팔양은 "서울은 행복스러운 도성이외다"라는 진술로 시를 시작하고 있다. 물론 카프 회원이었던 박팔양이 서울에서 만연되어 있는 빈곤을 인식하고 있지 않을 리 없다. 서울이 행복스러운 도시인 이유는 남대문이 있기 때문이다. 시인에 따르면 남대문은 "도성의 사람들이" "울분하여 터질 듯한 가슴을 안고/거리에서 거리로, 비틀거리는 발길을 옮길 때" "그들을 위로하여"주는 존재다. 남대문은 그러한 존재이기 때문에 "내가 고생살이 십 년을 하는 동안에" "새벽안개 속에 묵묵히 서울을 지키고 있는/남대문 하나를 바라보고 살아왔"다고 시인은 말한다. 남대문은 시인에게 "참고 준비하라! 이제 약속한 날이 온다!"고 말해주곤 하기에 그렇다. 남대문이 도대체 무엇이기에 이러한 존재가 될 수 있었을까? 남대문은 "어버이 같은 자비와 예언자 같은 위엄을 가"지고 있는 존재이기 때문에.

박팔양 역시 위에서 보았던 다른 시인들처럼 경성의 빈민들을 비틀거리며 헤매 다니는 사람들로 표현하고 있지만, 전통을 품고 있는 남대문이라는 상징을 통해 그 빈민들에게 희망을 심어주고자 시도한다. 하지만 사실 그 희망의 근거로 든 '남대문'은 억지스러운 것이 사실이다. 그리고 지나치게 추상적이다. 도시를 묘지로 비유했던 김해강은 「鎔鑛爐」에서 박팔양처럼 희망을 독자에게 심어주고자 노력한다. 그 역시 '용광로'라는 구체성이 떨어지는 상징을 통해 희망을 이야기하지만, 그 상징은 그래도 '남대문'보다는 도시가 가진 잠재성을 드러내주는 바가 있다. 그는 "鎔鑛爐에 이는 불ㅅ길"을 "아무것도 두려워함이 업"는 "새로운 宇宙를 創造할힘"으로 상징화하면서, 독자에게 "비틀거리는걸음에/뒷걸음질을 칠것은 무엇인가?"라면서 "기울어저가는 넷집일랑/쾌히" 불사르고 종로 "거리로 쉬어나와/새벽바람을마시라"고 권유한다. 그리하여 서울은 옛것을 불사르며 불같은 힘이 잠재하고 있는 용광로로 상징화된다. 박팔양의 「남대문」이 전통의 힘으로 약속한 날의 도래에 대한 희망을 노래한 반면 김해강의 「용광로」는 근대적 도시화와 병행하여 존재하는 또 다른 잠재력을 들추어내면서 희망을 노래한다. 김해강의 시에서 옛것은 사라져야 할 무엇이다. 거리는 더 이상 비틀거리며 헤매는 사람들로 채워지는 공간이 아니라 새로운 우주를 창조하려는 사람들이 "쉬어나와/새벽바람을마시"는 공간이 된다.

김해강의 「鎔鑛爐」에서는 예전의 노동시가 보여준 거리의 의미가 역전된다. 미래에 대한 희망으로 두려워하지 않는 사람들이 활동하는 공간이 거리가 된 것이다. 이 시를 '노동시'라고 볼 수 있는가는 의문의 여지가 있지만, 이 시인이 카프의 맥원으로 지속적인 활동을 하면서 노동시를 왕성하게 창작했다는 점을 볼 때, 그가 말하는 파괴와 새벽이 노동자의 입장과 연관된 의미를 갖고 있다는 것은 짐작할 수 있는 것이다. 거리의 의미가 이렇게 역전되면서 경성의 거리는 비참한 이들이 비틀거리며 걸어 다니는 공간에서 프롤레타리아가 활동하며 재점유하는 공간으로 뒤바뀐다. 특히 '신경향파' 단계에서 '목적의식기'로 진화된 카프의 활동은 좀 더 적극적으로 도시 공간과 접촉하려고 했다. 이때 거리는 노동운동이 벌어지는 공간이자 강력한 물리적 정신적 탄압에 맞서 탈주하는 공간으로 그려진다. 이를 보여주는 대표적인 시가 임화의 「네거리의 순이」다. 이 시의 마지막 부분에서 임화는 "오오 눈보라는 트럭처럼 길거리를 달아나는구나//자 좋다 바로 종로 네거리가 아니냐!/어서 너와 나는 번개같이 손을 잡고, 또 다음 일을 계획하러 또 남은 동무와 함께 검은 골목으로 들어가자/네 사나이를 찾고 또 근로하는 모―든 여자의 연인인 용감한 청년을 찾으러……"[6)]라고 말한다.

이 시는 시적 화자가 그의 누이동생인 순이에게 말을 하는 방식으로 전개된다. 순이에겐 "귀중한 청년인 용감한 사나이"를 연인으로 두고 있는데, "근로하는 청년"인 그는 "젊은 날을 싸움에 보내던 그 손으로/지금은 젊은 피로 벽돌담에다 달력을 그리"고 있다. 투옥된 청년을 다시 찾기 위해선 거리에서 함께 손을 잡고는 다음 일을 계획하러 검은 골목으로 들어가야 한다. 운동을 위해, 그리고 연인을 위해 청춘들은 식민지 조선의 서울 도심으로 잠입한다. 경성은 이들이 "번개같이 손을 잡"고 "길거리를 달아나는 트럭처럼" 탈주할 수 있는 공간으로서 "눈보라"처럼 드러난다. 그리하여 운동하는 청년들에 의해 재점유되고 있는 경성의 거리와 골목은 이 용감한 청춘의 아름다움이 생성될 수 있는 공간이 된다. 물론 임화가 경성을 그러한 아름다움이 피어나는 공간으로서 드러내기 위해서만 쓴 것은 아니다. 1929년 단계에 오면 이미 노동시는 투사로서의 삶을 표현하기 위한 하나의 매

---

6) 『현해탄』에 실린 「네거리의 순이」는 『조선지광』에 실린 시와 차이가 많다. 이 인용은 『조선지광』에 실려 있는 것에서 했다.

개체가 되거나 운동을 고양시키기 위한 하나의 무기가 된다. 노동시의 이러한 성격은 좀 더 심화되어 임화의 위와 같은 시가 '감상주의'로 비판받을 정도가 된다. 특히, 1930년 이후 임화 자신이 주도한 카프의 볼셰비키화가 진행되면서 시의 선전 선동성은 더욱 의식적으로 강화된다. 백철의 「날은추위오는데」는 경성의 도시 공간에서 일어나고 있는 상황을 영화적 기법으로 묘사하면서 서사를 개입시켜 시의 선전선동성을 제고시키고 있는 시다. 시인의 목소리만 너무 앞세웠던 볼셰비키화 단계의 여타 카프시들과는 달리 이 시는 드라마틱한 효과를 내고자 했다.

바른편하날에 저늑햇놀을 바라보면서/××町모퉁이를 도라가는/구루마의 찻몸(車體)은 左側에서우러진다.//××역압을지내고 ×××를넘어서/다음에 닥치는 곳은 ××장압!/지낼째마다 가삼이 차지는 이곳/우리들은 언제나 여긔서 속도를 느린다.//닛지못할 ×월의 그날/×숙동무의일이 잇슨후/지금은 한달하고 스무날!/아직도 기억에새롭은 ×냄새나는 哀傷을실(載)고/무심한 구루마는 그데로 이곳을 지나간다.//그리고 그뒤에 닥친일/동무의 ×업을 갑잇게 그럼하려고/배밧분활동과 분주한련락!/오오! 그리하야 명에있는총파………계획!//그러나 사건은 행동에 나가기전에/모진…………거의폭풍은 덥처저왓다/긔억하라!/열두명의 동무들이 ×니어간후/오늘은 벌서 한다여를채,//××와……………의 ×문에 니를악물고/샃샃내 벗치고잇는 그이들!/오오! 우리들의 귀한…………들이다.//종일토록 팬취를 너은 손아귀/저리고 압혼팔을 놉히들면서/오라잇!/벌서 구루마는 한강교를 닷고잇다/모서리치는 강바람이 쏘아드는 이저녁!/어느듯 느즌가을이다/이처럼 추워오는밤! 그리고 새벽에/짜듯한 내이한벌도 업시/×방의 그들은 얼마나 괴롭을가?//한강을 지내여………포까지/이제 한숨으로 오늘일이 싯난다/구루마여! 바릿새를 내이라!/오늘저녁 일곱시!/그들이간후 두번재갓는 회합이다/오늘밤의 …………는/희생자의 ………원금 모집이다/내일은 쉬는 날!/그들에게 싸듯한옷을 차입하야지!

_백철, 「날은추워오는데」 전문

첫 연은 영상적 이미지를 제공한다. 백철은 모퉁이를 돌아가는 '구루마'가 기울어지는 모습을 보여주면서 그 달리고 있을 '구루마'의 모습과 속도를 독자가 시각적으로 상상할 수 있도록 하고 있다. 그리하여 독자에게 마치 영화의 첫 장면을 보고 있는 듯한 느낌을 주고 있는 것이다. 그래서 독자는 이 첫 연을 읽으면서 영화관에 들어선 것 같은 느낌을 갖게 된다. 즉 독자는 현실 공간과는 다른 공간에, 영화라는 허구적 공간에 들어왔다는 느낌을 밑에 깔고 독서를 진행하게 되는 것이다. 시 역시 영상이 전개되듯이 전개되는데, 그것은 '구루마'의 행로에 따라 이루어진다. '구루마'는 ××정(町)을 돌아 ××역 앞을 지나고, ×숙 동무가 희생된 ××장을 지나간다. 그 ××장에서 시적 화자는 "아직도 기억에 새롭은 ×냄새나는 哀傷을" 느낀다. 그 애상은 ×숙 동무의 희생 뒤 총파업 계획을 꾸몄다가 발각되어 열두 명의 동무들이 체포된 사건을 회상하게 한다. 그 회상을 하고 있는 동안 "벌서 구루마는 한강교를 닷"는다. 시적 화자는 차가운 저녁 강바람을 맞으며 "싸듯한 내이한벌도 업시" ×방에 있는 동지들의 괴로움을 생각한다. 그리고 "희생자의……원금 모집"을 위한 오늘 밤의 회합을 생각하며 '구루마'에게 힘("바릿기")을 더 내라고 외친다.

위의 시를 이렇게 다시 읽어보면, 백철이 이 시에서 「네거리의 순이」와 같은 임화 식의 '단편 서사시'적인 서사에 경성의 장소들을 영화적 기법으로 비추면서 드라마틱한 효과를 더하려고 했다는 점을 알 수 있다.(드라마틱한 효과를 제고하려는 시인의 의도는 느낌표의 잦은 사용에서도 읽을 수 있다.) 그런데 백철이 시에 영화적 기법을 도입한 것은, 그만큼 1920년대 후반부터 본격적으로 경성에 유입되고 있었던 모던한 문화에 대중이 적응하고 있었다는 것을 드러내기도 한다. 이 시를 쓰면서 백철은 영화 기법이 선전선동적인 효과를 내는 데 적합하다고 판단했을 터, 그것은 1930년대 초 당시 기계복제 대중예술이 대중들에게 호응을 얻고 있었기 때문이었을 것이다. 이는 역으로 모던한 문화 형식이 노동시에도 심대한 영향을 끼치고 있음을 반증한다. 위의 시는 분명히 선전선동이라는 정치적 목적을 위해 쓰여진 것이겠지만, 한편으로 그 시에서 대중 영화를 보고 있는 듯한 느낌이 드는 것도 그 증거라 할 수 있다. 이러한 느낌은, 백철이 현실과의 긴장 속에서 이 시를 썼다기보다는 시 자체에 드라마틱한 긴장을 창출하여 미적 감흥을 일으키는 대중적인 효과에 더욱 신경 쓰며 시를 썼을 것이라고 짐작하게 한다. 백철이 이 시를 쓴 지 몇 년 안 가 프로문학에 등을 돌린 것도 이러한 작시 경향과 무관하지 않을 것이다.

4

카프의 대표적인 시인 중 한 사람인 박세영이 카프 예술운동이 약화되고 있었던 1934년 2월 『형상』에 발표한 「都市를向하야」는 이미 유입이 본격화되어 있던 근대적 도시 대중문화를 비판하고 있는 시다. 백철이 노동시를 영화와 같이 모던한 도시 대중문화에 접근시키고 있었다면 박세영은 반대로 그러한 문화에 대한 무조건적인 거부감을 이 시를 통해 보여주고 있다. 허나 한편으로 이 시는 그 문화에 압도당하고 있는 시인의 모습을 보여주기도 한다.

都市는 부르짓고잇다/最後의날이 온것가티 욋치고잇다/이는 悲鳴이아니면 무엇이고 발악이아니면 무엇잇겟늬/오로라의힌곰처럼 웃둑슨쎌딍/조갑이가티 山등성이를 덥흔초가집/그리고 아스팔드를 달니는 전차 자동차/어엽븐 조그만 惡魔의 都市에는/잠자기떼가티 무수한 ×××날나왓다/아— 이것이 二十世紀의 都市다/그대여 二十世紀의 젊은이어든 귀를기우려드러라/이조그만 어엽븐魔都는 그대들을 유혹하고잇스니/낫에는 『심포니』밤에는 「짜쓰」/그리고 라듸오의 音波와의交響樂/高層쎌딍의 窓이열니면/타이피스트가 蒼白한얼골로 기대여섯고/거리에는 魔都의化身 그리고 世紀末의女性/浮華에뜬 그들이 秋波를건느며 가지안는가!/그러나 人間性을써난 偉大하다는그들/히틀너와 뭇소리니 그리고 蔣介石 저—루스벨트 그들의 一動一節이 每日과가치 알녀지고잇다/그리고號外다號外 지금은 福州가 爆擊되고 蔣介石이 敗北되고/百隻建艦을 發表하면서도/루스

벨트가 軍縮會議를 通電하엿고/게르만의挑戰 양키의抑壓/안테나에 걸리는 無數한報告여!/그러나 享樂을꿈꾸는 무리들은/밤이거나 낮이거나 이世紀를 노래하고잇다/零不二度의 치위가 두려운지 꼼작도못하는 그들의압헤/오직 모든利權의 핸들이 쥐여저잇다/(下略)

_박세영, 「都市를向하야」 전문

시인은 근대 도시 문화의 여러 측면을 나열한다. 우선 그는 "웃둑슨 쎌딍"이 있는 반면에 그 옆에는 초가집들이 산등성이를 조개처럼 덮고 있는 도시의 경관을 꼬집고 있다. 이 경관은 도시의 극심한 빈부 격차를 보여준다. 이 빈부 격차의 경계선을 아스팔트가 깔린 길이 만들고 있다. 거기엔 전차와 자동차와 같이, 당시로서는 첨단 운송 기구가 지나가고 있다. 경성엔 첨단과 낙후성이 이렇게 공존한다. 또한 낮에는 심포니가, 밤에는 재즈가 젊은이들을 유혹하고 그래서인지 이제 거리에는 임화의 시에 등장하는 용감한 청년과 번개같이 손을 잡으며 운동에 뛰어든 소녀들은 보이지 않는다. 이 거리엔 "魔都의 化身 그리고 世紀末의" "浮華에 쓴" 여성들이 "秋波를건느며" 가고 있을 뿐이다. 창백한 얼굴의 타이피스트의 모습이 이 세기말의 퇴폐성을 잘 표현해준다. 세계정세에 대한 정보는 매일 신문과 전파를 통해 신속하게 알려지고 있지만, "치위가 두려운지 꼼짝도못하는" "享樂을꿈꾸는 무리들" 앞에 모든 "利權의 핸들이 쥐여저 잇"을 뿐이라고 시인은 탄식한다. 시의 밑부분이 삭제되어서 시가 어떻게 전개되는 것인지는 알 수 없지만, 시인은 도시의 근대 문화에 대해서 "魔都"라고 지칭하면서 이에 개탄하고 "이조그만 어엽븐 魔都는 그대들을 유혹하고 잇"다는 자신의 말을 "二十世紀의 젊은이어 든 귀를기우려드러라"는 식으로밖에 대응하지 못한다.

이는 앞에서 보았던 「쓸리는農夫의무리여」의 시인의 태도와 비슷하다. 그 시인과 마찬가지로 박세영은, 이 시에서 근대 도시 문화의 몇 가지 양상들을 비판적으로 언급하고 있지만 그 언급은 도덕적 비난에 그치고 있지 그 문화가 가지는 의미에 대해 성찰하거나 날카로운 비판을 하지 못하고 있는 것이다. 새로이 등장한 도시 문화를 악마적이라고 비난하지만, 그 '마도'란 표현은 시인이 그만큼 이 도시 문화가 뿜어내는 위력 앞에서 무력하게 서 있으며 그 위력이 무엇이고 어디에서 기인하는지 파악하지 못하고 있다는 것을 의미할 뿐이다. 그런데 박세영이 무력하게 탄식하고 있는 경성의 근대적 도시 문화의 만개는 노동운동과 변혁운동의 위축과 동시에 이루어진 것이다. 이에 대한 인식을 보여주고 있는 시가 임화의 두 번째 '네거리 계열'의 시인 「다시 네거리에서」다. 일제의 통치가 더욱 강압적으로 되면서 혁명운동이 무너지고 노동운동이 금지되는 가운데, 1934년 카프 문인들에 대한 대대적인 검거 이후 1935년 5월 카프는 더 이상 탄압에 견디지 못하고 해산하게 된다.

"지금도 거리는/수많은 사람들을 맞고 보내며,/전차도 자동차도/이루 어디를 가고 어디서 오는지,/심히 분주하" 건만, 이제 네거리에는 "붉고 푸른 예전 깃발 대신에" "붉고 푸른 '네온'이 지렁이처럼,/지붕 위 벽돌담에 기고 있"을 뿐이다. 거리의 근대성을 차지한 것은 시위하는 민중에서 건물 위의 네온사인으로 바뀌었다. "스톱—주의—고/사람, 차, 동물이 똑 기예(敎練) 배우듯"하는 것만이 변화를 보여주고 있고, "이리 저리 고개를 돌"리는 "문명의 신식 기계"만이 네거리 한복판을 채우고 있다. 모던한 도시 문화만이 근대성을 자랑하며 자신을 뽐내고 있는 것이다. 하지만 그 문화는 감옥에 들어가야 했던 용감한 청년들의 열정을 파괴하면서 이루어진 것이다. "가슴이 메어지도록 이 길을 흘러간 청년들의 거센 물결"은 사라지고 순이의 어린 딸은 죽어갔다. 이제 "낯익은 행인은 하나도 지내지 않"는다. 그리하여 시적 화자는 "나는 뉘우침도 부탁도 아무것도 유언장 위에 적지 않으리라"는 결의를 남기고 "잘 있거라! 고향의 거리여!"라고 외치며 "정답고 그리운 고향의 거리"를 떠난다. 경성 거리에서의 정치운동은 불가능하다는 것을 임화는 쓰라리게 인정한다. 그래서 그는 거리를 떠나 바다로 간다. 좀 더 멀고 넓은 공간으로 가서 벅찬 로맨티시즘을 내면에 충전시켜 주체를 다시 세우기 위해서. 「현해탄」 계열의 시가 임화의 그러한 기도를 잘 보여준다.

임화는 경성의 거리에서 더 이상 노동시를 쓸 수 없다고 판단했다. 경성은 더

이상 해방의 근대성을 안고 있지 못하다. 경성은 제국주의 권력과 자본에 점령당하고 잠식당했다. 그리고 노동시 자체가 더 이상 가능해 보이지 않게 되었다. 그렇다면 노동시와 경성의 교차 지점은 더 이상 생겨날 수 없게 된 것일까? 여기에서 오장환의 「수부(首府)」가 주목된다. 해방 이전, 보헤미안이었던 오장환의 시를 과연 노동시라고 할 수 있는지 의문을 제기할 수 있지만, 「문단의 파괴와 참다운 신문학」(『조선일보』 1937. 1. 28~29.)과 같은 글을 보면 그는 해방 이전에도 프롤레타리아 문학의 전통성을 인정하고 있었음을 알 수 있다. 그 글에서 그는 "육체 노동과 지적 노동의 분리 분업"에 기초한 문학을 신문학으로 생각할 수 없다고 하면서 신경향파에서 '카프'에 이르기까지의 문학이 가장 새로운 문학에 접근한 것이었다고 말하고 있다.[7] 「수부」가 발표된 시일과 이 글이 발표된 시일 사이가 멀지 않으므로, 오장환은 카프 문학이 가진 신문학의 전통성에 대한 의식을 지니고 「수부」를 썼다고 해도 틀리지는 않을 것이다.

식민지 수도 경성에 대한 전방위적인 비판을 가하고 있는 이 시를 읽어보면, 그 비판의 방향이 도시의 자본주의적 삶의 양식이 지니고 있는 속물성에 맞추어져 있다는 것을 알 수 있다. 그런데 그 비판은 자본주의의 원리와 그로부터 형성되는 자본주의 도시 생활양식에 대한 날카로운 이해를 기반으로 행해지고 있어서 박세영의 도시 문화에 대한 도덕적 비판과 대조된다. 경성 속에서 심화 확장되고 있는 자본주의에 대한 오장환의 비판적 시선은 그 자본주의에 의해 고통받는 노동자의 입장을 가졌을 때 확보될 수 있었을 것이다. 그런데 예전의 노동시와는 달리 오장환의 「수부」는 아방가르드 시에서 볼 수 있는 형식을 보여준다. 어떤 대상을 묘사하는 것이 아니라 경성 자체를 주인공으로 하여 알레고리적으로 경성의 치부를 드러내고 몽타주를 통해 이를 서술한다. "수부는 비만하였다. 신사와 같이"라는 부제를 달고 있고 총 11장으로 되어 있는 장시인 이 시는 "수부의 화장터는 번성하였다"라는 문장에서부터 시작된다. 이들 부제와 진술 역시 알레고리적인 진술

---

7) 김재용 편, 『오장환 전집』(실천문학사, 2002), 209쪽.

로서, 이는 경성의 번성은 숱한 죽음을 먹고 이루어지는 것이라는 의미를 담고 있다. 그 죽음은 추상적인 무엇이 아니라 노동자의 구체적인 죽음을 가리킨다. 아래에 인용한 3장을 읽어보면 그렇다.

> 강변가로 위집(蝟集)한 공장촌― 그리고 연돌(煙突)들/피혁―고무―제과―방적―/양주장(釀酒場)―전매국……/공장 속에선 무작정하고 연기를 품고 무작정하고 생산을 한다/끼익 끼익 기름 마른 피대가 외마디 소리로 떠들 제/직공들은 키가 줄었다./어제도 오늘도 동무는 죽어나갔다./켜로 날리는 먼지처럼 먼지처럼/산등거리 파고 오르는 토막(土幕)들/썩은 새에 굼벵이 떨어지는 추녀들/이런 집에선 먼 촌 일가로 부쳐온 공녀(工女)들이 폐를 앓고/세맨의 쓰레기통 룸펜의 우거(寓居)―다리 밑 거적때기/노동숙박소/행려병사 무주시(無主屍)―깡통/수부는 등줄기가 피가 나도록 긁는다.
> 　　　　　　　　　　　　　　　　　　　　＿오장환,「수부(首府)」 부분

자본주의 경쟁 시스템 아래에서 무작정 생산해야만 하는 공장 속에서 "어제도 오늘도 동무는 죽어나"가는 노동 과정이 경성에 사는 노동자의 삶이다. 공장이 들어서고 연돌들이 늘어나며 전매국이 세워지지만, 동시에 폐를 앓는 여공들이 늘어나고, 토막이 증가하며, 쓰레기통 옆 거적때기는 룸펜의 집이 된다. 이러니 행려병자는 죽어 나가고 경성은 시체로 번성하게 된다. 그래서 1장에서의 "황천고개와 같은 언덕 밑으로" 수부는 "나래를 펼쳤다"는 진술이 이해될 수 있다. 프롤레타리아의 실제 시체들은 '수부'의 표면을 덮고 수부는 그 시체로 인해 생긴 화농 때문에 "등줄기가 피가 나도록 긁는다". 마지막 장의 "수부는 지도 속에 한낱 화농된 오점이었다"는 통렬한 문구는, 방금 보았듯이 경성에서 죽어 나가고 병들어가는 프롤레타리아의 비참에 대한 인식에 의해 뒷받침된다. 이러한 인식을 바탕으로 오장환은 "기계와 무감각을 가장 즐기어"하는 수부 시민들의 죽음과 같은 삶, 부패해가고 있는 삶―예술을 포함하여―에 대해 여러 방면으로 접근하여 풍자

하고 비판한다.

자본주의의 가속 페달을 밟고 있는 경성이 프롤레타리아의 죽음 위에 세워지고 확장되어 가고 있다는, 그리고 부패한 삶의 양식을 생산하고 있다는 「수부」의 통렬한 비판과 풍자는 노동시의 한 가능성을 보여주는 것이었다. 허나 이와 같은 시는 제국주의 파시즘이 사회를 장악하기 직전이기에 겨우 창작되고 발표될 수 있었다. 1937년 이후 파시즘의 폭압이 본격화되자 식민지 자본주의와 제국주의 국가를 상대로 대결하고자 하는 노동시의 시도는 역사의 수면 아래로 잠복할 수밖에 없었다. 그렇다고 그러한 대결 의식을 갖고 있던 노동시가 완전히 제거된 것은 아니었다. 해방기에 노동시가 다시 전격적인 활약을 펼치게 되는 것을 보면 그러하다. 완전히 제거되었다면, 해방 직후 짧은 시간 동안 노동시가 봇물처럼 쏟아져 나오는 현상은 불가능했을 것이다. 특히 김상훈, 여상현, 유진오, 이병철, 김광현 등 당시 젊은 시인들이 수준 높고 농도 짙은 정치적 노동시를 창작했는데, 이러한 높은 수준의 달성은 그들이 1920~1930년대 노동시를 해방 이전에도 접하고 연구해 왔기 때문에 가능했을 것이다. 즉 젊은 세대들을 통해서도 식민지기 노동시는 파시즘 시기에 잠복할 수 있었던 것이다. 한편 해방 직후의 노동시에는 경성이라는 이름에서 벗어난 서울에서 주로 창작되었기 때문에 서울과 관련된 시들이 많이 있다. 각종 시위가 벌어지곤 했던 해방 공간으로서의 서울은 갖가지 정치적 가능성으로 들끓고 있었고 그만큼 희망과 좌절, 긴장과 충돌로 점철되어갔다. 노동시의 창작은 이러한 상황 속에 있는 서울을 가로지르며 이루어졌고 묵중한 감동을 독자에게 안겨주며 서울에 대한 형상을 다듬어갔다. 해방 직후 노동시의 이러한 성격에 대해서도 본격적으로 논하고 싶지만 이미 허락된 지면을 넘긴 지 오래다. 아쉽지만 논의를 여기서 끊는다.

이성혁 | 문학평론가. 1999년 『문학과 창작』 평론 부문 신인상, 2003년 『대한매일신문』(현 『서울신문』) 신춘문예 평론 부문 당선. 저서 『불꽃과 트임』.

2부 1960~1970년대

● 고
　은

빈 무덤

저물어
우리는 모란공원묘지에 빈 무덤을 쓴다
아니 빈 유골상자를 맡겨두고
그것이 묻힐 곳을 요구한다
나쁜 세월이 가도
우리가 바라는 좋은 세월이 오지 않는다
인내를 넘어
내년 봄 진달래 죽 맞게 피어날 때
기필코 우리는 빈 무덤을 쓴다

1979년 여름의 죽음이
1989년 여름 지나
이제야 빈 무덤이 된다

어디에도 그의 송장 없이
오 YH노조 김경숙
죽어
무덤도 없던 그대에게
빈 무덤이나마
그대가 전태일 이웃에 묻히게 된다
가을이거든
밤 깊어 벌레 맘껏 울어 예어라
산 자들 그대가 한 일 도맡으리라

『아침이슬』(동아, 1990) / 『고은―한국대표시인101인선집』(문학사상사, 2003)

김광규

희미한 옛 사랑의 그림자

4·19가 나던 해 세밑
우리는 오후 다섯시에 만나
반갑게 악수를 나누고
불도 없이 차가운 방에 앉아
하얀 입김 뿜으며
열띤 토론을 벌였다
어리석게도 우리는 무엇인가를
정치와는 전혀 관계 없는 무엇인가를
위해서 살리라 믿었던 것이다
결론 없는 모임을 끝낸 밤
혜화동 로우터리에서 대포를 마시며
사랑과 아르바이트와 병역 문제 때문에
우리는 때묻지 않은 고민을 했고

아무도 귀기울이지 않는 노래를
누구도 흉내낼 수 없는 노래를
저마다 목청껏 불렀다
돈을 받지 않고 부르는 노래는
겨울밤 하늘로 올라가
별똥별이 되어 떨어졌다
그로부터 18년 오랜만에
우리는 모두 무엇인가 되어
혁명이 두려운 기성 세대가 되어
넥타이를 매고 다시 모였다
회비를 만원씩 걷고
처자식들의 안부를 나누고
월급이 얼마인가 서로 물었다
치솟는 물가를 걱정하며
즐겁게 세상을 개탄하고
익숙하게 목소리를 낮추어
떠도는 이야기를 주고받았다
모두가 살기 위해 살고 있었다
아무도 이젠 노래를 부르지 않았다
적잖은 술과 비싼 안주를 남긴 채
우리는 달라진 전화 번호를 적고 헤어졌다
몇이서는 포커를 하러 갔고
몇이서는 춤을 추러 갔고

몇이서는 허전하게 동숭동 길을 걸었다
돌돌 말은 달력을 소중하게 옆에 끼고
오랜 방황 끝에 되돌아온 곳
우리의 옛사랑이 피흘린 곳에
낯선 건물들 수상하게 들어섰고
플라타너스 가로수들은 여전히 제자리에 서서
아직도 남아 있는 몇 개의 마른 잎 흔들며
우리의 고개를 떨구게 했다
부끄럽지 않은가
부끄럽지 않은가
바람의 속삭임 귓전으로 흘리며
우리는 짐짓 중년기의 건강을 이야기했고
또 한 발짝 깊숙이 늪으로 발을 옮겼다

『우리를 적시는 마지막 꿈』(문학과지성사, 1979)

김
광
섭

성북동 비둘기

성북동 산에 번지가 새로 생기면서
본래 살던 성북동 비둘기만이 번지가 없어졌다
새벽부터 돌깨는 산울림에 떨다가
가슴에 금이 갔다
그래도 성북동 비둘기는
하느님의 광장 같은 새파란 아침하늘에
성북동 주민에게 축복의 메시지나 전하듯
성북동 하늘을 한바퀴 휘 돈다

성북동 메마른 골짜기에는
조용히 앉아 콩알 하나 찍어먹을
널찍한 마당은커녕 가는 데마다
채석장 포성이 메아리쳐서

피난하듯 지붕에 올라앉아
아침 구공탄 굴뚝 연기에서 향수를 느끼다가
산1번지 채석장에 도루 가서
금방 따낸 돌 溫氣에 입을 닦는다

예전에는 사람을 聖者처럼 보고
사람 가까이
사람과 같이 사랑하고
사람과 같이 평화를 즐기던
사랑과 평화의 새 비둘기는
이제 산도 잃고 사람도 잃고
사랑과 평화의 사상까지
낳지 못하는 쫓기는 새가 되었다

『겨울날』(창작과비평사, 1975)

● 김
　수
　영

巨大한 뿌리

나는 아직도 앉는 법을 모른다
어쩌다 셋이서 술을 마신다 둘은 한 발을 무릎 위에 얹고
도사리지 않는다 나는 어느새 南쪽식으로
도사리고 앉았다 그럴때는 이 둘은 반드시
以北친구들이기 때문에 나는 나의 앉음새를 고친다
八·一五 후에 김병욱이란 詩人은 두 발을 뒤로 꼬고
언제나 일본여자처럼 앉아서 변론을 일삼았지만
그는 일본대학에 다니면서 四年동안을 제철회사에서
노동을 한 强者다

나는 이사벨 버드 비숍女史와 연애하고 있다 그녀는
一八九三년에 조선을 처음 방문한 英國王立地學協會會員이다
그녀는 인경전의 종소리가 울리면 장안의

남자들이 모조리 사라지고 갑자기 부녀자의 世界로
화하는 劇的인 서울을 보았다 이 아름다운 시간에는
남자로서 거리를 無斷通行할 수 있는 것은 교군꾼,
내시, 外國人의 종놈, 官吏들 뿐이었다 그리고
深夜에는 여자는 사라지고 남자가 다시 오입을 하러
闊步하고 나선다고 이런 奇異한 慣習을 가진 나라를
세계 다른 곳에서는 본 일이 없다고
天下를 호령한 閔妃는 한번도 장안外出을 하지 못했다고……

傳統은 아무리 더러운 傳統이라도 좋다 나는 光化門
네거리에서 시구문의 진창을 연상하고 寅煥네
처갓집 옆의 지금은 埋立한 개울에서 아낙네들이
양잿물 솥에 불을 지피며 빨래하던 시절을 생각하고
이 우울한 시대를 패러다이스처럼 생각한다
버드 비숍女史를 안 뒤부터는 썩어빠진 대한민국이
괴롭지 않다 오히려 황송하다 歷史는 아무리
더러운 歷史라도 좋다
진창은 아무리 더러운 진창이라도 좋다
나에게 놋주발보다도 더 쨍쨍 울리는 追憶이
있는 한 人間은 영원하고 사랑도 그렇다

비숍女史와 연애를 하고 있는 동안에는 進步主義者와
社會主義者는 네에미 씹이다 統一도 中立도 개좆이다

隱密도 深奧도 學究도 體面도 因習도 治安局
으로 가라 東洋拓殖會社, 日本領事館, 大韓民國官吏,
아이스크림은 미국놈 좆대강이나 빨아라 그러나
요강, 망건, 장죽, 種苗商, 장전, 구리개 약방, 신전,
피혁점, 곰보, 애꾸, 애 못 낳는 여자, 無識쟁이,
이 모든 無數한 反動이 좋다
이 땅에 발을 붙이기 위해서는
ㅡ第三人道橋의 물 속에 박은 鐵筋기둥도 내가 내 땅에
박는 거대한 뿌리에 비하면 좀벌레의 솜털
내가 내 땅에 박는 거대한 뿌리에 비하면

怪奇映畵의 맘모스를 연상시키는
까치도 까마귀도 웅접을 못하는 시꺼먼 가지를 가진
나도 감히 想像을 못하는 거대한 거대한 뿌리에 비하면……

『사상계』, 1964. 5. / 『김수영 전집 1』(민음사, 1981)

어느날 古宮을 나오면서

왜 나는 조그마한 일에만 분개하는가
저 王宮 대신에 王宮의 음탕 대신에
五十원짜리 갈비가 기름덩어리만 나왔다고 분개하고

옹졸하게 분개하고 설렁탕집 돼지같은 주인년한테 욕을 하고
옹졸하게 욕을 하고

한번 정정당당하게
붙잡혀간 소설가를 위해서
언론의 자유를 요구하고 越南파병에 반대하는
자유를 이행하지 못하고
二十원을 받으러 세 번씩 네 번씩
찾아오는 야경꾼들만 증오하고 있는가

옹졸한 나의 전통은 유구하고 이제 내 앞에 情緖로
가로놓여있다
이를테면 이런 일이 있었다
부산에 포로수용소의 第十四野戰病院에 있을 때
정보원이 너어스들과 스폰지를 만들고 거즈를
개키고 있는 나를 보고 포로경찰이 되지 않는다고
남자가 뭐 이런 일을 하고 있느냐고 놀린 일이 있었다
너어스들 옆에서

지금도 내가 반항하고 있는 것은 이 스폰지 만들기와
거즈 접고 있는 일과 조금도 다름없다
개의 울음소리를 듣고 그 비명에 지고
머리에 피도 안 마른 애놈의 투정에 진다

떨어지는 은행나무잎도 내가 밟고 가는 가시밭

아무래도 나는 비켜서 있다 絶頂 위에는 서있지
않고 암만해도 조금쯤 옆으로 비켜서 있다
그리고 조금쯤 옆에 서있는 것이 조금쯤
비겁한 것이라고 알고 있다!

그러니까 이렇게 옹졸하게 반항한다
이발쟁이에게
땅주인에게는 못하고 이발쟁이에게
구청직원에게는 못하고 동회직원에게도 못하고
야경꾼에게 二十원 때문에 十원 때문에 一원 때문에
우습지 않으냐 一원 때문에

모래야 나는 얼마큼 적으냐
바람아 먼지야 풀아 나는 얼마큼 적으냐
정말 얼마큼 적으냐……

『문학춘추』, 1965. 12. / 『김수영 전집 1』

김
준
태

서울驛

萬歲를 부르기 위해 명성을 얻기 위해
인왕산 호랑이를 잡기 위해
구정물로 쓴 詩를 추천받기 위해
정원초과의 이름도 없는 대학을 다니기 위해
양키와 결혼한 딸의 첫아들을 보기 위해
텔레비전이 있는 집의 식모살이를 하기 위해
싱싱한 무우와 배추다발을 팔기 위해
양기에 좋다는 뱀과 해삼을 팔기 위해
진달래꽃을 바구니로 넘기기 위해
三流出版社의 교정사원이 되기 위해
유명한 大家들의 序文을 받기 위해
東亞日報社의 정치부 記者가 되기 위해
소피아書店에서 Das Deutsche Gedicht를 사기 위해

커단 도둑질로 한몫 보기 위해

全國의 사랑스러운 친구들을 만나기 위해

가슴 두근거리며 處女膜을 더듬듯이

높고 낮게 점잖고 부드럽게 사납고 거칠게

소리치며 기침을 하며 타이르며 속삭이며

승강구를 내리고 오르고 내려가고 올라가는

보리밭 귀퉁이 같은 노오란 얼굴들

잠든 돌獅子 등을 위태롭게 벗어나

두 개의 地下道로 쪼개져 들어간다

들어가서는 어디론지 사라진다.

『참깨를 털면서』(창작과비평사, 1977)

민영

踏十里 壹

땅거미 지면
거나해서 돌아온다.
양 어깨 축 늘어진
빨래가 되어.
새벽에 지고 나선
靑石의 소금짐은
발끝에 채이는
돌멩이만도 못하구나!
촬영소 고개 너머
十里의 불빛.
중랑천 둑방에는
낄룩새 운다.

『龍仁 지나는 길에』(창작과비평사, 1977)

박봉우

仁旺山 건빵

서울은 언제부터 이렇게 넓어졌나
헐어진 城터에서 낡은 하이힐 신은
꼬슬머리 처녀가
건빵을 씹으면서
허기진 유행가를 부르고 있다
얼마전에는 대학의 英文科에서
포크너에게 반했고
헤밍웨이의 킬리만자로 山上의
열렬한 사랑과 미움에
넋을 잃은 처녀가
오늘은 월부 화장품장사
건빵을 씹고 있다
仁旺山은 소슬한 바람이 불고

처녀의 목청은

죽고만 싶은 고달픈 生活音樂

서울은 건강한 시늉을 한다

서울은 철없는 사람들이

살기 좋다고 한다

서울은 철없는 사람들이

아름답다고 한다

건빵을 씹으며

처녀는 제집을 찾는다

獨立門은 보이는데

이젠 건빵도 떨어지고

목이 마르오

목이 마르오

『荒地의 풀잎』(창작과비평사, 1976)

서울 下野式

긴 겨울 이야기는

끝나지 않았다

모두 발버둥치는 벌판에

풀잎은 돋아나고

오직 자유만을 그리워했다
꽃을 꺾으며
꽃송이를 꺾으며 덤벼드는
亂軍 앞에
이빨을 악물며 견디었다
나는 떠나련다
서울을 떠나련다
고향을 가려고
농토를 찾으려고 가는 것은
아니겠지
이 못된 손아귀에서
벗어나는 것만이
옥토를 지키는 것
봄은 오는데
긴 겨울 이야기는
끝나지 않았다
오랜역사의 악몽 속에서
어서 깨어나 어서 깨어나
보리밭에 녹두밭에
석유냄새 토하며 쓰러질
서울 下野式
외진 남산 기슭의 진달래야
찬 북녘 바람은 알겠지

소금장사

쌀장사

갈 곳도 없는

고향도 없는

어서 서울을 떠나야지

서울을 떠나야지

『荒地의 풀잎』

신경림

山 1番地

해가 지기 전에 산 일번지에는
바람이 찾아온다.
집집마다 지붕으로 덮은 루핑을 날리고
문을 바른 신문지를 찢고
불행한 사람들의 얼굴에
돌모래를 끼어얹는다.
해가 지면 산 일번지에는
청솔가지 타는 연기가 깔린다.
나라의 은혜를 입지 못한 사내들은
서로 속이고 목을 조르고 마침내는
칼을 들고 피를 흘리는데
정거장을 향해 비탈길을 굴러가는
가난이 싫어진 아낙네의 치맛자락에

연기가 붙어 흐늘댄다.
어둠이 내리기 전에 산 일번지에는
통곡이 온다. 모두 함께
죽어버리자고 복어알을 구해온
어버이는 술이 취해 뉘우치고
애비 없는 애기를 밴 처녀는
산벼랑을 찾아가 몸을 던진다.
그리하여 산 일번지에 밤이 오면
대밋벌을 거쳐 온 강바람은
뒷산에 와 부딪쳐
모든 사람들의 울음이 되어 쏟아진다.

『農舞』(월간문학, 1973) / 『신경림 시전집』(창작과비평사, 2004)

罷場

못난 놈들은 서로 얼굴만 봐도 흥겹다
이발소 앞에 서서 참외를 깎고
목로에 앉아 막걸리를 들이키면
모두들 한결같이 친구 같은 얼굴들
호남의 가뭄 얘기 조합 빚 얘기
약장사 기타 소리에 발장단을 치다 보면

왜 이렇게 자꾸만 서울이 그리워지나
어디를 들어가 섰다라도 벌일까
주머니를 털어 색시집에라도 갈까
학교 마당에들 모여 소주에 오징어를 찢다
어느새 긴 여름해도 저물어
고무신 한 켤레 또는 조기 한 마리 들고
달이 환한 마찻길을 절뚝이는 파장

『農舞』(창작과비평사, 1975)

● 신
　동
　엽

鐘路五街

이슬비 오는 날.
종로 5가 서시오판 옆에서
낯선 少年이 나를 붙들고 東大門을 물었다.

밤 열한 시 반,
통금에 쫓기는 群像속에서 죄 없이
크고 맑기만 한 그 소년의 눈동자와
내 도시락 보자기가 비에 젖고 있었다.

국민학교를 갓 나왔을까.
새로 사 신은 운동환 벗어 품고
그 소년의 등허리선 먼 길 떠나온 고구마가
흙 묻은 얼굴들을 맞부비며 저희끼리 비에 젖고 있었다.

충청북도 보은 俗理山, 아니면
전라남도 해남땅 漁村 말씨였을까.
나는 가로수 하나를 걷다 되돌아섰다.
그러나 노동자의 홍수 속에 묻혀 그 소년은 보이지 않았다.

그렇지.
눈녹이 바람이 부는 질척질척한 겨울날,
宗廟담을 끼고 돌다가 나는 보았어.
그의 누나였을까.
부은 한쪽 눈의 娼女가 양지쪽 기대앉아
속내의 바람으로, 때묻은 긴 편지 읽고 있었지.

그리고 언젠가 보았어.
세종로 고층건물 공사장,
자갈지게 등짐 하던 勞動者 하나이
허리를 다쳐 쓰러져 있었지.
그 소년의 아버지였을까.
半島의 하늘 높이서 太陽이 쏟아지고,
싸늘한 땀방울 뿜어낸 이마엔 세 줄기 강물.
대륙의 섬나라의
그리고 또 오늘 저 새로운 銀行國의
물결이 딩굴고 있었다.

남은 것은 없었다.
나날이 허물어져가는 그나마 토방 한 칸.
봄이면 쑥, 여름이면 나무뿌리, 가을이면 타작마당을 휩쓰는 빈 바람.
변한 것은 없었다.
李朝 오백년은 끝나지 않았다.

옛날 같으면 北間島라도 갔지.
기껏해야 뻐스길 삼백리 서울로 왔지.
고층건물 침대 속 누워 肥料廣告만 뿌리는 그머리 마을,
또 무슨 넉살 꾸미기 위해 짓는지도 모를 빌딩 공사장,
도시락 차고 왔지.

이슬비 오는 날,
낯선 소년이 나를 붙들고 東大門을 물었다.
그 소년의 죄없이 크고 맑기만 한 눈동자엔 밤이 내리고
노동으로 지친 나의 가슴에선 도시락 보자기가
비에 젖고 있었다.

『동서춘추』, 1967. 6. / 『신동엽전집』(창작과비평사, 1975)

散文詩 〈1〉

스칸디나비아라든가 뭐라구 하는 고장에서는 아름다운 석양 대통령이라고 하는 직업을 가진 아저씨가 꽃리본 단 딸아이의 손 이끌고 백화점 거리 칫솔 사러 나오신단다. 탄광 퇴근하는 鑛夫들의 작업복 뒷주머니마다엔 기름묻은 책 하이덱거 럿셀 헤밍웨이 莊子 휴가여행 떠나는 국무총리 서울역 삼등대합실 매표구 앞을 뙤약볕 흠쓰며 줄지어 서 있을 때 그걸 본 서울역장 기쁘시겠오라는 인사 한마디 남길 뿐 평화스러이 자기 사무실문 열고 들어가더란다. 남해에서 북강까지 넘실대는 물결 동해에서 서해까지 팔랑대는 꽃밭 땅에서 하늘로 치솟는 무지개빛 분수 이름은 잊었지만 뭐라군가 불리우는 그 중립국에선 하나에서 백까지가 다 대학 나온 농민들 추럭을 두대씩이나 가지고 대리석 별장에서 산다지만 대통령 이름은 잘 몰라도 새이름 꽃이름 지휘자이름 극작가이름은 훤하더란다 애당초 어느쪽 패거리에도 총쏘는 야만엔 가담치 않기로 작정한 그 知性 그래서 어린이들은 사람 죽이는 시늉을 아니하고도 아름다운 놀이 꽃동산처럼 풍요로운 나라, 억만금을 준대도 싫었다 자기네 포도밭은 사람 상처내는 미사일기지도 땡크기지도 들어올 수 없소 끝끝내 사나이나라 배짱 지킨 국민들, 반도의 달밤 무너진 성터가의 입맞춤이며 푸짐한 타작소리 춤 思索뿐 하늘로 가는 길가엔 황토빛 노을 물든 석양 大統領이라고 하는 직함을 가진 신사가 자전거 꽁무니에 막걸리병을 싣고 삼십리 시골길 시인의 집을 놀러 가더란다.

『월간문학』, 1968. 11. / 『신동엽전집』

서울

초가을, 머리에 손가락 빗질하며
南山에 올랐다.
八角亭에서 장안을 굽어보다가
갑자기 보리씨가 뿌리고 싶어졌다.
저 고층 건물들을 갈아엎고 그 광활한 땅에
보리를 심으면 그 이랑이랑마다 얼마나 싱싱한
곡식들이 사시사철 물결칠 것이랴.

서울 사람들은
벼락이 무서워
避雷塔을 높이 올리고 산다.

내일이라도 한강 다리만 끊어 놓으면
열흘도 못가 굶어죽을
特別市民들은
과연 盲目技能者이어선가
稻熱病藥광고며, 肥料광고를
신문에 내놓고 점잖다.

그날이 오기까지는 끝이 없을 것이다.
崇禮門 대신에 金浦의 空港

화창한 반도의 가을 하늘
越南으로 떠나는 북소리
아랫도리서 목구멍까지 열어놓고
섬나라에 굽실거리는 銀行소리

祖國아 그것은 우리가 아니었다.
우리는 여기 천연히 밭갈고 있지 아니한가.

서울아, 너는 祖國이 아니었다.
五百年前부터도,
떼내버리고 싶었던 盲腸

그러나 나는 서울을 사랑한다
지금쯤 어디에선가, 고향을 잃은
누군가의 누나가, 19세기적인 사랑을 생각하면서

그 포도송이같은 눈동자로, 고무신 공장에
다니고 있을 것이기 때문에.

그리고 관수동 뒷거리
휴지 줍는 똘만이들의 부은 눈길이
빛나오면, 서울을 사랑하고 싶어진다.

그러나, 그날이 오기까지는.

『狀況』, 1969. 8. / 『신동엽전집』

오규원

개봉洞의 비

천우사 약방 앞길
여자 배추장수 돈주머니로 찾아드는 비
땅콩장수 여자 젖가슴으로 찾아드는 비
사과장수 남자 가랑이로 찾아드는 비
그러나 슬라브 지붕 밑의 시간은 못 적시고
슬라브 지붕 페인트만 적시는 비
서울特別市 開峰洞으로 편입되지 못한
京畿道 始興郡 西面 光明里의 실룩거리는 입술 언저리에 붙어 있는
잡풀의 몸 몇 개만 버려 놓는 비

『王子가 아닌 한 아이에게』(문학과지성사, 1978)

유다의 不動産

　김포가도에 올라선다. 순간, 무너지고 부서진 거리를 漢江이 모두 내놓고 햇볕을 쬐고 있는 광경이 내 눈에 들어온다. 이 순간, 내 눈은 하느님의 눈이다. 고요하고, 따뜻하고, 事實을 事實로 사랑하는 긍정이 햇빛에 아름답게 반짝 빛난다.
　―내가 부활하려나?

　거리. 不動産 붐에 올라타고 청바지를 입은 젊은 부인들이 길 건너 아파트 공사장으로 떼지어 간다. 西部 사나이들처럼 늠름하게, 그리고 천천히. 不動産―움직이지 않는, 움직일 수 없는 財産. 겨우 아파트나 家屋이 不動産인 이 시대의 木手들은 습관처럼 十字架에 못을 쾅 쾅 박고 있다.
　―내가 부활하려나?

　나는 처음에 믿지 않았다, 어느 날 나를 찾아온 한 랍비가 들려 준 말을. 감람山의 올리브나무 밑에서 나사렛의 예수가 유다의 두 팔을 잡고 울며 했다는 말을.

　나의 생애를, 저 異蹟밖에 바라지 않는 사람들을 위해 異蹟에서 누군가가 나를 구해 주어야 한다. 사랑은 異蹟이 아니라는 사실을, 사랑은 즐겁게 고통을 이해하는 힘이라는 사실을 모르는 저 사람들을 위해 나를 네가 구해 주어야 한다. 부탁이다 유다여. 사람들은 극적인 것을 좋아한다. 극적인 것의 허구를 모르는 저 사람들은 영원히 허구를 모를 것이다. 그 사람들을 위해 나는 극적으로 죽어야 한다. 부탁이다. 유다여, 너만이 나를 위해 배반해 줄 수 있다.

　지금은 눈에 보인다, 아파트 공사장 위로. 예루살렘으로 가는 게헨나 언덕에 나사렛의 木手와 헤어진 가룟 유다가 혼자 하루 종일 쳐다본 하늘—그 유다의 不動産. 구름낀 그러나 마지막엔 끝없이 맑고 고요해지던 하늘.

『王子가 아닌 한 아이에게』

이성부

우리들의 糧食

모두 서둘고, 侵略처럼 활발한 저녁
내 손은 외국산 베니어를 만지면서
歸家하는 길목의 허름한 자유와
뿌리 깊은 거리와 食事와
거기 모인 구리빛 건강의 힘을 쌓아 둔다.
톱날에 잘려지는 베니어의 纖細,
快樂의 깊이 보다 더 깊게
파고 들어가는 노을녘의 技巧들.
잘 한다 잘 한다고 누가 말했어.
한 손에 夕刊을 몰아 쥐고
빛나는 구두의 偉大를 남기면서
늠름히 돌아보는 젊은 아저씨.
역사적인 집이야, 조심히 일하도록.

홍, 나는 도무지 엉터리 손발이고
밤이면 건방진 책을 읽고 라디오를 들었다.
함마 소리, 자갈을 나르는 아낙네가 십여명,
몇 사람의 남자는 鐵筋을 정돈한다.
순박하고 땀에 물든 사람들
힘을 사랑하고, 배운 일을 경멸하는 사람들,
저녁상과 젊은 아내가 당신들을 기다린다.
일찍 돌아간다고 당신들은 뱉어내며
그러나 어딘가 거쳐서 헤어지는
그 허술한 空腹,
어쩌면 번쩍이는 누우런 戀愛.
거기엔 입, 입들이 살아 있고 天才가 살아 있다.
아직은 숙달되지 못한 노오란 나의 飮酒,
친구에게는 단호하게 지껄이며
나도 또한 帝王처럼 돌아갈 것이다.
늦도록 잠을 잃고 기다리던 내 아내
문밖에 나와 서 있는 그 사람
비틀거리며 내 방에 이르면
구석 어딘가에 저녁이 죽어있다.
아아, 내 톱날에 잘려지는 외국산 나무들.
외롭게 잘려서, 얼굴을 내놓는 김치, 깍두기,
차고 미끄러운, 된장국 時間.
베니어는 잘려 나가고

무거운 내 머리, 어제 읽은 페이지가 잘려 나간다.
허리 부러진 흙의 이야기
活字들도 하나씩 기어서 달아나는
딩구는 낱말, 그 밥알들을 나는 먹겠지.
상을 물리고 건방진 책을 읽기 위하여
나는 잠시 아내를 멀리하면
바람이 차네요. 그만 주무서요.
퍽 언짢은 紫色 이불 속에 누워
아내는 몇차례 몸을 뒤채지만
젊은 아내여 내가 들고 오는 도시락의 무게를
구멍난 내 바지 가랑이의 時代를
그러나 나는 읽고 있다.
모두 서둘고, 침략처럼 활발한 저녁
鐵筋工, 십여명 아낙네, 스스로의 解放으로 사라진 뒤,
빈 공사장에 녹슨 西風이 불어 올 때
나도 일어서서 가야 한다면
계절은 몰래 와서 잠자고, 미움의 짙은 때가 쌓이고
돌아볼 아무런 歷史마저 사라진다.
목에 흰 수건을 두른 저 거리의 일꾼들
담배를 피워 물고 뿔뿔이 헤어지는
저 떨리는 民主의 一部, 市民의 一部.
우리들은 모두 저렇게 어디론가 떨어져 간다.

『우리들의 糧食』(민음사, 1974)

새벽길

이 손시린 새벽이
억울하게 살았으나 부끄럽지 않게 숨진
청년 하나를 만나고 와서
내 잠을 깨운다.
이 새벽은
내 살결로 닿는 것이 아니라
차라리 더운 허파에 깊이깊이 꽂힌다.
이 새벽이
스스로를 불태워 죽은 청년과 입댄 그 입술,
신신한 입술, 한 죽음으로
모든 죽음을 살게하던 그 입술,
국가보다도 더 강하고, 때로는 아침 이슬보다도
약하디 약한 사랑의 입술,
그리하여 마침내
어리석은 나에게도 찾아와서
눈 부릅떠 일깨우고
이 새벽은 돌아간다.
어느덧 서울 변두리의 市民들도
朝刊이 시멘트 바닥을 핥는
소리를 듣고 아침 우유를 마시고
말없이 만남 없이 싸움도 없이

줄지어서 버스를 기다리는 일에 길들여졌다.
이 사람들은 웬일인지
자기들의 지난 날의 이웃이기도 한
청년의 이야기를 잊어버린지 오래다.
이 사람들은 이제 아무것도
물을 줄을 모르며
이 사람들은 이제 웬일인지 웬일인지
귀가 먹었다.
그날 날카롭게 죽어
이웃들에게 칼을 나누어 주던,
좁은 땅에 묻혀서도 大地를 숨쉬던,
청년 하나의
그슬린 주검 한 개,
유다는 어느덧 열두명이고
나머지 한 사람도 마음은 칩다.
그런 끝끝내 이 새벽은 새벽마다
흔들리는 것들을 제자리에 세우면서
옳게 튼튼하게 뿌리를 박는구나.
아아 비로소 나도 큰눈을 뜨고
나를 떠나 나아가게 되는구나.
完成된 암흑의 한가운데로
미래의 처음으로……。

『우리들의 糧食』

서울式 海女

都市의 옆구리, 관광객을 부르고
케이블 카는 머리 위로 기어갔다.
옥상에 앉아 지껄이는 醉客들이 서너군데,
위스키를 다르는 내 찬 손을
꼬옥 쥐면서, 젊은 여자가 거듭 말했다.
과학이란 우리에게 있어요.
南海바다
밑의 無重力, 그 생리를 연구해 보셨나요?
전복을 따는 손의 綿密性,
호흡기 障碍, 혹은 유방의 華麗.
올해 스물 여섯, 고향은 西歸浦
몸집이 크고 퉁명스러운, 여학교를 다닌 여자랍니다.
웅변을 했댔어요. 중학교 때
「나의 아버지는 가난한 뱃사공」
이 題目으로 소리쳤던 그 나이,
상을 받았는데, 검은 표지의 玉篇이 한권.
아버지를 여위고, 어머니가 사는 서울로
나도 왔지요.
그런데 어머니는 찾아내지 못하구요.
청량리에선 소매치기를 당했어요.
해녀란 신성하고 참으로 正確한 것,

세파트 少領의 軌道 이상으로
우리들의 能率, 우리들의 探驗
이 살아있는 해삼을 잡수시지 않겠어요?
몸에 좋대나봐요. 바다 밑에서
손이 미쳐 갔을 때, 이건 친구였어요.
이 韓國의 첫째 個性,
未知의 검은 陽氣.
여자는 살며시 몸을 비꼬며
기계처럼 한번 웃고
그러나 웃지 못할 철저한 生活로 돌아간다.
끈질긴 내장이나 肺,
血管, 휘파람 소리.
나이를 먹고 어른이 되고
삼년 전 운전수인 남자와 살림을 시작했죠.
난폭한 그이보다 더 자유로운 바다
깊은 물속의 운동, 즐거움은 없어요.
가장 활발히 몸을 놀리며
전복을 찾는 우리들의 눈,
왜 그 안경을 쓴 生理學者란 분
바다에도 오셨고, 언젠가는 여길 다녀갔지요.
해녀의 기능에 관하여 論文을 쓰겠다고
자료를 수집하고, 우리들을 모아 이야기를 들었지요.
술은 이제 그만 하세요 얼굴이 붉어지셨군요.

저를 좋아하신다구요. 하하……
진리를 위해서지, 뒤엎어 버리면 어떻게 되는가를 똑똑히 보기
위해서지.
바람이 차네요, 주정일랑 마시구요.
진리를 위해서야, 뒤엎어 버리면 글쎄
그것이, 그것이 보인다니까.
아아, 이 새롭고도 奇異한 한 마리 性,
卓越한 말솜씨.
밤이면 나도 끝끝내 잠을 못잔다.
일렁이는 꿈들의 接近을 달래면서
나는 어쩌면 精神의 건널목
그 未開의 땅을
밤새워 찾고 있었다.

『우리들의 糧食』

蘭芝島

— 1979년

아름다운 자기 이름을 가진
서울 변두리 난지도에 와서
난지도 공기를 만나고

사람 사는 마을을 들여다보면은 안다.
난지도에 와서
우리나라 시월 하늘
눈 비비며 바라보면 안다.
아니오 아니오 아니오임을 안다.
파리떼에게도 한잔 먹어라
소주잔을 권하고,
썩은 물 웅덩이에도 희망의 손발을 씻어내는
난지도에 와서 보면
우리나라 시월 하늘
서럽다 못해 왜 불타는 노을로 소리치는가를 안다.
왜 살아서 스스로 부서지고 싶은 것인가를 안다.
쓰레기에 파묻혀 놀던 개구장이들이
쓰레기더미 위에 누워 하늘을 우러른다.
제복의 여학생이 水色 종점에서 내려
십리길 걸어, 쓰레기 산 또 십리를 넘어
쓰레기 움막으로 기어든다.
밤이 되어
봉화산 의병 닮은 횃불들을 들고
밤하늘 덮는 먼지 속 몰려가는 사람들,
에헤야 디야, 에헤야 디야
쿵작작 쿵작작
여기서도 왼종일 라디오 소리 들리고

향수 뿌린 여인이 있어

악취에 코막힌 사내들의 가슴을 후벼준다.

서울의 거대한 오물 하치장,

개, 돼지, 짐승들도 숨막혀 아우성만 커진 곳.

사람과 쓰레기가 한몸이 되어

파리떼 속에서 사랑을 속삭이고,

온갖 꽃을 피우고

바람을 부르고 비를 부른다.

난지도에 와서

사람을 만나고

사람의 마을을 들여다보면 안다.

왜 모든 것이 아니오

아니오 아니오임인가를 비로소 안다.

『전야』(창작과비평사, 1981)

● 이
　시
　영

새벽 들

　오금동에서 송파로 넘어가는 방파동 들머리집, 늙바리 색시와 함경도 주모가 육백을 치다 부둥켜안고 잠든 단간방에 숨어, 우리는 얼굴을 잃어버린 놈들끼리 어울려 며칠째 술을 마셨다. 이것도 저것도 쌍놈도 배운 놈도 답답해 문을 차면 가슴을 주고 싶은 바보같은 허허벌판. 한 떼의 더벅머리를 싣고 쏜살같이 모퉁이를 돌아나오는 트럭 뒤에서 새파랗게 질린 새벽이 우리를 보자 고개를 돌리고 떨었다. 하나 남은 노모를 묻고 온 삼동이는 주먹을 치켜들고 술상을 엎고, 큰길까지 나갔다가 쫓겨온 고물상 張은 바람벽에 머리를 박고 숨을 죽였다. 한바탕 난장이 끝나고 나면 다시 뜨거워지는 지랄같은 얼굴, 갈곳없는 얼굴 위에 그리운 눈들. 주모를 깨워 밖으로 내쫓고 정신없이 제 팔을 물어 뜯다 돌아보면 옆구리를 치는 어김없는 손, 입을 막는 그 손 앞에서도 내 마음 앞에서도 나, 약해질 수 없구나. 목덜미를 얼싸안고 새벽길로 끌려나서면 넉달째 못받은 노임도, 한칼에 눈 부릅뜨고 넘어지던 십장도 한번 더 잊어버려야지. 발길에 채여 눈밭에 엉덩방아를 찧으면

서도 외팔이, 왜 이렇게 흥겨운 것이 많다냐. 건초더미 위에서 허옇게 썩은
달이 하나 모락모락 떠올라 끝내 이기고 가는 낯들을 정답게 비춰주었다.

『滿月』(창작과비평사, 1970)

정님이

용산역전 늦은 밤거리
내 팔을 끌다 화들짝 손을 놓고 사라진 여인
운동회 때마다 동네 대항 릴레이에서 늘 일등을 하여 밥솥을 타던
정님이 누나가 아닐는지 몰라
이마의 흉터를 가린 긴 머리, 날랜 발
학교도 못 다녔으면서
운동회 때만 되면 나보다 더 좋아라 좋아라
머슴 만득이 지게에서 점심을 빼앗아 이고 달려오던 누나
수수밭을 매다가도 새를 보다가도 나만 보면
흙 묻은 손으로 달려와 청색 책보를
단단히 동여매주던 소녀
꽁깍지를 털어주며 맛있니 맛있니
하늘을 보고 웃던 하이얀 목
아버지도 없고 어머니도 없지만
슬프지 않다고 잡았던 메뚜기를 날리며 말했다

어느 해 봄엔 높은 산으로 나물 캐러 갔다가
산뱀에 허벅지를 물려 이웃 처녀들에게 업혀와서도
머리맡으로 내 손을 찾아 산다래를 쥐여주더니
왜 가버렸는지 몰라
목화를 따고 물레를 잣고
여름밤이 오면 하얀 무릎 위에
정성껏 삼을 삼더니
동지섣달 긴긴밤 베틀에 고개 숙여
달그당잘그당 무명을 잘도 짜더니
왜 바람처럼 가버렸는지 몰라
빈 정지문 열면 서글서글한 눈망울로
이내 달려나올 것만 같더니
한번 가 왜 다시 오지 않았는지 몰라
식모 산다는 소문도 들렸고
방직공장에 취직했다는 말도 들렸고
영등포 색싯집에서 누나를 보았다는 사람도 있었지만
어머니는 끝내 대답이 없었다
용산역전 밤 열한시 반
통금에 쫓기던 내 팔 붙잡다
날랜 발, 밤거리로 사라진 여인

『滿月』 / 『긴 노래, 짧은 시』(김정환 외 편, 창작과비평사, 2009)

장
영
수

道峯 IV

의정부나 동두천에. 몸만으로.
한 번 살아 볼 마음만으로 흘러온
아가씨들. 열아홉 스물에,
부끄러움도, 쓸 데 없는 눈물도
해 저무는 낯선 길목에 남 몰래 버리면서.

아가씨들. 더러는 떠나는
미군 사병들 따라가고. 더러는 場거리,
구석진 술집의 허름한 床이나 두들기고.
더러는 도봉산, 산기슭의 셋방에서
누구네 집 둘째 부인이 되며.

푸르른 것들 속에 띠엄, 띠엄,

노오랗게 피어나던 웃음도. 뽀오얗던
얼굴빛도 다 저녁 때 어두움에 한없이
파묻으며. 나이는 어느새 서른이 넘으면서.

이제는 내리막 길이라고. 시집 갈
팔자도 못 되었다고. 그래도 너댓 칸
방이 달린 하숙이나 치면서 살게 된 끝에
여자는 허공엔 듯 말하며. 여자는,
메마른 길 같은 웃음을 문득, 떨어뜨리며.

『메이비』(문학과지성사, 1977)

정희성

어머니, 그 사슴은 어찌 되었을까요

어머니, 기억하세요?
그 슬픈 사슴의 이야기를.
그때 전 일곱이었어요
처음으로 어머니 손을 잡고
창경원을 구경하던 그날
모든 것이 신기했어요
우리도 서울서 살자고
떼를 쓰다 맞던 일도
어머니, 저는 다 알아요
어머니의 거친 손을.
속도 없이 저는 울기만 했고
그리고 모든 걸 잊었었지요
곰의 얼굴도 사자의 얼굴도

가엾은 사슴의 얘기도 잊었었지요
어머니도 저도 농사 일에 바빠
다 잊었지요 어머니
그 사슴은 어찌 됐을까요?
기억하세요? 그때 전 일곱이었어요

어머니, 모든 것이 달라졌네요
저 새도 원숭이도
새끼를 낳다 죽었다는 검은 곰도
우리가 보던 것이 아니예요
어머니, 그 사슴은 어찌 됐을까요?
제 나이 벌써 열 아홉
어머니가 돌아가신 뒤
우리는 고향을 떠났지요
아버지는 매일같이 술에 취하셨고
그 정신에도 오빠를 가르친답시고
논밭은 다 팔아 날리고
어머니, 그런데 오빠는 여기 없어요
월남이라는 나라에서 죽었어요
오빠가 왜 남의 나라 싸움터에서
죽어야 했는지 저는 몰라요
분이야, 오빠 나갈 때까지만
아버님 모시고 고생하거라 하던

그 편지가 마지막일 줄도
저는 몰랐어요 제가 왜
남의 집 식모살이를 가야 했는지
어머니, 그 사슴은 어찌 됐을까요?
「나는 돌을 먹을 수 없어요」 하던
그 사슴을, 기억하세요? 전 일곱이었어요

기억하세요? 어머니
그 뿔이 잘린 꽃사슴을.
누가 저 뿔을 잘랐을까 하고
저는 물었지요
그때 전 일곱이었어요
지금은 너무나 변했어요
사슴도 곰도 옛날 것은 아니고
벌써 저는 열 아홉인걸요
이 손으로 비단을 짜는걸요
그러나 어머니, 제 손을 보면
그 옛날 어머니의 거친 손이 생각나요
논바닥처럼 갈라진 어머니의 손이.
왜 왈칵 눈물이 솟는지
일한다는 게 무엇인지
이제야 알 것 같아요
노엽고 분했어요

오늘 경찰서에서 풀려나온 뒤
실컷 울고 싶어서 여길 왔어요
저 짐승들은 제 맘을 알 거라고
저는 생각했어요
우리는 먹을 만큼은 받아야
일할 수 있다고 말했을 뿐예요
공장측과 싸웠어요
며칠이고 며칠이고 굶으면서
쓰러지고 또 일어서 싸우면서.
어머니, 그리고 우리는 당했어요
이거나 먹으라고, 배고프면 이거나 먹으라고
그들은 우리에게 똥을 퍼부었어요
그리고 우리는 끌려갔지요
믿을 수 없어요 어머니, 어떻게 사람이
사람에게 그런 짓을 할 수 있는지.
아실 거예요 함께 일하던 순이
산너머 먹골에 살던 그애를.
미쳐버렸어요 그애가 미쳐버렸어요
모든 것이 많이 달라졌어요
어머니, 누가 그 사슴의 뿔을 잘라 갔을까요?
기억하세요? 전 일곱이었어요
사슴도 옛 사슴은 아니고
사람도 옛 사람이 아니예요

짐승 우리 앞에는 팻말이 붙어 있지요
「우리는 돌을 먹지 않아요」라고,
누군가 저 가엾은 사슴에게
돌을 던지나 봐요 어머니
그것을 먹으라고.
모든 것이 옛날과 달라졌어요
이대로는 고향에 돌아갈 수 없어요
기억하세요? 어머니
그때 전 일곱이었어요
그러나 언제까지나 일곱은 아니예요

『저문 강에 삽을 씻고』(창작과비평사, 1978)

언 땅을 파며

눈덮여 얼어붙은 허허 강벌
새벽종 울리면 어둠 걷히고
난지도 취로사업장 강바닥엔 까마귀떼처럼
삽을 든 사람들 뒤덮인다
뚝에 세운 깃발 찢어져라 펄럭이고
새마을 노랫소리 하늘로 솟았다가
북한강 상류로 가서 찬바람 몰아

강바닥에 엎드린 얼굴을 치때린다
호각 불면 엎어져 강바닥을 찍고
허리 펴면 노을 붉은 강둑이 우뚝한데
노임을 틀켜쥔 인부들은
강바닥보다 깊이 패인 얼굴
다 저녁 삽을 끌고 어디로 가나
게딱지같이 강바닥에 엎디어
언 땅 후벼 파 흙밥이나 먹으련만
내일은 동서기가 일을 줄지 모르겠다며
군에 나간 아들놈 걱정을 하고
몸서리쳐 돌아보는 강바닥은 전쟁터
패어나간 흙구덩에 피빛 황혼 잠겨들고
까마귀떼 몰려가는 강둑으로
바람은 북한강을 몰아다가
얼굴에 냅다 흙모래를 뿌린다

『저문 강에 삽을 씻고』

최
하
림

겨울 牛耳洞 詩

나는 오늘 적막한 걸음으로 牛耳洞 숲을 걸어가면서 본다
눈이 여린 가지에 내려쌓이고
길들을 덮고
각각의 사물이 제 자신에로 돌아와 말없이 눈을 맞아들인다
무성한 이파리를 떨어뜨리고 앙상한 枝體만으로 선
겨울 상수리나 가지 새로 울며 날아가는 겨울새나
더 이상 아무 가질 능력 없이 비렁뱅이 신세로 떠도는
도시 유랑인의 마음과도 같이

우리들의 머리에 내리고
山野에 싸이고 地心에 스미는 눈
牛耳洞의 눈이여 우리는 무엇으로 너희를 맞을 수 있을까
저 아름다운 사부랑 눈이라 해도 어떻게 노래할 수 있을까

그러나 눈 위로 걸어가는 우리 발자국이
이미 노래이며 향수임을 누가 부인하며
맑은 공기나 산바람이 진종일 소나무 숲을
울리어 제 존재를 드러내듯이
눈 속에서 우리들 존재가 제 본성을 되살리고
원래의 의미를 되찾음을 누가 마다할 수 있을까

牛耳洞의 눈이여 나는 걸어가면서 생각한다
우리가 처음 보던 바다와 겨울나무 밤새들
그리고 잠 아니오는 밤의 불안한 의식 속에서 들은 냇물소리
그런 시간의 아이들의 순한 얼굴과 아내의 옛 모습
눈과 같은 사람들의 모습

『우리들을 위하여』(창작과비평사, 1976)

황
명
걸

서울 1975년 5월

아침 봄비는 세종로 네거리에
커다란 조화 다발을 리어커에 싣고
서성이는 한 소년이 있다
배달할 집을 찾지 못해서가 아니다
배달할 집은 알고 있으나
정녕 배달할 곳은 따로 있다고
어린 마음에도 생각되기 때문이다
소년은 혼자 볼멘소리를 한다
내심 아까부터 조화 다발을 자꾸
네거리 한복판에 세우고 싶은 것이다
씽씽 자동차들은 달려가고 오지만
기실 죽은 듯 조용하기만 한
서울 거리가 못마땅한 것이다

『韓國의 아이』(창작과비평사, 1976)

무악재에서

맨몸으로 오르기도 숨이 찬
무악재 가파른 고갯길
리어커에 잔뜩 야채를 싣고
초로의 내외가 올라왔다
바깥분은 앞에서 끌고
안분은 뒤에서 밀며
그 나이에 용케도 올라왔다
피우다 꺼둔 진달래 꽁초를
찾아 불을 붙이는 주인
그 옆에 주인을 쳐다보며
말없이 땀을 훔치는 내자
그들의 그을은 얼굴 파인 주름살에선
고생의 역정이 역력한데
그게 오히려 훈장처럼 빛날 뿐
노추는 추호도 찾아볼 수 없다
가난하나 성실된 삶 앞에선
맥을 못 쓰는 노추
그래 들여마시는 담배 모금이
그렇게 맛있어 보일 수가 없고
머리카락을 쓸어올리는 손길이
그렇게 멋져 보일 수가 없다

『韓國의 아이』

| 해 설 |

예속의 시대와 위계의 균열

박 수 연

1

　1960년대에서 1970년대에 이르는 동안의 한국 노동시를 살펴보는 일은 한국 현대사의 지배-피지배 관계에 대한 인식이 언제부터 본격적으로 이루어지기 시작했는가를 살펴보는 일과 통한다. 한국전쟁 후 이데올로기적 금제와 경제적 발전에 대한 국가적 요구는 노동자들이 자신들의 구조적 위치에 대해 이념적으로 파악하는 일을 억압했다. 노동자들은 자신들의 삶에 대한 대자적 표현을 이룰 수 없었는데, 푸코가 말하는 바의 '예속적 앎'만이 한국 현대사를 살아온 사람들에게 널리 확산되어 있었던 것이다.
　예속적 앎이란, 어떤 지배적 힘들에 의해 "형식적 체계화 안에 감싸여지고 은폐된 역사적 내용"이라고 푸코는 말한다. 그것은 은폐되어 있기 때문에 "충분히 가공되지 않은 앎 또는 비개념적 앎"이다. 이 예속적 앎을 드러내기 위해서는 "전위적 이론이라는 특권과, 위계질서를 갖춘 포괄적 담론의 압제가 제거되어야 한다"고 푸코는 덧붙여놓는다.[1]
　1960년대 이후 한국 노동시는 그 예속적 앎과 그것의 드러냄에 대한 이중적 과

---

1) M. 푸코, 박정자 옮김, 『사회를 보호해야 한다』(동문선, 1998), 23~27쪽 참조.

제를 잘 보여준다. 우선, 이 시기의 노동시는 1940년대에 이르기까지의 시기와 1980년대 이후의 시기에 쓰여진 노동시에 비교할 때 양적으로 현저히 소수이며 이념적으로 즉자적이다. 양적으로 소수라는 사실은 대부분의 저항적 정치 예술이 외면되기를 강제당했던 이 시기의 한국문학 전체의 경향과 관련하여 분석되고 판단되어야 할 것이다. 한국전쟁이 끝나고 이승만과 박정희 체제를 거치는 동안 한국사회의 진보적 이념은 강력한 국가권력에 의해 억압되었다. 문단의 진보적 목소리는 4·19라는 예외적 시기를 일부 제외하면 언제나 '서랍 속의 불온시'(김수영)로 남아 있어야 했다. 따라서, 노동시가 양적으로 소수라는 사실은 필연적인 결과였다. 국가권력이 반공 이데올로기를 지렛대로 삼아 사회를 위계화하고 형식화했을 때, 노동과 관련된 지적 담론들은 그 위계화의 과정에서 파괴되지 않을 곳으로 숨어들어야만 했다. 그러므로 노동시가 대중적으로 읽히고 논의될 공론장은 거의 준비되어 있지 않았다고 해야 할 것이다.

다음, 이념적으로 즉자적인 노동시라는 판단은 자본주의 사회구성체에서 노동(자)에 대한 정치·경제학적 사유가 그 시편들에 좀처럼 나타나지 않는다는 사실을 뜻한다. 대부분 억압당하고 소외된 존재들의 분노와 비극과 비애를 다루고는 있어도, 노동시는 그 상태를 시적 변형의 재료로 삼아서 잠재적으로 그 모순의 현실을 정념화할 뿐이다. 물론 시가 사회과학의 논리를 앙상하게 문학적 형상화의 과정에 직대입할 수는 없다. 시에서 가능한 것은 시인 혹은 독자가 시의 언어 미학적 형식을 하나의 객관적 사실로서 마주한다는 사실이다. 그것은 시의 전언이 독자에게 모종의 행동을 요구하는 때에도 그렇다. 시는 무엇보다도 미적 언어구성체 그 자체임에 틀림없다. 그러나 그렇다고 해도 이 시기의 노동시에 노동의 고통을 야기하는 근원에 대한 성찰이 없다는 사실은 이 시기를 특별히 억압적 권력의 전횡기로 규정해두도록 하는 유력한 근거이다. 노동의 고통을 형상화하는 언어는 그러므로 위계의 시대에 대한 고통스러운 시적 발산이라고 할 수 있다.

더구나 이 시기에 쓰여진 노동시는 거의 모두 직업적 시인들에 의해 작성된 작품들이다. 이렇다는 것은 시에 등장하는 노동자가 양심적 지식인에 의해 관찰된 대상이거나 편들어줘야 할 사회적 약자라는 사실을 의미할 것이다. 이것을 1920년대와는 또 다른 시기의 신경향파적 작품군이라고 부를 수 있을까? 아니, 하나의 사건적 폭발로서의 1980년대 노동시를 예감케 하는 사전적 징후라고 그것을 규정할 수는 없을까? 1920년대에 나타났던 사건들의 반복으로서 1970년대와 1980년대의 노동시가 의미화될 수 있다면, 이것은 채 꽃을 피우지 못한 채 역사의 시간 속에서 억압되거나 배제된 것들의 변형된 귀환 혹은 계류라고 불려도 될 것이다. 억압된 것은 언제나 귀환될 자리가 예비될 수밖에 없는 것이다. 실로 우리 현대사는 한때 노동자를 '노동자'로 부르지 못하고 '근로자'로 불러야만 했던 역사이기도 했던 것이다. 이때, 그 억압에도 불구하고 사회적 불의에 대한 분노와 역사적 인식을 담아서, 더구나 근로자라는 말만 허용되던 시대에, '전위적 이론의 특권과 포괄적 담론의 압제'와 떨어진 자리에서 노동시를 쓰기 시작했다는 것은, 모든 예속적 앎의 위계에 균열을 가져오는 행위가 아닐 수 없다. 1960년대, 1970년대의 노동시가 그렇다.

2

'노동시'라고 명명할 때의 그 '노동'이라는 단어에는 인류의 생존과 역사를 위한 필요조건이라는 잠재적 의미가 동반된다. 그것이 없다면 세상은 아무것도 아니었으리라는 필연적 가정이 그 단어에는 전제되어 있다. 실로 노동은 모든 인간적 행위의 밑바탕 같은 것이어서, 그것이 자각될 때나 자각되지 않을 때나 '역사의 동력'이라는 기본적인 믿음을 사람들에게 공유시킨다. 그런데 그것이 하루빨리 해결되어야 할 고통으로 인식된다는 것은 그 믿음의 대상을 서로 달리 의미화하는 사회적 구조와 역사적 시간이 출현하기 시작했음을 뜻할 것이다. 자본주의적 착취와 소외의 시간들이 그것이라는 데 사람들은 이미 널리 동의하고 있다.

한국 현대사에서 1960년대와 1970년대는 그 노동 착취와 소외의 가장 직접적인 출발을 이루는 시기이다. 그 이전인 해방의 1940년대와 한국전쟁의 1950년대는 농지개혁을 통해 자본주의적 생산관계의 기초를 이룬 시기라고 할 수 있다. 이것이 이 시기의 노동시에 이농과 도시 빈민의 형상이 주로 등장하는 이유일 것이다. 신동엽의 「종로 5가」와 김지하의 「서울길」은 이런 주제의 대표작들이다. 신동엽은 「종로 5가」를 1960년대 한국 현실의 전형적 상황과 인물로 채워놓는다. 그 상황과 인물이란, 외세와 헐벗은 조국과 생존을 위한 이농의 현실이 여전하여 "변한 것은 없었다./李朝 오백년은 끝나지 않았다"고 말할 수밖에 없도록 하는 삶의 조건과 존재들이다. "낯선 소년"과 "그의 누나" 그리고 "그 소년의 아버지"로 겹쳐지는 노동 착취의 대상들은 차례대로 '맑은 눈의 순결함', '부은 눈의 슬픔', '허리 다쳐 쓰러진 절망'으로 의미화되는 동시에, 그 '순결함→슬픔→절망'의 점층적 확산을 이룬다. 이로써 시가 도달하는 곳은 외세의 지배를 온전히 벗어나지 못한 한국적 현실에 대한 뼈아픈 슬픔의 의미화이다. 이것은 한 편의 서정시가 이루어야 할 미적 완성을 보여주는 것이지만 역사적 상황을 대자적으로 인식하는 존재를 형상화하는 데 있어서는 미흡한 양상이다. 신동엽이 역사적 현실에 대한 대자적 인식에 도달하지 못했다고 말하는 것은 성급한 일일 것이다. 그러나 한 편의 시가 시인의 인식 수준 전체를 환기하는 정념의 언어라는 점을 고려한다면, 이 미흡성은 시적 언어의 현실적 성취를 제한하는 요인이 아닐 수 없다. 「종로 5가」가 비애에 빠진 서정적 정념의 수동성으로 종결되는 것도 그 때문이라고 해야 할 것이다.

 김지하의 「서울길」은, 비교해서 말한다면, 신동엽의 「종로 5가」 속 인물들이 고향을 떠나 서울로 올라가는 정황에 대한 진술로 읽힌다. 정황이라고 썼지만, 시에는 파괴된 삶에 대한 울분을 상경(上京)이라는 막다른 길의 단호한 선택으로 치환하는 심리가 작용한다. 파괴된 삶에 대한 구체적 제시가 없기 때문에 독자들은 다만 당대의 이농과 도시 전입이라는 일반적 시대 배경을 전제해야 한다. 이때, 요컨대 독자의 심리에서 일반성이 개별적 정황으로 구체화될 때, 당대의 이농향도 현상이 파괴된 삶의 전형으로 치환되는 것이다. 그런데 파괴된 삶과 함께 막다른 선택으로서의 상경이 의미화되는 것은 시의 화자가 이미 알고 있는 어떤 사실이 있기 때문이다. 그 사실이란, '가서 언제 돌아오겠다는 약속을 할 수 없는 길'이 상경

길이며 또한 그 길은 '언젠가 그리움에 지쳐 돌아오고야 말 수밖에 없는 길'이라는 점이다. 그럼에도 불구하고 시의 화자는 "간다/울지 마라 간다"고 선언한다. 이 단호한 선택에는 궁핍한 시대를 불같은 마음으로 관통하려는 지사의 태도가 작용하고 있음에 틀림없는데, 실로 김지하는 1970년대를 그 견인불발의 자세로 지나온 것이다. 이것은 적과 싸워 물러서지 않는 전사의 자세일 것이다.「서울길」은 전통적 감수성과 미적 형식에 익숙한 김지하가 변형 7·5조를 빌려 이룬 성취로서, 도시적 근대화에 대응하는 농촌공동체의 막다른 목소리를 뿜어내는 작품이다. 이 목소리에는 그러나 여전히 노동의 역사에 대한 대자적 인식이 드러나지 않는다. 시는 다만 파괴된 삶과 단호한 싸움의 자세만을 보여줄 뿐이다.

  서울로 이주한 농민들이 도시 빈민을 이뤄 사는 삶에 대한 보고서는 사회학적으로도 문학적으로도 이미 많은 축적물을 가지고 있다. 이들의 노동이 가치 생산의 영역으로 포함되는가의 여부에 대해서 사회학자들은 인색한 판단을 내리지만, 시인들에게 그들은 도시적 삶이 형성되는 과정의 기원적 생태 지도를 보여주는 존재들이다. 가령, 이시영의 「후꾸도」가 있다. 이 작품은 도시에서 좌판을 벌여 먹고사는 사내의 과거로 독자들을 끌고 들어간 후, 농촌공동체의 따뜻함을 도시의 삶과 직접 대비시킨다. '후꾸도'는 고향 마을에서 꼴머슴을 살았던 사람이다. 그는 어른들에게 혼나도 웃고, 일이 만족스러워도 웃는 성품의 소유자이지만, 서울바람을 쐰 형에게 모든 것을 빼앗기고 마는 사람이기도 하다. 시의 화자가 서울의 거리에서 그를 만났을 때, 그러나 그는 더 이상 웃는 존재가 아니다. 요컨대 서울은 모든 것을 앗아가버리는 공간이다. '후꾸도'는 지금 "어린애를 업고 넋 나간 사람처럼 물끄러미" 서 있는 사내로 화자 앞에 나타난다. 농촌과 도시라는 두 개의 생태 공간은 이렇게 긍정과 부정, 낙관과 비관의 상징으로 자리잡는다. 이 시적 정황은 2000년대에 새로 등장한 젊은 시인들의 시편 속에서는 쉽게 찾아볼 수 없는 것이다. 이를테면, 젊은 시인들에게 심층적으로 진술되는 것은 자신의 내면이지 현실의 깊이가 아니다. 이시영과 같은 세대에게는 현실의 이면을 향해 깊이 촉수를 들이미는 역사적 감각이 있다. 이들의 시편에서 서울은 파괴이고 농촌은 희생이다. 정호승의 시도 그렇다. 「마지막 편지」는 돈 벌러 도시로 간 딸의 죽음 앞에서 무너지는 "에미"의 시간을 형상화한다. 여기에서도 도시는 파괴이며 농촌은 희생이다.

서울이 파괴의 공간이라고 해도, 그곳에서 파괴되는 사람들이 같은 처지의 동료들과 맺는 관계마저 파괴시키는 것은 아니다. 가령, 공장 노동에서 노동자 조직이 회사 측의 분열 책동으로 허물어지는 것과 같은 자본주의적 경쟁 사회의 구도가 상경한 도시 빈민들에게는 아직 나타나지 않는다. 이것이 시대적 조건일 뿐이며, 도시 빈민은 결국 노동 예비군의 역할로서 동료들과 대립될 수밖에 없다는 사회학적 주장은 이 시기의 시적 상상력 속에서는 보기 힘든데, 하종오는 「청량리 역전」에서 오히려 이렇게 쓴다. "하나씩 켜 놓은 간데라 불빛들이/서로의 얼굴을 밝혀주는 동안은/서울에 살려고 우리는 말이 없다". 이 말 없음은 물론 사기와 상처의 침묵이 아니다. 그것은 "불빛에 띄워 보내는 우리 눈빛들이/땅 끝까지 못 가고 여기에 다시 모여/가난에 겨운 저녁을 지키는" 동료들의 침묵이다. 그 동료의식이 "그럼 이제부터야 한 몸 눕힐 곳 없어도/청량리 역전 낯설은 상경자들에게/간데라 불빛 한 줄기씩 나눠주며" 살도록 하는 곳으로 서울을 만든다. 이때 도시 빈민일 수도 있고 유랑자일 수도 있는 이들은 서울 내부에서 서울의 또 다른 내부로 추방된 존재들이다. 이 동질성이 이들을 함께 묶어둔다.

물론 추방되고 배제되는 존재들이라는 동류의식이 내부의 균열을 언제나 봉합하는 것은 아니다. 예를 들면, 노동자 내부에서도 여성의 지위에 대해 객관적으로 깨우치는 일이 필요한 것인데, 이 시기의 시가 박노해의 「이불을 꿰매며」처럼 날카로운 자기각성의 수준을 보여주는 것은 아니지만, 여성노동자와 남성노동자의 '차이-차별'에 대한 고통스러운 확인을 행하고 있다는 사실은 주목을 요한다. 정희성의 시가 그렇다. 그는 「어머니, 그 사슴은 어찌 되었을까요」에서 여성노동자의 추억 속으로 직핍하여 이렇게 쓴다. "제 나이 벌써 열 아홉/어머니가 돌아가신 뒤/우리는 고향을 떠났지요/아버지는 매일같이 술에 취하셨고/그 정신에도 오빠를 가르친답시고/논밭은 다 팔아 날리고/어머니, 그런데 오빠는 여기 없어요". 이

구절이 의미심장한 것은 오랜 전통사회의 가치관에 대한 보이지 않는 고발이 있기 때문이다. 모두 알다시피 여성이 남성의 지배 대상이라는 것은 지위 고하와 계급의 피차를 막론하고 오래 유지되어온 사실이다. 시는 그 사실을 말하되 비판하지 않으면서 말한다. 이런 화법은 시대적 정황을 고려하려는 절제 속에서만 가능한 것이다. 실제의 동일방직 사건을 제시한 이 시가 아슬아슬한 미적 긴장을 유지하는 이유는 바로 이 절제된 정서에 있을 것이다.

195,60년대를 지배했던 사조로서의 실존주의가 노동관에 영향을 미친 작품이 있다는 사실은 특별히 언급되어야 한다. 실존과 노동이라는, 한국의 지식 담론 속에서는 잘 어울릴 것 같지 않은 두 개의 개념이 한데 결합되어 시적 결실을 맺는 것도 이 시기의 특징이라고 할 수 있기 때문이다. 이성부의 「우리들의 糧食」과 신동문의 「내 노동으로」가 그렇다. 이 시편들은 노동의 사회적 의미와 개인적 의미를 동시에 묻는데, 특히 신동문의 「내 노동으로」는 시인을 반성의 시간으로 몰아넣는 자기 면려의 작품이다. 노동을 생각할 때 시는 시인 스스로를 채찍질한다. 아마, 노동 자체의 의미가 삶과 이반하는 위기를 그가 경험했기 때문일 것이다. 그 위기란 "야위고 흰/손가락"과 "창백한 얼굴"의 "답답한 목숨"으로 환기되는 상황인데, 이것이 1950년대를 거쳐 1960년대까지 집중적으로 주목되었던 실존주의적 노동의 문제와 관련될 것임은 물론이다. 이때 노동은 무엇보다도 한 주체의 외부를 향해 나아가는 모든 삶의 근본 조건이 된다. 이성부는 그 외부로의 실존적 투신을 일컬어 "담배를 물고 뿔뿔이 헤어지는/저 떨리는 民主의 一部/市民의 一部/우리들은 모두 저렇게 어디론가 떨어져 간다"고 쓴다. 이것은 당대의 노동과 노동자에 대한 징후적 표현으로 읽힌다. 「우리들의 糧食」을 자본주의적 현실의 본격적 형상화라고 볼 수는 없기 때문이다. 오히려 이 시에서는 일상생활을 노동의 수사학으로 미학화하는 시인의 미의식이 더 부각되는 것이 사실이다. 여기에서는 그러므로 노동의 고통마저도 향기로운 미학적 정황으로 감싸인다.

이 시기의 시에 항상 노동의 고통만 형상화되는 것은 아니다. 당연한 일이지만 노동의 생성적 의미도 시인들의 시에 포착된다. 김광규의 「쓰레기 치는 사람들」,

이성부의 「蘭芝島」, 황명걸의 「무악재에서」, 김지하의 「서대문 101번지」가 그렇다. 이들은 각각 '쓰레기에서 불꽃을 피우는 존재들'(김광규), '사랑을 속삭이는 건강한 노동'(이성부), '노동하는 주름의 건강성'(황명걸), '흙과 노동의 싱그러움'(김지하)을 노래한다. 이때는 시로써 '노래'한다는 표현이 적절할 것이다. 우선 김광규는 「쓰레기 치는 사람들」에서 청소 노동자들의 주체 의식을 명확히 선 긋는 방식으로 노동의 의미를 부각시킨다. 반복되는 말은 "당신들은 우리를 전혀 모른다"이다. 실로 사람들은 노동자를 전혀 모른다. 여기에는 두 가지 의미가 있을 것이다. 하나는 소외된 노동자의 상태에 대한 울분의 표현, 다른 하나는 노동의 의미에 대한 무지의 비판. 시는 후자에 집중한다. (최근의 정동적 노동에 대한 논의를 포함하여) 노동만이 가치를 생산한다는 인식이 이 시에는 분명히 들어 있다. 그것을 형상화하는 구절은 "세상의 모든 욕망 끝나버린 곳/돈이 죽어버린 쓰레기터에서/우리는 연탄재를 흙으로 돌려보낸다"이다. 돈이 죽은 곳은 자본의 운동이 중단된 곳이다. 그곳에서 흙으로 돌아가는 존재는 언제나 영원한 생명의 흙에서 재생되는 존재이다. 그 "이승의 마지막 벼랑"에서 노동자들이 가치를 생산한다. 그것이 김광규의 시적 전언이라면, 이성부는 역시 1970년대 서울의 쓰레기장 난지도에서 주어진 현실부정의 재생의지를 읽는다. 김광규와 이성부가 공통적으로 쓰레기장에서 노동의 역동적 의미를 읽어내는 것—이것이 밑바닥 삶의 노동과 같은 것으로 의미화된다는 점에서, 당시의 노동자는 산업화 시대의 막다른 인생이라는 공통 인식을 야기했던 것으로 여겨진다—도 중요하지만, 그 쓰레기장에서 행하는 최후의 노동을 통해 새 세상이 열린다는 믿음 또한 중요하다. 노동에 대한 절대적인 신뢰가 여기에 있기 때문이다.

황명걸의 「무악재」는 성실한 노동으로 평생을 일군 노인 부부의 현재를 "그렇게 멋져 보일 수가 없다"고 말한다. 상식선에서 그친 소품이지만, 이 작품 역시 노동의 신성함을 노래한다는 점에서 고통스러운 노동의 비애에 빠진 여타 시와는 다르다고 할 수 있다. 이때 노동은 억압적 현실을 버티는 유력한 근거가 된다.

김지하의 「서대문 101번지」는, 김광규가 모든 죽음을 돌려보내 재생시키려 했던 그 흙의 세계에서 "사멸하면서/살아나는 대지"를 경험하는 시이다. 흙이 모든 노동의 출발이자 귀결점인 시대를 감지하는 살고 있는 셈인데, 왜냐하면, 「서울 길」에서 상경의 길을 단호하게 선택하는 인물조차도 끝내 고향으로 돌아올 것을 예감하고 있기 때문이다. 고향이야말로 흙의 세계라면, 그는 모든 존재가 흙으로 돌아가는 세계를 경험한다고 할 수 있다.

흙이 노동의 원형적 귀환처라는 사실은 예나 지금이나 변함이 없을 것이다. 그러나 그 귀환처를 드러내는 빈도수가 지금에 이르러서는 현저히 줄어들고 있다는 사실을 새삼 새겨두어야 할지도 모르겠다. 농경적 정서를 누구보다 싫어했던 도시의 시인 김수영조차도 흙으로 돌아가서 생명력에 흠뻑 취하는 경험을 어느 산문에선가 진술했지만, 지금은 그런 도시의 시인이 줄어들고 있는 때인 것이다. 이것을 단지 삶의 성장기를 채운 조건의 차이 때문이라고 정리하는 것은 지나치게 안이한 논의가 아닐 수 없다. 도시의 시인들이 고향으로 느끼는 인공문명으로서의 시멘트와 그 시멘트에 의해 파괴되는 흙의 문화는 동등하게 비교될 수 있는 것이 아니다.

3

직업적 시인의 작품이 주를 이룬다는 점은 이 시기의 노동시가 시적 완성도에서 그 이전과 이후의 어느 시기에 비추어도 전혀 손색이 없다는 사실을 의미한다. 목소리가 경직되어 독자를 불편하게 하는 시도 없고 구호 일변도의 정서 폭발도 없다. 특히 1970년대에 집중되어 있는 이 시기의 노동시편들에서 민족문학의 일정한 완성을 보는 일은 그래서 흥미롭다. 훗날, 소시민적 민족문학이라고 비판되기도 했던 이 미학적 완성도는 충분히 고평가되어야 할 사항임이 분명하다. 물론 이 완성도가 이후 1980년대의 노동시편들을 저평가하도록 하는 척도로 작용되어서는 곤란하다. 1980년대는 노동 혹은 노동자에 대한 새로운 감성적 자각이 언어화되는 시기이며, 따라서 노동자들에 의한 그 미적 감각의 확산이 1970년대 민족문학의 성과에 의해 온전히 이해될 수는 없기 때문이다.

1970년대 시가 보여주는 그런 미적 성과에도 불구하고, 이 시기의 시가 노동의 힘이 발휘할 수 있는 특별한 능력과 성과에 대해서는 침묵한다는 사실이 별도로 지적되어야 할 것이다. 시의 언어와 주제가 시인의 인식 능력에 대한 총화라는 점을 고려한다면, 이것은 미학적인 것을 위해 사회적이거나 정치적인 것을 희생한 것이 아니라 시인들의 인식 영역에 그 사회적이고 정치적인 것과 계급노동자의 얽힘을 분석할 수 있는 지렛대가 없었다는 것을 가리킨다.

이것을 시대적 한계라고 할 수는 없다. 1970년대 민족문학의 시대 이전에 이미 노동의 능력을 육체노동의 능력으로 구체화하여 보여준 시인이 있는 것이다. 시인 김수영이 그렇다. 그는 「꽃잎 3」(1967)에서 관념의 유희에 빠진 시인의 정신을 일갈하는 존재로, 식모 살기 위해 들어온 '순자'를 등장시킨다. 그녀는 '대한민국의 전 재산인' 시인의 온 정신을 비웃는 존재이다. 김수영이 이야기하는 것은 몸으로 살아가는 존재가 선취해버리는 세상의 진리이다. 이것은 몸의 노동에 대한 대자적 인식에 도달한 작품이다. 김수영에게 그 온몸의 노동은 단지 노동 계급의 그것만이 아니라 시를 쓰는 정동적 노동의 온몸시론으로 전환되는 그것이지만, 그래서 「꽃잎 3」을 계급적 의미의 노동시라고 할 수는 없지만, 인류의 역사와 관련하여 노동의 의미를 정확히 인식하고 있는 작품이 바로 「꽃잎 3」인 것이다. 이 시대에 이런 인식이 있었다는 사실이야말로 당대 노동시의 한계와 장점을 잘 구분해서 논의하도록 하는 근거가 된다. 그리고 이 한계와 장점은 1980년대로 흘러가면서 또 다른 확산과 절제를 가져오게 된다.

박수연 | 1962년생. 문학평론가. 1998년 『서울신문』 신춘문에 당선. 평론집 『문학들』, 『말할 수 없는 것과 말해야만 하는 것』 등.

3부 1980~2000년대

강
세
환

구두닦이 남매

창신동 전철역 옆에서 구두를 닦고 있는
남매가 있었다
오빠는 하루 종일 구두를 닦았고
두 살 아래 동생은 틈틈이 쌀배달을 하였다
오빠의 꿈은 영화 감독이었고
동생은 여자축구팀 감독이었다
보름에 한번씩 오빠는 자전거 뒤에 동생을 태우고
고전음악 감상실로 갔었다
그날은 어김없이 정기 휴일이었다
아침마다 여동생은 남자들 틈에 끼여
조기축구를 하며 씩씩하게 꿈을 키웠다
쌀보리 혼식과 멸치볶음 콩조림 식단은
건강을 위하여 그들 남매가 만든 밥상이었다

구두닦이 남매는 부지런히 일을 하여
많은 돈을 저축하였다.
그러던 어느날 자전거를 타고 쌀배달 나갔던
동생이 택시에 부딪쳐 그 자리에서 죽었다
다음날 혼자서 동생을 화장하고 돌아와
오빠는 돈 한푼 받지 않고 합의를 해주었다
오늘도 전철역 옆에서
오빠는 혼자서 구두를 닦고 있다

『월동추』(창작과비평사, 1990)

강은교

그 여자 2

올해 마흔두살의 그 여자는
십년을 하루같이
홍은동 언덕받이
철거 동네에 삽니다.

겨울에 일거리가 없어 빈둥대는
페인트장이 남편은
물 탄 휘발유에 진종일
안개나 버무리고
사다리에서 떨어진 허리에
홧술만 퍼붓죠.

파출부로 다니는 그 여자

다리는 병신
어느 술 취한 자가용
리어카 밟고 가던 날 밤
배 터진 홍시 옆에
멀거니 나자빠져
붉디붉은 머리 속으로
먼 고향의 바람소리 한참 들었답니다.

하루 삼천원짜리 서울살림
글쎄 만리나 끌다가
어기적어기적 돌아가는
다섯 식구의 단간방
흔들리는 천정 아랜
새까맣게 자란 세 아이가
주워 온 깡통에 풀꽃을 꼽고
달력종이를 접어
비행기를 날리네요.
겁도 없어 천리 공중
구름 뚫고 날리네요.

올해 마흔두살의 그 여자는
홍은동 언덕받이
철거 동네에 삽니다.

열두번도 더 옮긴 방에서 삽니다.

『소리集』(창작과비평사, 1982)

그 여자 3
―김 양

김양 손톱은 원래 철쭉꽃빛이었죠.
그 흔한 매니큐어 칠 한번 해본 적 없었지만
날 흐리면 더욱 눈부신 분홍.
두 뺨엔 언제나 사과 냄새 흐르고
가진 건 오직
헌 스웨타에 헌 치마
누군가 연습삼아 짠 핸드백이 고작이었어도
잘도 웃었죠
이른 새벽 제과공장 갈 때면,
온 얼굴 가득
패랭이꽃 피었죠.

그러나 그녀가 지금 시들어 가는 건
아무도 몰라
아버지도 어머니도 그저

잘 있다니 다행이다 몸 성해라—답장뿐
끓어대는 사탕물 흠뻑 적신 이마엔
벌써부터 울긋불긋 낙엽이 딩구는데

오늘 김양 손등에선 김이 펄펄 오릅니다
청포도 내음 초코 내음
이리 섞이고 저리 섞여
새끼손톱에선 슬슬 쉰 김치 냄새로 변하며
뜨겁디뜨거운 사탕알 한밤내 손으로 식힌 사랑
피맺힌 손끝으로 바쳐 듭니다
오, 질기기도 해라 사탕봉지들이여
사탕봉지 같은 목숨이여
그래도 눈물 한점 흔들지 않는 김양
교대시간이면 활짝
바람벽에 안겨 웃는 김양.

『소리集』

고은

파고다공원

언제부턴가
파고다공원은 그들의 곳이다
날마다
여기 와서
앉았다가
어슬렁거리다가
저녁 무렵 눈빛 없이 어디론가 간다

파고다공원은
그들의 숨이 붙어 있는 곳이다
찾아갈 딸네 집도 없었다

무료급식 점심때면

아이들처럼
줄을 서서
아이들처럼
서로 먼저 먹으려고 싸움질도 한다

그들에겐 부끄러움이 없다
그들에겐 가책이 없다
또한 그들에겐
수많은 사연이 많을수록 오늘이 초라했다
누가 이 삶의 말기를 대신 써주겠는가

언제부턴가
파고다공원은 그들의 곳이다

그들의 입에서 대통령도 오르내린다
민주당과
한나라당도 오르내린다
김종필도 오르내린다
참고 있던
아들의 학대도 오르내린다 운다

손병희 동상
한용운 동상 아래

거기가
그들의 곳이다

민주노총 시위행렬이 지나가는 날
그 행렬과 아무런 상관 없이 그들이 있다
내일 모레면
속임수가 많던 하나가 보이지 않는다
세상을 떠난 것이다
또 내일 모레면
마누라 자주 팬다는 노인이 오지 않는다
세상을 떠난 것이다

그러기 전까지 파고다공원은 누누이 찌꺼기 성욕이 남은 그들의 이승이다
한국 노인들의 이승이다

『두고 온 시』(창작과비평사, 2002)

인사동

오랜 마을에는 해묵은 팽나무가 있읍니다
아이들 다섯 여섯 아람드리 느티나무가 있읍니다
그런 마을 집에는

몇 집에는 반드시 옛그림 벽에 붙어 있읍니다
서울 장사꾼 그런 그림 도려가고
그대신 새 벽지로 도배도 잘해주었읍니다
옛집에는 큰절구 작은절구 또 수레바퀴 따위
나무확 따위 산뜻한 오래된 것 담모퉁이에 두고 있는 것
그런 것하고 스텐레스 대야나 그릇하고 바꿔갔읍니다
그래서 서울 인사동 관훈동 거리에는
그런 것들이 엄청난 값으로 먹여서 팔리고 있읍니다
이제 그런 것 눈 씻고 찾아봐도 없읍니다
농촌이란 농촌 어디에도
그런 것 없어졌읍니다
그러나 차라리 잘되었읍니다
그런 것에 연연치 말고 새로 살아갑시다
선사시대 농사꾼들 어디 그런 것 있었읍니까
우리도 새로 살아갑시다
지금 농민이 분신자살하는 때입니다
빚투성이로 농민이 죽어가고 산 입에는 한숨입니다
그러나 바로 이때가 농민이 살아야 할 때입니다
아무리 외국 농산물 밀어닥쳐도
우리 농촌 우리 농산물 키우는 농민이 살아야 할 때입니다

『네 눈동자』(창작과비평사, 1988)

상계동 가는 길

모든 언덕과 논이 도시로 변화하므로
개구리야
너 해오라기야 가거라

전위! 그것은 항상 변두리에 있다

그러나 여기서는
그 어떤 빛나는 밤바다 위 인광도 없이
지금 모든 것이 쫓겨가고 있을 뿐이다
태양까지도

『어느 바람』(백낙청 외 편, 창작과비평사, 2002)

고
정
희

프라하의 봄 · 9

서울정희받아보거라
서울이고향처럼이제살기좋다는
네글접하고……급히몇자적는다
니가서울물이들었어도단단히들었는디
요즘서울에서보내주는신문하고티비보면
식자층많다는서울은
왜그리딴판으로돌아간다냐
본디글맛이란사람속에든것이오
천륜이다사람에서비롯된다하였는디
대학나와만든다는신문하고책하고방송이라는게
일이년도아니고지난십수년동안
성실하디성실하게거짓말을참말인양
컹컹짖어대는행동거지하고

판벌였다하면꼬리치는짓하며또
땀흘리는농사철만돌아오면
네꼬따이맨도시양반들
가리개모자쓰고운동장에모여앉아
개보다시끄럽게소란떠는모습하며
세상이하수선하게돌아가고있지않느냐
도대체스포츠가뭣나오는것이며
쌍팔년이복삼제라도된다는것이다냐
이유없는공동묘지없다고는하드라만
배우고발전하고잘산다는게
지앞가림하는데아무쓸작없다면야
공동묘지달빛과다를게뭐겠느냐
더구나거짓말을참말인양
요리조리짖어대는일이란
보신탕집에서나어울리는일,
요즘은당국에서그도금지했다는디
서울양반들
보신탕집귀신들에씌운것아니냐
조상유업물려받아농사짓고사는
조선농부들이야허리띠졸라매며
하늘이나믿는다만
앞길이만리같은너희세대들이야
주는것만덜컹덜컹받아먹고

받아놓은당상에나군침을삼킨다면
진돗개사육보다나을게못되며
대저네가쓰는시문(詩文)이라는것도
한자루낫보다무딘것이라면야
흙에씨뿌리고가꾸는일보다
떳떳하지못하니라
그러니이애비말잘듣고
생의근본이무엇인지따지기바란다
한가지덧붙이자면너도알다시피
이곳은일손이모자라
구순노인장까지들밭으로나가야하고
지난수마에사러리논배미가몽땅할켰는디
보리수매가격은가마당팔백원겨우올라
울상에죽상에설상가상이고
농수산부장관한마디에한우값어물값폭락하여
대다수의농어민들오장육부속에서는
냄비끓는소리다글다글한가하면
귀와눈과코에서하얀연기퐁퐁퐁
솟아나고있다만
개과천선하기전에선영뵈올생각은말아라
(父로부터)

『눈물꽃』(실천문학사, 1986)

몸바쳐 밥을 사는 사람 내력 한마당
—밥과 자본주의

(쑥대머리 장단이 한바탕 지나간 뒤 육십대 여자 나와 아니리조로 사설)

구멍 팔아 밥을 사는 여자 내력 한 대목

조선 여자 환갑이믄 세상에 무서운 것 없는 나이라지만
내가 오늘날 어떤 여자간디
이 풍진 세상에 나와서
가진 것 없고 배운 것 없는 똥배짱으루
사설 한 대목 늘어놓는가 연유를 묻거든
세상이 묻는 말에 대답할 것 없는 여자,
그러나 세상이 묻는 말에 대답할 것 없는 팔자치고
진짜 할 말 없는 인생 못 봤어
내가 바로 그런 여자여
대저 그런 여자란 어떤 팔자더냐 (장고, 쿵떡)
팔자 중에 상기박한 팔자를 타고나서
부친 얼굴이 왜놈인지 뙤놈인지 로스케인지
국적 없는 난리통 탯줄 잡은 인생이요
콩 보리를 분별하고 철든 그날부터
가정훈짐 부모훈짐 쐬본 적 없는 인생이요
밥데기 애기데기 구박데기로

식자마당 밟아본 적 없는 인생이요
봄이 오고 여름이 가고
추풍낙엽 동지섣달 긴긴 계절에도
거저 주는 밥 한 그릇 못 먹은 인생이라 (허, 그래)

조국 근대화가 나와 무슨 상관이며
산업발전 지랄발광 나와 무슨 상관이리
의지가지 하나 없는 인생이 서러워
모래밭에 혀를 콱 깨물고 죽은들
요샛말로 나도 홀로서기 좀 해보자 했을 때
아이고 데이고 어머니이
수중에 있는 것이 몸밑천뿐이라
식모살이도 이제 싫고
머슴살이도 이제 싫고
애기데기 부엌데기 구박데기 내 싫다,
깜깜절벽 외나무다리에서
검부락지 같은 줄 하나 잡으니
그게 바로 구멍 팔아 밥을 사는 여자 내력이라 (허, 좋지)

내 팔자에 어울리는 말로 뽑자면
(유식한 분들은 귀 좀 막아!)
씹구멍가게 차려놓고 하
씹―할―놈의 세상에서

씹―할―년 배 위에 다리 셋인 인간 태우고
씹구멍 바다 뱃길 오만 리쯤 더듬어온 여자라 (장고, 쿵떡)

내 배를 타고 지나간 남자가 얼마이드냐,
손님 받자 주님 받자
이것만이 살 길이다,
눈 뜨고 받고 눈 감고 받고
포주 몰래 받고 경찰 알게 받고
주야 내 배 타기 위해 줄선 남자가
동해안 해안도로 왔다갔다 할 정도였으니
당신들 계산 좀 해봐
황석영의 삼포 가는 길에선가 용산 가는 길에선가
그 여자 배 위로 지나간 남자가
한 개 사단 병력이었다고 하는디
내 배 위로 지나간 쌍방울은
어림잡아 백 개 사단 병력 가지고도 모자라 (얼쑤―)

개중에는 별별 물건 다 있었제
말이라면 하늘의 별도 딸 수 있는 물건
돈이라면 처녀불알도 살 수 있는 물건
만원 한 장이믄 배 수 척 작살내는 물건
여자 배타고 하늘입네 하는 물건
들어올 때 다르고 나갈 때 다른 물건

돈만 내고 가겠네 하다가 꼭 하고 가는 물건
한 구멍 값 내고 다섯 구멍 넘보는 물건
하 동정입네 하면서 동정받고 가는 물건……

이런저런 물건들이
그 잘난 좆대가리 하나씩 들고
구멍밥 고파 찾아오는 곳이 홍등가여
그러니까 홍등가는 구멍밥 식당가다, 이거여
그것도 다 정부관청 인가받은 업소이제
아 막말로 지 구멍 팔아먹는 장사처럼
정직한 밥장사가 또 어디 있으며
씹할 때처럼 확실한 인간이 또 있어?
구척장신 영웅호걸이라 해도
겹겹이 입은 옷 다 벗고 보면
흰놈 검은놈 따로 없고
잘난놈 못난놈이 오십보 백보라 (허, 그래)
인생이 다 밥 한 그릇 연유에 울고 웃는 순진한 짐생이야!

그런디 세상은 하 요지경 속이라
오늘날 떵떵거리는 모모재벌기업 밥장사들
아름다운 금수강산
천가람에 독극물 풀어
수돗물에 악취오염 펑펑 쏟아지는데도

눈썹 하나 까딱 않고 건재하는가 하면
세상 차별인생이 구멍밥 장사여
지 밑천 팔아 목숨 연명하는 인생을
세상은 '갈보'라고 쉬쉬해
구멍밥 장사가 전생에 무슨 죄가 있다고
아 요즘 그 흔한 동맹파업이니
몸값 인상 시위니, 씹할 권리투쟁 한번 안 일으켰는데
어찌하여 구멍밥 먹는 놈은 거룩하고
구멍밥 주는 년은 갈보가 되는 거여?
까마귀 뱃바닥 같은 소리 하지를 말어,
구멍 팔아 밥을 사는 팔자 중에
지 혼 파는 여자 아무도 없어
구멍밥 장사는 비정한 노동이야
물건 대주고 밥을 얻는 비정한 노동이야
혼 빼주고 밥을 비는 갈보로 말하면야
여자옷 빌려 입고 시집가는 정치갈보
지 영혼 팔아먹는 권력갈보가 상갈보 아녀?
아 고것들 갈보 데뷔식도 아주 요란벅적해
금테 두른 이름표 하나씩 달고
염색머리에 유리잔 부딪치면서
정경매춘 꽃다발 여기저기 꽂아놓고
백성의 오복길흉이 마치
정치갈보 권력갈보 흥망에 달려 있는 것처럼

오구잡탕 거드름을 떨어 (장고, 쿵떡)
(정치갈보 몰아내고 민주세상 앞당기자)

내 식자마당 그림자도 밟아본 적 없고
지체 높은 집 문턱도 넘어본 적 없지만
구멍밥 장사로 백팔번뇌 넘다 보니
밥과 인생에 대해
명예박사학위 서넛쯤은 너끈해
구멍으로 쓰는 논문 좀 들어봐
인두겁이 벗겨지고
똥 내력이 뚜렷해질 거야 (허, 시원하게 벗겨봐)

(삼현청 장단 자지러지면 오십대 여자 나와 중모리풍으로 사설)

구멍밥으로 푸는 똥 내력 두 대목

사람 사는 인생길이 다 한가지라 하지만두
따져보면 엄연한 옳고 그름 있으니
그 먹고 싸는 밥과 똥 연유라
세상이 두쪽 난 두 밥이 있을진대
자본주의 꽃이라는 섹스밥이 그 하나요
사회주의 꽃이라는 혁명밥이 그 둘이라 (장고, 쿵쿵떡)
밥그릇에 담긴다고 다 밥이 아니요

입으로 들어가는 것이 다 밥이 아닐진대
위로 먹고 아래로 싸는 똥냄새 식별할 제
백폐만상 인생 내력이 바로 똥 내력이로구나 (추임새―허, 똥 내력이로구나)

아이고 아이고 아이고
물똥냄새야 물똥천지야
물정치 물난리가 무능 탓인지만 알았더니
육탈 안된 송장보다 썩는 냄새 충천하다
물정치 물난리가 썩기까지 하였으니
명경처럼 맑고 정한 천의 강과 호수
심산유곡 자태 울연한 이 강토 산과 들에
왼갖 썩은물 굽이굽이 흘러들 제
남쪽에서 발원하는 바람이여
너마저 똥냄새로 창궁을 채우는구나
서쪽에서 동쪽으로 부는 바람이여
너 또한 똥냄새로 해를 들어올리누나
수도꼭지마다 썩은물 콸콸 쏟아지는구나

아이고 아이고 아이고오
물밥 말아먹고 물똥 싸는 인생
야합밥 말아먹고 피똥 싸는 인생
꼭두밥 말아먹고 하수인똥 싸는 인생
낚싯밥 말아먹고 도토리똥 싸는 인생

개밥 말아먹고 쉬파리똥 싸는 인생

변절밥 말아먹고 앵무새똥 싸는 인생

분단밥 말아먹고 피눈물똥 싸는 인생

매판밥 말아먹고 매국똥 싸는 인생

양키밥 말아먹고 칼똥 싸는 인생

착취밥 말아먹고 바늘똥 싸는 인생

유착밥 말아먹고 저승똥 싸는 인생

권력밥 말아먹고 음모똥 싸는 인생

부정밥 말아먹고 사자똥 싸는 인생

사단밥 말아먹고 차별똥 싸는 인생

인맥밥 말아먹고 지역똥 싸는 인생

가부장밥 말아먹고 하늘똥 싸는 인생

(아 하늘이 왜 똥을 싸 똥을 싸긴!)

아이구 구린내야 아이구나

똥―천―하―지본이야

개도 마다하는 이 똥천지를 보자보자 하니

그 입에서 노는 헛바닥과 똥이 매한쌍이라 (허, 쳐라)

그 먹는 대로 싸는 것이 똥일진대

이제부터 인생은 똥이라 말해둬

그 취한 대로 먹는 것이 밥일진대

이제부터 똥을 봐야 밥을 안다 말해둬

진짜 밥을 먹어야 진짜 똥을 싸제

문전옥답 거름똥이 어떤 똥이던가
지 땀으로 사는 인생 각자 밥이 있다 할 제

한 생명을 태우고 먹는 첫국밥이 있고
일 나갈 때 먹는 새벽밥이 있고
민초끼리 나눠먹는 들밥이 있고
인정으로 나눠먹는 고봉밥이 있고
동지끼리 나눠먹는 주먹밥이 있고
배고픈다리 넘어가는 보리밥이 있고
허튼귀신 몰아내는 오곡밥이 있고
이웃끼리 나눠먹는 대동밥이 있을진대
이 밥을 먹고 나면 거름똥 아니던가

자유세상 찾아 먹는 민주밥이 있고
평등세상 찾아 먹는 해방밥이 있고
통일세상 찾아 먹는 평화밥이 있고
공명세상 찾아 먹는 화합밥이 있고
개벽세상 찾아 먹는 민중밥이 있고
정의세상 찾아 먹는 사랑밥이 있을진대
이 밥을 먹고 나면 사람똥 아니던가
(허, 얼쑤! 지화자 꼬르륵)

아직도 인생이 무어냐고 묻거든

지 땀으로 사는 인생 거름똥이라 말해둬
순리대로 사는 인생 사람똥이라 말해둬
이제부터 물정치 물밥인생 물똥 끝장내고
허튼자본 허튼밥 허튼똥 끝장내고
분단세상 분단밥 끝장내고
억압세상 비리밥 끝장내고
백수건달 인생 혀끝 하나로 먹는 밥 끝장내고
지 땀으로 거두는 알곡인생 살자 할 제
자본주의 꽃이라는 섹스밥이여
허튼 섹스밥이 바로 매춘 내력이로구나
사회주의 꽃이라는 혁명밥이여
허튼 혁명밥이 바로 허튼 조국 내력이로구나

(휘몰이 장단이 한바탕 지나간 뒤 중년 여자 나와 자진모리풍으로……)

허튼밥으로 푸는 매춘 내력 세 대목

구멍 파는 것만 매춘이 아니요
홍등가에 있는 것만 매매춘이 아닐진대
자고로 허튼밥이 매매춘 근원이라

흰밥을 검은밥으로 바꿔놓고
그른밥을 옳은밥으로 우격질하는

천하지본허튼자본님이 들어오실 제
허튼정치 허튼돈줄 권력매춘이요
허튼기업 허튼축재 양심매춘이요
허튼국방 허튼행정 총칼매춘이요
허튼평화 허튼우방 매국매춘이요
허튼개혁 허튼숙청 지조매춘이라

허튼교육 허튼배움 인생매춘이요
허튼자리 허튼헌신 신념매춘이요
허튼의리 허튼단결 감정매춘이요
허튼자유 허튼권리 정신매춘이요
허튼특권 허튼출세 영혼매춘이라

어허라 사람들아
허튼사랑 있으니 허튼욕심이 있고
허튼욕심 있으니 허튼밥이 있구나
허튼밥이 있으니 허튼길이 있고
허튼길이 있으니 허튼꿈 천지구나
허튼꿈 있으니 허튼섹스 천지구나
어허라 사람들아
저승사자도 아니 먹는 허튼밥 세상이로다
몽달귀신도 마다하는 허튼사랑밥 세상이로다 (휘몰이 장단에 칼춤……)

이제부터 인생이 무어냐고 묻거든
허튼삶 삽질하는 힘이라 말해둬
이제부터 목숨이 무어냐고 묻거든
허튼넋 몰아내는 칼이라 말해둬
대쪽 같은 사람들아
금쪽 같은 사람들아
각자 목숨에 달린 허튼밥줄 가려내!
각자 연혁에 얽힌 허튼돈줄 잘라내!
진짜밥 진짜사랑 뉘 아니 그릴쏜가
허튼밥줄 끊고 나면 눈이 뜨일거야

허튼돈줄 자르고 나면 새 길이 열릴거야
새벽이 오기 전에 매춘능선 넘어가세
이 밤이 가기 전에 허튼꿈 불을 놓으세
어, 불이야 불이야 불이야
허튼넋 허튼바람 활활 타는 불이로다

『모든 사라지는 것들은 뒤에 여백을 남긴다』(창작과비평사, 1992)

우리 동네 구자명 씨
―여성사 연구 · 5

맞벌이부부 우리 동네 구자명 씨
일곱 달 아기 엄마 구자명 씨는
출근버스에 오르기가 무섭게
아침 햇살 속에서 졸기 시작한다
경기도 안산에서 서울 여의도까지
경적 소리에도 아랑곳없이
옆으로 앞으로 꾸벅꾸벅 존다

차창 밖으론 사계절이 흐르고
진달래 피고 밤꽃 흐드러져도 꼭
부처님처럼 졸고 있는 구자명 씨,
그래 저 십 분은
간밤 아기에게 젖 물린 시간이고
또 저 십 분은
간밤 시어머니 약시중 든 시간이고
그래그래 저 십 분은
새벽녘 만취해서 돌아온 남편을 위하여 버린 시간일 거야
고단한 하루의 시작과 끝에서
집 속에 흔들리는 팬지꽃 아픔
식탁에 놓인 안개꽃 멍에

그러나 부엌문이 여닫기는 지붕마다
여자가 받쳐든 한 식구의 안식이
아무도 모르게
죽음의 잠을 향하여
거부의 화살을 당기고 있다

『여성해방출사표』(동광, 1990)

서울 사랑
―죽음을 위하여

지하도에 진열된 일간 신문 일면에
붉은 줄 죽죽 그어진 저녁
늘어지게 하품하는 서울의 등뒤에서
브레즈네프의 부고를 사들고
아우야 무기교로 한 마디 내뱉고 싶구나
〈사람은 죽는구나
반드시 죽는구나〉
그렇다 아우야
어제는 러시아의 브레즈네프가 죽었다
자본주의 국가의 고급 승용차를 수집하고
여가를 해변의 별장에서 즐기며

불란서 향수를 묻힌 미녀 안마사와
아침 식탁을 즐긴다는 브레즈네프,
실크 와이셔츠와 최신 유행 양복을
뽑아 입는다는 브레즈네프는
오늘밤 저승의 옥황상제와 만나서도
평소의 신념대로
닉슨에게 했던 말을 되풀이했을까?
〈관계가 두터워야 정치가 쉽지요〉
이 한마디로 옥황상제를 녹이고
연옥의 안방쯤 차지했을까
아니면 저승의 고급 술집에 앉아
천국으로 가기 위해 상소문을 적고 있을까
아니면 그의 부음 글자 호수가 너무 작다고
긴급 통화를 신청하고 있을까

어두운 지하도 입구를 나오면서
나는 생각했다 아우야
〈사람은 죽는구나〉 이 한마디가
최상의 은유가 되는 이 밤 아주
무기교적으로 사는 법을 생각했다
〈참된 삶이란 무엇인가?〉
우리 피 너무 따스하여
언손 쬐는 모닥불로는 타지 못하는 걸까

우리 노래 너무 당당하여
멍든 가슴 깨우는 종으로는 울지 못하는 걸까
우리 가슴 너무 탄탄하여
애타게 적시는 강물로는 흐르지 못하는 걸까

아버지 등 구부려 엎드린 이 땅
눈 덮인 벌판의 고향을 향하여
고요히 귀를 열어 봐
우리가 떠나온 고향땅에서
일평생 땅귀신으로 죽은 머슴이 있었다는데
우리가 등돌린 죽음의 집에서
제 몸 사뤄 숯이 된 사람 있었다는데
우리가 몸을 사린 시궁창에서
제뜻 바쳐 하늘 된 사람 있었다는데
오오 아우야
우리가 잠수한 한 시대의 江岸에
산사태 물사태 사람 사태로
해골 노적 유유한 달밤이 있었다는데

자갈밭으로 뻗어 버린 조국의 가슴팍에
휙휙 두엄으로도 죽지 못하는 우린
브레즈네프가 죽은 오늘밤
서울의 달콤한 지붕 밑에서

달콤한 상상에 벌컥벌컥 취한 채
이미 죽은 김가의 유언을 부추기고
한줌 재가 된 이가와 박가를 묵상하고 나서도
정작 고향에 죽으러 가지 못하니
사람 많은 서울은 다복하여라

『이 시대의 아벨』(문학과지성사, 1983)

고
형
렬

세밑 공덕동

다시 흰눈 내려
이 마포로 체인으로 철걱거릴 때
저 어둠 속에서
그들 아픔을 먼저 듣는다
햇살을 꿈꾸기보다
내 작은 출근길도 이렇게 끝나고
늪의 한 구석에서
능욕당한 아침 밥상을 만난다
날지 않는 겨울새의 눈을 본다
사랑 없는 긴 밤이 시작된 뒤에도
새해 첫날은 까치집에도 터오련만
길과 물을 얼군 이 세밑에서
웅크리게 하는 것이 우리들인가

수십년 녹지 못한 바람은
인적 끊긴 이 공덕동 거리를
인정과 이해 없이 휘몰아쳐갈 텐데
참아서 살아 이긴 자는
이렇게 늦이 걸으며 투덜거리는
나 자신은 아니리다
황량한 거리 공덕동 골목
술집 늦은 불빛에서도
아리고 아린 눈초리는 얼겠구나
흰눈 깔려
이 마포로 체인으로 철거덕거리고
배반당한 사랑은
울고 있다
저 깊은 어둠의 바닥에서

『사진리 대설』(창작과비평사, 1993)

청계 6가

청계 6가는
네 시골 오솔길 집보다 멀다
동작교에 잘게 치는 물살에

모를 죽음은 미끄러져 가고
해는 아침을 통해 반짝였다
청계 6가는
저녁 달나라만큼 멀지 않다
화곡동 꽃이 핀 시장 뒷길
음반가게를 지나다가
하학하는 아이를 만나는 치마여
청계 6가는
내 가슴 속보다도 더 가깝다
갈 수 없는 곳
해 진 산밑 조용한 동해안
저녁물이 뒤채기도 하는데
오늘은 20년 전 오늘
청계 6가는 멀디먼 시내였다
몇차례 교각을 지나치지만
청계 6가는
서울 복판에서 보이지 않는다

『사진리 대설』

가좌역 1시

어머니 가고 싶어요.
드럼통에 뜬 바다래도 폭풍에 떨어져 죽는
속초 하늘 아래 버스장
헐은 공설 운동장 볼품 없는 산길 호수
낡은 절간 방 옆의 부엌
까만 별빛 까만 부엌 칼 깨끗이 씻긴 스텐 그릇
부를 이름이 없어요 어머니.
저금하려 않으면서 살게 하고 그리고
그리고 그날그날을 해처럼 바람처럼
물결처럼 나뭇잎처럼 살게 해주세요.
엄매 해주세요.
조금 전에 건너온 샛강 물빛도 싫어졌어요.
동동동 배 엔진 소리와
집어등으로 가 불을 밝히는 발전기 소리가
마당에까지 들려오던,
모래내 조금 지나 수색 쪽서
까만 하늘의 까만 그리움으로
엄마 데려가주세요.
아내와 딸과 나를
그리고 아내와 딸과 나를 어머니 나이를
피해 주택을 하나 사든가 해서

어머니 그건 안되겠지요.
새까만 바다 허이연 산 허이연 새벽
궁궁궁 궁궁궁
어디서 해 뜰까요.
나는 알고 있어요, 알고 있으면서
말하지 않았지요.

『대청봉 수박밭』(문학동네, 1997)

청계천에서 눈물

목이 아프다. 온다는 사람은 안 온다. 목이 막힌다. 계속 침을 삼킨다.
하늘을 가로막은 고가도로 밑에서
검은 재와 그을음이 날리고 굉음이 부서진다.
여기 청계천 내쏟힌 배기에
코가 막힌다. 약속한 그대는 이렇게
전부 올라가고 건너가는 발걸음 속에서
하늘을 본다. 연기와 티끌로 가득한 상공
차의 유리창이 내달릴 뿐이다.
약국에서 마스크를 샀다.

누가 또 왔다. 그래서 길이 막혔다.
죽음의 바람이 어지럽게 떠다니는 어두운 이 거리는,
바쁘다, 어디론가 빨리 나가야겠다.
걷고 있는 사람도 그렇다.
몸을 찢어발기는 자동차 소리로 머리가 아프다.
독나방 날개를 털며 달리는 버스와 택시
공습경보라도 내렸으면.
시커먼 매연이 광선에 마구 날아와 얼굴과 팔뚝에 달라붙는다.

코가 아프다. 목구멍이 거북하다.
골목에서 이어폰을 낀 여자가 나왔다.
물이 먹고 싶다.
냉차 리어카가 교각 옆에 보인다.
그 옆에서 노파가 녹색 마스크를 쓰고 이러저리 두리번거린다.
눈이 아프다. 눈이 따끔거린다.
수경까지 사 쓸까 안약을 꺼낸다.

그가 저쪽 먼지 속에 걸어오는 것을 본다. 그는 손수건으로 입과 코를 가리고 있다.
그도 나를 본 것 같다.
그와 나의 사이가 좁혀진다. 그도 숨이 막힐 것이다.
나는 눈물이 나왔다. 그의 손을 잡았을 때, 그가 갑자기 개가 짖듯
그가 기침하기 시작했다.

고물이 된 청계천에서
눈물을 흘리고 기침을 하고 침을 삼키며 청계천에서 우리의 약속은 끝났다.
그는 가자고 그랬고
나는 따라 골목으로 들어갔다.
실오라기 같은 음악과 물소리가 골목 구석구석에서 들려오고
청계천은 먼 하늘에서 웅웅거리고 있었다.
나는 계속 침을 삼키고
그는 어디론가 가고 있었다.

『대청봉 수박밭』

공광규

비굴한 개

광교 건널목 신호등 앞에서
얇은 월급봉투 확인하는데
누군가 어깨를 툭 친다

되돌아보니 사람은 없고
푸른 은행잎 하나 푸들거린다

최루연기 속 보도 블록 깨다 쓰러졌던
그해 여름 동지 하나가
부릅뜬 눈으로 나를 바라본다

흰 와이셔츠에 넥타이 맨
비굴한 개 한 마리

광교 빌딩숲 모퉁이에 서 있다.

『지독한 불륜』(실천문학사, 1996)

을지로에서

을지로 중앙극장 앞 인쇄골목
비둘기 한 마리가
취객이 게워낸 밥알을
열심히 주워 먹고 있다
절단기에 잘려나간 인쇄노동자의 손목처럼
뒤뚱거리는 뭉툭한 발로
남보다 많이 먹으려고
부지런을 떨고 있다

그 취객은 인쇄공이었을까
아니면 부도맞은 종이집 사환
아니면 비둘기 발처럼 빨간
교정 펜을 호주머니에 꽂고
뒤뚱거리는 밥을 구하는
박봉의 실패한 글쟁이일까
그것도 아니라면 짧은 치마로 차를 나르던

실연한 태양다방의 미스 김?

슬픔을 찍어 먹던 비둘기가 미워져
그걸 쳐다보는 내가 점점 미워져
비둘기를 발로 찬다
비둘기를 차며 나를 구박한다
그럴수록 다시 날아와
구구구 연신 굽신거리며
더러운 밥알에 달라붙은 비둘기.

『소주병』(실천문학사, 2004)

구
광
렬

돼지국밥을 먹으며

왜, 이리 미안할까
술에 전 내 창자를 풀기 위해
네 창자를 씹는 일이.
전생엔 너도 빈창자를 채우기 위해
서울역 앞 무료 국밥집을 어슬렁거렸을지도.
국밥 국물의 온기가 스러져갈 즈음
을지로입구역 칼바람을 끝내 못 이겨
빳빳 송장이 돼버렸을지도.
아름다워라,
잡아먹히기 위해 게걸스러웠던 네 영혼,
네 배 속은 죽어서까지 꽉 차 있구나
도시는 사람들을 꿀꺽 삼키곤
순대처럼 게워놓지

도마 같은 지하철역은
푸욱 삶긴 이들을 쓰윽 썰어
반대편 출구 쪽으로 던져버리지
난 그중 3번 출구로 퇴출되었던 너에게
숟가락질을 하고 있는 건지도 몰라
아니야, 난 내 전생을 씹고 있을 거야
난 전생에 네 먹이였던 서울식당들 잔반 속
한 가닥 비틀어진 콩나물, 물러터진 양파,
물기 빠진 숙주, 섬진강 모랫바닥을 파고들던
한 마리 재첩이었을 거야

『불맛』(실천문학사, 2010)

권
혁
웅

드래곤

　서울시 성북구 삼선동 산 186번지 넓은 마당 솜틀집에는 용구 엄마, 용구 아빠와 용구, 용철이와 용숙이가 살았다 장남 용철(龍哲)이는 현명하고 차녀 용숙(龍淑)이는 현숙했는데 막내 용구(龍九)는 바보였다 이름 때문인지도 모른다 아이들은 그 집 앞에서 자주 영구야 놀자, 노래를 불렀다 용구 엄마가 솜 막대를 들고 뛰어나오곤 했다

　용구 아빠는 술을 먹으면 솜 트는 기계가 솜을 부리듯 아이들을 편편해질 때까지 두들겼다 세 아이가 이불처럼 넓은 마당에 널리곤 했다 솜틀집에는 먼지가 많았고 솜 트는 기계는 쉬지 않고 이불솜을 지어냈고 이불솜은 구름처럼 폭신했다 용구네 아이들은 똘똘해서 모두들 그걸 타고 승천할 거라고 했는데,

　먼저 승천한 사람은 용구 아빠였다 어느 겨울, 눈이 많이 온 날, 용구 아빠

는 얼어붙은 몸을 소주병 곁에 두고 사라졌다 그가 누워 있던 눈밭도 구름처럼 자욱했다고 해야 할까 세 갈래 길이 모이는 넓은 마당, 한 길은 산정으로 한 길은 개천으로 한 길은 대처로 이어졌다 용구 아빠가 산정으로 난 길을 떠메고 갔다

개천으로 난 물길을 타고 간 사람이 용숙이었다 바다로 간 물길을 따라 일본까지 둥둥 떠갔다고 하는데, 거기서 어우동으로 변신해서 일인들의 사랑을 받았다고 한다 매달 십오만 원이나 부친다고 용구 엄마가 자랑할 때, 모두들 여기가 개천이라고 한탄이었다 솜틀집에선 상서로운 먼지가 햇살을 받아 뛰어놀았고 용숙이는 돌아오지 않았다

그 돈으로 당당하게 대처에 나갔던 용철이는 뱀처럼 비실비실 넓은 마당에 돌아왔다 세 번 대학에 떨어지고 군대에 다녀왔다고 하는데 그 후에 그를 본 사람은 없었다 안방에서 똬리를 틀고 있다가 아무도 못 본 사이에 이불을 타고 날아올랐는지도 모른다 나중에 솜틀집을 헐어 솜먼지들이 날아오를 때에도 거기 없었다니까 맞는 얘기 같다

이번엔 용구가 대처로 떠났다 솜이불 위에서 놀다가 바늘이 몸에 들어왔다고 한다 넓은 마당에 그때까지 본 차 중에 제일 큰 차가 올라와서 용구를 태워갔다 용구 엄마가 넓은 마당이 떠나가라 울었으나 솜틀집에는 뼛가루 같은 먼지만 날렸을 뿐이다 넓은 마당에서 나간 길이 세 갈래였으므로 용구 엄마는 집을 지켰다

용구 엄마는 나이를 먹으며 점점 작아져갔다 처음엔 이불만했다가 엉킨 이불솜만했다가 부풀기 전의 목화솜만해졌다 너무 작아져 나중엔 솜사탕을 만들어 파는 양철통에 담길 정도라고 했다 사람들은 결국 용구 엄마를 잊었으나 서울시 성북구 삼선동 산 186번지 그 집을 여전히 용구네라 불렀다

『마징가 계보학』(창비, 2005)

마징가 계보학

1. 마징가Z

기운 센 천하장사가 우리 옆집에 살았다 밤만 되면 갈지자로 걸으며 고래고래 소리를 질렀다 고철을 수집하는 사람이었지만 고철보다는 진로를 더 많이 모았다 아내가 밤마다 우리 집에 도망을 왔는데, 새벽이 되면 계란 프라이를 만들어 돌아가곤 했다 그는 무쇠로 만든 사람, 지칠 줄 모르고 그릇과 프라이팬과 화장품을 창문으로 던졌다 계란 한 판이 금세 없어졌다

2. 그레이트 마징가

어느 날 천하장사가 흠씬 얻어맞았다 아내와 가재를 번갈아 두들겨 패는 소란을 참다못해 옆집 남자가 나섰던 것이다 오방떡을 만들어 파는 사내였는데, 오방떡 만드는 무쇠 틀로 천하장사의 얼굴에 타원형 무늬를 여럿 새

겨넣었다고 한다 오방떡 기계로 계란빵도 만든다 그가 옆집의 계란 사용법을 유감스러워했음에 틀림이 없다

3. 짱가

위대한 그 이름도 오래가지는 못했다 그가 오후에 나가서 한밤에 돌아오는 동안, 그의 아내는 한밤에 나가서 오후에 돌아오더니 마침내 집을 나와 먼 산을 넘어 날아갔다 어디선가 누군가에 무슨 일이 생겼다 그 일이 사내의 집에서가 아니라 먼 산 너머에서 생겼다는 게 문제였다 사내는 오방떡 장사를 때려치우고, 엄청난 기운으로, 여자를 찾아다녔다 계란으로 먼 산 치기였다

4. 그랜다이저

여자는 날아서 어디로 갔을까? 내가 아는 4대 명산은 낙산, 성북산, 개운산 그리고 미아리 고개, 그 너머가 외계였다 수많은 버스가 UFO 군단처럼 고개를 넘어왔다가 고개를 넘어갔다 사내에서 역마(驛馬)가 있었다면 여자에게는 도화(桃花)가 있었다 말 타고 찾아간 계곡, 복숭아꽃 시냇물에 떠내려오니…… 그들이 거기서 세월과 계란을 잊은 채…… 초록빛 자연과 푸른 하늘과…… 내내 행복하기를 바란다

『마징가 계보학』

· 김
  경
  미

새벽, 한강에서

새벽 두시나 세시에
잠들지 못하고
이곳에 온 사람들은 알리
강남과 강북이 찍고 간 한나절 무게로
인도교는 갈잎처럼 흔들리고
어지러이 널린 개발의 쪼가리들과
인부들이 흘리고 간
점심 도시락, 모래 밥알이
강물 속으로 잠겨가고

마포와 노량진엔 벌써 전에
물먹은 솜이 된 얼굴들이
한 등 한 등 일상의 불을 끄고

마음을 끄고,
내려앉는 밤이 깊어질수록
갈잎 인도교는 더더욱 불안하게 출렁이고
허우적 숨 끊기는 소리는 더욱 무거워져

새벽 두시나 세시 사이
이곳에 담배재를 털며 고통스러웠던 이들은
오래도록 앉아만 있을 수는 없었으리
날이 밝으면 갈잎에 싸여
아무도 몰래 치워질 주검들
살아 있는 이들은
날이 밝도록
이곳에 담뱃재를 털며
앉아만 있을 수는 없으리

『쓰다 만 편지인들 다시 못 쓰라』(실천문학사, 1989)

청량리 588번지

그대 몸에 들끓는 균을 보네
이 세상을 다 먹이고도
다섯 광주리와 한 마리 정도 거뜬히 남을

그대 절망을 보네

이지러진 몸 위로 던져지는 꽃값에서

동정과 착란의 잎새를 털어내고 나면

때절은 이불깃 위에 뿌릴

눈물이나 겨우 댈 수 있지만

귀부인과 하녀와 매춘부로

사람을 꽃으로 만들지 않는 날이 있으리라

스쳐간 사내들 두고 간 인상착의며

더러운 지문을 모아두었다가

남들 쓰린 상처 위로 소금땀 흘릴 때

딴짓이나 하고 다닌 것들

모조리 세상 밖으로 쓸어버리고

누구라 높낮이 없는 집에서

기어코 깨끗한 사랑으로 살아봐야겠다고

이 세상 아침 점심을 배불리 먹이고

저녁까지도 먹일

그대들 눈물 겨운 희망이여.

『쓰다 만 편지인들 다시 못 쓰랴』

김
광
규

독립문 역

한 생애의 마지막 날처럼
바쁜 마음으로 그러나
되도록 크레디트 카드를 쓰지 않으면서
하루를 살고
어두운 지하철 층계를 내려간다
땅 속을 달려가는 동안
비좁은 찻간에 끼어서서
어깨를 비비대며
스포츠 신문을 읽는 얼굴들
검은 유리창에 가득하다
길었던 어제의 터널을 따라
오늘이 지나가고
내일은 몇 번째 역에 있는가

땅 위의 세상은 눈을 감아야 보인다
녹슨 드럼통 속으로 흐르는 하수
머리 위로 아스팔트를 걸어가는
천만 명의 발걸음
철근과 시멘트와 자동차들
갑자기 무너져내리고
이 캄캄한 땅 속에 묻혀
다시는 바깥으로 나가지 못하고
숨막혀 죽을 것만 같아
도망치듯 전동문을 빠져나온다
이제 오래된 이야기는 잊어버리고
밀린 빚을 빨리 갚아야지
대리석 계단을 황급히 올라와
서울 구치소 맞은쪽
어두운 골목으로 사라지며

『좀팽이처럼』(문학과지성사, 1988)

목발이 김씨

지하 5층
지상 30층

연건평 35000평
서울빌딩 기초 공사 때
김씨는 막일을 했다
현기증나는 비계를 오르내리며
자갈을 져나르고
미장을 돕고
타일을 붙이고
창틀을 달았다
서울빌딩 주춧돌 밑에는
김씨의 고된 인생이 3년쯤
깔려 있고
하늘로 꼬여 올라간
아찔한 비상 계단 어디엔가
김씨의 잃어버린 왼쪽 다리
걸려 있다

안전모를 착용한 덕분에
그래도 목숨은 건져
반년 만에 김씨가 목발 짚고
병원을 나왔을 때
우뚝 솟은 서울빌딩은
장안의 명물이 되었다
없는 것 없는 백화점과

잠을 자기에는 너무 아까운 호텔
사우나탕과 레스토랑과 금융 회사 사무실들
어디서나 하얀 남자들이
재빠르게 계산기를 두드리고
암나사처럼 생긴 여자들이
껌을 짝짝 씹으며
지난 밤을 생각하고
시간도 돈으로 팔고 사는
그곳은 살아 있는 TV화면이었다

발을 헛딛고
추락했던 그 자리
13층 비상 계단 입구는
어떻게 마무리되었는지
오직 그것이 보고 싶어 김씨는
다리를 절룩이며
옛날의 일터를 찾아갔다
용접공 이씨를 만나면
반가워 낮술 한잔
꺾을지도 모른다
그러나 서울빌딩 현관 앞에서
넥타이를 맨 수위가
그를 가로막았다

일없는 사람은 들어갈 수 없다고
쓰레기를 쳐 가는 뒷문에서도
험상궂은 문지기가 길을 막았다
김씨는 돌아서서
어디로 가나

『아니다 그렇지 않다』(문학과지성사, 1983)

종묘 앞마당

빛 바랜 중절모를 쓴 할아버지들
중년의 퇴직자들과 엄마 잃은 아이들
취직을 해보지도 못한 젊은이들과
실직한 외국인 노동자들도 가끔 뒤섞여
매일 길고긴 하루를 보내는 곳
간이 녹지대와 종로 3가 보도 사이에
리어카 주방을 차려놓고
엘피지 가스로 오뎅을 끓이거나
떡볶이를 굽는 조리대 앞에서
웅기중기 선 채로 허기를 때우는 행인들
틈바구니에서 용케도 밟히지 않고
요리조리 옮겨다니며 음식 부스러기를 줍는 참새들

다리가 빨간 보라색 비둘기들

월남 선생의 동상 어깨와

포장마차 바퀴 밑을 오르내리며

온종일 쓰레기를 주워 먹어 살이 통통히 쪘다

조선 왕조가 잠든 종묘 앞마당에서

찌꺼기처럼 살아가는 우리 식구들

『처음 만나던 때』(문학과지성사, 2003)

김교서

꽃을 사세요

피다피다
타버린
스물 두 살 모닥불
한송이 잡초꽃을 사세요

먼지와 어둠을 털고
생명으로 피어난
평화시장
한송이 먼지꽃을 사세요

얼음을 깨고
가난이 서걱대는
가시밭길 한송이

붉은 들국화를 사세요

금고 속에
장롱 속에
통장 속에
쌓아둔 지폐들로
한송이 꽃을 사세요

멋들어진 구호
반들반들한 문구는 개나 주고

구로공단 안양천
청계천 먼지구멍
한송이 촛불꽃을 사세요

주간지 만화
바보상자
약먹은 지폐로
한송이 꽃을 사세요

한강
여의도 명동 종로 광화문
높은 것 번드르한 것 모두 팔아

한송이 꽃을 사세요

피다피다
타버린
한송이 불꽃을 사세요

무덤에서
터져나오는
피와 살로 범벅된
한송이 아름다운 들국화를 사세요

『시여 무기여』(실천문학사, 1984)

김
기
택

우리나라 전동차의 놀라운 적재효율

빈틈마다 발 하나라도 더 집어넣기 위해
밀고 밀리고 비비틀고 움츠린 끝에
사람들은 모두 사각기둥이 되어 있다.
승객들을 벽돌처럼 맞추어 빈틈을 없애버린
놀라워라, 전동차의 저 완벽한 적재효율!
전동차가 급정거하자 앞쪽으로 사람들이 기운다.
사각기둥들은 일제히 흐트러지며 찌그러지고
그동안 조용하게 질서를 지키던 비명들이
찌그러진 사각기둥에서 일제히 터져 나온다.

영자야엄마나여기있
어밑에아기가깔렸어
요숨막혀내핸드백내
구두나좀내리게그만
밀어어딜만져이짐승
쌍년아야귀찢어져손

　　　　가락에귀걸이걸렸어
　　　　어딜자꾸만주물러소
　　　　새끼침튀겨개년말새

드디어 전동차 문이 폭발하듯 열리고
파편처럼 승객들이 퉁겨나간다.
승객들이 미처 다 밀려나가기도 전에
한떼의 사람들이 또 밀려들어온다.
빈틈, 퉁겨져나간 사람들 뒤에 생긴
저 좁디좁은 빈틈을 향하여
머리와 팔다리와 구두들이 밀려온다.
아무리 튼튼해 보이는 벽도 온몸으로 부딪쳐 밀면
발자국 하나 디딜 공간이 나온다는 것을
노련한 승객들은 잘 알고 있다.
차곡차곡 구겨넣어진 사람들을 한번 더 누르며
전동차 문이 있는 힘을 다해 닫힌다.
전동차가 출발한 다음에도 비명과 신음이
찌그러진 사각기둥마다 새어나오지만
사람들은 빠르게 정사각기둥을 되찾아가고
몸 비틀 때마다 벌어지던 빈틈도 모조리 메워버린다.
빠르고 정확하다, 우리나라 승객들의
자동화된 저 순발력!
비명과 짜증이 제자리로 돌아가자
찌그러졌던 사각기둥들은 어느새 반듯하게 펴지고

사람들은 다시 질서정연하고 고요해진다.

『사무원』(창작과비평사, 1999)

그들의 춘투

5월 아침인데
도로변에 누런 은행잎 같은 것들이 깔려 있다.
바람도 없는데 어떤 것은 팔랑거리기도 한다.
갑자기 구두 밑에서 무언가 물컹한 것이 터진다.
구두 밑을 보니 나방이 으깨어져 있다.

어젯밤은 대단했다고 한다.
불빛이 흘러나오는 빌딩 창마다
나방떼가 새카맣게 붙어 창 안을 들여다보고 있었다고 한다.
야근하던 사람들이 놀라 서둘러 퇴근했다고 한다.
일찍 찾아온 더위 탓이라고 한다.

어제는 낮에 종로를 지나다가
두 시간이 넘도록 차 안에 갇혀 꼼짝할 수가 없었다.
농촌에서 전세버스를 타고 상경한 시위대가
도로 한복판에서 전투경찰과 격렬하게 몸싸움하고 있었다.

이젠 농촌에서도 비닐 포장된 음식을 먹는다고 한다
플라스틱 병이나 깡통에 든 물을 마신다고 한다.
고체로 된 투명한 공기
밤이면 발광도 하는 공기, 유리창에
나방들은 멋모르고 날아왔다가 부딪혔을 것이다.
은행잎처럼 길바닥에 쌓이면서도
끝내 이해할 수 없었을 것이다, 벽처럼 딱딱한 공기를.

『소』(문학과지성사, 2005)

상계동 비둘기

비둘기들은 상계역 전철 교각 위에 살고 있다
콘크리트 교각을 닮아 암회색이다
전동차가 쿵, 쿵, 쿵, 울리며 지나갈 때마다
비둘기들은 조금도 놀라지 않고
교각처럼 쿵, 쿵, 쿵, 자연스럽게 흔들린다
비둘기들은 교각 위에 나란히 앉아
자기들 집과 닮은 고층 아파트들을 바라본다
사람들이 아파트에서 거리를 내려다보듯
비둘기들도 상계역 주변 거리를 내려다본다
도로변 곳곳에 음식물 쓰레기와 물웅덩이가 있다

사람들이 노점에서 주전부리를 즐기는 동안
비둘기들도 거리에서 푸짐한 먹거리를 즐긴다
자동차들이 쉬지 않고 무서운 속도로 달려오지만
비둘기들은 가볍게 경적과 속도를 피하며
가게에서 물건을 고르듯 느긋하게 모이를 고른다
가랑이 사이로 비둘기가 활보하는 것도 모르고
사람들은 막연히 남의 구두가 지나갔겠거니 생각한다
비둘기들은 검은 먼지와 매연을 뒤집어쓰고
언제나 아스팔트를 보호색으로 입고 다녀서
상계역에 비둘기들이 사는지 아는 사람은 거의 없다

『소』

어린 시절이 기억나지 않는다

창문이 모두 아파트로 되어 있는 전철을 타고
오늘도 상계동을 지나간다.
이것은 32평, 저것은 24평, 저것은 48평,
일하지 않는 시간엔 무엇을 해야 할지 몰라
나는 또 창문에 있는 아파트 크기나 재본다

전철을 타고 가는 사이

내 어릴 적 모습이 기억나지 않는다.
어렸을 때 나는 어떤 아이였을까?
어떤 얼굴이었을까? 뭘 하며 놀았을까?
나를 어른으로 만든 건 시간이 아니라 망각이다.
아직 이 세상에 한 번도 오지 않은 미래처럼
나는 내 어린 시절을 상상해야 한다.
지금의 내 얼굴과 행동과 습관을 보고
내 어린 모습을 만들어내야 한다.
그러나 저 노약자석에 앉아 있는 노인들의
어릴 적 얼굴이 어떤 모습인지 알지 못하듯이
기억은 끝내 내 어린 시절을 보여주지 못한다.
지독한 망각은 내게 이렇게 귀띔해준다.
너는 태어났을 때부터 이 얼굴이었을 거라고.

전철이 지하로 들어가자
아파트로 된 창문들이 일제히 깜깜해지더니
아파트 대신 창문마다 얼굴들이 나타난다.
내 얼굴도 어김없이 그 사이에 끼어 있다.
어릴 적 얼굴이 기억나지 않는다.

『소』

김
기
홍

종로에서 붙잡힌 쥐의 탈을 쓴 몽타즈

묻지 말아다오. 제발
이 주제에 상경한 이유를
매달려 사정이라도 하고 싶은
이 약한 힘의 생명을
천하고 냄새 나지만
버리지는 말아다오.
나를 잡으려 오는 저 사내들에게
알리지를 말아다오.
서울에 가면 이미 뿌리 내리고 있는
동향도 많다던데
말쑥한 말씨 말쑥한 모양새가
생판 알아차릴 수가 없어
일단은 경계를 하고 바라보는 나의 눈을

이해를 해다오.

먹을 것이 없어. 내 고향 전라도엔
먹을 것이 없어.
쌀가마 감자푸대마다
서늘한 눈물만 노을에 슬프고
비명이 메아리 지는 골목마다
인육이 걸려 있는 푸줏간

사타구니가 찢어진 여인아
밤이 익으면 내 입술이 닳던
부드러운 유방을 난도질당한 여인아
너희들 방 문패는 그대로인데
부패한 주검들이 뒤섞여 묘비명도 쓰지 못한 채
배꽃처럼 자지러지게 내 피는 미쳐서
돌아와 보는 무등산 물줄기도 썩어 부풀어 오르고
아, 끝없이 추락하는 우리들의 꿈 우리들의 사랑

잊을 수가 없구나. 이 설움 버릴 곳이 없구나.
위대하고 숭고한 우리들의 꿈 우리들의 자유는
검은 전투화 밑에서 으깨어지고
이제는 속살이 불타오르는 전라도
먹을 것이 천지고 썩어빠진다는 소문에

어느 날 화물차에 실려 찾아온
서울땅 헤매다 지친 발길

그래도 보아주는 사람이 있어 삭막하지 않다.
종로에는 먹을 것이 많다.
빵봉지 과자봉지
파출소 앞에 놓인 부패한 과일껍질 우유병
새벽은 내게 끝없이 넓은데
쓰레기통마저 털어가버리는 청소부 아저씨
가로수 낙엽을 한 잎 물고 바라보니
단단한 은행문과 우람한 교회 십자가가
구세주처럼 서 있는데
나는 죽어가고 있는데

사람들아
더는 제발 묻지 말아다오.
죽어버린 꿈
죽어버린 자유
우리는 모두가 미쳐서
우리는 모두가 죽어서
우리는 모두가 썩어서
다시 태어나리
다시 태어나리

『공친 날』(실천문학사, 1987)

김
남
주

선반공의 방

가난한 이들에게 진실을 말하고
허위의 그림자에 쫓기던 그런 어느 날
나는 밤의 거리에서 오갈 데 없다가
선반공인 고향 후배가 내미는 손을 잡고
그가 이끄는 대로 따라갔다

한길에서 꺾여
골목길로 접어드는 구멍가게에서부터 시작하여
하나 둘 셋 넷……
숨가쁜 돌계단 삼백일흔여섯 개를 세고서야
산꼭대기 어디메쯤 선반공의 자취방에 닿았다

그 집의 벽이란 벽은

모래와 자갈과 바람난 구멍으로 무장하고 있었다
지붕은 가로 세로 금이 간 함석이었고
새끼에 돌을 매달아 자연의 폭력과 싸우고 있었다

그 집에는 손바닥만한 마당이 있기는 했으되
어디서고 수도꼭지는 볼 수 없었다
그 집에는 담이 있기는 했으되
어디서고 대소변을 볼 수 있는 변소가 없었다

그래도 집이라고 그 집에는
방이란 게 있었다 세 개나 있었다
그 집 아낙네들은 하나같이 사투리를 썼는데
함경도 사투리도 있었고 충청도 사투리도 있었고 경상도 사투리도 있었다
전라도 순창이 고향인 선반공의 방은
감옥의 먹방과도 같이 어둡고 비좁았다

나는 굴속을 들어가듯 그 방으로 들어갔다
방에는 한쪽 구석에 지퍼가 고장난 비닐옷장이 있었고
다른 한쪽 구석에는 책상 겸 밥상으로 씀직한 앉은뱅이 상이 있었는데
그 위에는 메모로 접은 쪽지가 놓여 있었다

"형, 오늘밤 못 들어올지도 모릅니다
이불 속에 밥 두 그릇을 해놓았으니

한 그릇은 형이 드시고 남은 그릇은
남주형이 들를지도 모르니 따뜻하게 담요로 싸놓으세요"

때 절은 이불을 들추니 거기에는 과연
밥그릇 두 개가 담요에 묻혀 있었다
목이 메어 나는 그 밥을 다 먹지 못하고
벽을 향해 돌아앉아 담배만 공연히 빨아댔다

방 한 켠에는 반되들이 쌀 한 봉지가 입을 벌리고 있었고
책 몇 권이 벽에 기댄 채 나란히 누워 있었다
거기에는 고리끼의 『어머니』가 있었고
거기에는 하인리히만의 『독일 노동자의 길』이 있었고
체 게바라가 쓴 『제3세계 민중에게 보내는 메시지』가 있었다

그날 밤 선반공의 친구는 돌아오지 않았다
다음날 아침에도 저녁에도 들어오지 않았다
그를 내가 만난 것은 감옥에서였다
선반공의 방처럼 어둡고 비좁은 먹방에서였다

『솔직히 말하자』(풀빛, 1989)

김명수

104번지의 골목

꼬불꼬불하게 이어진
산비탈 언덕바지 슬레이트집들 사이에서
초롱초롱한 눈망울로
나를 보고 방긋이 웃어주는 계집애야

아버지가 어디서 무얼 하는지도 모르는 채
어머니가 어디서 무얼 하는지도 모르는 채
그저 하루종일 뛰어노는 계집애야

네 어머니 저 아래 난전바닥에서
쌀 한 말어치도 안되는 좌판을 벌여놓고
하루종일 먼지 속에 사는 것을 나는 안다

온종일을 배고프게 혼자 놀아도
때묻은 손 그 흔한 인형 하나 못 가지고
돌멩이 사금파리 주워 노는 계집애야

네 어머니 밤늦게 너를 찾아와도
너는 지쳐서 먼저 잠들고
네 아버지 공사장에서 밤늦게 돌아와도
너는 먼저 지쳐서 잠이 드는 아이야

삶에 지친 이 골목 가난한 어버이는
네 웃음 하나뿐인 위안으로 여기며
서러운 하루를 희망으로 산단다

하느님도 외면한 가난한 이 동네에
때묻은 얼굴의 조무래기들아
그래, 웃어주려무나
웃기라도 하려무나

너희라도 이 골목에 웃어주지 않는다면
가난한 우리 마음 얼마나 서러우랴

꼬불꼬불하게 이어진 산비탈 언덕바지
슬레이트집들 사이에서

초롱초롱한 눈망울로 방긋 웃는 계집애야

네가 웃어 우리 마음 서러운 계집애야
네가 웃어 눈시울에 눈물 어릴 계집애야

『피뢰침과 심장』(창작과비평사, 1986)

서빙고를 지나며

청량리에서 기동차를 타고
왕십리를 지나 용산을 간다.

이촌동 쪽에 새로 이사를 간 내 이종은
한강을 끼고 살고 있는데
기동차에서 바라보는 왕십리 쪽 바위산 집들은
한치의 땅도 없이
예나 이제나 가파른 바위산에 비좁게 서 있다.

차가 한 정거장을 더 가면 다가서는 서빙고역
제법 야트막한 구름을 끼고 돌면
이내 파아란 잔디밭이 이어지고
그 안 넓은 언덕에

깃발을 세운 채 미군부대 건물들이 듬성듬성 서 있다.

마침 토요일 오후인지
이중으로 삼중으로 겹겹이 쳐진 철조망 속에
사복 차림의 미군들이 한가로이 골프를 치고 있고
'출입엄금'이라는 영문자 경고판이
붉은 글씨로 싸늘하게 씌어 있는 영문 밖에는
우리 겨레들의 행상 리어커와
먼지를 펄썩 일으키는 만원버스가 달리고 있는데

고개를 돌려 어두운 시선으로 한강을 보면
멈춘 듯 고요한 서러움의 강물이
그래도 천천히 흐르고 있음이
눈물겹게 반갑다

『피뢰침과 심장』

김목수의 새벽

이른 아침 찬 새벽
입김 허옇게 서리는 골목을
구두끈 든든히 조여 매고

그대는 일터로 나간다.

든든한 어깨는 대지와 평행을 이루고
드넓은 가슴은 움츠리지 않으며

서울의 어디
아득하게 솟구치는 빌딩이나 지하철 공사장을 찾아
톱과 대패와 끌이 든 연장 보따리를
한 손에 쥔 채

간밤 몸을 눕혔던
굴다리 안 단간방에
아직도 어린것들은 웅크리고 잠들어 있는데

이른 아침 찬 새벽
입김 허옇게 서리는 골목을
구두끈 든든히 조여 매고
그대는 일터로 나간다

쾅쾅, 못 박는 소리 여기저기 들려오고
슥슥, 톱질과 대패질 소리 여기저기 들려오고
그대 땀방울도
한없이 한없이 흘려야 하는 곳

목재는 목재대로 벽돌은 벽돌대로
여기저기 헝크러져 쌓여 있는 곳으로

자식을 위해
지어미를 위해
늙은 노모의 봉양을 위해
일당 몇 푼의 돈벌이를 위해
그것보다 소중한 노동을 위해

비록 그대에겐 집 한 간이 없지만
그대는 오늘도 남의 집을 짓는 사람
일이 있는 날은 슬프지가 않아라

이른 아침 찬 새벽
입김 허옇게 서리는 골목을
구두끈 든든히 조여 매고
그대는 일터로 나간다

든든한 어깨는 대지와 평행을 이루고
드넓은 가슴은 움츠리지 않으며

그대 근육
그대 땀방울 다 바치고

그대 후줄근히 돌아오는 날에도
일이 있는 날은 슬프지가 않아라

언젠가는 그대가
그대 집을 스스로 지어볼 날 꿈꾸며

『피뢰침과 심장』

목장갑 한 켤레

굴다리 안 빈터
철조망 가에
목장갑 한 켤레가 걸려 있다

찬 비가 내리는 시장을 지나가면
굴다리 산동네 언덕이 다가서고

그 남자
칠년째 쓸쓸하던 일자리는
망우리 정거장 앞
저탄장이었다

굴다리 안 빈터
철조망 가에
목장갑 한 켤레가 걸려 있다

그 남자가 매장되던
그날 오후에도
겨울비에 그대로 젖어 있던 목장갑

누구 하나 아무도 걷어가지 않고
몇며칠째 그대로 찬 비에 젖고 있다

『피뢰침과 심장』

청계천 평화시장

화학섬유 제품에서 뿜어내는
독한 기운이 눈을 쓰라리게 하는
청계천 평화시장

일이층 삼층 끝없이 이어진 옷가게들
빼곡이 들어찬 신사복 숙녀복 어린이옷들
대낮에도 백촉 전구 환하게 켜놓은

그 먼지 비좁은 미로를
내가 찾아가서 옷가지를 사입는다

어서 오십시오, 구경하세요, 싼 것 있읍니다
때때로 내 팔을 잡아끌기도 하고
때때로 생글생글 웃음 머금고 나를 붙잡으려는
아직도 나이 어린 젊은 여자점원들,
나를 정신없이 만드는 남자점원들

이른 새벽 집을 나와
무덥고 땀띠 돋는 삼복 여름에
더운 바람 뿜어대는 선풍기 하나 놓고
하루 종일 고객들과 활기 있게 흥정하는
이 나라 서민들, 영세한 장사꾼들

값을 깎고
물건을 고르고
서로 언성을 높이고
화해와 승낙의 너털웃음을 웃으며
계산을 치르는 청계천 평화시장

이곳에는 지금도
어느 한구석 칸막이 친 밀실

실밥 떠도는 탁한 공기 속에
폐를 망가뜨리는 직공들 미싱을 돌리지만
지상층 지하층 그득히 쌓여 있는
저 갖가지 옷가지들의 활기찬 거래는
오늘도 어제에 이어 그치지 않는다

서울이여,
내 함께 숨쉬고 어울려 살아가는 서울이여
용달차들 바쁘게 짐을 부리고
지겟군들 땀을 훔치며 피륙과 제품을 지고 뛰어가는 서울이여
저들이 하루 종일 웃음을 잃지 않고
저들이 하루 종일 활기차게
싸구려 싸구려 물건 파는 고함소리 그치지 않는 서울이여

이 세상 어느 누가
비록 오늘 어둡게 하늘에 장막을 친다 한들
이렇게 우리들 하루 하루 살아가는 생기를 앗아갈 수 있을건가
이렇게 우리들 하루 하루 살아가는 생기를 앗아갈 수 있을건가

『하급반 교과서』(창작과비평사, 1983)

김명환

우리를 헤어져서 살게 하는 세상은 1

누나가 집을 나간 것은 옳지 않다
어머니가 어렵게 마련해준 돈 속에는
말하진 않았지만 내 한 달 월급과
일 년 동안 갚아야 할 대부돈도 들어 있었다
가리봉동 벌집에서 밤새도록 악몽에 쫓기다가
아침에 일어났을 때 문틈으로 새어든 연탄가스에
한 녀석은 나가떨어지고 허기진 배를 달래며
비틀거리는 두 다리를 추스리고
그 알량한 일당을 벌겠다고 공장에 나갔던 것은
내가 가난하기 때문만은 아니었다
검정고시 준비를 하겠다고 야근하는 동료들의
이 눈치 저 눈치를 살피며 빠져나올 때
너만 공부하고 싶은 게 아냐, 녀석아

딱딱거리던 정형의 마음을 이해할 수 있다
뼈빠지게 일해봤자 결국은 굽신거리며
살 수밖에 없다는 것 누군들 모르겠는가
하지만 우리는 함께 살아야 한다
가난하기 때문에 집을 나가야 한다면
배부른 사람들만 함께 살 수 있단 말인가
소위 대학을 나왔다는 임계장이나 최대리가
두세 달에 한 번씩 아이들을 모아놓고
탕수육에 소주를 먹이며 생산성이 어떻고
수출이 어떻고 했을 때도 그 알량한 말보다
우리는 내팽개친 고향의 논답들을 생각했다
테레비에 나오는 계집들처럼
미끈하게 생기진 못했을지라도 어쩌다 마주치는
공순이들이 고향 동창년들처럼 친근감이 드는 것은
집을 나간 누나가 원하는
배부른 삶을 싫어하기 때문이 아니다
가난하고 배우지 못했지만 못생긴 우리끼리
살을 비비며 산다는 건 얼마나 좋은 일인가
기계과에 새로 들어온 계집애처럼 생긴 녀석은
이상하게 무시무시한 말만 하지만
어느 나라에서는 우리같이 무식한 놈들도
떳떳하게 살아간다는 그 말이
거짓말 같지만은 않은 것은

임계장이나 최대리가 사주는 탕수육과 소주를 먹으며
점심시간에 틀어주는 서양노래를 들으며
양계장을 했던 강씨가 닭모이에 무슨 약을 섞어주고
음악을 틀어주면 알을 쑥쑥 낳는다고 말했을 때
우리가 어쩌면 알을 낳는 암탉들인지도 모른다고
생각한 적이 있기 때문만은 아니다
이제 갓 선반을 잡은 오형이 뉴타운 스텐드빠
미스 최에게 월급을 몽땅 날리고 취해 돌아와
그래도 자식만은 고등학교까지 시킬 거라고 말했을 때
내가 쓸쓸하게 웃었던 것은 술을 퍼마시고
늦게 취해 돌아오실 때마다 내 머리를 쓰다듬으며
너만은 고등학교까지 시킬 거라고 하시던
아버지 말씀이 생각나서가 아니었다
도대체 우습지 않은가. 기계과에 새로 들어온
계집애처럼 생긴 녀석은 우리도 단결하기만 하면
얼마든지 잘 살 수 있다고 말하지만
가난하기 때문에 집을 나가야 한다면
배부른 사람들만 모여산다는 말인가
알을 낳는 닭들은 알을 품지도 못하고
폐계가 되면 고기맛도 없다고 싸구려로 팔릴 뿐이지만
폐계가 되더라도 우리는 함께 살아야 한다
가리봉시장 튀김집에서 마주친 계집애에게
이상하게 마음이 끌렸던 것은

고향을 떠나온 지 어느덧 4년이 지나고
누나나 나처럼 그렇게 떠돌아다니는
그 아이가 처량해 보여서가 아니다
비록 가난하고 배우지 못했지만
자꾸만 고향생각이 나고 식구들이 그리운 것은
아무리 어렵고 힘든 세상일지라도
못생긴 얼굴끼리 살을 비비고 함께 살고 싶기 때문이다
누나가 집을 나간 것은 옳지 않다
우리를 헤어져서 살게 하는 세상은 옳지 않다.

『어색한 휴식』(갈무리, 2000)

우리를 헤어져서 살게 하는 세상은 2

누나가 집을 나간 것은 옳지 않다
새벽같이 일어나 부은 손으로 밥술을 뜨고
만원버스에 콩나물이 되어 짐짝처럼 부려질지라도
타임기에 도장을 찍고 쇠를 깎는 기계가 될지라도
새까만 얼굴 새까만 손으로 여물같은 개밥을 씹으며
하얀 이를 드러내고 웃을지라도 우리는 기계 소음 속에서
고향에서 부르던 정겨운 노래들을 부를 수 있다
자욱한 먼지 기름냄새 속에서도 우리는 담배를 피워물고

고향에 두고 온 어머니와 흙내음을 기억할 수 있다
잔업을 마치고 돌아오는 길에 우리는 포장마차에 들러
소주를 마시고 피곤한 육신을 달래며
가난한 식구끼리 모여 살 내일을 꿈꿀 수 있다
그렇지만 고향은 우리들의 노래는 내일의 꿈은
도대체 무엇인가. 누나는 다시 집을 나가고
어머니는 빚걱정으로 밤을 지새운다
주물반 김씨는 열여덟에 집을 나와
여기 저기 떠돌아다니며 안해본 일이 없고
쇳물도 벌써 칠 년이나 부었지만 중학교를 갓 졸업한
아들내미를 구두공장에 집어넣고 쓸쓸하게 웃었다
정형은 고등학교를 중퇴하고 십 년이나 기름밥을 먹었지만
아직도 가리봉동 벌집에서 파드득거리는 일당쟁이 아닌가
임계장이나 최대리는 기업의 번창과 나라의 번영과
행복한 내일을 지껄여대지만 누나는 집을 나가고
아버지는 오늘도 농약을 뿌리고 지친 육신을 달래며
선반을 돌리고 있을 나를 생각할 것이다
도대체 무엇인가. 저임금과 장시간 노동 위에 저들은
번영의 탑을 쌓고 착취의 시커먼 굴뚝 위로
평화의 비둘기를 띄우지만 며칠 계속되는 철야에 지쳐
신문지를 깔고 차디찬 시멘트 바닥 위에 잠든
동료들의 얼굴 움찔거리는 경련 속에
우리는 분노를 발견한다. 누가 우리에게

행복으로 가득한 내일의 허황된 꿈을 강요하는가
때묻은 가난으로 우리가 그릴 수 있는 가장 확실한 것
보이지 않아도 들리지 않아도 가슴을 치고 올라오는
분노만이 우리들이 살아있는 유일한 증거이다
내일의 행복이 아니라 내일의 행복이라는 구호를 팔고
우리들의 노동을 앗아가는 모든 허위의 음모에 우리는 분노한다
이제 더이상 우리들의 삶을 갈라놓을 수는 없다
이제 더이상 우리들을 헤어져서 살게 할 수는 없다
일한 만큼 대가를 달라고 말하는 것이 옳지 않다고
사장도 부장도 경찰서장도 핏대를 올리지만
이른 아침부터 밤 늦게까지 일해본 사람이면 안다
가난한 식구들과 작별을 하고 고향을 떠나본 사람이면
여기 저기를 떠돌아다니며 땀흘려 일해본 사람이면
우리가 단순히 배부르기를 원하는 것이 아니란 것을 안다
우리가 원하는 것은 우리가 사장이 되고 부장이 되고
경찰서장이 되어 가난한 이웃들의 삶을 앗아가는 게 아니다
가난한 이웃들의 삶을 갈라놓는 게 아니다
우리는 우리의 노동이 생존의 수단이나 착취의 대상이 아니라
기쁨으로 가득한 만남과 나눔의 삶이길 원한다
임계장이나 최대리가 말하는 내일의 행복이
우리들의 삶에 가능하기 위해 필요한 것은
탕수육과 소주가 아니다. 행복의 구호가 아니다
사장이나 부장의 회유 속에서 경찰서장의 협박 속에서

우리는 우리들의 삶을 가로막는 모든 허위의 음모를 발견한다
일한 만큼 대가를 달라고 말하는 것이 옳지 않다고
사장도 부장도 경찰서장도 핏대를 올리지만
일손을 놓고 농성장으로 모이는 동료들의 뜨거운 눈빛
튼튼한 어깨 군센 팔뚝으로 서로를 마주잡는 거친 숨결들 속에
우리는 빼앗긴 노동의 기쁨이 되살아날 수 있음을 확인한다
집을 나간 누나와 밤을 지새우는 어머니
육십 평생을 흙에 바쳐온 아버지의 가난한 삶이
땀흘려 일하는 삶들의 빼앗긴 노동이
주물반 김씨 가공반 정형 이형 금형반 영훈이
영선반 아주머니들의 마주잡은 억센 팔뚝 속에
치떨리는 분노와 노여움 속에
사람사는 세상에의 뜨거운 갈망 속에
다시 기쁨으로 되살아날 수 있음을 확인한다
이제 더이상 우리들의 삶을 갈라놀 수는 없다
이제 더이상 우리들을 헤어져서 살게 할 수는 없다.

『어색한 휴식』

김
사
이

가리봉 성자

박스와 종이를 가득 실은 리어카를 왼편에 세워놓고
주인 닮은 늙은 구두 한 켤레 가지런히 오른편에 벗어놓고
바닥에 깐 신문지에 두 발을 올려놓고
단아한 모습으로 신문을 읽는다
퇴근시간 북새통을 이룬 가리봉오거리는 아랑곳없이
덥수룩한 머리칼 날리며 흐트러짐 없이 신문을 읽는다
그를 둘러싼 시공간이 정지한 듯
붉은 노을이 튕겨져 나와

내 삶 수많은 정점들 속에 차마 가져보지 못한
빛이 도는 진지한 눈빛
무릎 앞에 돌탑 쌓아놓고 절하고 싶다

『반성하다 그만둔 날』(실천문학사, 2008)

달의 여자들

구로동 가리봉오거리
불야성을 이룬 늦여름 밤
탱글탱글 여문 은행이 새끼들처럼 줄줄이 매달렸다
은행나무 밑 까만 봉고차에서
탱탱한 알들을 쑥쑥 낳는다
동그란 알에서 미끈하고 예쁜 여자들이 허물을 벗고
아름다운 나비는 훨훨 날갯짓하며 날았다

30여 년 전 산업화의 발과 손이었던
여공은 노동운동사의 유물로 사라지고
사각 콘크리트 건물들이 자본의 기둥처럼
위풍당당하게 우뚝 솟은 이곳엔
여공의 제복을 벗고 발가벗겨진 여성이
불법체류자로 낙인찍혀도 국경을 넘는 아시아 여성이
돈 벌러 홀린 듯이 모여드는데
노래방에서 식당 모텔 대화방 술집에서
예나 지금이나 가장 싼값에
노동을 팔아 몸을 사고
몸을 팔아 삶을 사고,
마트로시카 인형처럼
어머니는 여공을 낳고 나비를 낳고

여자아이를 조선족 여자를 다시 어머니를 낳고

밥벌이에 충실하며 무던히도 살았건만
여전히 월세방 면치 못한 징그러운 밑바닥
안간힘 써서 희망의 끝자락이라도 잡고 싶은
쉴 새 없이 움직이는 날갯짓에
찢어지는 나비의 몸뚱이
30년 후에도 나는 내 딸들은
대물림으로 이어받은 몸뚱이 팔고 있겠지

『반성하다 그만둔 날』

사랑은 어디에서 우는가

재개발도 안 되고 철거만 가능하다는 곳
삶이 문턱에서 허덕거린다
햇살은 아무것이나 붙들어 들어갔다 뺐다 하고
선과 악이 날마다 쌈박질하며
그 속으로 더욱 궁둥이를 들이밀고
달아나려 매번 자기를 죽이면서도 눈을 뜨는
내 바닥 불륜의 씨앗이 작은 방죽처럼 둥그렇게 모여 있는
닭장촌, 정착지도 모르고 날아들었다가

가로등 불빛에 타죽어가는 날벌레 목숨 같은
오누이가 사랑을 하고 사촌오빠가 누이를 범해 애를 낳는 그곳
온몸 짓푸른 얼룩을 감추기 위해 더워도 옷을 벗지 않는
엄마가 얇은 시멘트 벽 옆집 남자랑 도망가 없어도
어른이 되어가는 그곳
수많은 세대들이 서너 개의 공동화장실을 들락거리는 그곳
문밖에 버려진 작은 화초들, 으깨진 보도블록에서 솟아나는 풀들
바닥 틈 속에서 살랑살랑 흔들리고 있다
간혹 보일 듯 말 듯 한 꽃도 토해놓고

나 도망가다 멈춰 선 그곳

『반성하다 그만둔 날』

숨어 있기 좋은 방

누가 들고 나는지 모르는 벌집들
한쪽 방에서 가늘고 거친 숨소리가 뒤엉켜 절정에 다다르고
다른 쪽 방에서는 악다구니와 와장창 소리가 장단을 맞춘다
그리고 밤새 열고 닫히는 문소리들
그 사이에 내가 숨는다
햇빛 거부한 창은 틈을 만들지 않고

빗물 배인 거무튀튀한 천장

형광등에 대롱대롱 집 지은 거미가 있는

좁은 부엌 시멘트 바닥에 엉덩이 까고 오줌을 갈겨도

아무도 욕하지 않는 이곳

가끔 삶이 쉬러 가자 한다

간밤에 무슨 일이 있었는지 누구도 무심한

아침이면 멀쩡하게 출근을 하고 슈퍼에 가고 산에도 가고

맑은 햇살에 눈 못 뜨는 나 같은 게 아니라

시원한 바람이 가슴속을 헤집어도

그저 비슷한 것 같은

땅 위 삶이 뭐 대단치도 않으나

자꾸만 웅크려지고 안으로 말리는 내 몸뚱이

태어나면 모두 잊어버리지만

엄마로부터 세상의 소리들을 모두 듣는다는 자궁 속 태아

이곳에서 다 드러내놓고 뒹굴뒹굴한다

애기처럼

자궁과 세상이 하나될 때까지

『반성하다 그만둔 날』

출구

다섯 갈래 길을 거쳐 모여드는
1994년 여름 구로공단
말로만 듣던 거대한 공단단지엔 마찌꼬바가 하나씩 들어차고
생각을 파는 벤처산업이 슬금슬금 발을 내딛는다
밤에 피는 꽃처럼 가출 아이들의 무법천지
두 평 남짓한 닭장촌 또는 벌방들은 쉴 새 없이 북새통이고
노동자문학회가 한 시절 숨을 쉬었던 곳
푸른 물결이 출렁거렸던 곳
그 많던 노동조합은 어디로 갔는지
어느 택시기사는 산부인과가 유독 많은 곳이었다고
비릿하게 웃는다
변화가 변화를 일으키는 어느 순간
조선족 거리가 생겨나고 중국유학원이 늘었다
당구장이 줄어들고 커피숍이 사라졌다
노가다꾼들과 아이들 쉼터였던 만화방들이 문을 닫고
동시상영 영화관도 끝내 간판을 내렸다
열기 대신 조선족 도우미들의 노랫소리가 흥청인다
회색빛 공장은 허물어지고 우뚝 솟은 아파트형 공장들
군데군데 높은 러브호텔이 들어서 세련된 거리
구로공단 가리봉오거리에서 하차하지 않는다
술에 취한 무용담이 가끔 놀다 간다

개발에 들뜬 구로
새로운 중산층이 머물면서
들어오던 문으로 다시 떠밀려가는 빈궁한 인생들
야금야금 집값이 오르자 땅따먹기 싸움에 불이 붙고
차이나타운 가리봉시장도
재개발열차에 탑승한다
불온한 구로공단은 서류 속에 보관될 것이다

『반성하다 그만둔 날』

김선우

불경한 팬지

봄날, 봄날의 무덤이 열리고
찬바람이 묏등에 배를 끌며 몸시질한다

동대문야구장 공중전화부스 옆에서 쓰레기더미에 덮인 채 발견된 한 노숙자의 주검. 보름 동안 쓰레기더미 속에 방치되었던 주검의 얼굴과 손의 살점은 쥐들이 갉아먹어 대부분 뜯겨나간 상태였다. 가난한 기억밖에 없다고, 가난한 농가에서 태어나 형제들 중 누구도 중학교에 가지 못했다고, 가진 땅이 없어 언제나 남의 논에서 일을 했고 하루하루 먹고살기도 힘들었다고, 체념한 듯 담담하게 말하는 숨진 사내의 동생.

신문의 같은 지면에는

서울시청 광장 꽃밭에서 팬지꽃 모종을 심고 있는 인부들의 사진이 나란

히 실리고, 사진의 제목은 '봄단장'. 먹고살기 위해 공공근로를 나온 이들이
먹고살 만한 사람들의 즐거움을 위해 꽃모종을 심는다.

나무는 오직 나무의 힘으로
꽃은 오직 꽃의 힘으로 가까스로 서 있는데
기간 3개월, 1회 한정, 하루 이만오천원
팬지를 심는 호미질에는
뭉친 흙처럼 가족들이 걸려 올라오고
봄단장하는 관청은 노란 팬지로 아름답다

나무 둥치마다 휘발유 냄새가 피어나는 봄날
수레에 올라탄 땅주인도
수레를 끌고 가는 힘 좋은 노새도
살점을 내어준 노숙자의 주검도
살점을 뜯어먹은 쥐의 가족들도
말하겠지,
저 아름다운 건물이 관청이구나
척박한 밥이 사랑을 만드는 세월은 오지 않는다
눈물로 바닥을 채운 쓰레기더미 무덤 앞에서
팬지꽃들이 불경한 부적을 만드는 봄날

『도화 아래 잠들다』(2003)

* 2연, 4연은 한겨레신문 2001년 3월 8일자 15면 기사 참고.

고바우집 소금구이

이상하지? 신촌 고바우집 연탄 불판 위에서 생고깃덩어리 익어갈 때, 두꺼운 비곗살로 불판을 쓱쓱 닦아가며 남루한 얼굴 몇이 맛나게 소금구이 먹고 있을 때

엉치뼈나 갈비뼈 안짝 어디쯤서 내밀하게 움직이던 살들과 육체의 건너편에 밀접했던 비곗살, 살아서는 절대로 서로의 살을 만져줄 수 없던 것들이, 참 이상하지?

새끼의 등짝을 핥아주고 암내도 풍기곤 했을 처형된 욕망의 덩어리들이 자기 살로 자기 살을 닦아주면서, 그리웠어 어쩌구 하는 것처럼 다정스레 냄새를 풍기더라니깐

휜한 알전구 주방의 큰 도마에선 붉게 상기된 아줌마들이 뭉청뭉청 돼지 한마리 썰고 있었는데 내 살이 내 살을 닦아줄 그때처럼 신명나게 생고기를 썰고 있었는데

축제의 무희처럼 상추를 활짝 펼쳐들고 방울, 단검, 고기 몇점, 맛나게 싸서 삼키는 중에 이상하지? 산다는 게 갑자기 단순하게 경쾌해지고 화르륵 밝아지는, 안 보이던 나의 얼굴이 그때 갑자기 보이는 것이었거든.

『내 혀가 입속에 갇혀 있길 거부한다면』(창작과비평사, 2000)

● 김
　신
　용

陽洞詩篇 2
― 뼉다귀집

뼉다귀집을 아시는지요
지금은 헐리고 없어진 양동 골목에 있었지요
구정물이 뚝뚝 듣는 주인 할머니는
새벽이면 남대문 시장 바닥에서 주워온
돼지뼈를 고아서 술국밥으로 파는 술집이었지요
뉘 입에선지 모르지만 그냥 뼉다귀집으로 불리우는
그런 술집이지만요
어쩌다 살점이라도 뜯고 싶은 사람이 들렀다가는
찌그러진 그릇과 곰팡내 나는 술청 안을
파리와 바퀴벌레들이 거미줄의 弦을 고르며 유유롭고
훔친 자리를 도리어 더럽힐 것 같은
걸레 한움큼 할머니의 꼴을 보고는 질겁을 하고

뒤돌아서는 그런 술집이지만요
첫새벽 할머니는 뼉다귀를 뿌연 뼛물이 우러나오도록
고아서 종일토록 뿌연 뼛물이 희게 맑아질 때까지
맑아진 뼛물이 다시 투명해질 때까지
밤새도록 폭 고아서 아침이 오면
어쩌다 붙은 살점까지도 국물이 되어버린
그 뼉다귀를 핥기 위해
뼈가 앙상한 사람들이 하나 둘 찾아들지요
날품팔이지게꾼부랑자쪼록꾼뚜쟁이시라이꾼날라리똥치꼬지꾼
오로지 몸을 버려야 오늘을 살아남을 그런 사람들에게
몸 보하는 디는 요 궁물이 제일이랑께 하며
언제나 반겨 맞아주는 할머니를 보면요
양동이 이 땅의 조그만 종기일 때부터
곪아 난치의 환부가 되어버린 오늘까지
하루도 거르지 않고 뼉다귀를 고으며 늙어온 할머니의
뼛국물을 할짝이며
우리는 얼마나 그 국물이 되고 싶었던지
뼉다귀 하나로 펄펄 끓는 국솥 속에 얼마나
분신하고 싶었던지, 지금은 힐튼호텔의 휘황한 불빛이 머큐롬처럼 쏟아
져 내리고, 포크레인이 환부를 긁어내고
  거기 균처럼 꿈틀거리던 사람들 뿔뿔이 흩어졌지만
  그러나 사라지지 않는 어둠 속, 이 땅
  어디엔가 반드시 살아있을 양동의

그 뼉다귀집을 아시는지요

『버려진 사람들』(고려원, 1988)

그 여름의 殘影

땅거미가 집을 지을 무렵이면 나는
남대문 시장 바닥을 작은 땅거미처럼 기어들었다
구걸도 매혈도 하지 못한 날
문 닫힌 가게 앞에 버려진 과일 나부랑이를 주워 먹으며
그 밤의 잠자리를 찾아 청과물 골목을 기웃거렸다 남몰래
버려진 과일들은 쓰레기와 함께 썩고 있었고
썩고 있는 사과의 썩지 않은 부분의 살을 베어 물며
결코 채워질 것 같지 않은 공복을 메꾸며
나는 썩고 싶었다
과일의 무르익은 속살 꺼멓게 물들이는 벌레처럼
썩어
이 도시의 달콤한 과즙을 핥고 싶었다
채혈의 주사기처럼 내 구걸의 손은 언제나
서울의 혈관을 파고들어
사람의 뜨거운 피맛을 보고 싶었다
그러나 걸밥을 담을 비닐봉지는 너무 투명해

내 넋의 뼈가 들여다 보일 것 같아 부끄러워
문을 두드려 보지도 못하고 돌아오는 주택가 골목
밖의 세상은
유리 햇살 속, 반짝이는 常夏의 나라
너무 푸르러 눈부신 하늘을 우러르며 나는
자꾸만 어질머리를 앓았다
피를 팔아서라도 저 빛 고운 과일 하나 품고 싶었지만
이미 빈혈증이 되어버린 부랑의 알몸이 배회하는
그 여름의 남산공원, 서울역 광장
땅거미가 집을 지을 무렵이면 속절없이
작은 땅거미가 되어 스며들던 청과물 골목
그 고운 과일들의 빛깔로 여름은 무르익어 있었고
거지든 도둑이든 오만가지 빛깔로 무르익고 싶었다
텅 빈 몸 그 달디단 과육으로 채우고 싶었다
그러나 남몰래
내가 주워드는 것은 썩어 있는 과일들뿐
그 여름도 썩어 어느덧 가을의 넝마가 덮혀와도
나는 끝내
썩은 과일의 썩지 않은 부분의 살만 이 아프게 베어물고 있었고……

『버려진 사람들』

백치의 달

그녀는 밤마다 달을 먹는다. 꿈결이듯
몸도 마음도 송두리째 까먹게 되는 신경안정제
그 취기에 치자빛으로 물들어 있다 보면
부끄러움도 치부를 들쑤시는 뼈아픔도
어느새 호박꽃으로 피어나
이 땅 어디에 심어놔도 볼품은 없지만 질박한
호박 한 덩이 머금고 잘도 노오란 꽃잎 벙그는
무너져 가는 판자집 머리 맞댄 창신동 골목
어둠 속을 기를 쓰며 뻗어나는 넝쿨의 동네에서
그런 살 한 떨기로 피어나 있다 보면
세상의 살아있는 것이 모두 반딧불로 보인다는
달을 먹는다.
한 알 두 알 붉은 듯 붉지 못한 웃음
호박꽃 초롱을 켜고 싶어
고생 보퉁이에 눈물 몇 방울 싸들고 무작정
가난의 집을 떠날 때
풀잎 하나, 길을 떠올려 주던 서울의
달을 먹는다. 밤마다
다섯 알·열 알 꿈결이듯, 그래
호박꽃 초롱은
약국이었지

반딧불 찾아 밤 수풀 젖도록 뛰어 다니다가
허기의 돌부리에 채인 철없는 상처에
빨간 물감약을 발라주던 따가운
고향,
호박꽃 초롱을 켜면
아픈 밤을 아프지 않게 치자빛으로 밝히고
그러나 새벽이면 어이없게 꺼져 버리는 반딧불
호박을 품은 헛배만 점점 불러와도
시드는 살초롱 다시 불 밝히기 위해
그녀는 달을 먹는다. 밤마다
몸도 마음도 시멘트로 발라 버리는
서울의 달을.

『버려진 사람들』

카멜레온을 위하여

지게를 지면
꼭 개가 핥고 간 생선 뼈다귀 같은 모습,
거리의 진열장에 비쳐보며, 마치 패션모델처럼
걸친지게 더욱 폼나게 추스르던 녀석.
물들인 검정 야전 잠바의 깃을 귀밑까지 세우며

육이오 때, 불란서군 하우스 보이 시절 주위들은 몇 마디
짐값을 받으며 봉주르—, 그 멋진 블란서식 인사로 실소를 터트리게 하던
녀석. 길가의 늙은 걸인 앞에 넙죽 업드려 선배님! 하고 큰절을 올려
내 등골에 찬바람 서늘하게 만들더니
지게, 그 질긴 고삐에 코뚜레 꿰어 끌려가며
고삐를 쥔, 그 보이지 않는 손을 향해 내 이를 갈 때
한 짐 지면 한 잔 마시고, 취한 얼굴로 돌아보라
세상은 살 만한 곳 아니냐며, 노숙의 비닐이불
달팽이처럼 지게에 매달고 비틀거리며 다니다가
겨울이 오면, 세상에서 가장 비극적인 몸짓으로 오늘 공쳤임다. 돈 백 원
만—.
창신동 개구멍방 하숙비를 구걸하던 녀석.
기어들어가고 기어나와야 하는, 납골당의 관 아파트처럼 생긴
그 개구멍집에서도 즐겁게 유행가를 부르던 녀석.
배고프면 사과 한 알 땅콩 한 줌까지 마치 제 것인 양 슬쩍 하는,
그러나 그 좀도둑질이 도무지 밉게 보이지가 않는
그 낙천적인 비틀거림을 보며, 아, 인간은 저렇게도 살아가는구나!
감탄의 눈물마저 찔금이게 만들던 녀석.
그러나 들켜 두 눈두덩 시퍼렇게 멍들어 피 흘리는 날
밤을 새운 폭음으로 얼굴 온통 부기가 저승꽃처럼 피어오르면
병 좀 고쳐야지, 하며 교도소로 이사 가버리던 녀석.
지난 해, 드디어 온몸 퉁퉁 부어오르더니 腹水까지 꿀렁이며
청계천을 걸어올 때, 몰모트 신세 되기 전에 고향 찾으라고

추렴해 준 몇 푼의 돈, 그러나 돌아설 땐 어때? 내 퉁퉁 부은 모습 멋있어?
하는 듯, 지게 작대기 지팡이 짚고 봉주르―, 하던 녀석.
가마니 수의 걸치고 화장터 불구덩이 속으로 들어가면서도
그 멋진 폼을 잡았기를―. 마치 패션모델처럼
분골기에 짓찧어지면서도 흰 가루로
바람에 흔적 없이 흩날리면서도

『몽유 속을 걷다』(실천문학사, 1998)

밥 이야기 1

살아오면 꼭 찾아갈게! 밥을 보면
그렇게 밥 속으로 떠난 네 얼굴이 보인다. 그렇게
떠나 다시 보이지 않는 네 얼굴, 이제 흐릿하다.
밥을 얻기 위해 스스로 밥의 입속으로 걸어들어간 너,
밥의 하찮은 식사거리가 되어 흔적도 없이 소화되어 버린
네 얼굴에서 안개가 피어올라 네 모습을 지운다.
제 몸을 먹고 제 그림자마저 뜯어먹는 왕성한 식욕의 아가리!
그 아가리 속엔 켈로부대의 주둔지가 있다. 형체는 없고 그림자만 있는
아니, 그림자도 실체도 없는 소모품들의 세계―.
눈을 뽑아, 臟器를 떼어 팔고 싶어 서성일 때
그 아가리는 뚜쟁이의 미소처럼 다가온다.

소모품들, 검은 구멍 속으로 자폭하게 만드는 붉은 루즈의 아가리는
고혹적이다. 밥은
소모품이 소모품임을 아지 못하게 하는 명조련사,
인간의 얼굴을 단 뼈고기는 백만 분의 일의 지도의 시뮬레이트,
체온도, 감각도 計器로 만들어진다.
가난의 벙커를 폭파하고, 굶주림의 목을 찌르고
기아의식의 탄약고에 시한폭탄을 장치하기 위해서는
실상무기가 된 몸, 두뇌를 믿지 않는다.
그 야간침투는 어둠의 심장을 핥는 사냥개의 조명과
살을 뜯는 흔적마저 뜯는 消音의 기억으로 무장된다.
밥을 씹는 이빨은 시한폭탄의 초침 소리, 잘 먹고 잘 살아라 개새끼들아
아아아……
마지막 자폭의 비명조차 없는 안개 속,
계급장도 소속 제복 군번도 없는 無의 병사들의 군대,
밥을 보면, 그렇게 떠난 네 모습이 보인다.
남대문 인력시장, 혈액병원 헌옷전 뒷골목을 떠돌며
배만 불릴 수 있다면 기꺼이 해부용 시체라도 되고 싶었을 때.

『몽유 속을 걷다』

심양댁

어느새 오리 궁둥이를 달았네
이미테이션 귀걸이에 미니스커트 하이힐
논밭이 택지로 변한 덕분에 벼락 그랜저 몰게 된 복덕방 영감
꼬셔, 장만한 액세서리들은 그녀의 귀여운 보호색
거울을 볼 때마다 흘러간 70년대 막걸리집 작부가
삼류 눈웃음을 짓지만, 막무가내로 올라탄 변신의 화장에
제 얼굴 제가 못 알아봐도, 초라한 장터에 앉은
원형질을 볼 때마다 가슴 한귀퉁이가 무너지곤 하지만
아직도 시골 풍경이 남아 있는 서울의 위성도시 변두리
와락 잊었던 고향인 듯 반가웠던 돌미나리 몇 다발
종일 방죽벌 논바닥에서 캐온, 할머니의 주름살 한 움큼
오일장 바닥에 쪼그리고 앉은 그 모습이, 정력제 호랑이표 고약
몇 통 놓고 앉아 있던 서울역 지하도의 제 모습 같아
불법입국한 조선족 교포 심양댁, 더 큰 오리 궁둥이를 만드네
머리에 쓴 패션가발처럼 익명이 보장되는 자본주의의 나라
변두리 다방 레지 신세면 어떠랴, 무슨 수를 쓰든
流民의 두고 온 고향 중국 심양 땅으로 돌아갈 때까지
브로커 통해 빚내고 재산 털어 얻은 시한부 체류 기간
공장의 쥐꼬리 월급으로 언제 본전 뽑고 장사 밑천 마련하랴
불법체류자로 벌금을 물어도, 차 배달 주문받은 여관방
몸 한 번 열면 삼만 원, 제 살던 곳 한 달 생활비가 생기는 재미는

짐승처럼 얽히고 설킨 여관방의 비디오 장면처럼

숨을 컥컥 막히게 해, 어차피 배 지나간 자리

두 아이의 어머, 시침 뚝 뗀 귀향의 인천 뱃고동 소리 그립기만 하네

도일장터 무지개다방 레지 미스 심양

액세서리로 반짝이는 오리 궁둥이 흔들릴 때마다

가슴 텅 빈 어질머리에 자꾸만 빈혈증을 앓지만

물갈퀴도 없는 발로 힘겹게 헤엄치며—

『몽유 속을 걷다』

김영한

만약 사람이 죽어

만약 사람이 죽어 시체가 되어
그 가슴에 평생 응어리진 말 한마디
또렷이 새겨진다면
내 가슴에는 이런 말이 떠오를 것이다
"오뎅 사려!"
겨울 찬 바람 얼굴 할퀴는
상계동 달동네 골목 구비마다
담벼락에 이끼끼듯 배어 있는 외침
우리 어머니 노동자 남편 만나
날 선 프레스에 산 제물로 바치고
설날 아침 눈보라 헤치며
불어터진 라면에 쓰린 속 신트림하며
각혈처럼 토하던 말

어느새 싸늘히 식은 오뎅 다라이에
동상 걸린 발 동동거리며 외치던 말
아들 시험공부 방해될세라
싸늘한 방구석 쭈그려 주무시며
꿈속에서도 외치던 말
"오뎅 사려!

만약 사람이 죽어 시체가 되어
평생 한 맺힌 말 한마디
묘비에 새긴다면
우리 어머니 묘비에는 이런 말을 새길 것이다
"내 자식이 무슨 죄냐!"
노동조합 한다고
월급 많이 올려 어머니 호강시켜 드린다고
밤낮 가리지 않고 이리 뛰고 저리 뛰던 아들
구사대인지 깡패인지 곤죽이 되도록 얻어맞고
사흘을 미음 한 숟가락 못 넘기던 아들
이제는 '폭력행위'로 잡혀 들어간 아들
교도소 면회날 버스길 내내 우셨다던 어머니

만약 사람이 죽어 시체가 되어
그 가슴에 평생 소원 한마디
또렷이 새겨진다면

이 땅의 노동자들 가슴에는 이런 말이
떠오를 것이다
"노동해방!"
꿈에도 잊지 못할 피로 쓴 노동해방
이른 아침 출근길마다 나직이 되뇌던 말
철야를 밝히는 백열전등 아래
손톱에 멍들도록 아로새기던 말
노동자이기 때문에 멸시받고 천대받던 날들
노동자이기 때문에 새워야 했던 숱한 날들
죽어 유언으로도 다 못할 말
노동해방!
노동해방!

『노동해방문학』, 1989. 9.

시

시는
자운영 피던 봄날
아지랑이 적시며 고향 등지고
전자조립공 벌써 삼년
잔업 마친 영숙이가

모두들 곯아 떨어진 기숙사 구석에서
하얗게 들여다보는
빛 바랜 가족사진이다

시는 구로동 술집 골목 미스 정
—아저씨 한 잔 하고 가세요
헤픈 웃음 팔다가 몸 팔다가
화장실에서 남몰래 꺼내 읽고 또 읽는
어머니의 편지다

시는
대성철공소 선반공 김씨
퇴근길 동료들과 대포 한 잔 걸치고
억척스런 마누라 꽃무늬 쉐타
제비새끼 같은 자식들
과자라도 한 봉지 쥐어줄 수 있는
얄팍해도 노동의 땀 배어 가슴 벅찬
노란색 월급봉투다

그리고 시는
더이상 못참겠다 떨쳐 일어나
머리마다 질끈 '노동해방' 띠를 두르고
풀무처럼 뜨겁게 쇠처럼 단단하게

어깨동무하는 노동자들
그 앞에 드높이 치켜올려진
파업의 깃발이다
해방의 깃발이다

『노동해방문학』, 1989. 9.

김 영 환

소모임

이삿짐 옮겨놓고 돌아앉아 쇠주를 들던 그날
어쩌다 살아온 길 안주 삼아 들었는데
곱돌이 영철이 그 큰 눈에서 그리도 눈물 흐를 줄이야
한기서린 사글세방 술기운 가슴마다 파도치고
큰 아픔 어찌나 저미어 오는지
어린 시절에 상경하여 지금껏
차이고 꺾이고 눌리고 밟히고
가쁜 숨 쉬며 걸어온 길
돌아앉아 숨죽여 들었다. 부서진 삶을
인공치하 부역하여 면서기에서 쫓겨나 고생 끝에 목매 죽은 아버지와
가난하니 나이 어린 너희들 위해
이렇게라도 해야 한다던 어머니의 못볼 꼴을 본 것은
중학 1년의 어린 나이에는 너무 힘에 겨웠다

서울에 올라와 가방공장, 피혁공장, 공사판 노가다로 노미질하고
별별 공장, 갖은 일에 노동 뿌리며
양평동, 신정동, 구로에서 전철로 밀려 어언 칠 년
굶주림 속에서도 잔뼈는 굵고
찢기고 밟힌 살아온 삶에 꿈을 담아
우리들은 술잔을 모았다
학교를 가고 싶다며 방통고 입학금을 구하기 위해
대학을 다니는 먼 친척형을 찾았지만
점잖던 형님은 계엄하 지명수배자로 거리마다 붙어 있었다며
큰 눈 껌벅이며 그는 웃었다
눈발이 조금 오는 벌집에 모여 돌아가며 얘기를 나누던 날
우리는 한 가지 약속을 했다
살아갈 날 앞으로는 저 하나만을 위해 울지 말아야겠다며
눈물 접어 다문 입 속에 가두고
끌어모으기로 하였다. 부서진 삶을
더 커다란 신명나는 우리들의 새로운 삶을 찾아
떠나가기로 하였다
어둠 속에서 눈발이 점점 커지던 그날

『지난 날의 꿈이 나를 밀어간다』(실천문학사, 1995)

좀약 두 톨

내 원래 좀스런 사람이기 때문일 게야

비를 온통 뒤집어 쓰고
사당동 지하 전철역 메트로 다방 앞에서
만나기로 한 그날

지하 남자 화장실 소변기 안에
그물에 싸여 있는 좀약 두 톨 보았지

포장마차촌 뽀드득 안주 삼아
마누라 험담 늘어놓고
마누라 등에 얹혀 살아가는
사십대 실업자 자네와 내가
만취해 반항의 몸짓으로 내갈기는
그 순간에 말일세

그놈의 좀약 두 톨
세월에 제 몸을 맡기고
무엇을 지키고 있는겐가
토악질에 오줌 악취
에이즈에 매독 뒤섞인 체온

젠장 제 몸을 녹여
안개처럼 김이 모락모락
피어나는군

내 원래 좀스런 사람이기 때문일 게야
나의 오줌을 제 몸에 맞고
자동 쎈서에 흘러나리는 물에
그곳을 닦는 중년의 좀약 두 톨

좀약 두 톨처럼 어쩌면
우리 또한 덧없이 가라앉아
어디론가 사라지고 말 것이라는
방정맞은 생각이나 하면서……

『지난 날의 꿈이 나를 밀어간다』

김
·
용
·
만

철산리 · 7
―겨울비

겨울비 치절치절 내리던 날
안양천 똑방 위에 다시 서니
그날 그 철거령 따라 떠나버린
차마 묻어버릴 수 없는
묻어지지 않는
이웃들의 선연한 함성소리 들려온다

그들은 내 기둥을 찍었다
그 알량한 보상비 몇 푼 쥐어주고
철거고시지역으로 묶여버린
우리들의 가슴을 찍었다

내 땅 없이
내 집 없이 떠도는 이들은 알 것이다
눈물로 이웃들 떠나갈 때
헌 세간 금간 마음들 때려 싣고
좁은 골목길 돌아갈 때
그대 잘가라 손흔들던
아침마다 변소 앞에서 나래비를 서던
하안동 5—1 우리집 아홉 가구
가난을 비비던 벽들마저 무너지고
이 겨울 무심히 비만 내린다

정든 고향 버려두고
피눈물 삼켜가며
몸 하나로 살아보자고
못난 놈들끼리 없는 놈들끼리
밀리고 밀려 찾아든 철산리
비만 오면 자다 일어나
처마 밑에 둘러서서
돈낱같은 빗줄기 바라보며
그 여름 물난리에
헌 세간들을 몇 번이나 쌌고 풀었던가

공단 폐수 뒤집어 쓴 채

흐르는 안양천
너는 오늘도 입 다물도
일어설 수 없는 우리들의 가난처럼
우북히 풀꽃들 쓰러졌다만
다시 봄은 분명 이 땅에 오리라

덤프트럭 줄지어 달려와
벽돌공장 너머
내 무너진 집터를 묻는다
불도저 땅을 파 뒤집으며
우리들의 사랑을
눈물을 추억을 함께 묻는다

살아보자고 살아남자고 발버둥치던
우리들의 꿈도 가난도
꼭꼭 묻어버리고
저 위에 또다시 거대한 집이 서리라

하지만 묻어버릴 수 없는
묻어지지 않는
철산리 가난한 우리들의 꿈은
서울 변두리 곳곳에 흩어져
이 봄 다시 풀꽃으로 일어서리라

분명 불꽃으로 타오르리라

『노동해방문학』, 1989. 10.

김
정
환

원효대교 공사장에서

믿을 수 없이 거대한 힘을 합하여
내 상식의 면전에서 너무 무겁게
망치는 내리친다 철근이 산더미처럼 쌓인 공사장
무수한 팔뚝에 핏줄, 불끈불끈 솟은 함성
콘크리트 덩어리가 숨막힐듯 높이 올라가 하나씩 둘씩 차례로
교각이 삽시간에 강물을 건너고
교각은 크레인 소리, 덜크덩 소리, 쇠와 쇠가 부딪는 소리
뿌리치고 강을 건너간다 서부 이촌동
화물차는 고속도로를 접어들며 밤이나 낮이나
갑자기 속력을 내고

다리여 다리여 너의 그 거대한 힘의 역사로
우리가 과연 슬픔에

다리를 놓을 수 있겠느냐

여기는 원효로 강 건너는 여의도
가난과 사치가 만나게
견우와 직녀가 만나게
슬픔이 슬픔이 물결 출렁이면서 서로 건너와
그 아우성 흔들리는 한가운데서 만날 수 있도록

『황색예수 1』(실천문학사, 1983)

홍은동에서

아무래도 이 축대는 무너져내릴 것 같다
산의 허리를 빼수어서 바윗덩어리 양옆으로 밀어붙인
밀어붙여 간신간신히 내놓은
이 길은 길이 아니다
배반이다 쌓아올려진 흙, 바위, 나무뿌리들은 출렁출렁 넘쳐
철책을 넘어 흘러내리고
흐른다는 것은 자세히 보면
살벌하고 뜨겁게 내리치는 함성
길은 다시 길이 되려고 외치고
이쪽 바위와 저쪽 바위가 만나 산산이 부서지는 함성으로

지체야 낮아도 좋다

못나도 좋다 한데 어울려 살 수만 있도록

만나게 해다오 껴안게 해다오 철책 사이로 수없이 양팔을 내어 흔들며

아무래도 이 축대는 무너져내릴 것 같다

한데 모여라 모여라 모여라 소리 어디선가 들리고

와르르 쿵쾅 우지끈 뚝딱

헐벗고 쫓겨난 것들이 끼리끼리 만나

서로를 파묻고 서로의 품에 파묻히는 소리 들리고

먼 데서 부릅뜬 주먹이 부릅뜬 주먹을 만나는

주먹의 아비규환의 사랑소리도 들리고

아무래도 이 축대는 무너져내릴 것 같다

흐른다는 것은 자세히 보면

무섭고 아찔한 저 꼭대기

낭떠러지 산사태인데

아무래도 아무래도 이 축대는

『시와 경제』 1집, 1981 / 『지울 수 없는 노래』(창작과비평사, 1982)

마장동 시외버스 정거장

오늘처럼 영하 15도의 날씨가

몰인정한 두 뺨을 갈길지라도

떠나갈 것은 떠나야 하고
다다를 곳에는 다다라야 한다
산다는 것은 추위보다 더 춥고
그러나 슬픔보다 더 뜨거운 체온
가난에 찌든 얼굴들이 반짝인다
생생한 비린내가 코끝에서 쨍하다
오늘처럼 영하 15도의 맵찬 날씨가
더 야멸찬 두 뺨을 갈길지라도
두고 갈 것은 두고 가야 하고
찾아갈 곳은 찾아 떠나야 한다
가자, 잠시 머물면서
질긴 생계 걱정과 위대한 삶의 뜻이
복작거리며 한데 어우러져
전쟁 같은 장관을 이루고 있는
추운 날 마장동 시외버스 정거장.

『지울 수 없는 노래』

한강(둘)

―슬픔에 대해서

서부 이촌동에 살고부터 교통은

원효로 4가에서 강변도로로 접어드는 90도 각도로
꺾어지는 길목에서
5톤, 10톤씩이나 되는 화물트럭들이 밤이나 낮이나 급커브를 돌면서
속력을 낸다 특히 밤이면 널판때기 빈깡통, 사이다 빈병, 코카콜라 헤드
라이트 불빛.
5톤, 10톤의 속도를 주체 못하는 가벼운 것들은 화물차에서 떨어져내리고
내팽개쳐진 것들은 내팽개쳐짐의 속도로 내게 달려와
빈병은 빈병의 가벼운 속도와 무게로 바닥에 떨어져 튀는 유리조각은
깨어짐의 더 가벼운 반항으로 나의 무딘 안면에 가벼운 상처를 내고
나는 밤길 거리에서 이유없이
전신을 두드려 맞는다 갑자기 눈앞에 헤드라이트 불빛에 아무것도 안 보여
밤이면 특히 무거운 화물트럭들은 눈앞에
이 어둠을 이해하지 못하고
수없이 내팽개치고 달아난 수많은 헤드라이트 불빛은
그냥 허공에 돌아갈 곳 없는 불꽃으로 남아
아닌 밤중에 온 천지는 소리만 요란한 불꽃놀이다, 이상하게
어둠이 너무 진한 밤이면
거대한 것들이 약한 자들을 마구 끝없이 짓눌러대는
슬픔이 너무 찬란해
갑자기 불빛이 온 천지에 벚꽃놀이처럼 만발하여
그냥 만발한 것들은 대개 방향감각을 잃듯이
모처럼의 광명이 내 뇌리의 어두운 골목길을
무게와 속도와 빈깡통으로 때리는

이 모든 기적이 나는 슬프다 모든 걸 백일하에 드러내보이는
쫓겨난 도시의 골격. 더 나은 더 고도의 산업화에 밀려
화물트럭 헤드라이트의 홍수도 이제는 거대한 고층건물 도시계획에 밀려
서부 이촌동 강변도로 쪽으로 흘러왔다 슬픔의 서열이여 내 가슴의 뚜껑을
열지 못해
마구 두드려대는 슬픔의 펀치력이여

서부 이촌동 서민아파트 7층 꼭대기에
전세집과 허드렛짐과 아내의 가여운 사랑을 살림으로 들여 놓고서부터
움직이고 흐르고 떠도는 것들의 슬픔이 더욱 확연해
나는 밤거리 어두운 골목길에서 이유없는 매를 맞으며
몸둘 바 모른다

그런데
서부 이촌동에 와서 살고부터
칠흑같이 더 깊은 밤, 한강은
비 젖은 철거민, 천막촌의 체온이 모락모락 피어오르는 모습으로
내 7층 아파트 꿈속을 비집고 들어와
한강은 도도한 역사의 흐름 옆에서
15평 아파트 속, 내 잠자리는 꿈으로 축축히 젖는다 등이 채 마르지 않은 채로
한강은 나에게로 와서 나에게
왜 나는 저의 아픔이 들어설 자리를
내 가슴, 뜨거운 심장 속, 한 어두운 구석자리나마

마련해 놓지 않았느냐
내 몸을 휘감고 몸을 보챈다

흐르는 한강의 보이지 않는 아픔 곁에서
도시계획에 밀려난 자동차 헤드라이트 불빛, 아픔이 휘황찬란하게
흐른다 나는 이불 속에서 구부러진 등을 자꾸자꾸 움츠리고
내 아픔의 비명소리가 도시계획에 쫓겨난 자동차 헤드라이트 불빛의
아우성 소리에 밀려, 강으로도 못 가고
그냥 서부 이촌동, 서민아파트, 맨 꼭대기, 15평 좁은 방 속의 잠자리 속의
꿈 속에서
내 아픔은 아직도 외치지 못하고
오! 나는 너를 사랑한다 슬픔의 추방이여 숨죽인 비명 소리로

도시여 도시여 내 아픔의 가벼운 무게에 대한
그 아파트 옥상, 날개에 대한
발 디딜 자리를 나에게 조금만 다오
한강이여 한강이여 내 아픔의 비중에 대한
그 내재적인 사랑의 비명 소리에 대한
적극성을 나에게 다오 너의 강 표면에서 아직은 떠돌이로 도는
불빛이, 물빛이, 아아 아픔과 아픔이 서로 가슴을 여는
사랑으로 만나
내 잠자리는 밤마다 밤마다 젖어도 좋다 통렬하게 내 등덜미를
태워도 좋다. 태워도 좋다.

『지울 수 없는 노래』

김
종
해

항해일지 3
― 是日也放聲大器

아무리 노질을 해도 이 도시 바깥으로 빠져나갈 수는 없구나.
물길은 사납고 며칠째 비가 오고 있다.
오늘은 노예선을 보았다.
약 5천만 톤의 船積 위에 그들의 고뇌와 슬픔이 못질되어 있었다.
여보, 이 배는 어디로 가지요.
황량한 을지로의 물목에서 손을 흔들었지만
아무도 대답하지 않았다.
저희 배를 갖지 못한 자의 노질을 바라보다가
船窓을 닫았다.
어제 삼각지의 비오는 해협에서 침몰했던
한 불행한 男子의 난파 때문에
깊게 방수되어 있는 나의 조타실이 침수되었다.

그럼에도 불구하고
오늘은 선창을 굳게굳게 닫아걸고
是日也放聲大器을 핑계삼아 읽다.
비안개 속에서 어디선가 슬픈 霧笛소리
길게 두 번 울리다.

『항해일지』(문학세계사, 1984)

항해일지 12
―용접공 김씨

조선소의 전기 용접공 김씨는 평소 말이 없다.
그가 사용하는 말이란
그가 하루종일 땜질하는 용접봉의 숫자보다 적다.
용접공의 김씨가 하는 일이란
도크 안으로 들어온 폐선의 내장을
새것으로 바꿔 끼우는 일이다.
빨갛게 녹슬은 쇠붙이에 불을 당기고
그가 든 용접봉이 적개심으로 이글거릴 때
그의 언어는 불꽃으로 나타난다
용접공 김씨가 절단기를 들고 일하는 날은
바다는 흰 파도를 거칠게 물었고

해저의 먼 산악은 우뢰소리를 내었다.
그가 사용하는 용접봉은
전류의 충전으로 불꽃을 일으키는 것이 아니라
자신이 숨기고 있는 恨으로 불꽃을 점화시킨다
그는 자신의 恨을 숨기고 있었지만
젊은 나의 눈엔 그것이 보였다

이십오 년이 지난 지금
그의 항해가 끝난지는 알 수 없지만
조선소의 전기 용접공 김씨가 든 그 용접봉이
종로 뒷골목의 거친 물목을 항해하는
나의 손에 어느날 문득 쥐어져 있었다.

『항해일지』

김
주
대

도화동 사십계단 1

도화동 꼭대기 사십계단에
구름되어 기다릴
당신을 만나러 갑니다.
한 주일의 노동이 땀 흘려 씻어준
그리움의 햇빛으로 갑니다.
햇빛 속에 반짝이는
바람으로 갑니다.
머언 낯선 지방을 떠돌며
간다하고 가지 못한 많은 날들을
당신은 소나기로 소나기로
사십계단 내려와
버스 정류장 근처에서
강물이 되어 울었다지요

못된 시대 아, 그러나
정직한 노동자로 살며
바람이 되고 햇살이 되는 법을
일 속에서 배운 후로
당신을 만나러 가는 날은
의로운 싸움에 나서는 날만큼
두근거리는 가슴입니다.
손톱 밑의 기름때도 머리감아 씻고
내가 햇살 머금은 바람으로 가거든
당신은 덩실덩실
바람에 실려가는 구름 하루만이라도
행복한 이 노동자의 아내가 되오
용산구 도화동 사십계단은
기다림이 삼십 계단을 쌓고
사랑의 힘이 열 계단을 쌓은
산동네 사람들의
그리운 나라 가는 길목입니다.

『도화동 사십계단』(청사, 1990)

김지하

지옥1

꿈꾸네
새를 꿈꾸네
새 되어 어디로나
나르는 꿈을 미쳐 꿈꾸네
기름투성이 공장바닥 거적대기에
녹슨 연장 되어 쓰레기 되어
잘린 손 감아쥐고 새를 꿈꾸네
찌그러져도 미쳐 눈 감고 꾸네
하얀 연이 되고 꽃 피고 푸른 보리밭도 되고
미쳐 새가 되고 콩새가 되고
붉은 독촉장들이 수없이
새 되어 사라지고 가서 돌아오지 않고
끝없이 알 수 없는 공장문 밖 어디로나 끝없이

체납액 정리실적 복명서
세입인별 징수부 영수증 명세서 집계표 고지서
내 손을 떠나 파랑새도 되고
까마귀도 되어 사라지고 가고 없고
돌아오지 않고 아무것도 남기지 않고

기름투성이 공장바닥 거적대기에
멍청히 남은 갓스물
소화 20년제의,
아아 나는 낡아빠진
가와모도 반절기
찍어내고 찍어내고 잘리고 부러지고
헐떡거리며 지쳐 여위어 비틀거리며
녹슨 연장이 되어 찌그러져 미쳐 그래도
새를 꿈꾸며 잘린 손 감아쥐면
예쁜 색동이 되고
팔랑개비가 되고
고향집 벽에 붙은 빨간 딱지가 되고
꽃상여 되고
기어이 기어이
울음 우는 저 밤기차가 되고

꿈꾸네

새를 꿈꾸네

새 되어 어디로나

날으는 꿈을 미쳐 꿈꾸네

남진이 되어 남진이 되어

저 무대 위

저 사람들 위

저 빛나는 빛나는 조명등에 빛나는

저 트럼펫이 되어

외쳐보렴 목터져라 온 세상아 찢어져라 찢어져 없어져 사라져

호떡도 수제비도 잔업도 없는 무대 위에 남진이 되어 새 되어

사라져가렴 손가락아 제기랄!

아무것도 아무것도

뒤에는 아무것도 추억 하나도 남기지 않고 잘려나간

내 갓스물아

영화나 되어

낮도 밤도 없는 시커먼 영등포

멍청히 남은

소화 20년제의

아아 나는 낡아빠진 가와모도 반절기.

『타는 목마름으로』(창작과비평사, 1982)

지옥 2

그 누구도
믿을 수 없는 여기 그 누구도
그 흔한 예수마저도 믿을 수 없는
내일은 반드시 수염을 깎겠다는 나의 작은 결심조차도
아서라
못 믿을 거리, 아 나직나직한
바람 속 죽은 흙들이 가슴에 고여내려
마주 잡는 손바닥에마저
아서라
돌이 자라는 거리, 영원히
움직이지 않는 핏발 선 내 뜬눈의 거리

잿빛 쌓인 구름의 저기서 이리 천천히 다가오는
마른번개의 이 기이한 날에마저
기계소리에 막혔나 기계소리에 막혀
잎새 없는 나무들의 침묵에 막혔나 침묵에 막혀
아서라
장갑을 끼지 않고는
손조차도 아예 못 잡을 거리
아아
붙잡으면 날카로운 저 수없는 칼날이 미쳐

아서라
그렇게도 조용히
흙들이 끄여내려
돌이 되는 거절하는 네 알 수 없는 뜬눈의
아아 메마른 십일월의 거리
구로동 길 언저리
침묵한 거리.

『타는 목마름으로』

지옥 3

노동 속에서 기어나오는
뱀을 보아라
뒤에서 따라나오는 나리꽃도 보아라
우렁찬 나팔소리가 들리고
손에 손에 산이 번쩍 들려 드디어는
바다에 빠진다 보아라
이 빠진 기아에 손가락을 끼우고
기아만을 빠르게 온종일을 미쳐 미쳐 돌아간다
피 터지듯이
사지에 소리없이 통곡이 터져

흘러내린다
나리꽃
아아 눈부신 저 노을 속의 나리꽃
기계에 감겨
숨겨가는 나의 육신이 육신의 저 밑바닥까지
기계에 감겨
회전하며 울부짖으며 기계가 되어가는 지옥의
저 밑바닥에서
보아라
나의 눈에 보이는 피투성이의
내 죽음과 죽음 위에 피어난 흰 나리꽃
사이의 아득한 저
혼수의 밑바닥까지
꿈이냐
아아 이게 생시냐
우렁찬 나팔소리가 들리고
손에 손에 산이 번쩍 들려 드디어는
바다에 빠진다 보아라 저것 보아라
기인 긴 지옥의 노동 속에서
노을 무렵에
미쳐 숨겨가는 나의 저기 저 뒤틀린 눈매의
넋을 보아라
친구여

지친 살을 보는 내 눈 사이에 열리는 노을 같은
피투성이의 저 새하얀 꿈을 보아라
내 한줌의 살과

『타는 목마름으로』

서울길

간다
울지 마라 간다
흰 고개 검은 고개 목마른 고개 넘어
팍팍한 서울길
몸 팔러 간다

언제야 돌아오리란
언제야 웃음으로 화안히
꽃 피어 돌아오리란
댕기 풀 안스러운 약속도 없이
간다
울지 마라 간다
모질고 모진 세상에 살아도
분꽃이 잊힐까 밀 냄새가 잊힐까

사뭇사뭇 못잊을 것을
꿈꾸다 눈물 젖어 돌아올 것을
밤이면 별빛 따라 돌아올 것을

간다
울지 마라 간다
하늘도 시름겨운 목마른 고개 넘어
곽곽한 서울길
몸 팔러 간다.

『타는 목마름으로』

김
진
경

성산동 詩
— 1970年代의 上京記

닫힌 교문 앞에서 교정에 주둔한 군인들을 보며 돌아서고
주위에서 자취도 없이 사라져 가는 친구들을 생각하며
피를 흘렸다. 수세기 변기 위에서
꾸르륵거리며 빨아들이는 사기질의 매끄러움.

닫혀진 아르바이트 집의 문 앞에서
주인 여자의 매끄러운 얼굴을 떠올리며
매끄러움 위에 떨어진 핏방울들을 보았다.
비틀거리는 걸음으로 강둑을 오르면
강둑을 따라 낮은 보폭으로 기어오르는 집들
멀리 난지도에선 푸른 머릿단을 흐트리며
내 처녀 같은 보리밭이 누워 있었다.

나는 農夫처럼 걸어갔다.
난지도의 샛강으로는 수세식을 거부하고 끌려 온 똥들이
화난 얼굴로 굳어 있었다.

나는 생각했다. 그 큰 보리밭을 경영할 만한 한 巨人을
보리밭 아래쪽의 모래 위에선 분뇨차 인부들의 취한 그림자가 흔들리고
저무는 햇빛에 푸른 보리들이 긴 그림자를 끌고 있었다.
이 보리밭의 주인은 누구일까?
영등포나 구로동의 길거리로 흔들려가는 풀잎들이 보였다.

『갈문리의 아이들』(청사, 1984)

영등포

노을 속으로 여의도가 솟아오르고,
강바닥에선 풀들이 집을 짓는다
저녁이면 강을 건너 돌아오는 사람들
그들의 목소리가 강바닥에서 껄껄 웃고

풀 위를 걷는 동안 사람들은
풀이 되어 돌아온다
흙 묻은 작업복을 툭툭 털며 사람들은

영등포의 심장으로 풀을 실어 나르고
밤이 되면 영등포는 풀의 도시가 된다

밤 강가에 와서 보라
이윽고 영등포가 몸을 일으켜 밤 강가로 오는 것을
와서는 물을 마시고
작은 풀잎 하나가 되어 껄껄 웃는다
그 목소리,
밤마다 우리의 닫혀진 문을 열고
우리의 잠 속에서 꿈이 되고 있다.

『갈문리의 아이들』

유엔탑

(제2한강교 입구에 버티고 서 있는 너의 그림자 속을 지나며, 되살아나는 것은 너의 월계관이 우리의 것일 수 없다는 깊은 수치심일 뿐)

빗속을 걸어가는 데모 대열을 향해
V字를 그리며 가는 白人 병사의 장난기처럼
너는 우리의 운명에 눈감은 채
거기 서 있었다.

지금은 강물 위에 비치던 너의 모습도 무너지고
공사장의 인부들이 네 월계관의 돌이파리를 들어나른다.

너는 우리들의 잘리운 허리와 함께
영원할 수 없는 것.
그러나 너의 무너짐이 우리의 가슴 속에
그림자를 거두어 가지 못함은 웬일일까?
김포공항으로 내리는 둔중한
비행기의 동체가 웅웅거리며
가슴의 밑바닥까지 울리고
무서운 속도로 지나가는 벤츠의 푸른 유리 속에
비스듬히 누워 바라보는 눈길이
너의 그림자처럼 찐득이 가슴에 남는다.
또 누가 강물 위에 탑을 세우고 있는가
우리들의 것일 수 없는 칼과 월계관을
누가 뜰 수 없어
눈먼 채로 흐르는 강물에 비추게 하는가.

탑이며, 흙은 너를 원치 않는다.
무심히 돌을 들어 옮기는 인부들처럼
흙은 피흘림 뒤에도 남아 너의 부러진
칼 위에 풀을 키울 뿐
여기 누우리라, 흙처럼

우리들의 잘리운 허리를 덮을 수만 있다면
여기 누워 우리들의 가슴 위에 풀을 키우리라.

『길문리의 아이들』

指紋

  구로동 동사무소에 주민등록을 갱신하러 오는 사람들의 5% 이상이 指紋이 찍히지 않는다고. 그들은 대개 구로공단의 공원들로 과도한 노동으로 指紋이 닳아 없어진 것이라고. 난로가에서 잡담을 주고 받다가 우리들은 종이 울려 각자 교실로 흩어졌다.

  이미 자랑일 것도 새로울 것도 없는 시간과 시간들. 명령형으로 가득찬 교과서를 읽어가며 나는 指紋을 닳아 없어지게 하는 기나긴 하역작업을 생각한다. 끝없는 명령의 하역. 이미 나의 말에서 指紋이 없다. 그리고 닳아 없어진 指紋들이 나르는 명령형의 뒤에는 指紋을 남기지 않으려는 조심스러운 손들이 장갑을 낀 채 누군가의 입을 틀어막고 있다.

  수업이 끝나고 난로가에 앉아 우리들은 다시 잡담을 한다. 교과서는 우리들의 일하는 조건이라고. 이것에 우리들의 의견이 반영되지 않는다면 우리들의 일이 지루할 수밖에 없다고. 그때 누군가 낄낄거리며 군대 이야기를 꺼낸다. 항명죄는 戰時에 사형이라고!? 우리들은 되살아나려던 指紋을 슬며시 벽에 문지른다.

『길문리의 아이들』

한강에서

작은 풀꽃둥치마다 기름자국을 남기며 강물이 흐른다.
오늘 풀꽃들이 시들고
축축한 아침 공기 속으로 돌아오는 사람들
어깨 너머로 도시가 젖은 얼굴을 들고

아침 하늘로 솟아 나즈막히 도시의 지붕을 이루는 연기.
기둥처럼 솟은 공장 굴뚝 밑에 도시는 깊이 잠들고
사람들은 돌아오며 다리 밑을 흐르는 검은 강물을 본다.

기름이 번지는 강물 위론 그들의 주검이 떠서 흐르고
쓰레기터에선 부숴진 전화기들
아득히 비어 있는 바람소리
시든 강아지풀 하나가 고개를 흔들며 듣고 있다.

『갈문리의 아이들』

김
진
완

성탄전야
―종각 지하보도

갓 젖 떨어진 날 안고
올 해진 수건
얼굴 가리고
동전 몇 개
1979 1983 1982
비닐 구걸통을 앞에 놓고
꾸벅꾸벅

언 두 귀를 구걸통 옆에
보초 세운 나는
잔돈푼에도 잘 안 팔리어
팔도 자르고 싶고

다리도 뭉텅 잘라 둬 두고 싶어

아, 빌어먹을 엄마는
쭈굴렁 젖통을
한 입 물려보든지
징글징글 흔들어쌓는
구세군 종이라도 빌려다
흔들어보든지

『기찬 딸』(천년의시작, 2006)

사과

그 해 겨울 사과를 팔았네
안 팔렸어
사과는 얼었고 이가 시렸어

새끼들 불알 얼어 못쓰게 되면 우야노
안 웃었어
웃어줄걸 에이

깜깜 하늘에 싸락눈

드럼통 장작불서 튀는 불티따라
가다 가다가

미아리 홍등가 골목 안에 있더라
동생은
창녀에게 사과 한 알 두 알
벌겋게 팔더라

모른 척 목장갑 낀 손으로
얼음 배긴 사과만 윤나게 닦고 있었던 거야
슬픔 배긴 언 뺨은 홍옥빛

그게 가슴을 치받는 거지
매일 취하는 형
성북구청 9급 공무원
당신아

공무원 대민 봉사? 까구 있네
하필 엿 같은 도로정비과 노점상 단속이 다 뭐냐 개씨부랄―

『기찬 딸』

산동네 풍경

하— 하아하아 하월곡동 산동네에 올라 보신 적 있는지요 청국장 졸아붙는 냄새 맡으며 올라 아무 데라도 고개 돌리면 머리 위에 별들을 쓸어 모아 아무렇게나 흩어버린 듯 제법이지요 문득 난 하늘을 이고 또 밟고 선 듯 곳곳엔 십자가 빨갛고요 언뜻언뜻 꼬리를 달고 발밑으로 흐르는 불빛들은 멀고 또 빠르네요 꼭대기라 바람이 많아 난 흔들리며 또 흔들리지 않지요 가래 끓는 소리 담벼락에 부딪쳐 벼락처럼 취한 사내 비틀, 저런! 넘어지며 저 사내 더하기로 보였을까요 이건 아니다 이런 게 아니다 쓰러지는 저 아래 먼 십자가 구부러진 생애의 틈 사이로 은총 총총한 하늘을 가는, 아아니 오는 그 넓은 우주를 식음 전폐 달려 이제 내 앞을 지나는 저 저 아 저것,
　별똥별의 긴 발자국의 휘익—

　나의 가장 안쓰러운 때를 떠올려 성호를 긋는 사랑아
　사랑아 우리가 바라고 사랑할 세상은 여기이고 또한 저기가 아닐는지요
　사랑아 닳고 닳은 사람아

『기찬 딸』

지네발 떼기

어디서 듣고 오셨는지 사람 먹고사는 일이 참 제 각각이라 지네발 떼는

일로 밥을 먹는 사람들도 있더라고 실업자인 나와 단둘이 마주앉은 점심상 앞에서 어마씬 이맛살을 거푸 찌푸렸다

 왜 있잖나 이리 크담한 기 (젓가락을 들고) 이리 두꺼븐 기 (새끼 손가락을 펴고) 경동시장 약재상 지나다 보모 열댓마리썩 묶어서 파는 그 징그러븐 거 그긴상 싶어 (상추에 쑥갓에 된장 얹어 한 쌈 싸서 입에 넣고) 그기…… 발이 또 섬뜩시럽구로 많찮나 그래, 약이 안 된다는 그거 발을 떼는 기라 말륜기지 하모, 죽은 기지 산거를 우예 으으— (진저리 한 번 치고) 그란데 그기 아주 비겁한 냄새가 난다 카데 장갑은 몬 끼그로 한단다 아무래도 일이 안 더디겠나 그라니 그 비이겁한 냄새가 손가락마다 빼이가 밥숟가락 딱 들모 그 냄새 먼저 확 끼친다 카데 그라니 이런 쌈 싸 묵기는 우찌 하겠노 아예 몬 하는 기제 (복 봐라 한 입 가득한 저 복 좀 봐라)

 그라고 안 있나 내 촌에 살 때 자다가 목이 말라 자리끼를 마실라고 컴컴한 방을 떠듬떠듬…… 봉사멘쿠로…… 사발에 입을 갖다 댔더니 머어시 입을 땟때때 싸는 기라 아이고 엄마야꼬 소리소리 질러 집안 열 식구를 다 깨와 놓고 보니까 입이 고마 하늘 땡깔* 겉이 불키갖고…… 사발 안에 산지네 쪼맨한 기 물에 동동 떠가주고…… 우찌나 놀랜 그때 가심이 아직도 벌벌 떨리 쌓는데 내 우찌…… 아무리 돈을 쎄게 준다 케도……

 그라고……

『기찬 딸』

---
* 땡깔 : 꽈리

김
창
완

忍冬일기 Ⅶ

추워서 우리는 손을 잡았다.
어둠과 눈보라가 미아리 넘어온 날
춥고 무서워 우리는 헤어지지 않았다.
행인들 넘어지던 빙판 위에
중단된 공사장 철근 골조가 그림자 누이는
어느 새 밤이다. 새삼스럽게도
통금에 갇혀 오가지 못하는 가로수들
한강도 하얗게 질려 가지 못한다.
옷을 벗어 버려 피조차 말려 버려 너희는
말하라, 턱과 입술이 얼어붙어서
말 · 하 · 라 · 말 · 하 · 라 · 말 · 하 · 라
어째서 지금은 갈 수 없으며
홀로된 큰 형수의 수절 이야기

눈보라 속에 파묻혀도 알아 들을까?
기성복 제품 공장에 불나던 그 밤
우리는 춥고 무서워 헤어지지 않았으니
덮어 다오 눈이라도 두텁게 덮어 다오.

『忍冬日記』(창작과비평사, 1978)

김태정

까치집

평창동 세검정 지나면
어김없이 나타나던 홍제동 재개발구역
저 고층 아파트 꼭대기쯤이었을까
발기발기 까뭉개진 산허리에
아스라이 들어서던 까치집 하나

야간대학 늦은 강의를 듣고 귀가하던 내가
꾸벅꾸벅 졸다 깨다
버스 차창에 열댓번쯤 머리를 짓찧다가도
꼭 그쯤에서 잠이 깨 내어다보던
그 비탈 그 창가의 기우뚱한 삼십촉 불빛
나처럼 늦은 귀가가 또 있어
이슥토록 꺼지지 않는

학비벌이 부업도 쫑나고
그나마 다니던 공장도 문을 닫아
터덜터덜 발품만 팔던 내가
졸다 깨다 졸다 깨다 다시 졸다
그쯤에서 잠이 깨 내어다보면

산그늘 허물어지는 정거장
자욱이 먼지 일며 버스가 서고
어쩌면 발품만 팔던 귀가가 있어
그처럼 막막한 귀가가 또 있어
가풀막진 그림자 허방지방 오르는 밤기슭

어쩌면 학비벌이보다
늙다리 학생의 아르바이트보다 절박한
새끼들의 허기진 늦저녁을 위해
아직은 철거되지 않은 밤
식구들의 물기 없는 잠자리를 위해
실밥먼지 뒤집어쓴 봉두난발
비닐봉지 하나 달랑이며 올라가던

까치야 까치야 무얼 먹고 사아니?

『물푸레나무를 생각하는 저녁』(창비, 2004)

북한산

살면서 때로는 너도
부러 들키고픈 상처가 있었을까
이 세상 어디쯤
나를 세우기가 그리도 버거웠었네
때로는 사는 일로 눈시울도 붉히고
사는 것 내 맘 같지 않아 비틀거리다
위태로운 마음으로 허방을 짚으면
휘이청 저 산 위에 기울어진 불빛들
빗장 속의 안부를 묻고 싶었네
모두들 어디에 기대어 사는지
너는 또 무엇으로 세상을 견디는지
너에게 이르는 길은
너를 넘어가는 것보다 더욱 숨이 찼었네
상처도 삭으면 향기를 이루리라
노을에 지친 어깨는 또 그렇게 일러주지만
석간 하나 사들고 길모퉁이 돌아서면
문득, 대궁밥만큼 비어 있는 산그림자

『물푸레나무를 생각하는 저녁』

김
해
자

김명운

남대문 동대문 시장 짐보따리 메고 들고 다니는 그가
서울 공대씩이나 나와서
에어컨도 없는 두어 평짜리 지하상가에서 오백 원 천 원짜리 악세사리 팔아
세상에서 가장 뼈아픈 단어, 열사라는 이름으로,
자식 앞세운 아픈 어미 아비들 병원으로 한의원으로 업고 뛰는 그가
내민 약값으로 처방받은 살구 씨 복숭아 씨 약재명이 桃仁 杏仁이다
부드럽다 못해 물러터진 살집 속에 이리 단단한 씨앗이 숨어 있었다니,
이 딱딱한 속것이 굳어가는 속을 풀어 준다니,
이 돌덩이 같은 게 仁이라니,
부드러움을 심중에 담기까지 도인과 행인은
어둠 속에서 얼마나 골똘히 제 속을 채워왔을꼬,
생각하다 논어집주를 읽는 밤
책 속에 갇힌 仁也 愛之理가

아픈 세상으로 달려나가는 소리
멀리서 봄이 발발발 새순 밀어내는 소리
어둠 속에서 불불불 생명 튀어나오는 소리
천지에 가득하다

『축제』(애지, 2007)

황학동 안네

황학동 낡은 삼일아파트 24동 앞
서울다방 입구에서 차를 파는 여자
남편과 아비 없는 모녀 길거리에 버려진
그릇처럼 차대는 시장바닥에서
자나깨나 머리에 딸을 이고 다녔다는 여자
없는 남편 혁띠를 말채처럼 휘둘러 길을 뚫어간 여자
다방 부엌 구석 거울로 가린 쪽방에 어린 딸을 숨기고
아기 예수 꼭 안은 성모마리아 사진을 걸어
다방 안에 작은 성당을 차렸다는 여자
무덤처럼 컴컴한 골방에서 20년
게쉬타포에 쫓기는 안네처럼 살다 늙어간 여자
건물이 헐리고 타워펠리스가 들어선다는데 청계천엔
고기가 노는 맑은 물도 흐른다는데 손님 끊긴 지

오래인 다방 깨진 수족관엔
인조 물풀만 먼지 뒤집어쓰고 있는데
보상금도 없이 길거리에 나앉은 여자
쫓겨나면 구루마 위에 다방 차려도 좋고
공공근로도 괜찮다며 경쾌하게 웃는 여자

『축제』

미싱사의 노래

나는 평화시장의 일급 미싱사
손이 안 보이도록 옷을 만들지
서울 시내 와이셔츠 십분의 일은
이 손으로 만들었지 나는 미싱사
이 바닥에서 구른 지 벌써 칠 년째

나는 미싱사 옷을 만들지
이 옷을 누가 입을까 나는 관심이 없어
죽어라 뺑이치며 미싱만 밟을 뿐
이 옷이 얼마에 팔릴까 나는 몰라
하루 빨리 이곳에서 벗어나고 싶어

빡빡한 미싱에 기름칠 하고 벨트도 조이고
장딴지에 힘주어 쉴 새 없이 발판을 밟아대지
졸린 눈 부릅뜨고 한 땀 한 땀 신경을 곤두세워
에리와 소매와 몸통을 이어 옷을 밀어내지

밀려드는 잠 쫓으려 타이밍을 먹고
입술을 깨물고 허벅지를 꼬집어 옷을 만들지
미싱을 타는 지금은 철야 이틀째
미싱을 타는 지금은 철야 이틀째

『無花果는 없다』(실천문학사, 2001)

김해화

철근쟁이

육삼빌딩으로 실려가서
육삼빌딩이 되어버린

압구정동 현대아파트로 실려가서
압구정동 현대아파트가 되어버린

철거민아파트로 실려가서
철거민아파트가 되어버린

서울구치소로 실려가서
서울구치소가 되어버린

한강다리로 실려가서

한강다리가 되어버린

그리고
잊혀져버린 철근
철근을 메고 간 사람들

『누워서 부르는 사랑 노래』(실천문학사, 2000)

잠실 이야기

안경을 쓰기로 했다
올림픽과 프로야구와 맨션아파트의 잠실
올림픽에 대비한 77억짜리 공사장
녹슨 철근을 휘면서
바람에 날리는 흙먼지, 쇳가루 때문이 아니라
부신 햇살 때문이 아니라

가판점 싸구려 안경을 하나 사서
포니 로얄 그라나다 줄줄이 떠나가는
아파트 단지의 연휴를
테니스장의 잘빠진 몸매와
골프장의 피둥피둥한 선진조국을

귀 따가운 야구장의 함성을
단단하게 가려버리기로 했다
주눅이 들어서가 아니라

날마다 날마다
철근을 휘다가도 잘못 휘어져 온
철근을 바루다가도
눈물돌게 가슴을 때리는 그리움들
그리움의 끝에 이가 갈리도록
치솟는 분노 시퍼렇게 불꽃이 튀는
증오의 눈초리를 숨기기 위해
내가 더 앞으로 가서 달려오는 너의
분노와 만나기까지
그때까지만
색깔이 진한 안경을 쓰기로 했다

잠실에 와서
올림픽을 위한 공사장
녹슨 철근을 휘면서

『인부수첩』(실천문학사, 1986)

갈쿠리*

서울강남구대치동현장속래요. 전보를 받고
작업복 두 벌 책 몇 권 연장을 챙겨 들고
강남 고속버스 호남선 터미널을 나서는 오후 세시
"실례합니다. 주민등록증 좀 보여주시겠습니까?"
눈도 흐리멍텅한 못생긴 사복 한 놈 다가와
앞을 막아선다
"함께 좀 가시죠."
따라 들어간 곳
컴퓨터 조회 끝에
15년 전 앞뒷마을 패싸움나 벌금낸 것 끄집어내
"전과자로군. 깡패 아냐?"
저희들 멋대로 가방을 뒤지며
"노가다 치고 우범자 아닌 놈들 없어."
"어쭈. 노동법 해설이라? 놀고 있네."
이 책 저 책 들춰보고 노트도 떠들어보고
"불온유인물 같은 것 없나 잘 봐. 노동법 들먹이는 놈들 치고 빨갱이 아닌 놈들 없으니까."
작업복, 속옷, 양말, 장갑까지 끄집어내다가
"이게 뭐야? 흉기 아냐?"
놈들이 찾아낸 나의 공구
자갈논 서 마지기 값 갈쿠리*

설움과 절망과 분노의 철근쟁이 10년

손때묻은 연장

건설 역군의 신분증과 같은

이 땅의 뼈마디를 엮어온 자랑스러운 공구가

미친 개들 앞에선 흉기가 된다.

철근을 엮는 공구라고 해도 믿지 않고

내가 지나온 길에 강도사건 없었는지

내가 머물다 온 땅에 강력사건 없었는지

이리 훑어보고 저리 뒤져보고 쏘아보고

결국

회사에서 온 전보쪽지를 찾아 보여주고

회사 상무와 전화를 하고서야

1시간 만에 풀려난 우범자, 빨갱이, 강력사건 용의자, 흉기 소지자.

삼성역 가는 2호선 지하철에 몸을 싣고도

"노가다 치고 우범자 아닌 놈들 없어."

귀에 쟁쟁한 개짖는 소리

이를 악물며 가방을 더듬어본다

뜨거움으로 와 닿는 갈쿠리의 감촉

흉기가 아니다 공구가 아니다

이것은 무기다

---

* 갈쿠리 : 철근을 엮는 공구
* 자갈논 서 마지기 값 갈쿠리 : 철근공들이 갈쿠리의 소중함을 빗대어 일컫는 말.

저 개새끼들과 그를 사육하는 놈들
주둥이를 확 찢어버릴 수도 있고
눈구멍을 뽑아버릴 수도
콧구멍을 꿰뚫어버릴 수도 있고
승리를 위해서라면 해방을 위해서라면
이것은 공구가 아니고 분명한 무기다.

『우리들의 사랑가』(창작과비평사, 1991)

아파트 보고서 1

당신들의 맨션아파트
당신들의 45평 90평
당신들의 외제 가재도구
당신들의 최고급 전자제품
당신들의 우아한 욕조
당신들의 홈 오토피아

5층
4층
3층
2층

1층
벽, 바닥, 천장
그 콘크리트 속에는
뼈가 흩어져 있습니다.
놀라지 마세요. 죽음이 흩어져 있습니다.
5층에서 떨어져 머리가 부서진 목수 정씨의 죽음
전공 실습생 열일곱살 김군의
작신 부러진 허리뼈

외출중 전화를 걸어
빈집에 불을 밝히는 사모님
지금 불을 밝힌 것은
홈 오토메이션 첨단과학이 아니라
어엿한 전공 김현수군입니다.
김현수군은
1년 동안 아파트 옥상 콘크리트 속을 뼛조각으로 떠돌며
실습생 노릇을 했으므로
이제는 어엿한 전공이지요.

선생님의 맨션아파트는 완공되지 않았습니다.
못다 붙인 거푸집을 마저 붙이기 위해
3.6짜리 합판을 어깨에 메고
목수 정씨는 아직도 1층, 2층, 3층······

계단을 오르고 또 오르고 있으니까요.

놀라지 마세요
당신들의 아파트는 아직도 공사중입니다.

『우리들의 사랑가』

김
혜
순

나의 우파니샤드, 서울

1
아침 일고여덟시경
나는 생각한다
서울에서 지금
일천이백만 개의 숟가락이 밥을 푸고 있겠구나

동그랗구나
숟가락들엔 모두 손잡이가 달렸다
시끄러운 아스팔트 옆
저 늙은 나무엔 일천이백만 개의 손잡이가 달린 이파리들이 달렸다

2
하늘이 빛의 발을 서울의 동서남북

환하게 내다 걸면 태양이 일천이백만 쌍
우리들 눈 속으로 떠오른다 그러면

서울 사람들, 두 귀를
가죽배의 방향타처럼 쫑긋거리며
이불을 털고 일어난다
바람이 내 안으로 들어왔다 그대 안으로
들어가고, 다시 그대 숨이 내 숨으로
들어오면 머리 위에서 신나는 풀들이
파랗게 또는 새카맣게 일어선다 오오

그러다 밤이 오면 죽음이 오백 년 육백 년 전 할아버지의
배꼽을 지나 내 배꼽으로
들어오고 일천이백만 개의 달이
우리의 가슴속을 넘나들며 마음 갈피갈피
두루두루 적셔준다

한밤중 서울의 일천이백만 개의 무덤은 인중 아래
모두 봉긋하고 오오오
또 한강은 일천이백만의 썩은 무덤 속을 헤엄쳐나온
일천이백만 드럼의 정액을 싣고 조용히 내일로 떠난다

다시 하늘이 빛의 발을 서울의 동서남북 내다 걸면

일천이백만 쌍의 태양이 눈을 번쩍 뜨고
저 내장들의 땅속 지하 삼천 미터 속까지
빛살 무늬 거룩하게 새겨진다

『나의 우파니샤드, 서울』(문학과지성사, 1994)

황학동 벼룩시장

신기료 할아버지 땡볕 아래 혼자 앉아 계신다
어휴, 저 많은 구두를 언제
서울 사람들이 신다 버린 구두를 남산보다 높이 쌓아놓고
밑창을 갈고, 새끈을 끼우고, 금단추를 달고, 무두질하고
아이구, 저 구두는 원래 달렸던 것이 이제 하나도 남아 있지 않구나
행려병자의 시신이었나 해부하고 나니 국물밖엔 없네
신기료 할아버지 새 구두를 만들어내고 있다
거짓말 같다, 새 구두가 남산보다 높이 쌓여간다

십 년이 지난 모터는 이제 다 닳아 녹이 더 많다
기침을 쿨럭쿨럭 하는 할아버지 기침을 쿨럭쿨럭 하는
기계 심장을 떼어내어 핏빛 페인트 국물에
첨벙 담갔다 꺼낼 때마다
새 무쇠 모터가 생겨난다

그 무쇠 모터가 천 길 땅속의 핏길을 모아
싱싱하게 땅의 체액을 퍼올릴 것 같다

텅 빈 두개골을 양 다리 사이에 하나씩 끌어안고
작업복 입은 청년 하나 머리칼 같은 전선줄을 심고 있다
그 앞의 또 다른 청년 하나 마주보고 앉아 뇌를 심고 있다
간혹 연기도 피어오르고 냄새도 매캐하다
조금 있다보면 거짓말처럼
그 전자 두개골이 머리칼 사이사이에서
전파를 내보내는 것도 보이고
전자 뇌의 현재가 폭죽처럼 터지는 것도 보게 된다
채널을 맞출 때마다 크나큰 외눈을 깜박거리는 것도 보게 된다

수건 쓴 아줌마 둘이 다친 부처들의 숲속에 앉아 있다
부처들의 야전 병원 같다
백시멘트를 맨손으로 으깨어
둘이 하나씩 부처의 귀를 붙이고 있다
손가락을 이어붙이고 미소를 그려붙이고
점도 하나 그려놓고 있다
애 아부진 거기 점이 있는디 말이야
잠시 아줌마의 육담에 이끌리다보면
분가루를 뒤집어쓴 부처가
손끝을 말아쥐는 것도 보게 된다

부끄러운 듯 두 발로 아랫도리를 가린 채

『나의 우파니샤드, 서울』

예술의 전당 밖의 예술의 전당

오스카 상 시상식이 거행되는 방 밖에서 최악의 오스카, 골든 래즈베리 상이 수여되듯이, 세종대왕님과 왕비마마 침수 드신 방 밖에 수십 명의 빈들과 상궁들, 또 그 빈들의 무수리들이 잠들어 있듯이 예술의 전당 밖에도 오래전 바다가 물러간 사막처럼 적막한 아웃 오브 예술의 전당이 있다

아웃 오브 예술의 전당은 전갈자리에서 검은 얼음 망토를 걸친 사자들이 가져온 보석을 분쇄하여 벽돌로 쌓아 올렸으며, 날마다 파도를 끌어당겼지만 지구에서 쫓겨나기만 했던 노란 달의 눈물을 페인트로 썼다 지붕은 지금 마악 생명을 끊은 숨 막히는 블랙홀에서 가져온 검은 루핑을 덮었다 물론 이 아웃 오브 예술의 전당은 밤늦은 시간에만 문을 연다 (아아 이곳의 자정에 지붕을 쳐다보라 잠든 나의 천지창조를 들여다보라) 자, 이제 전시실을 돌아보자 몸속에서 끌어 올려 제련한 어둠으로 만든 크레이지 드림 머신의 허벅지가 전갈자리의 벽돌들 사이로 언뜻, 언뜻 보이지 않는가

오페라 극장, 토월극장, 지하 소극장, 음악당, 미술관 지붕 속에서 달이 여기저기서 뜨고, 잠의 거품들이 흘러 넘친다 노란 달의 눈물을 받아 마신 미

친놈들이 서로를 찔러대고 얇은 살가죽 포장 비닐막이 벗겨지자 거기서 붉은 토마토케첩이 쏟아져 나온다 그래, 어쩔래 조직을 배신했다 절벽에 부딪혀 좌초한 파도처럼 몸속에서 토마토케첩이 소리치며 몰려간다 네 몸속의 피 바다 속에 풍덩 빠져 죽고 말 테야 멀리서 철로 위를 달리는 야간 열차의 기적 소리 수평선 너머 먼 곳에서 뇌우가 다가오는 소리 동맥 속을 죄수 수송 버스가 달려가는 소리 아들의 살을 발라 먹고 살아남은 아버지들이 아웃 오브 예술의 전당 안에서 삼류 뮤지컬을 공연하며 울부짖었다 (냉동된 흑염소들이 육류 운송용 자동차 속에 가득 실려 가네)

이 전당엔 무덤처럼 비상구는 없지만, 바람이 분다 전당 안으로 들어서자 태어나지도 않은 아기 천사들이 무럭무럭 쏟아지고 망치를 든 무대 장치 기사들이 쾅쾅 노란 달의 눈물을 처바른다 말했던가 어떤 생각은 저 독수리가 되고, 어떤 생각은 찌르레기가 되고, 어떤 생각은 박쥐가 된다는 거, 그리고 또 어떤 생각은 내 눈알을 파먹는 이 까마귀가 된다는 거

이 밤, 사막 위로 불 켠 빌딩들의 신기루들이 설쳐대는 밤, 환풍기들이 빌딩들을 업고 이륙을 시작하는 밤, 누군가 나의 전당 유리창을 두드리고, 미친 새들이 내 전당 벽에 글씨를 새긴다 일 초 동안 주인공이 되어보는 사랑, 그러나 종당에는 이름마저 휩쓸고 가는 사랑 (너를 보고 있어도 네 이름이 생각나질 않는구나) 머릿속 물질의 온갖 연금술로 달구어진 슬픔이 칙 소리를 내며 꺼져버린다 그래, 네가 왔구나 붉은 케첩을 쏟던 인생이 손수건으로 코를 틀어막고 나를 들이켜면서 끝끝내 내 이름을 부르질 못하는구나 이 밤, 거리를 봉쇄한 경찰차들이 한꺼번에 울음을 터뜨리는 밤, 그 앞에서 내

가 좌초한 배처럼 고꾸라지는 밤

『한 잔의 붉은 거울』(문학과지성사, 2004)

황학동 재생고무호스공업사

머리와 꼬리가 다르지 않은 뱀들
입과 항문이 다 구멍인 저 뱀들
칼로 내리쳐도 각각 다시
살아나서 꿈틀거리는
저 검은 고무 호스들
불 꺼진 집
한 칸을 가득 채운
구부러진 백만 마리의 뱀들
눈곱 낀 흑구렁이들
그 중 긴 것은 시베리아에 머리를 두고
부산 앞바다에 꼬리를 둔 것도 있다 하고
땅 밑 서울을 몇 바퀴나 빙빙 도는 징그러운 놈도 있다고 하지만
이제 죽어 천 토막 만 토막 난 것들
스쳐가는 오토바이의 불빛에
잠시 등가죽에 붙은 애꾸눈으로
창문 밖을 흘기는

저 녹슨 구름 연통들, 혹은
팽팽하게 긴장하며
아랫도리를 빳빳하게 세우며
쾌락에 전신을 맡기며, 또아리를 풀고
힘차게 힘차게 땅속 깊은 곳의 물줄기를
넓디넓은 정원 위에 내뿜던
이제 갈가리 찢어진 壯士들의 주둥이들
주머니가 없어 욕망도 더 큰 검은 구멍 동체들
이제 대낮이 와도
머리와 꼬리 사이가 늘 밤인 저 연놈들
어둠의 서식처들
황학동 재생고무호스공업사 가득
엉켜 잠들어 있네

『나의 우파니샤드, 서울』

문
병
란

피혁공장의 소년공원

전라도 고흥이 고향이지만
이미 그는 고향을 잊었다고 한다

먹을 것도 없는 고향
반달같이 남은 한 뼘의 땅도 없는
이름뿐인 고향, 그는 3년전에
그 파아란 남쪽 바다를 떠났다고 한다

고향을 생각해서 무엇하리
유행가를 부르며 떠나온 머나먼 고향,
비 내리는 호남선을 지나서
흔들리는 차창에 얼룩진 이별의 눈물,
그는 이미 고흥반도 끝의

피 토해 피어나는 새빨간 동백꽃을 잊었다고 한다

밑천도 없이
무슨 알뜰한 배경도 없이
서울로 팔려온 서러운 전라도 사투리,
피혁공장의 역겨운 약품 내음새에
자꾸만 구역질을 토해 내면서
어매야, 아배야, 이젠
참대 죽순이 쑥쑥 솟아나는 마을
벌떼같은 아우성이
흙냄새 향그러운 찔레꽃 언덕에
쑥대로 키가 크는 마을은 잊었단다
노을 속 타오르는 핏빛 진달래를 잊었단다

오 꿈에도 보이지 않는 고향,
유행가 속에만 남은 고향,
라디오 속으로 더듬어 가면
억새풀 우거진 언덕 위에
아직도 송아지 해설피 울고
복사꽃이 이글거리는 무슨 옛 마을이 있는가

역겨운 썩은 냄새 속에서 시작되는
서울의 변두리,

피혁공장의 아침은
검은 하수구에서 시작되고
그래도 인생은 아직 살만한 곳
꽃빛깔 같은 슬픔을 꿀컥꿀컥 생키면서
소년은 이제 고향을 잊었다고 한다
소년은 이제 고향 가는 향토밭길,
문둥이의 발가락이 빠지던
먼 전라도 길을 잊었다고 한다

친구야, 목메어 불러 봐도
두껍게 내려앉은
서울 변두리의 회색 하늘 아래
그리운 얼굴도 떠오르지 않고
돌아갈 길을 잃은 야윈 철새
소년은 이제 진정
갈매기가 날고 있는 다도해,
그 파아란 남쪽 바다가 떠오르지 않는다고 한다

『노동의 문학 문학의 새벽』 3집, 1985.

● 문
　익
　환

전 태일

한국의 하늘아
네 이름은 무엇이야
내 이름은 전 태일이다

한국의 산악들아 강들아 글판들아 마을들아
한국의 소나무야 자작나무야 칡덩굴아 머루야 다래야
한국의 뻐꾸기야 까마귀야 비둘기야 까치야 참새야
한국의 다람쥐야 토끼야 노루야 호랑이야 곰아
너희의 이름은 무엇이냐
우리의 이름은 전 태일이다

백두에서 한라에서 불어 오다가
휴전선에서 만나 부둥켜안고 뒹구는

마파람아 높파람아

동해에서 서해에서 마주 불어 오다가

태백산 줄기에서 만나 목놓아 우는

하늬바람아 샛바람아

너희의 이름은 무엇이냐

우리의 이름이라고 뭐 다르겠느냐

우리의 이름도 전 태일이다

깊은 땅 속에서 슬픔처럼 솟아오르는

물방울들아

너희의 이름은 무엇이냐

우리의 이름이라고 물어야 알겠느냐

한국 땅에서 솟아나는 물방울치고

전 태일 아닌 것이 있겠느냐

가을만 되면 말라

아궁에도 못 들어갈 줄 알면서도

봄만 되면 희망처럼 눈물겨웁게 돋아나는

이 땅의 풀이파리들아

너희의 이름도 전 태일이더냐

그야 물으나 마나 전 태일이다

청계천 피복 공장에서 죽음과 맞서 싸우는

미싱사들 시다들의 숨소리들아

너희의 이름이야 물론 전 태일일 테지

여부가 있나

우리가 전 태일이 아니면

누가 전 태일이겠느냐

어찌 우리의 숨결뿐이겠느냐

우리의 맥박도 야위어 병들어 가는 살갗도

허파도 염통도 발바닥의 무좀도

햇빛 하나 안 드는 이 방도

천정도 벽도 마루도

삐걱거리는 층계도

똥 오줌이 넘쳐 냄새 나는 변소도

미싱도 가위도 자도 바늘도 실도

바늘에 찔려 피나는 손가락도

아 ― 깜깜한 절망도

그 절망에서 솟구치는 불길도

그 불길에서 쏟아지는 눈물도

그 눈물의 아우성 소리도

무엇 하나 전 태일 아닌 것이 없다

전 태일이 아닐 때

우리는 배신이다 죽음이다

우리는 살아도 전 태일 죽어도 전 태일이다

빛고을에 때아닌 총성이 요란하던 날
학생들 손에서 총을 빼앗아 들고 싸우다가
전사한 양아치들아
너희들도 당당한 전 태일이었구나
먹을 것 마실 것 있는 대로 다 내다가
아낌없이 나누어 주면서
새신랑 맞는 처녀의 가슴으로
떨리기만 하던 티상(창녀)들아
너희들도 청순하고 자랑스런 전 태일이었구나

전 태일 아닌 것들아
다들 물러가거라
눈물 아닌 것 아픔 아닌 것 절망 아닌 것
모든 허접쓰레기들아 모든 거짓들아
당장 물러들 가거라
온 강산이 한바탕 큰 울음 터뜨리게

『난 뒤로 물러설 자리가 없어요』(실천문학사, 1984)

민영

중랑천 하나

해마다 이맘때면
아이가 빠져 죽는다.
허옇니 버캐 이는 시커먼 감탕물,
물짐승도 숨죽인 독수 속에서
아이는 잉어처럼
불끈 솟았다가 가라앉았다.
철거민촌 장정들이
쇠갈고리 달린 끈을 던졌지만,
어느 용궁으로 빨려들었는지
아이는 밤 깊도록 나올 줄을 몰랐다.
달맞이꽃 핀 둑방에는
모닥불이 오르고,
공사판에서 달려왔다는 아낙은

돈이 원수라며 땅을 쳤다.

『엉겅퀴꽃』(창작과비평사, 1987)

중랑천 둘
—이모집에서

아이가 껌팔이를 나간 동안
어미는 골방에서 고기를 팔았다.
상에는 마구 잡은 개다리가 나뒹굴고
소주병 사이로 오동닢이 흩어졌다.
도로공사 발파장에서
팔 잃은 홍동이가 노래 부르면
간장공장에서 쫓겨난
수만이는 주먹을 휘둘렀다.
느닷없는 사내의 손에
요강을 타고 앉은 계집은
어맛! 소리를 질렀고,
자정이 가까와도
돌아오지 않는 아이 때문에
감탕질을 하다가도 귀를 세웠다.

『엉겅퀴 꽃』

● 박
　노
　해

손 무덤

올 어린이날만은
안사람과 아들놈 손목 잡고
어린이 대공원에라도 가야겠다며
은하수를 빨며 웃던 정형의
손목이 날아갔다

작업복을 입었다고
사장님 그라나다 승용차도
공장장님 로얄살롱도
부장님 스텔라도 태워 주지 않아
한참 피를 흘린 후에
타이탄 짐칸에 앉아 병원을 갔다

기계 사이에 끼어 아직 팔딱거리는 손을
기름먹은 장갑 속에서 꺼내어
36년 한많은 노동자의 손을 보며 말을 잊는다
비닐봉지에 싼 손을 품에 넣고
봉천동 산동네 정형 집을 찾아
서글한 눈매의 그의 아내와 초롱한 아들놈을 보며
차마 손만은 꺼내 주질 못하였다

훤한 대낮에 산동네 구멍가게 주저앉아 쇠주병을 비우고
정형이 부탁한 산재관계 책을 찾아
종로의 크다는 책방을 둘러봐도
엠병할, 산데미 같은 책들 중에
노동자가 읽을 책은 두 눈 까뒤집어도 없고

화창한 봄날 오후의 종로거리엔
세련된 남녀들이 화사한 봄빛으로 흘러가고
영화에서 본 미국상가처럼
외국상표 찍힌 온갖 좋은 것들이 휘황하여
작업화를 신은 내가
마치 탈출한 죄수처럼 쫄드만

고층 사우나빌딩 앞엔 자가용이 즐비하고
고급 요정 살롱 앞에도 승용차가 가득하고

거대한 백화점이 넘쳐흐르고
프로야구장엔 함성이 일고
노동자들이 칼처럼 곤두세워 좆빠져라 일할 시간에
느긋하게 즐기는 년놈들이 왜이리 많은지
　―원하는 것은 무엇이든 얻을 수 있고
　　바라는 것은 무엇이든 이룰 수 있는―
선진조국의 종로거리를
나는 ET가 되어
얼나간 미친 놈처럼 헤매이다
일당 4,800원짜리 노동자로 돌아와
연장노동 도장을 찍는다

내 품속의 정형 손은
싸늘히 식어 푸르뎅뎅하고
우리는 손을 소주에 씻어 들고
양지바른 공장 담벼락 밑에 묻는다
노동자의 피땀 위에서
번영의 조국을 향락하는 누런 착취의 손들을
일 안하고 놀고먹는 하얀 손들을
묻는다
프레스로 싹둑싹둑 짓짤라
원한의 눈물로 묻는다
일하는 손들이

기쁨의 손짓으로 살아날 때까지
묻고 또 묻는다

『노동의 새벽』(풀빛, 1984)

조선사람 껍질

나는 보았네
어느날의 이태원 거리에서
슈미즈만 걸친 가녀린 여자를 달랑 안아들고
잭크나이프로 브래지어 팬티를 툭툭 끊어놓고
그 몸 위로 샴페인을 쏘아 터뜨리며
박장대소 낄낄거리는 미군의 무리를
비명을 지르며 발가벗긴 몸을 웅크린 채
개구리처럼 파르르 떠는 작은 조선여자의 경련을
나는 부르르 떨며 똑똑히 보았네

거리엔 마이클 잭슨의 Bad가 흐르고
번쩍이는 LASVAGUS HOLLYWOOD
네온사인 불빛이 현란하게 흐르고
미군병사들은 대검에 팬티를 브래지어를
슈미즈를 스타킹을 꿰어걸어 빙빙 돌리며

마치 월남에서 베트남 인민들의 생사람 껍질을
칼로 벗겨 성조기 위에 꿰어걸었듯이
조선사람 껍질을 대검에 꿰어걸어 빙빙 돌리며
진압군처럼 방자하게 거리를 활보하는 것을
수치감에 전율하며 나는 보았네

조선의 거리에서 조선사람의 껍질이
미군의 대검에 꿰어걸려 있다
조선인의 자존심이, 조선인의 주권이,
미군의 대검에 꿰어걸려 있다
팀 스피리트로, 한미 행정협정으로,
이 땅 미군기지 곳곳마다에서 6천만의 등골을
호시탐탐 겨냥하고 있는 가공할 핵무기로,
수도복판 미8군 기지로, TV전파 채널로,
람보로, 패스트 푸드로, 영어와 팝송으로,
조선사람 껍질이 미군의 대검에 꿰어져 빙빙 돌려지듯
미제의 발톱에 조선의 모든 것이 꿰어져
빙글빙글 돌려지며 파르르르 떨고 있다
그날의 이태원 거리에서 미군에 둘러싸여
개구리 떨듯 경련하던 조선여자처럼

오냐 벗겨가라
양키여, 조선의 모든 것을

서슴없이 벗겨가라 무자비하게 벗겨가라
조선거리 한복판에서 조선여자 속옷을 벗기듯
조선의 모든 것을 모조리 벗겨가라
이제 우리 조선사람은
수치뿐이다 고통뿐이다
치떨리며 경련하는 예속의 삶뿐이다
벗겨가라 벗겨가라 우리의 껍데기를
우리의 무지를 우리의 비굴함을
더러운 이기심과 두꺼운 낯짝을

껍데기를 발가벗긴 우리는
피흐르는 속살로 한덩어리가 될 것이다
그리고 그대들이 벗긴 조선사람 껍질을
우리의 기치로 삼을 것이다
미제대검에 꿰어져 피흐르는
한마리 토끼 신세 한반도를,
저 원한의 분단 철조망을,
오늘부터 우리의 기치로 삼을 것이다
이제 우리는 수치로 살 것이다
적개심과 증오로 살 것이다
이땅에서 미제의 핵무기를 뽑아내는 날까지
양키의 모든 쓰레기를 날려버리는 순간까지
침략과 약탈의 손길을 박살내는 그날까지

밥을 먹어도 노동을 해도 노래를 불러도
우리는 투쟁! 투쟁으로 살 것이다
속빈웃음 사라진 싸늘한 얼굴로
결연한 무장으로 살 것이다 싸울 것이다
조선사람 껍질을 기치로 삼아

『노동해방문학』, 1989. 4.

가리봉 시장

가리봉 시장에 밤이 깊으면
가게마다 내걸어 놓은 백열전등 불빛 아래
오가는 사람들의 상기된 얼굴마다
따스한 열기가 오른다

긴 노동 속에 갇혀 있던
우리는 자유로운 새가 되어
이리 기웃 저리 기웃 깔깔거리고
껀수 찾는 어깨들도 뿌리뽑힌 전과자도
몸부벼 살아가는 술집여자들도
눈을 빛내며 열이 오른다

돈이 생기면 제일 먼저 가리봉 시장을 찾아
친한 친구랑 떡볶기 500원어치, 김밥 한 접시,
기분나면 살짜기 생맥주 한 잔이면
스테이크 잡수시는 사장님 배만큼 든든하고
천오백원짜리 티샤쓰 색깔만 고우면
친구들은 환한 내 얼굴이 귀티난다고 한다

하루 14시간
손발이 퉁퉁 붓도록
유명브랜드 비싼 옷을 만들어도
고급오디오 조립을 해도
우리 몫은 없어,
우리 손으로 만들고도 엄두도 못내
가리봉 시장으로 몰려와
하청공장에서 막 뽑아낸 싸구려 상품을
눈부시게 구경하며
이번 달엔 큰맘 먹고 물색 원피스나
한 벌 사야겠다고 다짐을 한다

앞판 시다 명지는 이번 월급 타면
켄터키치킨 한 접시 먹으면 소원이 없겠다 하고
마무리 때리는 정이는 2,800원짜리
이쁜 샌달 하나 보아둔 게 있다며

잔업 없는 날 시장가자고 손을 꼽는다

가리봉 시장에 밤이 익으면,
피가 마르게 온 정성으로
만든 제품을
화려한 백화점으로,
물 건너 코큰 나라로 보내고 난
허기지고 지친
우리 공돌이 공순이들이
싸구려 상품을 샘나게 찍어 두며
300원어치 순대 한 접시로 허기를 달래고
이리 기웃 저리 기웃
구경만 하다가
허탈하게 귀가길로
발길을 돌린다

『노동의 새벽』

지문을 부른다

진눈깨비 속을
웅크려 헤쳐 나가며 작업시간에

가끔 이렇게 일보러 나오면
참말 좋겠다고 웃음 나누며
우리는 동회로 들어선다

초라한 스물아홉 사내의
사진 껍질을 벗기며
가리봉동 공단에 묻힌 지가
어언 육년, 세월은 밤낮으로 흘러
뜻도 없이 죽음처럼 노동 속에 흘러
한번쯤은 똑같은 국민임을 확인하며
주민등록 경신을 한다

평생토록 죄진 적 없이
이 손으로 우리 식구 먹여살리고
수출품을 생산해 온
검고 투박한 자랑스런 손을 들어
지문을 찍는다
아
없어, 선명하게
없어,
노동 속에 문드러져
너와 나 사람마다 다르다는
지문이 나오지를 않아

없어, 정형도 이형도 문형도
사라져 버렸어
임석경찰은 화를 내도
긴 노동 속에
물 건너간 수출품 속에 묻혀
지문도, 청춘도, 존재마저
사라져 버렸나봐

몇 번이고 찍어 보다
끝내 지문이 나오지 않는 화공약품 공장
아가씨들은 끝내 울음이 북받치고
줄지어 나오는, 지문 나오지 않는 사람들끼리
우리는 존재조차 없어
강도질해도 흔적도 남지 않을거라며
정형이 농지껄여도
더 이상 아무도 웃지 않는다

지문 없는 우리들은
얼어붙은 침묵으로
똑같은 국민임을 되뇌이며
파편으로 내리꽂히는 진눈깨비 속을 헤쳐
공단 속으로 묻혀져 간다
선명하게 되살아날

지문을 부르며

노동자의 푸르른 생명을 부르며

되살아날

너와 나의 존재

노동자의 새봄을

부르며 부르며

진눈깨비 속으로,

타오르는 갈망으로 간다

『노동의 새벽』

박몽구

돌아오지 않는 것

교보빌딩 앞 무거운 가방을 든 사람들이
만원 버스의 꽁무니를 붙들며 귀가를 서두르고 있다
신문을 팔던 아줌마도 언 손을 부비며
가판대에 널린 신문이며 잡지 나부랭이를 치우고 있다
나팔꽃들도 잎을 닫는 시각
국방색 명령에 떠밀려 교정을 떠났던 교수들이
고개를 바로 들지 못한 채 강의실로 돌아가고 있다
모두들 넉넉치 못한 꿈 속으로 침침한 불빛 속으로
돌아가버린 자리에
홍등가에서 밀려든 술꾼들의 목메임이 퍼지고
아직 덮이지 않은 상처가 길가에서 끙끙 앓고 있다
오늘의 일지를 읽어도 보이지 않지만
똥물세례를 받고 공장을 쫓겨난 청년 하나

더이상 거짓말을 하여
가난한 노동자들의 허리를 졸라매게 하지 말고
사장더러 요정에다 관계요로에다 쑤셔박는 돈을 줄여
잔업수당을 깎지 말라고 다그치던 청년 하나
하나도 틀린 말 아닌 진실을 밀고 가던 청년 하나
제자리로 돌아가지 못하고 있다
모두들 쉽게쉽게 고개를 숙이고 숨어버린 거리
블랙 리스트에 올라
다른 공장으로 가지도 못하고
거리에서 리어카에 덤핑책들을 싣고 팔다가
단속반에 걸려 책도 빼앗기고 며칠씩 구류를 살던
청년 하나 모두들 돌아간다고 설쳐대는 거리에서
갈 곳 몰라 두리번거리고 있다
돌아가 웃고 있는 표정들 속에도
아직 읽혀지지 않은 표정은 남아 있다

『철쭉꽃 연붉은 사랑』(실천문학사, 1990)

동숭동 퇴근길에서

해질 무렵 낙산 하늘에 잿빛 그늘이 드리워져 있다
피곤한 어깨들을 매만지며 옷깃을 추스리며

값싼 휴식을 찾아 술집으로 눈꽃을 털며 들어서기도 하고
날개도 없이 집으로 뿔뿔이 흩어져 가는 사람들
저 하늘이 먹빛으로만 바뀌면
지친 사람들의 눈빛을 게슴츠레 빛나게 만드는
울긋불긋 벌거벗은 연극 포스터들도 빈 방들을 찾아 잦아들고
"총은 더이상 거짓말을 하지 말라"
서울대 의과대학에 나붙은 대자보도 슬쩍 입이 틀어막혀버리는가
얼얼한 한파 앞에 사람들은 모두 입을 막고 귀를 덮고
눈마저 침묵의 땅에 묶은 채 사라지는데
문득 우리들의 하루가 이렇게 값싸게 막내릴 수는 없다고
낙산 돌무더기를 헤치며 울어대는 참새소리 쟁쟁하네
그 울음소리를 따라
찬 바람에 휘말리던 석간신문 한 장 눈물 흘리고 있네
구로구청에서 거짓 민의가 담긴 투표함을 끝까지 지키다가
옥상에서 떠밀려 반신불수가 된 한 젊은이
치료비를 낼 형편도 못 되고
친구들은 모두 학교로 돌아갈 채비를 서두를 시간에
병상에서 휠체어를 타지 못할 몸으로 쫓겨날지도 모른다는
안타까운 소식 하나 떠돌아다니고 있다
사람들은 모두 손을 접는 시간에
참새들은 더욱 메마른 돌무더기를 헤쳐 새 목숨을 찾고
이대로 오늘 막을 내릴 수는 없다는 듯
낙산 쪽에서 잿빛 하늘을 뚫고

뭉클 붉은 노을이 타오른다

『철쭉꽃 연붉은 사랑』

올림픽 공원에서

매연과 여린 살결이라곤 고양이 눈물만큼만 묻어 있지 않은
차가운 벽들로 빈틈없이 나누어진 서울에
이처럼 시원하고 풀냄새 상큼한 데가 있을까
내 눈은 몇 걸음 만에 휘둥그래지고 말았다
올림픽 역사상 가장 많은 나라 사람들이 온다고
성공적으로 마치기만 하면 황금덩어리가 굴러떨어진다고
돌들의 매서운 노려봄만으로 가득 찬 서울은 저리 가라는 듯
풀꽃 만개한 공원에서
준비에 여념이 없는 사람들은 바삐 뛰어다니고 있었다
올림픽 개막 50일을 앞둔 날 만난
양씨는 이곳에서 일하면 최고 대우를 받는다는데 하는 질문에
피시식 웃으며 밥벌이로 사는 직원들은 그렇다지만
자신들은 때로는 휴가도 반납하며 일한다고 했다
아르바이트쯤으로 알고 왔던 젊은 사람들이
막상 세계 각국의 뒷골목 문화가 그대로 비치는
변소 청소를 시킨다니까 모두들 손을 내저으며 돌아갔지만

양씨와 동료들은 때로 집에서는 물 하나 묻히지 않는 사람들까지
기꺼이 궂은 일을 마다하지 않는다고
그래 제 앞을 위해서는 이런 많은 순교자들에 의해
올림픽은 날마다 신문 방송에서 정치적 제물이 되고 있어도
생명의 햇불을 높이 치켜드는 것이거니 생각되었다
이 순교자들의 때문지 않은 꿈을 이루어주기 위해서라도
반쪽 올림픽으로 끝내 씻지 못할 한 남기지 말고
백두산과 한라산이 한 판 어우러지는 마당을 열어야 할 것이라고
올림픽 공원에서만 놀다가 끝내 무더운 서울 하늘로 가지 못하는
절름발이 바람이 획획 외쳐댔다

『철쭉꽃 연붉은 사랑』

창신동 귀가

흐린 하늘에 걸린 별빛을 받으며
밤 늦은 창신동 고갯길을 오른다.
한 덩이의 찬 밥과
식은 연탄가스가 굴러다니는 집에 닿기 전에
산허리가 시뻘겋게 잘려나간 채로
뜯기다 만 몇 채의 판잣집들을 보게 된다.
허약한 시대를 떠맡은

우리 피복공장의 가여운 여공들이
잠에 쫓기며 틀질을 하다가
굵은 바늘 밑에 손끝을 난자당하던
소름끼치는 비명도 들린다.
그럴 때 별빛아, 너는 너무도 미미해서
가여운 것들의, 작은 것들의 키까지는 잴 수 없구나.
저 사악한 것들을 용서한 채
몇 시간 동물성의 잠을 찾아
고갯길의 끝까지 우리들을 올리기만 하는구나.
이제 곧
찢어진 고무공처럼 멀리 외딴 곳에 떨어진
창신동 북풍받이 셋방을 뛰쳐나오고 싶고
제품 공장의 탁한 공기를
너무 오래 마시는 친구들에게
힘찬 깍지를 끼우며 새벽은 온다.
그래서 어제의 고통을 이어받는 것이다.
더 빨리 재봉틀을 돌리라며
독촉하는 소리를 어깨 너머로 받으며
아직도 허리를 펴지 못한 가여운 손들을
그대로 어둠 속에 남긴 채
귀로를 재촉할 때
저 별빛은 반병신 같은 내 구두코를,
수렁을 잽싸게 비켜서서 제대로 끌고 가면서

차마 잠들지 못하는 원한들의 가슴마저
비켜가고 만다.
헐벗음과 끈끈한 피로의 곁을
떼어놓을 틈도 없이 지고 만다.

『거기 너 있었는가』(청사, 1984)

박선욱

마포 나루터

바람이
바람이 불어
마포 나루터에
찬바람이 불어
어물전 싸전 모두
작파했네
돌이 아범
빠져 죽은 강가
빛나는
홀로 빛나는 조약돌 위로
느티나무 전나무 가지 위로
바람이
바람이 불어

나루터에 매어 놓은 거룻배 위로
찬바람이 불어
어물전 싸전 모두
작파했네
펄럭이는 일장기
가슴팍에 파고드는
게다짝 소리
공출에 징발, 징발에 부역
끝내 못 견디고
소작농 황씨 일가는
만주로 갔다는데
농투산이 개땅쇠
가난한 어부
설 자리가 없는데
어허이
귀청을 찢는 호각 소리
일본도 절그렁거리는 소리
바람이
바람이 불어
마포 나루터에
찬바람이 불어
어물전 싸전 모두
작파했네

젊은 돌이 어멈
정신대 끌려간 선창 위에도
바람이
바람이 불어
오늘 또다시
찬바람이 불어

『다시 불러보는 벗들』(실천문학사, 1990)

따로국밥

삼교대 근무를 끝낸 새벽녘
프레스반 김씨와 함께
공장 옆 순대국집에서
따로국밥을 먹는다
한 밥상에
밥 따로 국 따로
따로따로 나오는 따로국밥
어쩌면 우리가 사는 세상도
이처럼 제 각각인지 몰라
구로동 좁디좁은 우리네 단칸방 따로
영동 으리번쩍 사장님 호화주택 따로

서울과 평양, 한라산과 백두산이 따로
한 달에 한두 번씩 두 달에 한두 번씩
태평양 파도 따라 현해탄 물결 따라
찾아오는 우리 회사 윌리암즈 회장
다나까 이사
기생관광도 현지처도 따로 은밀히
공장장을 불러다 놓고는 엄중히 엄중히
실적이 적다고 호통 품질이 나쁘다고 호통
우리들더러 게으르다고 지저분하다고
호통 호통치다가 은근슬쩍 손 내밀며
우리는 친구라고 어화얼싸 형제라고
미소지어도 떠날 때는 미련없이, 우리들
밀린 임금이야 아랑곳없이 각자 따로
돈보따리 챙겨 들면 본국으로 전속력
그것뿐
우리에게 남는 건
밀린 임금뿐 구멍난 생활뿐
특근에 야근에 아무리 좆뺑이를 쳐도
우리는 월 10만원짜리도 안 되는
기계인가 기계의 부속품인가
우리들의 노동
노동의 핏방울로
기름진 뱃가죽을 채우는

저 허여멀건 얼굴들

삼반의 무리들을

뜨거운 국물에 분노에 말아

따로국밥을 먹는다

이번에는 기필코

일당 320원을 더 받아내야 한다고

마음과 마음을 튼튼한 고리로 얽으며

삼교대 근무를 끝낸 새벽녘

프레스반 김씨와 함께

공장 옆 순대국집에서

따로국밥을 먹는다

힘을 내 더욱 힘을 내자고

『다시 불러보는 벗들』

공덕동 일기

눈 내리던 지난 겨울

보따리 하나 싸들고 찾아온 공덕동 하숙집

얼어붙은 가로등 밑을 지날 때

한국 여인을 껴안고 마포

가든 호텔 안으로 들어가던

코 큰 병사들의 뒷모습이

눈보라와 함께 발 아래 스러지고

비좁은 골목 낮은 집들 처마밑엔

비수처럼 고드름이 열려 하얗게 빛나고 있었다

추위는 벽에서도 천정에서도 바람소리로 찾아와

카시미론 이불을 여기저기 들쑤셔댔다

무엇 때문이었을까

낯선 사람과 함께 잠을 자며

어둠 속에서 한밤내 뒤척이던 까닭은

으드득 이빨을 갈며 보이지 않는 허공에 대고

주먹질을 해대던 까닭은 무엇 때문이었을까

꿈이었을까 추위가 심해질수록

눈앞에 펼쳐지던 피투성이

광주의 거리며 도청, 금남로가

충장로와 학동의 낯익은 거리

임동에서 방림동 굴다리까지 모두

생생히 보이던 지난 겨울

한평짜리 방 안에 누워 온몸이 불덩이처럼

불덩이처럼 타오르던 것은 정녕 무엇 때문이었을까

꿈이 아닌 서울 한복판

바람찬 겨울 밤에

아아 겨울 밤에

『다시 불러보는 벗들』

엄지시장

마포 나루터에 배 드나들 무렵
미나리꽝이었다던 신수동 시장
꽃집 옆 못난이집 술청에선
하루 일 끝낸 막벌이꾼들의 노래
막걸리 잔 속에 유리문에 흐르고
은행 담벼락 등지고 선 좌판 위엔
목걸이 가락지 귀걸이 손거울 등속
칸델라 불빛 아래 꿈결처럼 피어나
지나가는 처녀애들 발걸음 멈추는데
문득 만두집 앞 테이프 장수 손수레에서
에레나가 된 순이가 발밑에 찰랑거리며
어둠 속 흰 포말로 부서지는 거기
내 이웃들이 밤낮으로 희망을 캐는 곳
배 드나들 무렵엔 미나리꽝이었다던
내 노래의 한 자락, 엄지시장

『다시 불러보는 벗들』

● 박영근

취업공고판 앞에서

除隊를 하고, 세월도 믿음도 무심히 멱살을 잡고 흔들던 스물다섯 계급장을 떼고도 나는
갈 곳이 없었다. 바람 불면 허수아비 제 가슴을 치는 가을 저녁답, 어머니 또 우시고

높은 굴뚝에서는 연기가 솟아올랐다 잘 다려진 작업복을 끌고 어쩌다
계집아이들이 크래카를 씹으며 지나갔다 가로수가지마다 매달려 떨고 있는 하나, 둘
눈물방울 같은 잎새들 이른 아침 누이의 세수대야엔 붉은 피가 자꾸만 번졌다
발 밑에서 으깨지는 비명소리, 나뭇잎들 들판이나 한 번 둘러보고 가거라
갯벌이나 한 번 또 한 번 돌뿌리에 넘어져 어머니
검정치맛자락에 피가 흘렀다 여전히 굴뚝에서는 연기가 솟아올랐다

출신도전북 본적지서해중학교졸업 고향도두고사랑마저 등 진신세가핸
드카를밀면서울어야하나
울어야하나 부르면 고향은 조막손 아프게 찌르던 낫자욱들
잘살자진성전자공원들아 어둡게 화장실 낙서 같은 곳에서도 얼어붙고
오줌을 갈기며 얼어붙은 아랫도리로
이름을 써갈기며 군대삼년몸으로때워나가자 개새끼처럼 웃던
날들 모집공고 위에도 눈발은 내려쳤다

내려앉고 싶었다 이력서도 구겨버리고 문득 공고판 아래 얼어붙는 어머니
엉겅퀴 들판도 밀어버리고
등 뒤론 움켜쥔 손 마디마디 풀며 떠오르는 눈송이들
하얗게 쌓여가는 불빛들 내려앉고 싶었다
엎드려서 감출 수 있는 것은 눈물들 뿐일까 전봇대 같은 곳에 기대여 바
라보면 어느새
눈발 그친 곳에서도 불빛은 흐려지고
누이여
흩어지고 어디로 또 떠나는 밤기차소리에도 부서지고

『취업공고판 앞에서』(청사, 1984)

앞날을 향하여

허기진 형광등 불빛 아래 뒹구는
시간들 곁에 엎드려 며칠째
일감은 들어오지 않고 미싱틀 위에서 졸고있는
친구들 중학교를생각하면자꾸만눈물이납니다
누님은 잘있는지 봄날은
잠꼬대 속에서나 밝아오는지
웅크린 어깨들 문득 깨어나 어둡게 더 작게 떨고
햇살 가까운 담벼락에 쭈구리고 앉아
신문 펴들면 흐린 눈빛들 머무는 곳엔
까맣게 울고 있는 구직광고
女초보침식月20만원보장 말없이 깨무는 입술 위에 엉키는 피들
싸구려극장 한 구석에 기대어 남몰래 울기도 하면서
서울은왜이리먼지흰눈만펑펑쏟아집니다
목구멍에 차오르는 붉은 기침 누르며
돌아눕는 하룻길 철없이 내려쌓이는 봄빛들 곁에 엎드려
또 며칠째
텅 빈 작업장 어둡게 구석으로 밀리는 땀방울들
흔한 눈물들 큰 소리로 나무라면서
고향땅 환한 햇살들 허기 속에 구겨 넣고
들판처럼 텅 빈 웃음 밟으며 돌아보면
가위에 잘려서 무릎에 쌓이던 밤들

어머니 돈, 을, 벌, 고, 싶, 어, 요
양짓말너른들판청치마띄우며달려가고싶어요
흐느끼는 말들 끓는 다리미 아래 눌러 감추고
엉겨붙는 쌍소리들 씹으면서
손 흔들어보아도 저홀로 단단해지던
불빛들이여 함께 머물 수 없던 곳에서나 때때로
다정한 나날들 쌓여갔던 것인지

떠나면서 핏방울처럼 눈물들 걷어차며
길가에 나서면
등 뒤에서 하얗게 얼어붙는 신새벽
가로수가지마다 매달려 울고 있는
별빛들 말없이 껴안으면서
보았다 지나간 날들 여기일까저기일까 솟구치던 손목들
어디쯤에서 멈추고 있는지
고향집 가까이 고개 수구리고
오래 오래 불빛들 멀리
서성거리던 시간들을 걸어 부평이나 인천
구로동 어두운 소문들 부서지는 공고판 앞에서
살아있으므로 믿어야할 앞날들 다시
만나면서 시리도록 발등을 덮는
흐린 날들 억세게 밀어내면서 넘어지는
우리들 곁에서 무엇으로 다시

솟구치고 있는지

『취업공고판 앞에서』

앞날을 향하여 · 2

바람이 분다. 흘러갈 곳도 없이
폐수더미 아래 까맣게 울다
억새와 함께, 절단기 칼날 아래
쑥잎 뜯던 맹세도 고향도 잘려보내던
밤들을 지나 때이른 눈발과 함께
얼어붙는 안양천.
보이지 않는다. 배구공처럼 하얗게
하얗게 떠오르던 우리의 얼굴들, 농촌 총각 상경성공기 위에
방망이로 후려치는 햇살 솟구치는 하늘 위에
때때로 써보던 것들

성공이나 결혼이나 귀향 같은 말들

붕대에 배인 핏방울 같은 것일까
다시 새길 수 없는 맹세 곁으로 보상비 곁으로
튀어오르던 손마디들 같은 것일까

찢어지게 울던 탤런트의 눈물 같은 것일까

열아홉 시다시절엔 남모르게 눈물도 짰지만
이제는 일급 기사 호강하는 몸이란다
멋쟁이 옷을 입고 고운 님과 함께
나는 가야지
열차 타고 고속버스 타고
고향산천 찾아가야지

흘러가야 한다. 손가락도 청춘도 잘라내며
잘라내며 끝내 잘릴 수 없는 이름들로
떠돌다 서로 부딪치다 무엇인가
이 어둠보다 더 분명한 곳에서 다시 만나는
아우들과 함께. 그친 눈발 아래
온통 하얗게 얼룩진 안양천,
시퍼런 쑥잎더미 어우러지는 억새꽃 뻗치는 가지마다
열리는 눈물들
터질 때까지

『저항시선집』(실천문학 편집위원회 편, 실천문학사, 1984)

어머니

잘 살아라, 어디 가든 부디 찬밥 먹지 말고 몸 성히 살아라. 식구들을 뿌리치고 아들 하나 있는 것 집을 떠날 때마다 삼양동 산마루에 해는 뚝 떨어지고, 어스름 찬바람 속 외롭게 켜지는 보안등 아래서 어머니는 또 낡은 사진첩에서나 만날 수 있는 애비를 생각했다. 그이라면 이 썩은 울바자 수수깡 같은 세월 참대같이 잡아줄 것을. 밟혀 오는 어머니 얼굴에 몇 번이나 돌아서고 싶은 마음 다잡을 때마다 먼지 나는 구두코에 떨어지는 아들의 눈물을 기어이 또 마음속에 챙기고, 식구대로 모여 찍은 옛 사진틀 아래 엎드려 어머니는 홀로 숨죽인 울음을 울었다.

그런 무정한 시절이 있었다. 티브이 아홉시 뉴스 시간에 데모 사진 한 장만 흘러도 가슴은 콩닥거리는데 아들은 기어이 큰집 독방 차지 손님이 되어 곧 죽어도 큰기침하고, 어머니는 더 큰 죄인이 되어 비나리로 한밤을 꼴딱 새우고 면회가는 날을 손꼽아보았다. 그 찬 마룻방에 아들이 외오 앉아 파고 새기듯이 읽는다는 그 웬수 같은 책의 뜻은 잘 몰라도 아아 면회가는 길 담벼락 아래 쑥꽃은 왜 그리 고왔을까.

잘 살아라 하늘을 믿고 세월을 믿고 널랑은 잘 살아야 한다, 새색시적 시집을 때 친정 에미가 눈물보따리로 다짐을 두어 하던 말.
하늘에 속고 세월에 속아 이웃 친지들 공사판으로 공장으로 떠나갈 때마다 약조하듯 서로 나누던 말.
아들의 공부가 높아갈 때마다 돌에라도 새기고 싶던 그 말,

잘 살아라

잘 살아야 한다

그 말에 묻은 피눈물을 알아버린 것일까, 저를 키운 삼양동 산언덕바지 모진 바람의 악다구니를 이미 알았다는 것일까. 찬 마룻방 독선생 노릇을 끝내더니 아들은 철일하는 노동자가 되었다. 누구와 싸워 이기자는 것인지 어머니는 지금도 모르지만, 단 하나 세월과 싸워 단 한번도 이기지 못한 에미의 슬픔을 끝내 일으켜세우자는 것은 아닐까.

『김미순傳』(실천문학사, 1993)

문장수업

영등포 뚝방촌 샛강의 더러운 물빛에
스무살을 씻었다
강 건너엔 플라타너스 나무들이 하루 종일 서서
공장 담벼락 위로 기름때 묻은 잎들을 피워올리고

더는, 어떻게, 엎드려볼 수도 없이, 낮은 것들이 모여
천막조각이나 폐타이어를 머리에 쓰고
한겨울 우두커니 얼어붙은 배추밭을 바라보았다

때로 어떤 시간은 아무것도 떠나보내지 않는다

그곳을 떠나서도 내 안에서
봄이면 어김없이 판자울타리 개굴창에 개나리꽃들 피어올랐고,
먼 데서 샛강물이 밤새 흘려보내던 뜨내기 같은 소식들

갱생원 패거리가 양재기에 막소주를 돌리고
기름불을 피우던 고무공장 빈터
외진 홰나무 가지 끝으로는
갓난애를 업은 달이 환하게 흘러갔다

아무도 몰랐지만 나 거기서 혼자 책을 읽었고
다 깨어져나간 벽돌조각 같은 철자들을 쌓아올리곤 했다
철거계고장에 몇번이나 허기진 천장이 내려앉았고
그때마다 비틀거리던 말의 좁은 골목들

지금은 날이 흐리고, 나는 신정동에 와서
철골과 유리와 불빛의 도시를 본다
그리고 오래 내 마음이 지은 옛마을이 골목과 집들을 허물면서
한 구절, 한 구절 문장이 되어
제 몸을 떠나가는 것을,
어둘녘 내가 걸었던 샛강의 둑길과
칼산으로 가던 먼지 나는 신작로가
다시 만나
내 몸을 싣고 가는 것을

『저 꽃이 불편하다』(창작과비평사, 2002)

박인섭

짐발이 자전거 1

동네 귀퉁이
한적한 빈터에 터를 잡고
짐발이 자전거
한 대 기대어 있다.

역삼각 구조의 녹슨 뼈대
한때는 매끈하고 탄탄하게 거리를 달렸을
터진 타이어는
행려자의 목매단 주검처럼
튜브를 빼물고 버려져 있다.

어제의 영광
매일 제 몸의 세 배가 넘는

한 사내의 인생을 실어 나르고도
끄덕 없던
그 빛나는 뼈대는
이제 뻘겋게 녹이 슬었다.

동대문 시장에서
왕십리까지
새벽에서 한밤까지

인생의 산비탈을 오르내리던
사내의 일생을 아직
잊을 수 없어
짐발이 자전거
공터 벽에 기대어
햇빛 자욱한 도시를
굽어보고 있다.

『산동네 백일홍』(갈무리, 2000)

● 박일환

위성도시에 살다

위성도시에 사는 키 작은 사내들
아침마다 특별시로 간다
미어터지는 전동차 틈바구니에 끼여
으아아아—
비명을 내지르며, 컴컴한
고래 뱃속으로 빨려들어간다

도로 곳곳에 박혀 있는 전광판에서
시시각각 점멸하는 특별시의
―대기오염 현황
―인구 현황
―교통사고 현황
숫자들이 일러주는 것들은 모두 무의미하다는 듯이

꼬리를 무는 자동차와 사람의 행렬
그 속에 설익은 밥알처럼 끼여들어
하루 종일 소화불량이나 재촉하다가
위산과다, 쓰린 속을 움켜쥐고
일제히 빠져나온다

특별시에서 특별한 용무를 위해
촘촘이 발라낸 살과 뼈를 화려한
입간판과 네온사인 위로 한 점씩 걸어놓고
흔들흔들 바람 빠진 풍선처럼
위성도시의 불빛을 향해 돌아오는
키 작은 사내들

이 세상 모든 길은
큰창자 작은창자로 꼬여 있지만
식도에서 항문으로 이르는 길은
오직 하나!
그 길을 따라 오르락내리락
온종일 헤엄쳐 다니다
오늘 밤 위성도시에서 새우잠을 청하는
키 작은 사내들의
슬픈 꿈, 고래 뱃속에 갇힌

『푸른 삼각뿔』(내일을여는책, 2001)

집으로 가는 먼 길

술 취해 전철 안에서 꾸벅꾸벅 졸다
저 멀리 안산이나 인천 어디쯤
막차마저 끊겨버린 낯선 땅에서
홀로 헤매고 다닐 때가 있다
잠자리 하나 제대로 찾아들 줄 모르는
얼간이 같은 사내에게 기대어 사는
불쌍한 마누라와 자식 새끼여!
그대들이 가장을 기다리다 지쳐 잠든
한밤중, 깊은 무덤 속으로
반짝이는 별들 모두 숨어버리고
어둠은 큰 입을 굳게 다문 채
집으로 돌아가는 골목길마저 지워버린다
아무런 그림자도 내비치지 않는
먹빛 창문들을 바라보며 한순간
막막하다 마누라와 자식 새끼가 베고 누운
지상의 한 쪽 귀퉁이, 거기
끝없이 기울어가는 세월처럼
아무렇게나 구겨져 버린 마른 꿈들 곁으로
한없이 무거운 육신을 끌고 가는
그 길이 너무도 멀고 험하다
벌건 대낮에도 그랬듯이

『푸른 삼각뿔』

박
철

영등포 로터리
―이석규 추모제 있던 날, 용만형과 헤어지고

우리들의 아픔, 우리들의 농부는
가랑비조차 힘겨운 거나한
이 여름의 끝에서
빈 들판 바라고 섰을 시간입니다
우리들의 사랑, 우리들의 얼굴은
최루연기 매운 반도의 하늘
기대어 빈 거리를 기다리는
8월의 마지막 시간입니다
남도의 섬 끝에서 한 노동이 죽고
(어디 죽은 것이 한 노동뿐이랴만)
국향 내음 그윽한 만장의 거리
신호등을 따르고 또 멈추어야 하는

우리들의 거리, 돌고 도는 영등포 로터리에서
아, 우리는 이렇게 살아야 하는구나
우리는 또 이렇게 나아가야 하는구나
거듭 쥔 손마디에 힘을 주고
시대를 위한 시대의 만가소리 흐르는
마주선 눈빛들의 난사
누구를 위한 총부리인가
누구를 위한 거칠은 땅인가
우리는 그 옛날 한몸이 되어
황포돛배에 몸을 실은 한몸이 되어
저어 노 저어 흘러 살았거늘
이제 황포마저 깃발로 갈기갈기 찢어져
동서남북으로 나뉘어져 네 갈래
영등포 로터리 어느 귀퉁이에나 세워 놓습니다
그래도 해는 동에서 서로 떠나고
새들도 제 갈 길로 용솟아오르는데
진리 없는 순수는 어디로 가야 합니까
정의 없는 순수는 어디로 가야 합니까.

『김포행 막차』(창작과비평사, 1990)

박해석

변사체로 발견되다

네 옷은 네 마지막 밤을 덮어주지 않았다
구름 속에서 달이 몇 번 갸우뚱거리며 네 얼굴을 비추고 지나갔다
고양이가 네 허리를 타고 넘어가다 미끄러지며 낮게 비명을 질렀다
가까운 공중전화부스에서는 쉬지 않고 뚜뚜뚜 신호음 소리가 들려왔다
새벽 종소리는 날카롭게 반쯤 열린 네 입술 속으로 파고들었다
환경미화원의 긴 빗자루는 웬 마대자루가 이리 딱딱하냐고 툭툭 두들겨대었다

동대문야구장 공중전화부스 옆 쓰레기 더미 속
파리 떼와 쥐들에게 얼굴과 손의 살점 뜯어먹히며 보름 동안
그는 그들과 함께 살았다 죽었다

『하늘은 저쪽』(실천문학사, 2005)

이용악

또다시 일자리를 잃고
어떻게 어떻게도 할 수 없어
고개 꺾어 길거리를 헤매다가
성북천 하류 버들방천에 와 선다
줄지어 선 버드나무에 아직
연둣빛 오르지 않아
썩은 개울창에나마 낯빛 한번 비춰보지 못하고
휘익 지나가는 꽃샘바람에
으스스 까스라한 머리털 옹송거리는 것 싫어
발길 돌려 다시 길거리를 헤맨다
이윽고 해 떨어지고 더는 갈 곳 없어 종로통에
코 빠뜨리고 있을 때
함께 일하던 직장 동무 날 알아보고
반갑게 손 이끌어
생선 굽는 연기 자욱한 골목 찾아들어
꼼장어 안주에 소주 시켜 마신다
묵묵히 술잔을 주고받다가
서로 부끄럽다고 언성을 높이다가
내일을 향해 고개를 젓다가
술집 나와 어깨동무하고 노래 부르다 헤어지고
밤늦게 자취방 문을 열면

하나밖에 없는 아들이 걱정되어 올라와
따순 밥 지어놓고 기다리다 지쳐
윗목에서 온몸 오므리고 주무시는 어머니

다음날 아침
내쳐 내려가시는 어머니 배웅하러
텅 빈 버스정류장에 우리 모자
말없이 서 있을 때
저쪽 헐벗은 가로수 아래에서
물끄러미 이쪽을 지켜보고 있다 아버지

「하늘은 저쪽」

박
후
기

탄력에 대하여

낙원 간다
밥값이 싸서
허기진 호주머니 깊숙이
체면을 구겨 넣은 남자들이
식당마다 줄을 서는 곳
나는 강원도집에 들러
낙원의 명물인 돼지머리고기를 시켜놓고
고름 같은 막걸리를 마신다
껌을 든 노인이 내 앞에 선다
보일 듯 말 듯 한 미소를 흘리며,
저토록 악착스럽게
피골(皮骨)에 달라붙은 그의 목숨도
서른 살까지는 상쾌하게 씹혔으리라

접시 한쪽 구석에서
젓가락질 한번 받지 못한 채 식어가는
두툼한 비계를 베어 문다
하악에 힘주지 않아도
물컹, 비계 속으로
이가 푹 박혀버린다
탄력이란 그런 것이다
제 몸에 박히는 세월의 일격을
부드럽게 받아들이는

『종이는 나무의 유전자를 갖고 있다』(실천문학사, 2006)

● 박
　홍
　식

월계동 콩밭

그물을 치고 골프연습장이 들어서더니
출렁이던 콩잎의 녹야는 쓸려나갔다
들밭을 가르며 구부러진 황톳길도 지워지고
바람의 뜀베질도 사라져버렸고
젊은 머릿결과 고운 자태로
머릿속이 콩잎 푸르러지는 길이어요 좋아요 하며
유모차를 끌던 새댁들도 이젠 나오지를 않았다
눈보라 오르내리는 새떼들도 일시에 사라졌고
살이 통통 붙은 비둘기들만 늘어났다
한가운데 버드나무 홀로 더욱 흔들렸다
그리고 다시 트럭들이 들락거리더니
어느 퇴계 같은 색깔의 늦은 오후
여기와 키를 맞춘 아파트가 마주 서 있었고

그 복도 난간엔
철없는 누런 한복차림에 갇힌 한 노인이
짙은 담배연기로 이쪽을 바라보고만 있었다
농사도 끝나고 사람도 마실도 다 갔다
빼앗긴 콩잎의 창문들이 쾅쾅 닫히고 있었다.

『아흐레 민박집』(창작과비평사, 1999)

송경동

목발

천호역을 뚫던 지하철 공사장에서
무서웠던 것은 원청도 감리도 아니었다
지하수가 새어 들어오던 측벽도
비에 젖은 400볼트 홀다선도 아니었다

그것은 목발을 짚고 철일을 하는 김씨였다
아니 철일을 하는 김씨의 목발이었다
난 그의 목발이 말을 걸 때마다 오싹했다
그가 화를 낼 때면 섬짓했고
그가 나서서 일을 도울 땐 멈칫했다

끔찍한 것은 그 목발과 정이 든다는 것이었다
그가 야단을 맞을 때면 함께 쓸쓸해했고

그가 간이숙소 벽에 기대 쉬고 있을 때면 평온했다
잔술 취해 그와 어깨 걸면 참 따스했다

김씨는 무엇도 낳지 못하는 선천성 불구였지만
나무토막에도 힘줄을 세우고 핏줄을 놓아
생명을 불어넣는 기이한 힘을 얻었다
난 그 힘이 무서웠다

『꿀잠』(삶이보이는 창, 2006)

가두의 시

길거리 구둣방 손님 없는 틈에
무뎌진 손톱을 가죽 자르는 쪽가위로 자르고 있는
사내의 뭉툭한 손을 훔쳐본다
그의 손톱 밑에 검은 시(詩)가 있다

종로5가 봉제골목 헤매다
방 한칸이 부업방이고 집이고 놀이터인
미싱사 가족의 저녁식사를 넘겨본다
다락에서 내려온 아이가 베어먹는 노란 단무지 조각에
짜디짠 눈물의 시가 있다

해질녘 영등포역 앞
무슨 판촉행사 줄인가 싶어 기웃거린 텐트 안
시루 속 콩나물처럼 선 채로
국밥 한 그릇 뚝딱 말아먹는 노숙인들 긴 행렬속에
끝내 내가 서보지 못한 직립의 시가 있다

고등어 있어요 싼 고등어 있어요
저물녘 "떨이 떨이"를 외치는
재래시장 골목 간절한 외침 속에
내가 아직 질러보지 못한 절규의 시가
그 길바닥의 시들이 사랑이다

『사소한 물음들에 답함』(창비, 2009)

셔터가 내려진 날

저물어가는 일요일 오후
청계천 공구상가 골목
셔터에 새로 파란 뺑끼칠을 하고 있는 사내를 본다

누구나 한번씩은 녹슬어가는 것을 닦고
새로 칠을 해보고 싶지 않으랴

겉이라도 반지르르하게 새단장해보고 싶지 않으랴
파란 내일을 위해 녹슨 오늘을 닦아보고 싶지 않으랴

녹슨 셔터에 뺑끼칠하는 것을 보니
셨다에 빠져 인생을 뺑이치고 만 늙은 아비가 떠오르고
셔터가 없던 시절 밤마다 그 아버지를 도와 닫던 양철문이 떠오르고
주인이 셔터 내리는 것까지를 보고 돌아오던 야식집 다니던 엄니가 떠오르고
이젠 둘이서 쓸쓸한 저녁밥을 먹으며
이제 곧 삶의 셔터들을 내리고 저 하늘로 돌아갈 준비를 하고 있을 그들이 떠오르고
'셨다 마우스'라고 말하며 깔깔거리던 젊은 시절
셨다가 돌아보고 다시 셨다가 돌아보다 끝내 마음의 문 내리고 떠나온 어떤 길들
돌아갈 곳 잃고 어느 셔터 앞에 앉아 마지막 술잔 나누곤 하던 희뿌연 새벽의 말들
셔터만 들이대면 마음 그늘마저 찍히는 듯 고갤 숙이곤 하던 오랜 나의 우울이 떠오르고
셔터를 내릴 수 있는 조그마한 가게라도 하나 있으면 그곳에서 철물이라도 짜며 조용히 한세상 마칠수도 있겠다던 궁핍한 나날들이 떠오르고
상점 셔터가 철커덩하며 내려지고 차디찬 자물쇠가 채워지는 것을 볼 때마다 그마저도 잠글 것 하나 없던 가난한 이웃들 마음이 밟혀 또 그렇게 문 내리는 하루 저물녘들이 무정하던 때들이 떠오르고

나도 누군가에게 무정한 셔터였을지도 모른다는 생각도 해보다

수없이 감아버렸던 눈이 떠오르고
수없이 닫혀가던 세상의 문들이 떠오르고
하얀 스크린을 올릴 일보다는
이젠 내 인생의 검은 막을 내려야 할 때가 가까워졌는지도 모른다는 슬픈 생각에 빠졌을 때
아무래도 저세상은 있는 것 같다고
그러지 않고서야 이렇게 사는 게 쓸쓸할 수가 있느냐고
이 생은 파토라고, 이런 것을 인생이라고 할 수 있느냐고
당신들은 이것이 사는 거라고 생각하느냐고 누구라도 붙잡고 이야기하고 싶을 때
나무들처럼 나도 한계절의 막을 내리고
다시 한 생의 막을 올릴 수 있다면 좋겠다고 생각도 해보다
사람은 죽어서 꼭 풀벌레로만 환생하는 게 아니라
저 셔터로도 태어나고 저 자물통으로도 태어나고
저 뺑끼로도 태어나는 걸 거라고 생각도 해보다
셔터라는 말 한마디에도 이리 목메는
이 아름다운 세상을 어떻게 버릴 수 있을지를 생각해본다

『사소한 물음들에 답함』

이 삶의 고가에서 잊혀질까 두렵다

가리봉2동 닭장촌에서 남부순환도로를 넘어 공단으로 가는 길은 그 고가뿐이었다 철근쟁이 어깨마냥 한켠으로 10도쯤 기울어진 계단, 6차선 순환도로 위에서 출렁거리다 꽈배기처럼 비틀려진 다리, 나도 그 고가를 비틀거리며 수없이 넘었다

그 고가 너머 한 닭장집 지하 끝방에 살았다 보증금 50에 월세 8만원 바퀴벌레와 쥐벼룩이 혼거하던 방 슈퍼집 외상 장부에 씌어지던 라면과 부탄가스… 여덟 개의 칸막이 닭장 위에 툭 트인 안방과 마루를 가진 주인 여자는 가끔씩 방문 앞에 서서 가지 않았다, 월세를 내지 않으려면 너의 젊음을 내놓으라는

그 방에서 때론 네 명이 부침개를 해먹고, 다섯 명이 술잔을 돌리고, 여섯 명이 자기도 했다 나는 그 지하에서 맑스와 레닌과 모택동과 호찌민과 중남미혁명사와 한국근현대사를 월경했다 사회주의 리얼리즘과 모더니즘과 포스트모더니즘을 주유했다 그러다 지치면 살갗이 벗겨지도록 두 번이고 세 번이고 수음을 하곤 했다

아침이면 다시 지하방에서 솟아오른 사람들이 공단으로 피와 땀을 팔기 위해 활기차게 넘던 그 고가, 그 길밖에 없었던, 젊은 날들을 다 보낸, 지금은 테크노 디지털밸리가 된 굴뚝 공단에 흉물처럼 남아 있는, 나처럼 남아 있는, 나는 아직도 그 불우하고 불온했던 삶의 고가에서 내가 잊혀질까 두렵다

『사소한 물음들에 답함』

재개발을 기다리는 까치들

구로시장 상가건물 4층
화장실에서 쉬를 하다
창 아래 전신주에 올라앉은
까치 한 마리를 본다

새집을 지으려는 듯
입에 문 나뭇가지 하나를
이 앵글 저앵글에 걸쳐보며
찬찬한 목수처럼 이 궁리 저 궁리
요량을 한다

바람에 위태롭게 날리는
마른 나뭇가지가 여긴 아니라고
이리저리 뒤척인다
못 미더운 나뭇가지 다시 물고
멀리 아파트 숲 사이로 날아가는 새여!

하늘에 뜬 집 하나 얻기가
우린 왜 이다지 힘든지

『사소한 물음들에 답함』

송종찬

화차를 기다리며

기다려도 화차는 오지 않네
가슴 깊이 매장된 석탄을 싣고
쿨럭쿨럭 연기 날리며 고개를 넘어오던
밤 열한시 중산역 연탄난로는 비어 있고
깨진 유리창 사이로 주산교습소의
불빛이 다가왔네

아버지의 어깨에 기대면
가슴 근처에서 부슬부슬 떨어져 내리던 탄더미
그 야윈 심장의 불길 위에
젖은 얼굴을 말리던 어느 눈 내리던 날
아버지는 돌아오지 않았었네

서울다방의 불이 꺼지고
강릉행 새마을호가 철길을 울리며 지나간 긴 靜寂
그 깊은 막장 속에 채탄차를 들여보내도
한숨과 절망 그리고 아득한 사랑이 뒤섞인
살붙이 같은 날들은 보이지 않네

담뱃불을 켜면 금방이라도
옮겨붙을 것 같은 휘발성 시간들
석탄기가 가고 석탄박물관이 세워지고
탄가루 섞인 도시락 밥을 먹으며
생존권을 외치던 함성도 사라져

나는 어느 텅 빈 역사에 앉아
다시 빛을 꿈꾸며
탄더미를 가득 싣고 언덕을 넘어오는
화차를 기다려야 할 것인가

『그리운 막차』(실천문학사, 1999)

신경림

길음시장

여기는 서울이 아니다
팔도 각 고장에서 못살고 쫓겨온
뜨내기들이 모여들어 좌판을 벌인 장거리
예삿날인데도 건어물전 앞에서는 한낮에
윷이냐 샅이냐 윷놀이판이 벌어지고
경로당 마당에서는 삼채굿가락의
좌도 농악이 흥을 돋군다
생선장수 아낙네들은 덩달아 두레삼도 삼고
늙은 씨름꾼은 꽃나부춤에 신명을 푸는데
텔레비전에서 연속극이라도 시작되면
일 나간 아낙들이 돌아올 시간이라면서
미지기로 놀던 상쇠도 중쇠도 빠지고
싸구려 소리가 높아지면서

길음시장은 비로소 서울이 된다

『가난한 사랑의 노래』(실천문학사, 1988)

귀뚜리가 나를 끌고 간다

찌르찌르찌르르 귀뚜리가 나를 끌고 간다
이곳은 서대문구 홍은동 산 일번지
좁은 방안 가득 모여 앉은 동네 아낙네들
남정네를 꺼리지 않는 농익은 음담 속에서
아내의 야윈 손이 가발을 손질한다
찌르찌르찌르르 귀뚜리가 나를 닦달한다
이번에는 충주시 역전동 사칠칠의 오번지
실공장에 다니는 그애한테서 나는 고치냄새
사과꽃 위에 하얗게 달빛이 쏟아지는
그애와 하룻밤을 보낸 호수 앞 여인숙
찌르찌르찌르르 귀뚜리가 나를 앞장세운다
저곳은 홍천읍 북면 복대리 오팔구번지
강물을 따라가는 숲길이 십리
부끄럼도 없는 내 거짓 맹세는
불행한 여자에게 불행 하나 더 보태고
찌르찌르찌르르 귀뚜리가 나를 끌고 간다

뉘우칠 줄도 모르는 나를 밤새도록 끌고 간다

『어머니와 할머니의 실루엣』(창작과비평사, 1998)

비에 젖는 서울역

쓰다 버린 것들과 남은 것들이 모두 이곳에 와서 모여 있다.

여름이라서 더욱 찬 빗줄기가 떨어져 찢어진 신문지 조각, 먹다 배앝은 음식 찌꺼기들을 축축하게 적신다.

밤이 깊으면서 모두들 옛날을 재연한다, 1987년 그 우렁찬 함성…… 1980년의 육중한 탱크소리, 비명소리…… 1960년의 그 빛나던 환호…… 그리고, 아아 1941년, 석탄재 풀풀 난리는 화물칸에 실려 압록강을 건넜지, 그 광활한 외인의 땅……

버린 것들은 버린 것들끼리 술판을 벌이고 남은 것들은 남은 것들끼리 싸움판을 벌여 광장에 작은 지도가 만들어진다, 비에 젖은 눈물에 젖은 이 나라의 지도가.

『뿔』(창작과비평사, 2002)

● 신현림

잠실의 늦가을

가을, 그 쓸쓸한 습격을 피해
그대들은 단란주점으로 가고 이 시대의 폐허,
성수대교를 보며 우리는 신천시장으로 왔다

다리 없는 사내가
돈 바구니를 밀며 시장 바닥을 기어가고
절망하는 시간도 아까워서
노점상 할머니는 도라지를 다듬고
즐비한 모텔 불빛은 물레방아처럼 바삐 돌아간다
리어카 상인의 카세트에서 위드아웃 유가 돌아간다
다들 허전해서 집에 돌아가지 못한다
무엇이 없어 늘 이토록 허전한가
왜 가난은 여전히 세습이 되고

왜 그들은 남을 죽이고 스스로 죽어가는가
어디로든 가야 하고 무엇이든 저지르는 인간
비닐 랩에 싸여 결국 썩어가는 물고기 같구나
자신을 보호해주리라는 믿음을 향해 우리는 간다

온 하늘을 태울 듯
눈부신 롯데월드에 당신은 가시는군요
거긴 정말 튼튼합니까
금이 안 가고 물이 안 새는 사랑도 팝니까
인간이 대충대충 부실한데
사랑도 조만간에 망가지겠지요
달라지면 서로가 돌봐주면 불안의 톱니바퀴는 잠드실까요

살림에서 영혼까지
자전거처럼 심플해져야겠다
마음의 안감은 황토 언덕으로 갈고
언덕 위에 흙집을 짓고 느티나무를 심어
바람에 나뭇가지 흔들릴 때마다
내게 남은 시간을 헤아려보자
곧 해 저문 잠실이 하얀 섬이 될 것 같구나
싸리꽃 같은 눈발이
막 쏟아질 듯해

『세기말 블루스』(창작과비평사, 1996)

● 안
　현
　미

거짓말을 타전하다

　여상을 졸업하고 더듬이가 긴 곤충들과 아현동 산동네에서 살았다 고아는 아니었지만 고아 같았다 사무원으로 산다는 건 한 달치의 방과 한 달치의 쌀이었다 그렇게 꽃다운 청춘을 팔면서 살았다 꽃다운 청춘을 팔면서도 슬프지 않았다 가끔 대학생이 된 친구들을 만나면 말을 더듬었지만 등록금이 없어 학교에 가지 못하던 날들은 이미 과거였다 고아는 아니었지만 고아 같았다 비키니 옷장 속에서 더듬이가 긴 곤충들이 출몰할 때도 말을 더듬었다 우우, 우, 우 일요일엔 산 아래 아현동 시장에서 혼자 순대국밥을 먹었다 순대국밥 아주머니는 왜 혼자냐고 한 번도 묻지 않았다 그래서 고마웠다 고아는 아니었지만 고아 같았다
　여상을 졸업하고 높은 빌딩으로 출근했지만 높은 건 내가 아니었다 높은 건 내가 아니라는 걸 깨닫는 데 꽃다운 청춘을 바쳤다 억울하진 않았다 불 꺼진 방에서 더듬이가 긴 곤충들이 나 대신 잘 살고 있었다 빛을 싫어하는 것 빼곤 더듬이가 긴 곤충들은 나와 비슷했다 가족은 아니었지만 가족 같았

다 불 꺼진 방 번개탄을 피울 때마다 눈이 시렸다 가끔 70년대처럼 연탄가스 중독으로 죽고 싶었지만 더듬더듬 더듬이가 긴 곤충들이 내 이마를 더듬었다 우우, 우, 우 가족은 아니었지만 가족 같았다 꽃다운 청춘이었지만 벌레 같았다 벌레가 된 사내를 아현동 헌책방에서 만난 건 생의 꼭 한 번은 있다는 행운 같았다 그 후로 나는 더듬이가 긴 곤충들과 진짜 가족이 되었다 꽃다운 청춘을 바쳐 벌레가 되었다 불 꺼진 방에서 우우, 우, 우 거짓말을 타전하기 시작했다 더듬더듬, 거짓말 같은 시를!

『곰곰』(랜덤하우스 중앙, 2006)

뉴타운 천국

저녁을 훔친 자는 망루에서 펄럭거리는 깃발에 피를 퍼부었고, 권력과 자본의 화친은 미친 화마를 불러왔다

북적이는 시장 사람들의 소리를 들으며 지혜롭게 늙어가던 포도나무는 철거용역들이 함부로 휘갈긴 빨강 래커 스프레이 해골들만 득시글득시글거리는 철거촌에서 포클레인에 찍혀 죽었다

한 번 태어났지만 돈이 없으면 두 번도 세 번도 죽어야 하는 세상
저녁을 훔친 자들만의 장밋빛 청사진
뉴타운 천국

두껍아 두껍아 헌집 줄게 새집 다오!
두껍아 두껍아 내 집 주니 셋집 주네?

풀 풀 풀 정처도 없이
뿔 뿔 뿔 정체도 없이

어떤 사람들은 어느날 느닷없이 왼손을 잘리고 남은 생을 오른손잡이로 살아가야 하는 왼손잡이처럼, 자신의 뿌리를 잘리고 남은 생을 자신의 뿌리 바깥에서만 살아가야 한다

『이별의 재구성』(창비, 2009)

● 양
　정
　자

사변 직후

　서울에 들어오면서 나는 여기저기 온통 총구멍투성이의 빈집들을 바라보았네. 아직 식구들이 돌아오지 못한 빈집들에는 잡초들이 내 키만큼 자라고 있었네. 마당에는 물론 마루 틈새나 지붕 기와 틈새에까지, 귀신 나올 듯 잡초들이 무성했어. 사람들은 식량이 모자라, 마치 시체를 먹고 자란 듯 유난히 불길하게 시퍼렇던 명아주 잎사귀들을 뜯어 나물 무쳐 먹곤 했지.
　동네 아이들은 거지애들처럼 유리 조각과 쇳조각을 주워 고물상에 갖다 팔기도 했지. 마포초등학교엔 미군들이 주둔해 있어 우리는 몇 달간인가 공덕초등학교에 다녔어.
　아버지 덕분에 우리는 보리쌀 배급을 탔지만, 그 배고프던 시절, 사람들은 모이기만 하면 온통 먹는 이야기뿐이었지. 미군 부대 쓰레기를 뒤져 꿀꿀이죽을 쑤어 먹는 사람들은 그래도 얼굴에 기름기가 흘렀다나. 시장에선 사카린을 넣은 붉은 수수개떡과, 마른 가죽을 화공약품 처리해 만들었다는 구시레라는 묵을 팔았지. 먹을 게 없어 우리 동네 철호네 누나는 양공주가 되었다 하네. 모두들 먹고살기 급급했던 참 어려운 시절이었지.

『내가 읽은 삶』(실천문학사, 2004)

옛 한강 길

　아침 붉은 햇빛을 돛폭에 안고 한강 가득 서해에서 만선이 되어 돌아오던 돛단배들. 고기와 짐을 부리고 싣고 나르고, 생선 장수들 왁자지껄한 목소리로 귀가 먹먹하던 곳. 등천하던 비린내, 생선 썩는 냄새. 펄펄 살아 뛰는 물고기처럼 푸른 물결이 등을 보이며 출렁거리던 곳.
　싯누렇게 터질 듯 알밴 조기 몇 마리 사서 새끼에 매어달고 아버지와 함께 신명 많던 어린 동생과 내가 노래 부르며 걸어왔던 길. 뭐라 형용할 수 없는 온갖 골탁지근한 젓 냄새 진동하던 마포 종점 새우젓 도가를 지나, 자동차는 별로 다니지 않고 우마차만 가끔 지나가고, 땡 땡 땡, 한가로운 전차만 지나가는 그 길을 따라.

『내가 읽은 삶』

유종순

서울 예수

산동네 공터에서
매일 밤 그이는 바라본다

하루의 땀과 피곤을 씻는 수돗물소리와
싸움박질 소리와 욕소리와 무언가 깨지는 소리와 울음소리와
가난보다 더 독한 소주에 검붉게 달아오른
한 무리 야근행렬들의 거친 목소리들이
산동네 공터로 정답게 몰려들 때

나는 바라본다 가깝고도 먼
산 아래 도시의 휘황찬란한 불빛 속에서
요사스럽게 돋아오르는 붉은 네온의 십자가를
복과 천국을 향한 정신질환의

기도와 노랫소리가 넘쳐흐르고

사랑과 평화와 정의와 진리도 덩달아

입안에서만 달콤하게 넘쳐흐르고

넘쳐흐르는 열기만큼 쌓이는 지폐 다발에 미쳐

밤이면 밤마다 붉은 혀 날름거리며 돋아오르는

수천 수만 붉은 네온의 십자가를

그이가 목숨 바쳐 사랑한 찌든 얼굴들은

허울좋은 도시계획에 밀려 이렇게

산꼭대기로 쫓겨와 한숨보따리를 풀어놓고

이젠 그이마저도

거칠고 무거웠지만 투명했던 삶의 십자가를 빼앗긴 채

부드럽고 매끄럽고 향기로운 티크나무 십자가에

이탈리아산 대리석 인테리어에

금도금 은도금 보석장식 장신구에 곤충 표본처럼 박혀

결코 살아날 수 없는 화석이 되어가고 있는데

저 십자가 뾰족지붕 아래에선 하루 종일

아브라함이 이삭을 낳고 이삭은 야곱을, 야곱은 열두 아들을 낳았고만을 가르칠 뿐

이 척박한 땅 팍팍한 삶 속에서 어떻게

지 애비와 에미가 사랑으로 만나 어떻게

자기를 낳아 키웠는지 가르치질 않는다

간혹

동정과 재미와 사교와 심심풀이의 그럴 듯한 사랑으로
이곳 산동네까지 헌 옷가지와 라면상자를 들고 올라와
자랑스러운 듯 던져놓고는
우리의 게걸스러운 가난과 뻔뻔한 수치와 뻣뻣한 열등을
단 5분 동안 가슴 아파하다가 돌아갈 뿐이다

산동네 공터에서
그이는 그 모두를 바라본다
멀기만 한 도시의 불빛과
쉬지 않고 붉은 혀 날름거리는 네온의 십자가와
그것들이 이루어놓은
위선과 거짓과 타락과 기만의 휘황찬란한 그 모든 삶을
바라보면 바라볼수록 절망뿐인 그 모두를
그이는 매일 밤 바라본다

『고척동의 밤』(창작과비평사, 1988)

유
종
인

발가락

지하철 입구 길바닥에 앉은 할머니,
곱은 손으로 생강을 다듬고 있다
댓잎 같은 새파란 생강 잎새가 떠올랐다
뿌리가 달려서 댓잎의 청춘은 버릴 수 있었다
채 몇 무더기도 되지 않는 생강들,
썩어가는 발가락처럼 보였다
저 바람에 둥글어지는 할머니 품에서
여차하면 각질이 심한 할머니 엄지발가락마저 다듬어 내놓을 것 같았다

예전에 나눠 마신 고운 피가
썩어가는 생강처럼 이제 발가락 끝에 몰린 것 같았다
아프지 않아서 움죽거려보는 발가락들,
발싸개 속에서 버석거리는 발가락들,

한밤중에 홀로 발바닥으로 제 뺨을 때리며 논 적이 있는가
문득 날생강을 깨물어 먹는 할머니, 아궁이불 속에 밀어드리고 싶다
타버린 발가락들, 매운 생강 내를 풍길 것 같다

『수수밭 전벌기』(실천문학사, 2007)

윤재철

북한산을 오르며

고3 소풍이라는 것이 참으로 심심해
엉덩이에 붙은 걸상 한번 떼어놓고
한나절 바람 쏘이고 오는 일이지만
전체사진 한 방 찍고
더러는 저만치 숨어서 소줏병을 불어대고
더러는 닭싸움, 말타기도 하고
그렇고 그런 소풍이었지만
그날 너희들은 또 다른 마음 공부를 했었다
왕십리 행당동 성수동에서 학교 다니던 너희들에게
산을 오르고 내리며 본 평창동의 집들은
눈이 부시게 크고 으리으리해
아, 세상에 이런 집들도 있구나
문패는 하나도 없는 집집이

넓은 잔디밭에 잘 가꾸어진 정원수에
조형적인 대건축물들
아 이런 집들이 영화에 나오는구나
저런 집엔 정말 누가 살까
누구도 한 마디씩 하며 담장 안을 기웃기웃
더러는 초인종을 누르고
껌종이나 깡통을 담장 안으로 던져 넣기도 하고
돌을 날리기도 해
야단도 치고 말려보기도 했지만
짐짓 모르는 척 지나쳐왔었다
장사도 하고 가내공장도 하고 운전도 하고
그렇게 열심히 살아가는 너희들 아버지 어머니가
이룩해 놓은 세상과는 너무도 다른 세상
이제 졸업을 하면 너희들이
저 밑바닥에서 기어야 할 언덕 위의 하얀집들
다시 그 길을 오르며
그림같이 완강한 집들을 보며
이제는 여기저기 흩어져 결혼도 하고
너희들 아버지나 어머니나처럼
개미같이 땀흘리며 살고 있을
너희들을 생각했다.

『그래 우리가 만난다면』(창작과비평사, 1992)

쌀밥을 선전하는 시대

노량진 전철역을 지나며
든든한 쌀밥
든든한 하루
쌀밥을 선전하는 입간판을 본다
그 옆에는 캘리포니아 건포도
신데렐라 건포도 입간판

어린 시절
미국산 잉여농산물
하얗게 손 우유덩어리를 핥고
옥수수죽, 밀가루 수제비를 먹으며
사십여 년 길들여진 입맛에
코카콜라 켄터키 치킨
맥도널드 햄버거 무슨무슨 피자
쏟아져 들어오고
미국이 우리를 먹여 길렀느니
미국이 우리를 입혀 길렀느니
이제는 쌀밥도 미제 쌀밥

미국산 잉여농산물
푸대자루마다 박힌

성조기 주먹과 태극기 주먹이

굳게 악수하던 마크가

이제 태극기 주먹은 자취도 없어

성조기 주먹만 횡행하는데

우리 땅에서 우리 땀으로 키운 토종벼가

마지막 힘겹게 힘겨루기를 한다.

『그래 우리가 만난다면』

● 윤
　중
　호

흑석동 김씨
—이 땅에 살며 뿌리내리는 것만으로도 사랑이라 이름하는……

낯선 불빛 사이로
비가 내린다, 한강은
울먹이며 젖어드는데
가을걷이는 다 끝났나 몰라
팔팔하던 근력도, 이젠
옛날 같잖아
소주 한잔에도 휘청대지만
충청도, 파꽃 피던 정든 마을도, 다
물에 잠겼다더라
감꽃 같던
느린 말투, 흥건한 눈물도
모두 떠났다더라,

아무도 없는
고향을 가면 뭣하나
물푸레나무 위로
유람선만 지나고
안개만, 지천으로 핀다는 걸
쓸쓸한 웃음만 흘러드는 서울에서
포장집 취한 그림자로 젖어들며 살지만, 들린다
들린다
고향 봄 밭둑의
속살대는 아지랑이 소리, 소리.

『삶의문학 시선집』(실천문학사, 1985)

흑석동 日記 · 하나

흑석동 산 날멩이, 내가 세든
무허가 판자집 너머
헐리운 집 담장 너머에, 샛노란
돼지감자꽃이 피었습니다.
바람이 불면 흔들릴 줄도 알아서
한강 대신 흐르던 저녁안개가
무허가로 밀려와도

손뼉치며 깔깔댑니다.
오랜 행상에 지친 우리 엄니는
삭월세 보증금 걱정을 하시고
판자집과 함께 언제 뜯길지 모르는, 내 건강을
걱정하시지만
"근디 엄니"
저는 딴전피며 말했습니다
"글씨 두고 봐유, 내년에도 다시 돼지감자꽃이 필 텡께유"

『삶의문학 시선집』

흑석동 日記 · 둘

일곱 세대가 세들어 사는
내 옆방의 옆방 아저씨
일 년을 살고 나왔다고도 하고, 접때는
이 년을 살고 나왔다고도 하는
그 아저씨의 죄를 나는 모른다.
나이 오십이 넘도록, 한 게 뭐 있냐고
술취한 아저씨에게 대드는
아줌니의 앙칼진 목소리에도, 조금씩
시린 습기가 배어가고

눈이 내리고,
판자집만 즐비한 산동네에도
새벽이 오려는지
바람은 더 거세어지고
산도 웅크리고 낮아져
예배당 종소리는
언 하늘에 낮게 부딪쳐
눈은 내리는데
얇은 벽 사이로 들리는
"나 좀 내비둬"
아저씨의 목쉰 웃음소리
위로 눈은 내리는데
새벽은 오겠지
부엌문이 열렸다 닫히고,
나는 내 옆방의 옆방 아저씨를 모르고
삼 년도 넘게 일자리를 못 얻게 하는
그 아저씨의 모진 죄가 무엇인지를 모르고…….

『삶의문학 시선집』

남대문시장에서
―꽃가게의 할미꽃을 바라보며

왜 또 이렇게 피어나는규, 할머님
구부러진 허리도
진주홍 죽음꽃도 여전하신데
눈물, 한숨 범벅타령으로
일흔 평생을 피시구선, 아직
눈 못 감을 원이 남으신규? 또
달밝은 밤에는
풀피리를 잘 부셨다는
할아버님 얘기가 남으신규?
그래도 그렇지유 할머님
왜 낯선 남대문 꽃가게에서
웅숭거리고 모여계신규.
할머님,
여긴 도매시장이래유.
할머님이 걱정하시던
이 손자놈의 성깔도 도매금으로 넘어가고, 다섯 번도 넘게
실직을 했고, 터벅터벅 아무도 없는
삭월세방으로 돌아가 불을 켜면
키보다 더 길어진 그림자만
불빛에 매달려 흔들거려유.

서울은 뒷구리보다 엄청 크고
친구들은 멀리 있구유.
장타령에 소주 한잔을 걸치며
아는 얼굴을 찾아, 질척거리는
남대문시장을 기웃거리는
이 손자놈을 보시구선
왜 자꾸
눈물만 흘리시는규.
왜 자꾸 말없이
고개만 숙이시는규, 할머님.

『본동에 내리는 비』(문학과지성사, 1988)

본동일기 · 넷
— 본동에 내리는 비

성님, 모든 게 젖습니다.
아침마다
국립묘지를 다녀오시는, 옆집
할아버지의 보건 체조가 젖고,
또 하루를 공친, 지하철 공사장 아저씨들의
담배 연기가

선술집에서 젖고,
보증금을 20만 원씩이나 넣은
내 사글세 방 앞에 심어논
호박잎이 젖고, 그 뒤로
아무렇게나 버려진 공터의
풀잎이 젖고,
옆방 아저씨의 청승맞은 유행가도
따라 젖고, 젖다가는
한강물도 제법 뽀얀 물보라를 튀기면서
젖어갑니다.
성님, TV에서는 한강 수위가 어쩌구
말이 많지만, 제일한강교 위로
대낮에도 불을 켜고 씽씽 달리는 차를 보며
산동네 사람들은, 애기를 들쳐업고 꾸적꾸적
물귀경갑니다. 아무도 말을 하지 않습니다.
무섭게 불어 오르는 물을 보며
무슨 생각을 하는지 알 수야 없지만
깜깜하도록 퍼붓는 장마비도
지랄 맞고 눅눅한 산동네의 답답한 마음들은
적시지 못하는 모양이지요?

『본동에 내리는 비』

양화대교를 지나면서
―1993년 3월. 살아 남은 자의 슬픔

두 정거장만 더 가면 되는데, 양화대교 중간에서 버스가 꼼짝도 하지 않는다. 사고가 난 것일까? 앉아 있는 사람들이 목을 길게 빼고 바라보다가 아예 눈을 감고 의자에 기댄다. 앉아 있는 사람들이나 서 있는 사람들이나, 아무것도 보이지 않는 것은 마찬가지지만, 나는 다리가 아프다.

두 정거장만 더 가면 되는데, 감이 좋은 운전 기사도 아예 라디오의 '여성싸롱'에 귀기울이는지 라디오를 크게 틀어놓고는 한갓지게 담배를 빼어 물었다. '사랑받는 아내'들의 편지글이 이어지고, 승객 몇몇은 라디오에 귀기울이다가 같이 따라 웃고, 또 몇몇은 서울의 고질적인 교통난에 대해 간헐적으로 불만스럽게, 그러나 이골난 특별 시민답게 얼굴색이 바뀌지는 않았다. 나는 다리가 아프다.

"저희 회사가 개발한 스쿠알렌은 심해 상어의 간에서⋯⋯" 공항 입구에서 한차례 판을 벌였던 진통제가 주상품인 제약회사의 약장수가 다시 '여러분의 건강'을 느릿느릿 팔고 있다. 살기가 지루할 땐 '건강이 최고'라는 듯이 몇이 그가 나누어준 신청서를 무릎 위에 올려놓고 끄적이고 있다.

경찰의 호루라기 소리, 나는 다리가 아프다. 멀뚱멀뚱, 양화대교 밑으로 한강이 흘러가고, 멀뚱멀뚱, 한강을 바라보고 있다. 한강이 실어오는 것은 무엇일까? '프로야구 시범 경기 팡파르' 내 앞에 앉아 있는 젊은 여자가 한번 훑어본 스포츠 신문을 다시 펴고서 세계의 패션 조류에 대해 심각한 관심을 보이고 있다. '여성싸롱'이 끝나고 뉴스가 시작되자, 나이 먹은 운전 기사는 이리저리 다이얼을 돌리더니, 꺼버렸다.

"돈이 한푼도 없어요" 아침에 돌짜리 아들놈을 들쳐업고 아내가 말했다. 나는 다리가 아프다. "마음대로 사랑하고 마음대로 떠나간……" 운전 기사가 테이프를 틀었다. 성능 좋은 카세트테이프, 버스 안이 쿵쾅거렸다. 모두 좋아하는 노래인가? 아무도 말이 없다. 내 앞에 앉아 있는 젊은 여자가 스포츠 신문을 접어놓고, 소설책을 읽고 있다. 눈을 찌푸리고 책의 제목을 본다. '살아 남은 자의 슬픔' 나는 다리가 아프다.

슬금슬금 버스가 움직이기 시작했다. 멈추었다 가고, 가다가 다시 멈추었다. 양화대교 위에서 보면 찌푸린 당산철교 밑으로 공사가 한창이다. 여의도가 보이고 쌍둥이 빌딩이 보인다. 돌아보니 양화대교 끝쯤에서 휴지처럼 구겨진 승용차와 겉보기에 멀쩡한 대형트럭이 서로 으르렁대듯 마주보고 있다. 핏자국, 또 녹색 액체, 깨진 유리 조각들. 합정동을 지나, 홍대 입구에서 차가 멈추자, 『살아 남은 자의 슬픔』이 또박또박 내렸다. 약장수가 내렸다. 나도 내렸다. 하루가 무사하다.

『금강에서』(문학과지성사, 1993)

● 이강산

집

1

맞벌이 영세 서민 부부가 방문을 잠그고 나간 사이 지하 셋방에서 불이 나 방 안에서 놀던 어린 자녀들이 밖으로 빠져나오지 못하고 질식해 숨졌습니다.

다섯 살 혜영 양은 방바닥에 엎드린 채
네 살 용철 군은 옷더미 속에 코를 묻은 채

이들 부부는 충남 공주군 계룡면 금대 2리에서 논 900평에 농사를 짓다가 가난에 못이겨 70세 노모와 헤어져 서울로 올라왔으며 지난해 10월 3평짜리 지하 셋방을 전세 4백만 원에 얻어 살아왔습니다.

(1990. 3. 10. 중앙일보)

2

생후 5개월된 김지용 군이 변을 당한 것은 아침 7시경.

밤새 내린 폭우로 김씨 가족이 살던 서울 도봉구 번동 47 지하실 셋방에 물이 차는 바람에 깊은 잠에 빠져 있다 방 안에서 그대로 익사하고 말았습니다.

이웃 사람들은 공터로 난 창문이 조금만 더 높거나 창문 앞에 벽돌 한 뼘만 쌓았어도 이처럼 어처구니 없는 죽음은 막을 수 있었을 것이라며 안타까워했습니다.

(1990. 9. 10. 동아일보)

3

서울 서대문구 홍은1동 재개발지역에 사는 홍은국민학교 2학년 이현상 군은 28일 아침밥도 거르고 잠바도 입지 못한 채 쌀쌀한 등교길에 나서야 했습니다.

이날 오전 8시 20분경 화물트럭을 운전하는 아빠가 출근하고 난 뒤 엄마 동생과 함께 아침밥상을 받고 있을 때 갑자기 거대한 포크레인을 앞세운 철거반원이 들이닥쳐 집을 부숴버렸기 때문이었습니다.

엄마가 애들 밥이나 먹이고 학교에 보낼 수 있도록 철거를 한 시간만 멈춰달라고 눈물로 애원했으나 철거반원은 막무가내였습니다.

(1991. 3. 29. 동아일보)

4

'철거반—주민 격전'

21일 오전 서울 전농동 제4개발지구에서 강제철거에 반대하는 주민들이 화염병을 투척하자 철거반원들이 돌을 던지며 대응하고 있다(사진)

(1995. 7. 22. 동아일보)

『세상의 아름다운 풍경』(실천문학사, 1996)

뱀골
—집

경기도 고양군 행신리
행신 오거리에서 마을버스를 타고
뱀골로 들어간다
일찍부터 뱀이 많아 뱀골로 불렸다고
뱀 한 마리 살지 않는
무허가 판자촌 산비탈마다
합판조각과 루핑조각들이 사람들과 어울려
뱀처럼 꿈틀대는 마을
짓고 헐리고 다시 짓고
못질 소리가 일 년내 끊이지 않는 마을
서울 셋방살이 집값에 밀려
내 집 한 칸의 꿈으로
재개발 임대주택 딱지 한 장의 꿈으로

소문 없이 스며드는 마을
남자들이 서울로 들어간 일요일
오늘은 마을회관을 완성해야 합니다
주민 여러분의 협조가 필요합니다
칼날 같은 부녀회원의 목소리가
철거반원처럼 산비탈을 타고 오르면
겨울잠 든 아이들도
개집 같은 판자쪽문을 열고 뛰어나오는 마을
둘셋씩 각목을 집어드는 마을

『세상의 아름다운 풍경』

● 이대흠

두만강 푸른 물

　파고다공원에 갔지 비오는 일요일 오후 늙은 섹스폰 연주자가 온몸으로 두만강 푸른 물을 불어내고 있었어 출렁출렁 모여든 사람들 그 푸른 물속에 섞이고 있었지 두 손을 꼭 쥐고 나는 푸른 물이 쏟아져 나오는 섹스폰의 주둥이 그 깊은 샘을 바라보았지 백두산 천지처럼 움푹 패인 섹스폰 속에서 하늘 한 자락 잘게 부수며 맑은 물이 흘러나오고 아아 두만강 푸른 물에 님 싣고 떠난 그 배는 아직도 오지 않아 아직도 먼 두만강 축축한 그 섹스폰 소리에 나는 취해 늙은 연주자를 보고 있었네 은행나무 잎새들 노오랗게 하늘을 물들이고 가을비는 천천히 늙은 몸을 적시고 있었지 비는 그의 눈을 적시며 눈물처럼 아롱졌어 섹스폰 소리 하염없을 듯 출렁이며 그 늙은 사내 오래도록 섹스폰을 불었네

『눈물 속에는 고래가 산다』(창작과비평사, 1997)

이병승

엄마의 팔뚝

밤 사이
리어카 바퀴를 송곳으로 쑤셔버려 장사 망친 날도
생선 바구니 이고 버스에서 쫓겨 내려온 날도
차비 아낄려고 밤길을 걸어오던 날도
참았다
참고 또 참았다
자릿세 뜯어가는 깡패들에게 거둬 바치고
경찰서에 거둬 바치고
화장실마저 못쓰게 하는 가게 주인들이
서럽고 미웠어도
시금치 한 단을 다듬으며 울분을 다듬고 땀으로
옥수수를 찌고 배부른 놈 악세사리처럼 목숨이 달랑거려도

앉은 자리에서 쓰레기통으로 굳어버려도

한겨울 호떡처럼 짓눌려 살아도

지금쯤 어느 버스에 매달려 볼펜을 팔고 있을 남편

공장으로 돌아갈 날 그리며

둘째가 대학에라도 붙을 날만을 간절히 빌었다

리어카를 끌며 어느새

남편보다도 굵어진 팔뚝

시커매진 얼굴이 부끄럽기도 했지만

그래서 더 이쁘다는 말에 기운도 솟고

조그만 가게라도 하나 마련할 꿈으로 버텼건만

누가 우리더러 죽으라 하는가

누가 우리더러 싸우라 하는가

노점장사가 정말로 보기 싫은 건 정작

에미 앞을 피해 저만치 돌아가는

자식놈이다

에미 행상 보따리를 이고 길바닥까지 따라나오는 자식놈

쓰린 속이다

노점장사 때려 치우고 싶은 건 정작

우리들이다

밤새 리어카 끌어가 밥줄을 부셔놓고

단속반 풀어 발길로 차고 때려부수고

방패로 밀어붙여도

갈 데까지 다 가서 노점상이다

갈 데까지 다 가서 길바닥이다

명동성당이다

철창이다

악으로 버텨온 눈물의 팔뚝이다

네놈들 모가지를 비틀어버릴 무서운 팔뚝이다

백골단이고 전경이고 두려울 게 없는

우리다

여편네들이 한바탕 붙으면 얼마나 무서운지

니기미 씨펄

죽기 아니면 살기로 보여주마!

저렇게 남편이 와 있고 자식놈이 와서 외치고 있는데

애태우고 간태우고 속태우는 노태우를 때려잡자!!

전국 노점상 단결하여 생존권 쟁취하자!!

저토록 힘차게 살아 있는데!!

자 엄마의 팔뚝을 봐라 아빠보다 굵어진

무서운 팔뚝을!!

『들꽃 같은 남정네들 분꽃 같은 아낙네들―48인 신작시집』(실천문학사, 1990)

● 이
　수
　익

수색 역(水色驛)

느긋하게 한숨 자고
가득한 포만으로 식사를 끝낸
젊은 노무자들은
합숙소를 떠나 일터로 향하는 길
천천히 발걸음 옮긴다.

충전된 힘으로 그들은
오늘도 일을 만나
무섭게 들소처럼 제 몸을 던지리라.

그리고 이 시간쯤엔
휴식을 위해 합숙소로 돌아오는 이들도

있다. 그들 가슴은
기력을 탕진한 이후의, 나른한 피로에 젖어
펄럭이고

더러는 남아 있는 기운이
거친 슬픔과 뒤섞이며, 때로는
기분을 받아줄 대상도 없이 제 스스로에게
씨팔,
욕설이라도 내뱉고 싶을 것이다.

널따랗게 열려 있는 수색역 차고지를
묵묵히 드나드는
빛나는 검은 육체, 젊은 사내들 같은

열차, 그리고 열차들.

『꽃나무 아래의 키스』(천년의시작, 2007)

어느 밤의 누이

한 고단한 삶이
내 어깨에 머리를 기댄 채

혼곤한 잠의 여울을 건너고 있다.

밤도 무척 깊은 귀가길,
전철은 어둠 속을 흔들리고…

건조한 머리칼, 해쓱하게 야윈
핏기 없는 얼굴이
어쩌면 중년의 내 이종사촌 누이만 같은데
여인은 오늘 밤 우리의 동행을 아는지 모르는지
내 어깨에 슬픈 제 체중을 맡긴 채
송두리째 넋을 잃고 잠들어 있다.

어쩌면 이런 시간쯤의 동행이란
천 년만큼 아득한 별빛 인연일지도 모른다는
생각에 이르자 나는 잠시 내 어깨를 빌려주며
이 낯선 여자의 오빠가 되어 있기로 한다.

전철은 몇 번이고 다음 역을 예고하며
심야의 지하공간을 달리는데…

『꽃나무 아래의 키스』

이승철

1984년 구로동 불빛

누이여 그날 밤 난 우연히 너를 보았다.
은빛 지느러미처럼 반짝이다가 핏발 선 눈길로 다가서던
구로동 샛길가 누님네 셋방에서
조카들 악쓰며 울어대던 그해 늦가을이었을까
바로 거기에 그 수돗가 옆방
온밤내 꺼지지 않던 불꽃송이 있어
왜 그런지 잠잘 수 없었다
열여덟 먹은 고만고만한 계집아이 누이여
희끄무레한 형광불빛 아래 누워 혹은 엎드려
밤새워 넌 무얼 했더냐
허리 굽어 요강단지 신세나 지는 고향땅 어미아비
그리워 그리워서, 눈꺼풀 흡뜨며 편지글 썼다더냐
저 멀리 어디선가 둘둘셋씩 다가와 쏜살처럼 사라져가던

애잔한 자동차 소리 쟁쟁토록 끝없고
너에게 산다는 것은
낮밤이 따로 없이 일한다는 것인 줄
그때 난 알았다
가을 소슬바람은 속절없이 찾아와 문풍지를 울리던 그 밤에
방 윗목 저만치께 밥상을 봐놓은 채
너희 또래 동무들 어서 오길 기다린다 했지
그날 밤 넌 나에게 다소곳이 말했었다
내일도 변함없이 새벽같이 일어나
기계소리 왁자한 공장바닥 속으로 가야만 한다고…
난 아무 말도 할 수 없었고 그저 창밖을 바라보며
콘베이어 벨트 따라 한없이 흘러내리던 부품들과
그 마디마디에 맺힌 네 땀방울, 아울러
얄팍한 네 월급봉투 따위를 떠올렸다.
3교대에 조출철야, 하루 열몇 시간 노동으로
빼앗기고 짓뭉개진 네 젊은 날을 관념적으로 가슴 아파했다.
누이여 지금도 난 잊지 않고 있다
쓴웃음 머금고 네가 쏘아붙이던 그 외침은
세상살이 허투루 생각지 않겠다던
생존에의 끈질긴 다짐이기에
내 모습이 오히려 초라해 보였다
아무렴, 네 말이 옳다 옳다 누이여
그래도 세상은 살 만한 것이라고

얼렁뚱땅 되넘기던 나를 용서해다오

숨죽여 흐느끼다 꺼윽꺼윽
울음울다 가슴팍마다 달겨들던
1984년 구로동 샛길가 형광불빛들아
거짓 네온싸인 휘황한 저 거리에
두 번 다시 헤매지는 않으리라
기름먼지 얼룩진 작업복 속에
이내 청춘 붙박으리라 맹세했던
그해 구로동 벗들과의 눈물겨운 약속들이여
너 지금 어디서 머물며 무얼 한단 말인가.

『세월아, 삶아』(두리, 1992)

작업일지 2

한밤의 작업 속에 창 밖을 쳐다본다.
일에 쫓기고, 가진 것 없는 우리들
날마다 3교대에 정신이 팔려
깡소주로 버팅기는
노동의 잔뼈 굵은 팔뚝 아래
또 하루가 시작되어서

할당량 초과 독촉하는 김반장 부릅뜬 눈 끝없고 말야,
용광로에 쏟아져 내리는 주물 용액덩이 피스톤에 맞물려
섭씨 삼백도 불컵들이 척척 토해져 나올 때
내 손을 거친 저 주스잔은 어디로 갈까.
이 밤 피스톤의 움직임은 새벽녘 급행열차 울음으로
선잠도 없이 작동하고
하품과 쏟아지는 잠부스러기와 기름때 묻은 사내들
그래, 벗들아 우린 시든 청춘꽃이어도 좋다
날마다 3교대에 찢긴 몸 되어
낮밤이 없는 청춘꽃
타향땅 구로 3공단에 핀 개불알꽃 신세일망정
인생이 뭐 별것이냐 삶은 이렇게
태어나서, 일하고, 병 들다, 그저 소리없이
그 무엇에 밟혀 사라지는 것이라 하던데……

구로 3단지 작업장 빈 터에 내리꽂히는 잔별들아
너희, 우릴 무지렁이 못난 놈이라고 손가락질해도
우린 오늘도 작업량 초과달성 해치운 하루다.
우리네 몸뚱이 못 견디게 피곤해,
새벽별 마중나온 퇴근길
휴지처럼 구겨져 다리가 꺾일망정
그 눈길은 살아 고향녘 하늘가 문문히 쳐다들 볼 때
살면서 두 번 다시 쩨쩨한 눈물 떨구지 말자 한

언젠가 그 약속 소중하였기에
별빛 손짓하는 고향땅 언덕 찾아 휘달리고 싶어도
내 그리 못한다 어허히 어허
하루 세 끼 밥그릇과 새우잠의 삶, 한번도
이따위 목숨 포기하지 않은 생존의 진지함이여.

『세월아, 삶아』

청소부 金氏

안개더미 내려와 충정로 아스팔트를 적시는 새벽녘
청소부 김씨를 만났다.
황색 조끼에 허름한 바지, 그가 살아온 생애를 말해주는
검은 손 좁은 이마에 수줄기 잔주름
자꾸자꾸 포도 위 휴지조각을 쓸어담는
익숙한 몸놀림 속엔
싸리비 하나에 맡긴 그대 한평생 삶이 보이고

청소부 10여 년에 남은 것은 무엇인가
내 인생 후반기를 잔뼈 굵은 쓰레기더미와 맞붙기 위하여
언덕배기 집을 나설 때
아내는 차조심 차조심하라고 인사를 하고

그 누구도 밟지 않은 새벽길 밟으면 힘이 솟구친다
쓸어도 쓸어도 다시 쌓이는
가래와 먼지와 재채기 속에 내 하루는 시작되고

내가 차지하는 종근당빌딩 일대의
오만가지 잡동사니 중에는
그 언제던가 광화문 · 종로통을 돌다 쓰러진
그대 친구들 못다한 함성
세상살이에 지친 발자욱들이 남기고 간 비명소리마저
살아서 꿈틀거린다

내가 쓸어붙여 말끔히 마련한 새벽길 모퉁이
밤이면 구토와 욕지거리와 피울음이 섞여
내가 차지할 거리마다 가득 쌓여도
아무도 잠 깨지 않은 새벽에 홀로 일어나
황색 조끼 입으면 왜 그런지 힘이 솟는다, 솟아
내가 다지는 아스팔트에 그 동안 겪어온
고통이라든가 슬픔 따위를 처바른다

새벽마다 시작된 내 끝없는 노동으로
깨끗한 아스팔트 길이 다시 열리고
당신들 짝지어 더럽힐지라도
나는 또 다시 쓸어담는다, 아스팔트 밑 흙더미

그 싱싱한 맨살이 보일 때까지.

『세월아, 삶아』

● 이승희

집에 오니 집이 없다

이 길은 어느 길 따라 예까지 왔을까. 길이 길을 업거나 안거나, 질질 끌고 달려온 이곳을 나는 모른다. 하나는 신촌에서, 하나는 여의도에서, 하나는 용산에서, 하나는 광화문에서 왔지만 공덕동 오거리에서 서로 몸 섞고, 서로의 길을 막으며, 서로의 길을 비켜주며 떠나갈 때, 나는 길 하나를 데리고 만리동 고개를 오른다. 한겨레신문사를 지나 만리동 고개 턱밑에 이르러 어깨동무를 풀고 쉬는 곳. 나는 다시 길의 손을 잡고 연봉파출소 골목으로 들어간다. 얌전하던 길이 층계에 걸려 가쁜 숨을 쉰다. 그러나 긴 몸을 좌우로 흔들며 여전히 나를 따르는 길과 나는 집으로 간다.

　　벌레 먹은 나뭇잎 같은 창을 달고
　　서로 부둥켜안고 사는 집들
　　그렇게 고개를 넘어 청파동으로
　　서울역으로 가는 집들이 있네

나는 길을 그 자리에 누이고, 잠을 재운다.
다투어 내미는 골목들의 손을 잡아
한번쯤 반갑게 손 흔들다 보면
60촉 전구 두 개를 켜고 재봉틀을 돌리는
주인집 부부의 모습이 불빛에 흔들리고
그 한켠으로 두 딸이 누워 엉킨 실밥 같은 꿈을 꿀 때
나는 어둠속에서 열쇠구멍을 찾는다.

익숙해지는 어둠이 흰 이빨 드러낼 때
열리는 문, 거기
집은 없고
수도 없이 열린 길들이 나를 맞는다.

『저녁을 굶은 달을 본 적이 있다』(창비, 2006)

● 이
　시
　영

옛 나루에서

마포강 옛 나루에 비가 내릴 때
저 건너 밤섬에서 배 저어 오는 소리
강심에 둔탁하게 노 박히는 소리
"예누미야, 둔 줌 벌었네?"
"아이구 말두 맙서다레. 강화 잇섬꺼정 나갔다가
도미는커녕 조기새끼두 못 건지구 빈 그물루 돌아왔쉐다.
일본 배들이 하두 설쳐설라무네."

마포강 옛 나루에 비가 스칠 때
어둑어둑한 뱃전에 배 부딪는 소리 밀리는 소리
"예누미야, 둔 줌 벌었네?"
"아이구 말두 맙서다레. 해주 앞바당꺼정 나갔다가 일본놈으 새끼들이 하두 설쳐설라무네."

강심에 노 끌리는 소리 물 조이는 소리
어디서 팽팽히 호롱불 밝는 소리 풀리는 소리

『길은 멀다 친구여』(실천문학사, 1988)

이태원길

아름드리 포플라 나무 쭉하니 뻗은 이 길은
한때는 돌자갈 툭툭 날리는 신작로길이었으리
강원도에서 달려온 산판트럭이 무거운 목재를 싣고
땀 흘리며 뻘뻘 넘는.
바큇살 빠진 납짝한 자전거가
중절모 쓴 중늙은이를 싣고 퇴근길 비칠거리는.
그러나 오늘은 이 거리에 국제도시의 뒷골목이 들어서 있다
게이 바와 유엔 클럽이 나란히,
디스코 나잇 크리스탈과 세븐 돌핀스 클럽과 침례교회가
쥬얼리 일 스킨 샾과 호돌이 국산인형가게와 모닝슈스가 노오란 엉덩이
를 맞부비고 있는
매음의 거리 소음의 거리 수치의 거리
아스팔트 덕지덕지 묻어나는
내일은 이 거리가 무엇이 될까
가지 않는 773번 좌석버스 의자에 쭈그리고 앉아

나는 내일의 그 모습이 생각나지 않는다

『길은 멀다 친구여』

과천서 서울로

과천서 사당동으로 넘어오는 까치고개에
차들이 막혀 있다
눈이 펑펑 내린다 갈 수 없다
옛날엔 이 길로 過客들이 줄 이었겠지
도포에 삐딱한 갓끈에 조랑말을 타고 구종배 거느리고
등짐에 새우젓에 괴나리봇짐에 허리 잔뜩 구부리고
유학하러 과거 보러 장사하러 하인배 자리 취직하러
게 누구 없느냐, 예, 예, 국밥 그릇 부딪는 소리 술국 뎁히는 소리 솥뚜껑 여닫는 소리 애 우는 소리 애어미 쥐어박는 소리 말 여물 씹는 소리 툴툴거리는 소리

옛날에 우리도 기차를 타고 왔지
서울역에 내리면 짐찰구 쇠난간 위에 떡하니 버티고 선 장승 같은 사내가
긴 장대를 눕혀 줄을 세우며 줄 밖으로 벗어나면 어깻죽지를 마구 내리쳤지
밤이면 무서워 바라크 방에서 새우처럼 웅크리고 자던 우리

이렇게 눈 펑펑 날리는 날
어디서 무엇들 하고 있는지
취직들은 했는지 과거는커녕 순경시험에도 붙었다는 사람은 없고
콩나물 장사라도 잘 하는지
이제는 두셋씩의 애비가 되어 있을 꾀복쟁이 얼굴들

눈은 펑펑 내리고
차들은 한 발짝도 더 나갈 수 없고
고갯길 위에서 호루라기 소리 다투는 소리 바둥거리는 소리 야 이 개새끼 야, 뺨따귀 갈기는 소리 멱살 잡는 소리 수백 대의 차들이 뒤로 밀리며 빵빵거리는 소리

『길은 멀다 친구여』

문화이발관

대방동 구불구불 옛 골목길 문화이발관이 아직도 거기 있네
흰 수건을 탁탁 빨아 새하얗게 걸어놓은 집
아침이면 물 뿌린 거기로 제일 먼저 따스한 햇살이 모이고
저녁이면 금성라디오가 잔잔히 흘러 나오던 곳
동네 처녀들 알전구 환한 불빛을 피해 숨어 다녔지
공군회관에선 한때 춤으로 날렸다나

얽은 얼굴이지만 백구두에 씩씩한 맘보바지, 바지런한 손
말할 때마다 거울 속에서 쫑긋쫑긋 웃는 선량한 귀
밤꽃 향기 아래 굵은 팔뚝이 자랑이던 우리들의 영웅
그 짙은 포마드 향기는 다 어디로 갔나
이제는 하얀 중늙은이가 되어
옛 철봉대 아래 그윽이 웃고 있네
문화이발관

『조용한 푸른 하늘』(솔, 1997)

● 이
  영
  광

2001―세렝게티, 카불, 청량리

결국, 이번 세기도 전쟁으로 시작한다
어딘가에 악이 있는 것이다
역 광장의 시계탑과 외양이 사뭇 개신된
오팔팔 입구가
멀건 햇빛에 둥둥 떠 뵈는
역광 속의 이층 까페에서 두 시간을 죽인다
시간이 남아돈다
박사 받고 놀고 있는 조선배에게
나는 오사마 빈 라덴이 의외로
선하게 생겼다고 말했다
한 십년 쯤 전에 좆이 부시,라고 쓰던
고향 시인이 생각난다고 했다
그는 그의 아들이다*

욕을 하면 쓰나, 조선배는 웃지만

그의 윤리학이 그의 문제를 해결할 수는 없다

청탁받은 자는 두 시간이 넘도록 나타나지 않고 있다

부활하는 뱀파이어처럼 여기

저기에 악이 있다

악은 제 스스로의 힘으로 제 스스로를 설명할 수 없는 지진이다, 오우

어떤 '무한 공포'(infinite fear)가 우릴 쌔리고 간다는 느낌

동굴의 왕국을 서서히 지우는 세렝게티의 유사처럼

우기를 알리는 사바나의 뭉게구름처럼

17시 55분, 꿈틀거리는 인파를 내려다보면

껴안았던 알몸이 모두

사랑이 되는 건 아니다

사람이 사람에게만 관심 있는 건 아니다

외설악의 단풍은 지금쯤 어떨까

태백에서 안동 가는 그 길 십년 전 그대로일까

무자헤딘들이 까라시니꼬프를 들고

학살의 땅으로 실려간다, 웃는다

삶보다 죽음이 더 열렬하다

혼자 있는 게 더 행복한 거,

이게 퇴폐지요, 조형?

---

* 고향 시인은 안동의 안상학이고 '그'들은 부시이다

제 결함마저도 과장하고 싶어하는 거,

그게 당신의 약점이야

당신 안에는 당신만 있는 게 아냐

그렇다, 나는 늘 내가 나 아닌 무엇이라고 주장하고 싶어했다

내가 고통받는 인간임을 선전하고 다녔다는 점에서

나는 식자이기보다는 거지에 가까웠다

한국의 K선수가 월드시리즈에서 역전 홈런을 맞는 동안

'신의 제국' 전폭기들이 카불 전역을 불바다로 만든다

자기 소거의 광기라는 점에서는

전쟁과 평화는 한통속이다 불과 한 채널 옆이다

두려움과 동경과 신경증으로서의 청량리

내가 군복 입고 세상에서 가장 멍청하게 이곳을 지나가던 그 해

그는 호송차에 실려 남으로 갔다고 했다

이번 동면은 무사히 넘길 수 있을까

우리가 강자가 되어도 한편일 수 있을까

이제 굶으면 진짜로 배가 고프다

증오에는 힘이 없다

얼굴을 일그러뜨리고 공중화장실 문을 두들기는 새벽의 홈리스처럼

절박한 생, 아니, 이 절박이 진짜일까 이렇게

징징거려도 되는 걸까 이따위 생이 진짜 마지막 생일까

깨진 트렁크 같은 소련제 트럭은 고개를 넘어갔다

세렝게티는 죽음 같은 모래의 침묵에 덮였다

조형, 죽음 직전은 어떨까요? 나는
약간 떨면서 우물거렸다
도저히 웃을 수 없는 표정으로
더플백 둘러멘 신병들이 역 광장에서 앉아번호 하고 있고
말세가 지났는데도 여전히 사이비 종교 신자들이
지난 세기의 동작으로 춤추고 있고
박사는 대답이 없고, 그리고 무엇보다도
유구한 악이 있다
엄살하고 발광하고 총질하고 땐스하는
이 엽기,
를 나는 여기서 본다
다른 세상을 비추러 가는 저녁 해의 황홀한 광선,
나는 아직 명(命)! 받지 못했으므로
제 자신조차 이해할 수 없는 순간이 찾아와
오래 떠나지 않고 있으므로

『직선 위에서 떨다』(창작과비평사, 2003)

● 이
　영
　진

안전한 출근길

1

아침 출근길 전철이 달린다.
달리는 것은 습관이다.
고속으로 달리는 전철 안, 속도는 의식하지
않아도 상관없다. 습관처럼 편안한
관성이 지속된다. 아무런 일도 없이
다만 시간이 지나갈 뿐이다.
너는 달리는 전철 안에서
익숙하게 선 채로 균형을 잡는다.
조간 신문을 펼쳐든 채.

2

너는 내일도 출근하고 모레도 출근한다.
너의 신성한 밥벌이와 노동을 위해
그러나 너는 한번도 너의 밥벌이를 의심하지
않는다. 그것이 안전하므로
밥벌이가 습관이 될 때까지 의심하지 말 것.

3

전철이 한강 철교 위를 달린다.
잠시 한강물을 내려다보는
그대 무덤덤한 눈빛
그것은 완벽하다. 의심이 거세된
"강기훈이가 유서를 대필했다. 그러므로 유죄다."
그 일과 나의 밥벌이가 무슨 상관이란 말인가.
의심은 짧고 습관은 완벽하다.
짧은 의심과 갈등 사이로 전철이 지나갔다.
습관보다 더 안전한 출근길
의심조차 할 수 없는 완벽한 위험.

『숲은 어린 짐승들을 기른다』(창작과비평사, 1995)

자동차로 자유로를 달려 퇴근하는 샐러리맨

1

한강을 왼쪽으로 끼고 자유로를 달려 퇴근하다 보면 행주산성 뒤로 큰 하늘이 열린다. 이것만 해도 복이다. 서울 어디서 이런 눈부신 호강이 가능하겠느냐. 설악산 물을 떠다 팔듯, 신선한 하늘 한 점씩 잘라 롯데백화점에 납품하고 싶다. 모래 채취하는 포크레인이 숨을 멈춘 채 저녁 황혼을 등뒤에 깔고 있다.

2

김포 매립지를 향해 달리는 8톤짜리 덤프 트럭이, LG주유소 앞에서 내 자가용을 추월한다. 속도와 공기의 파장에 하마터면 옆차를 받아버릴 뻔했다. 집으로 가는 귀가길의 곳곳이 지뢰밭이라니 액셀러레이터에 힘을 주고 나도 지뢰에 속도를 저장한다.

3

행주산성을 지나 대교 옆의 매운탕집 네온사인 곁을 통과하면 오른편 하늘 밑으로 신도시가 펼쳐진다. 들판 건너 지평선을 아득하게 메운 채 솟아 있는 저 입체의 성곽들. 홀연히 들녘에서 솟구쳐 오른 아파트숲을 볼 때마다 물 속 어딘가에 매장된 아틀란티스가 떠오른다. 혹 저것이 환상은 아니리라. 자동차는 감시 카메라 밑을 80km로 서행 질주하고 있다. 습관처럼, 그러나 이 도로에서 100km 이하는 사기다. 속도 앞에 합의된 공범들의 질주, 이때쯤 신도시의 이정표가 나타난다.

4

장항 지하 차도를 빠져 나와 뉴코아백화점 사거리에 도달한다. 고향은 아니지만 모두 집은 있다. 찾아갈 동 · 호수와 번지는 있다. '베드타운'이라는 말 속에 잠 냄새가 난다. 엷은 잠옷의 감촉과 백화점의 도시, 사육장에 들어서는 방목지의 종마들처럼 지하 주차장에 파킹이 끝난다.

5

같은 위치에 놓인 침대. 거실의 TV와 액자. 똑같다는 사실을 의심하건 안하건 간섭은 없다. 정치적인 선택도 자유다. TV 화면에서 개그맨들과 정치인들과 탤런트, 아나운서, 보도맨들이 쏟아놓는 開口戰에 따라 각자 판단하고 선택하면 된다. 저마다 요지부동의 일가견이 있다. 부재하는 것들의 현존. 아파트의 공간마다 허상의 인물들이 우글거린다. 그러나 누구도 허상은 아니다. 굳이 실감을 얻으려고 애쓰지만 않으면 TV나 정치나 동거하는 데 문제가 없다.

『아파트 사이로 수평선을 본다』(솔출판사, 1999)

● 이
　용
　한

가을, 횡단보도가 내려다보이는

146 수색 가는 버스가 지나고, 파란불이
켜진다 나는 전망 좋은 2층 창가에 앉아
커피를 마신다 창 밖에는 가을이
완연하다 노선버스에 올라탄 사람들은 잠시
인생의 길목에 정거해 있다
모두들 갈 곳이 있다는 듯———, 720 순복음교회 가는
좌석버스 속에서 애기 업은 여인이
꾸벅꾸벅 졸고 있다 차창 가로
한 움큼 은행잎이 지는 줄 모르고, 사람들은
횡단보도 이쪽과 저쪽에서 우루루 달려가
도로 한가운데서 남북적십자회담처럼 만난다
그러나 곧 이쪽과 저쪽이 등을 돌리고
반대편을 향해 걷는다 서울 POLICE 883 차량이

시청 쪽으로 사라지고 빨간불이 켜지자
기다림에 지친 차들이 일제히 질주한다 157
답십리 가는 버스가, 131
청량리 가는 버스가, 61-1 화곡동,
134 모래내 가는 버스가 지나가 버리고
912 금촌 가는 심야 좌석버스가 황혼과 함께
온다 버스에 탄 승객들은 모두들 숙명처럼
일몰을 받아들인다 낙엽빛 원피스를 입은 여자가
경향신문사 앞에서 두리번거린다
로손 24시에서 우유 한 통을 사들고 나온
꼬마가 우유통을 흔들어본다 황혼 속에
의심스러운 통이 흔들리고 다시
파란불이다 버버리 코트를 입은 남자가
횡단보도 저쪽에서 이쪽에 있는 여자를 향해
손을 흔든, ──152-1 미도파 가는 버스에 가려
안 보인──, 다
멈춰 선 차량을 헤집고 여자가 달려간, ──302
망우리 가는 버스가 멈춰 선──, 다
강북 삼성병원에서 나온 간호사가 제일은행 앞을
지난, ──병원에서 나오는 사람들은 다 환자 같다
사람들은 조금씩 어깨가 처져 있거나
병들어 있──, 다
갑자기 길 잃은 나그네처럼 나는

허공을 서성거린다 전망 없는
이 밀폐된 삶을 떠나 얼마나 더
파란등을 기다려야 할까 정부종합청사
뒤편으로 꺼져버린 노을이 걸리어 있다
158-3 고양리 가는 버스가
지나가고

『정신은 아프다』(실천문학사, 1996)

舜臣, 광화문에 불시착하다

백의종군하여 왜구를 무찌르고 환향하였더니
마누라는 젊은 놈팽이와 눈맞아 도망가고
애들은 대문 앞에 숟가락을 피켓처럼 흔들며 구호를 외치는 것이었다
밥 줘! 밥 줘!
애들아 착하지 내가 밥을 구해올 테니 너희들은 들어가 있거라
보름달 빛에 밥 구하러 가는 길이 훤하다
이 피아골을 넘자니 육이오 총앨비 속에 죽어간 동무가 생각나는군
삼국시대에도 이랬을까
나도 팔학군에서 공부했으면 지금쯤 한자리 그럴싸하게 차지했을 텐데
전쟁은 사람을 왜소하게 만드는구나 이겨도 대책 없구나
이것이 백의종군해서 얻어낸 승리의 몫이냐

화랑은 대체 뭐 하는 녀석들이냐?

계백이 논산훈련소 교관 시절, 몸소 창검술 시범을 보이고 나서 관창에게 했던 말, 기억나니?

……니 애비가 누구냐?

그래도 걔는 요즘 애들에 비하면 얼마나 순진해

오늘 밤, 집 나온 춘향이년은 가릴 곳만 가리고 신촌 거리를 나선다

이도령이 입대하자 곧바로 변사또를 찾아가는 길이다

난 그년을 알아 여자란 정조란 것을 일회용 물티슈 정도로 여기는 여자

1980년대만 해도 의식 있는 심청이들은 다 민중의 바다에 뛰어들었지

아버지 심봉사는 그래도 눈 못 떴어

차라리 눈 없이 사는 것이 행복했으리라

당나라 말 볼기짝에 뽀뽀하던 놈이 어느덧 여의도에 진출해 독립군 흉내를 낸다

나라가 풍전등화인데, 오!

성은이 망국하여 비분강개하나이다

이제 어디 가서 십만양병설을 부르짖는담

고향에 돌아가 마누라 허벅지에 고개를 파묻고 싶어

歸去來辭를 읊조리며 왔거늘,

마누라를 탓해 뭘 하랴 나 없는 동안 그년도 아랫도리가 심심했으리라

애들아! 조금만 기다려라

저 언덕을 넘어가면 우리가 그토록 기다려온 미륵이 있단다

미륵은 게서 푸짐하게 떡과 밥을 상 차려놓고 우리를 기다린단다

그러나 그리로 가는 길은 하도 험해서

천 번 가까운 전쟁을 거듭하고도 우후죽순인 적들을 맨손으로 헤쳐가야
한단다
가난의 울울창창 첩첩산중을 허위허위 넘어서
배가 고프니 의식이 맑아지는군!
빌어먹을, 나는 이제
일부러 날아오는 총탄에 어깨를 들이밀 테다
그럼으로써 나는 내 무능과 무지를 감추게 될 것이니,
애들아! 난 이제 글렀다
너희들의 배고픔을 달래줄 어떤 떡도 내겐 없다
미안하지만, 이젠 너희들이 스스로 방문을 열고 나올 차례다
너희들은 걸어서 너희들 일용할 양식인 떡과 밥에 닿으리라
네 에미를 용서하거라
그년에게도 절실한 게 있었다고 생각하렴
내가 너희들의 떡과 밥이 되어줄 것이니 뜯어먹어라 나를
걸신 들린 아이들아
애비는 조국 근대화에 일생을 바쳤지
나는 몸 밖의 조국으로 떠나겠다
그리하여 우리 다시 윤회하거든,
俺利大水* 물고기 다리를 건너 졸본천에서 다시 만나자.

『정신은 아프다』

---

* 주몽이 물고기와 자라의 도움을 받아 이 강을 건너 졸본천에 정착하였다.

우울한 벽화

너는 오늘도 동굴에 아내와 아이들을 두고
돌도끼를 어깨 메고 출근한다
을지로 3가에서 또 한 번의 동굴을 빠져
지하철을 내리면 시청역의 울창한 빌딩숲이
아, 온통 아프리카 밀림이다
광화문으로 서소문으로 흩으져가는 맹수들의 육중한 발자국 소리
잠시 너는 풀밭에 엎드려 몸을 숨긴다
네 야전의식은 나이가 들어도 늘 조심스럽다
오늘 저녁 식탁엔 무엇을 올린담
엘리베이터 빨간 불빛이 층수를 옮겨가는 동안
너는 줄곧 막힌 천장만 뚫어져라 올려다본다
허리띠 졸라매고 오르는 공복의 산기슭,
이 밀림의 엄격한 자연법칙에 가슴 한번 못 펴고
딱딱한 의자에 붙박힌 구석기 유물처럼
네 몸은 오랜 세월의 퇴적물만 쌓여
주체할 수 없는 무게로 사꾸만 내려앉는데,
이봐! 자네 이걸 기안이라고 올렸나?
한 묶음의 서류뭉치가 툭, 너의 PC 앞에 떨어진다
젠장, 믿는 도끼에 발등만 찍히고
너는 가져온 돌도끼를 허허벌판 허공에다 던져버린다
순간―, 휘어진 등뼈 위로 걸리는 빗살무늬 조각달 하나

종로통 먹자골목에서 소주에 닭 한 마릴 우적우적 씹으며
너는 함께 걸어온 흙발을 들여다본다
'그래, 고작 이 풀뿌리나 삼키라고?'
이를 내밀고 앙앙거리는 마누라 얼굴을 향해 무슨 말을 한단 말인가
너의 눈에 누렇게 부황 뜬 부양 가족들이 떠오른다
고개를 묻는다 너는 마흔 살―,
늙은 코끼리가 가야 할 비밀의 계곡 하나쯤 숨겨둘 나이건만
오늘 밤 너는 잡지 못한 동물 그림을 동굴 한켠에
눈물처럼 그리고 잘 것이다
네가 죽을 때쯤 동굴은 벽화로 가득 차겠지
문득,
내일은 먹이를 찾아 교외로 나가야겠다고 생각한다.

『정신은 아프다』

● 이
재
무

마포 산동네

늦잠 자던 가로등
투덜대며 눈을 뜨고
건넛집 옥상 위
개운하게 팔다리를 흔들며
옥수수 잎새
낮 동안 이고 있던 햇살을 턴다
놀이에 지친 아이들 잠들고
한강을 건너온 달빛
젖은 얼굴로
불 꺼진 창들만 골라
기웃거린다 안간힘으로 구름을 밀며
바람이 불고
일터에서 돌아오는 남도의 사투리들

거리를 가득 메운다
하나둘 창마다 불이 켜지고
소스라쳐 빨개진 얼굴로
달빛 뒷걸음친다
비로소 가는 비 맞은 풀잎처럼
생기가 돈다, 마포 산동네

『온다던 사람 오지 않고』(문학과지성사, 1990)

물난리

한 사흘 내리는 비는
비웃는다 루핑 따위가 지붕이냐고
판자 따위도 담벽이냐고
공권력의 몽둥이 되어
무능력한 가장, 곰팡내 나는 생활을
치고 패면서 비웃는다
지하실 따위가 무슨 방이냐고
비닐 따위도 집이 되냐고
농사 따위가 돈이 되냐고
국회의사당, 롯데 백화점
시청, 도청, 군청 관공서를 한번 보라고

투기로 한몫 잡은

부동산중계 사무실도 한번 보라고

젖어, 가랑잎처럼 갈피없이 흔들리는

마음을 향해

직격탄 사과탄 마구 쏟아붓는다

정직 성실이 다 무어냐

근면이 다 무어냐

우습지 않느냐고

국민학교 낭하에까지 쫓겨와

불어터진 라면으로 허기를 끄고

새우잠 청하는, 집 잃은

사람들의 등뒤에까지 쫓아와

물난리에 젖지 않는 자가 있다고

그들이 부럽지 않느냐고

큰비는 꾸짖어댄다

폭력과 폭언 마구 퍼부어댄다

『벌초』(실천문학사, 1992)

구로역에서
—상자에 대하여

아침 여덟시 우리는 누구나 상자가 된다
역내로 전철이 들어서면 황급히
사색의 연기를 끄고, 입구 속으로
몸을 던진다 어긋난 각 바로잡다가
옆구리에 박힌 못 몇 개 뽑혀나오고
상자 속 내용물들은 출렁거린다
망가져 그 무엇도 담을 수 없을 때까지
쉬지 못하는 상자
어느날은 각의 긴장 스스로 무너뜨리고
그만 그 자리 퍽 쓰러져
일자로 눕고만 싶다

『몸에 피는 꽃』(창작과비평사, 1996)

신도림역

검고 칙칙한 지하선로
살찐 쥐 한 마리 걸어간다
누군가 검붉은 침을

아직 불이 살아 있는 담배꽁초를
그의 목덜미께로 뱉고 던진다
쥐는 동요하지 않는다
전방 500m 화물열차가
씩씩거리며 달려오고 있다
그는 동요하지 않는다
선로를 가로질러 태평하게 저 갈 곳을 가는
그는 나보다도 서울을
잘 살고 있다

한 무리의 쥐들이 열차에 오른다

『몸에 피는 꽃』

● 이재성

오늘 서울에서 살아 남은 사람은?

바늘을, 한 움큼 삼킨,
목까지 잠기는 시커먼 스모그의 급류 속으로
나는 떠내려간다. 허위적거리며,
산발한 물귀신의 머리카락에 발목을 잡힌 채,
납빛 가면을 쓴 사람들이 다리 위에서 내려다본다.
나는 세상을 사랑한다!
무슨 소리가 들리는데?
아니야, 물소리야. 저기 사람이 떠내려가는데?
아니야, 나무토막이야. 그런가? 정말, 그런데!
닿는 곳 어디인가.
세상에서 그렇게 잊혀져간 사람들.
강의 하구 부드러운 모래섬에서,
봄 날 죽었던 가지에서 다시 피어나는

잎새처럼, 꽃잎처럼.

서해안 개펄같이 질퍽한 시장바닥을,
다리가 퇴화한 파충류처럼
얇은 뱃가죽을 문지르며 기고 있는 사람이 있다.
어디서 잃었을까?
이데올로기 전쟁의 피냄새 맡은 상어의 이빨이 물어뜯었을까?
공사판에서 질통을 지고 오르다 아찔한 현기증에 실족을 했을까?
그러나 그의 하체에는
생명만큼 질긴 고무타이어가 새 살로 돋았다.
무좀방지 구두깔창과 양말을 유모차에 가득 싣고,
온몸으로 밀고 있다.
십자가에 못박힌 예수가 창으로 찔리듯,
매미의 호각소리에 맞추어 내려꽂히는 삼복더위의 뜨거운 햇살에
등을 마구찍히며.
저 세상으로 내려가는 4호선 지하철역 입구,
비닐하우스에서 속성으로 재배된 꽃 옆에서
점자책 가사를 더듬으며 낡은 스피커동으로
찬송가를 부르는 사람이 있다.
그의 목 위에는
철서터문이 단두대의 칼날처럼 위태롭게 걸려 있고,
사람들은 세상의 誤字 투성이의 점자책을 더듬으며,
시간의 단두대 밑을 바쁘게 오고간다.

오늘 아침 여기서 끔찍한 교통사고가 났었다.
신호등의 파란 불만 보고 건너던 임산부가
트럭의 바퀴 속으로 끌려 들어갔다.
이름도 얻지 못하고 죽은 어린영혼의 무덤은 어디인가.
마구 물어뜯을 사람들의 목덜미를 겨냥하며
술 취한 미친 개떼들이 질주한다.
깨진 빗살무늬 토기같이 생긴 횡단보도를
목숨을 걸고 건넌다.
인신매매 당한 어린 소녀들의 피를 빨아먹은,
유흥가의 네온사인의 혈관 속으로
붉은 피고름이 흐른다.
음란한 눈을 깜짝거리며 사람들을 유혹한다.
환락의 진공청소기 속으로 빨려들어간 사람들은
「나」를 잊어버린다.

어두운 저편에서 사람이 태어나고,
또, 저편으로 사라지는 회전문.
문이 돌고 돌아 환히 열린 세상은 언제인가.
언제 튕겨져 나와야 볼 수 있는가.
무서운 속도로 회전하는 원심분리기 같은 세상에서
어떻게 하면 가죽과 살이 해체되지 않고 살 수 있는가.
덜컹거리는 관들이 연결된 지하철 천장에 매달려
뻐근한 고개를 쉬지 않고 돌리며 감시하는 선풍기의 눈 밑에서,

잠들지 않고 깨어 있다면,
잠들지 않고 깨어 있다면,
나는 이번 정거장에서 내려 집으로 돌아갈 수 있으리.
내일 아침 마당에서 가슴의 나무에 핀
사람의 숲을 볼 수 있으리.

『조선일보』(1991. 1. 5.)

이진명

눈물 머금은 신이 우리를 바라보신다

김노인은 64세, 중풍으로 누워 수년째 산소호흡기로 연명한다
아내 박씨 62세, 방 하나 얻어 수년째 남편 병수발한다
문밖에 배달 우유가 쌓인 걸 이상히 여긴 이웃이 방문을 열어본다
아내 박씨는 밥숟가락을 입에 문 채 죽어 있고,
김노인은 눈물을 머금은 채 아내 쪽을 바라보고 있다
구급차가 와서 두 노인을 실어간다
음식물에 기도가 막혀 질식사하는 광경을 목격하면서도
거동 못해 아내를 구하지 못한,
김노인은 병원으로 실려가는 도중 숨을 거둔다

아침신문이 턱하니 식탁에 뱉어버리고 싶은
지독한 죽음의 참상을 차렸다
나는 꼼짝없이 앉아 꾸역꾸역 그걸 씹어야 했다

씹다가 군소리도 싫어
썩어문드러질 숟가락 던지고 대단스러울 내일의
천국 내일의 어느날인가로 알아서 끌려갔다
알아서 끌려가
병자의 무거운 몸을 이리저리 들어 추슬러놓고
늦은 밥술을 떴다 밥술을 뜨다 기도가 막히고
밥숟가락이 입에 물린 채 죽어가는데
그런 나를 눈물 머금고 바라만 보는 그 누가
거동 못하는 그 누가

아, 눈물 머금은 신(神)이 나를, 우리를 바라보신다

『세워진 사람』(창비, 2008)

젠장, 이런 식으로 꽃을 사나

우이동 삼각산 도선시 입구 귀퉁이
뻘건 플라스틱 동이에 몇다발 꽃을 놓고 파는 데가 있다
산 오르려고 배낭에 도시락까지 싸오긴 했지만
오늘은 산도 싫다
예닐곱 시간씩 잘도 걷는 나지만
종점에서 예까지 삼십분은 걸어왔으니

오늘 운동은 됐다 그만두자

산이라고 언제나 산인 것도 아니지

젠장 오늘은 산도 싫구나

산이 날 좋아한 것도 아니니

도선사나 한바퀴 돌고 그냥 내려가자

그런 심보로 도선사 한바퀴 돌고 내려왔는데

꽃 파는 데를 막 지나쳤는데

바닥에 지질러앉아 있던 꽃 파는 아줌마도 어디 갔는데

꽃, 꽃이, 꽃이로구나

꽃이란 이름은 얼마나 꽃에 맞는 이름인가

꽃이란 이름 아니면 어떻게 꽃을 꽃이라 부를 수 있었겠는가

별안간 꽃이 사고 싶다

꽃을 안 사면 무엇을 산단 말인가

별안간 꽃이 사고 싶은 것, 그것이 꽃 아니겠는가

몸 돌려 꽃 파는 데로 다시 가

아줌마 아줌마 하며 꽃을 불렀다

흰 소국 노란 소국 자주 소국

흰 소국을 샀다

별 뜻은 없다

흰 소국이 지저분히 널린 집 안을 당겨줄 것 같았달까

집 안은 무슨, 지저분히 널린

엉터리 자기자신이나 좀 당기고 싶었겠지

당기긴 무슨, 맘이 맘이 아닌

이즈음의 자신이나 좀 위로코 싶었겠지, 자가 위로
잘났네, 자가 위로, 개살구에 뻑다귀
그리고 위로란 남이 해주는 게 아니냐, 어쨌든
흰색은 모든 색을 살려주는 색이라니까 살아보자고
색을 산 건 아니니까 색 갖고 힘쓰진 말자
그런데, 이 꽃 파는 데는 절 들어갈 때 사갖고 들어가
부처님 앞에 올리라고 꽃 팔고 있는 데 아닌가
부처님 앞엔 얼씬도 안하고 내려와서
맘 같지도 않은 맘에게 안기려고 꽃을 다 산다고라
웃을 일, 하긴 부처님은 항상 빙그레 웃고 계시더라
부처님, 다 보이시죠, 꽃 사는 이 미물의 속
그렇지만 다른 것도 아니고 꽃이잖아요
부처님도 예뻐서 늘 무릎 앞에 놓고 계시는 그 꽃이요
헤헤, 오늘은 나한테 그 꽃을 내주었다 생각하세요
맘이 맘이 아닌 중생을 한번 쓰다듬어주었다 생각하세요
부처님, 나 주신 꽃 들고 내려갑니다
젠장, 이런 식으로 꽃을 사다니, 덜 떨어진 꼭지여
비리구나 측은구나 비리구나 벌구나

『세워진 사람』

이
진
심

흑석동 · 3

열어놓은 샤시문이
바로 부엌이고 안방이고 대문인 골목들이
산으로 줄기를 뻗고 있다
이사할 때 리어카가 들어가지 못해
책상과 이불과 양은냄비를 손으로 날랐다
처음 살던 그 집의 골목은
사람과 자전거만 통과시켰다
두 발 달린 것들만 상대하는 버릇이 들어 있었다

찌그러진 화분에 상추나
고추가
열심히 햇빛을 끌어당기고 있었다
골목마다 돗자리를 펴고 고구마 줄기를 벗기던

할머니들 옆에서
고구마 줄기처럼 홀딱 벗겨진 아이들이
떨어지지 않는
배꼽을 흔들며 물놀이를 했다
배꼽이 금색 단추처럼 대롱대롱 흔들거렸다

멀리서 보면 조그마한 창문들이 생선비늘처럼
반짝거리던 동네,
이제 나는 종일 햇빛 쏟아져 들어오는 집에 산다
골목길의 식물들처럼
햇빛을 끌어안기 위해 햇빛 쪽으로 허리를 더
굽히지 않아도 된다

나는 무언가를 두고 온 것만 같다
햇빛이 내 몸에 따뜻한 피를 흘려 넣어준다
나는 싱싱하게 잘 자랄 것이다
내 발들에 덮힌 기름진 흙들은
다 그때의 것들이다

『맛있는 시집』(시선사, 2005)

임동확

Homeless

얼마큼 걸려 여기까지 온 것일까
얼마나 더 밀려다녀야
이 목적지도 없는 여행은 끝날 것일까

더 추구할 명분도
폐기 처분할 열망도 없는 이 세기의 미아들이
골판지와 몇 장의 신문지들을 이불 삼아
서울역 지하도에 얼굴을 가린 채 누워 있다

재작년 뉴욕 맨해튼에 갔을 때
양편으로 엇갈려 질주하는 차량들에도 아랑곳하지 않은 채
옆구리에 담요를 끼고 다 놓아버린 표정을 지으며
어디론가 하염없이 터벅터벅 걸어가던

늙은 흑인 한 명이 지하도 입구로 들어선다

더 나아갈 곳도, 물러설 곳도 없어
재기를 도모하지 않은 지 오래인 이들이
공안원들에게 양팔을 꼼짝없이 붙들린 채 녹다 만 눈들이 얼어붙은 영하의 지하도 밖으로 한사코 떠밀려 간다
더러 누군가 마지막 전철을 기다리며 동정과 연민의 동전 몇 닢을 떨구고 가지만
이미 파산 선고 받았을지도 모를 이들의 낡은 꿈을 모르는 척 고개 돌리며 늦은 귀갓길을 재촉한다

한때나마 누구도 이들이 시민의, 시민을 위한, 시민에 의한 정부의 일원이었음을 증명해주지 않는다
무엇보다도 열렬히 지지해온 이념의 고향이 있었으며,
개처럼 짖고 물어뜯어서라도 건설해야 할 현실의 제국이 존재했음을 인정해주지 않고 있다

아무리 땀 흘리고 몸부림쳐도
일할수록 가난해지는 모순에 직면해야 했음에도,
자신들의 정당한 권리와 이익을 조금씩 양보하는 동안
점점 더 많은 의무와 책임량에 시달려야 했음에도

이들이 좀처럼 역전되지 않는 희망의 끈을 놓지 않으려 했으며,

유죄라면 서둘러 겉옷이라도 바꿔 입는 변신과
개종에 서툴렀다는 것일 뿐인 이들을 아무도 변호해 주지 않았다

최소한 굶주려 죽지 않을 만큼의 빵과 물을 먹고 마실 수 있는 조국,
최소한의 자유가 보장된 하룻밤의 잠자리가 필요할 뿐인
이들이 꿈속에서조차 쫓기고 쫓기다가
새벽 2호선의 첫 전철에 몸을 싣고 그제서야 겨우 안심한 듯 깊은 잠에 빠져든다
더 이상 여기 이곳의 주민임을 동의하지 않으며,
또 그렇다고 새로운 노선으로 갈아탈 것을 기대할 수 없는 이들이 순환선을 몇 바퀴 타고 돈다

무산된 절망의 연대(連帶)에 항의하거나 순응해볼 기력조차 없는 이들에겐
서울역은 그나마 마지막 남은 위안의 숙소다, 어쩔 수 없이 닫을 수 없어 당분간 누구든 받아들일 수 있는 단 하나의 열려 있는 문이다
거리마다 잠들지 않는 잉여의 불빛이 넘쳐나는, 이 방향을 가늠할 수 없는 무위도식한 체제가 계속될 때까지

『처음 사랑을 느꼈다』(솔출판사, 1998)

• 장
  경
  린

新世界에서

　겨울비에 젖으며 동아일보사 앞 건널목을 건너 추적추적 성탄절이 다가왔다 거세당한 남자들이 재형저축 속에서 복리로 부풀어 가는 동안 이미 TV에서 방영해 버린 그림 같은 삶을 천연색으로 걸쳐입고 사람들은

　임신부가 걸어가고 있다
　기타재제주가 가득한
　캡틴큐 700ml 큰병처럼

　삼십 년 후
　어느날 그는 新世界 백화점 앞 버스 정류장에 서 있는
　만취한 자신을 우연히 만난다
　삼십 년을 걸어서
　비로소 그곳에서

좌판 위

붉은 사과의 젖은 몸이 한번 더 젖고

홈통 끝에서

시커먼 빗물이 출출출출 쏟아지는

新世界에서

『누가 두꺼비집을 내려놨나』(민음사, 1989)

인물화

1

두 다리 덜미잡힌 방아깨비처럼

온몸을 주억거리며

삼국시대에서 통일신라로

고려에서 코리아로

고무신을 꺾어신고 달리는

사람을 보았습니까?

쿵 쿵 쿵 쿵

그들이 달리는 시간은

언제나 삼경이고

역사와 역사 사이

사랑과 사랑 사이를

교묘히 빠져나온 그들의 이목구비는
오늘따라 유난히 수려합니다.
무교동에서
영등포에서
비어홀에서

2
또 다시 만날 수 있을까?
수초 그늘에서 고개를 처박고 죽은 달
젠장.
바람이 불면 쩍 쩌억 금이 가던데
위험해, 그저 앞만 보고 가라니까
어른어른거리다 사라져 버리는 저 달빛 속으로?

3
06시40분. 부활하려면 20분이나 남은 시간. 숙면으로 완벽하게 무너진 그 사내의 나이는 그런대로 아직은 쓸 만합니다. 먼지 털고 방수액을 바른 다음, 눈 코 입 귀를 틀어막으면 누가 보더라도 번듯한 항아리 같습니다. 불만과 욕정 또는 소주와 소시민성을 담기에 편리한 자루 같습니다.

07시.
자, 일어나 부활하십시오.
출근을 서두르십시오.

4

지하철을 타고

꾸벅꾸벅

통조림 속 고등어 건데기처럼 꿀렁이면서

『누가 두꺼비집을 내려놨나』

후암동

한국경제사 제4장

한국경제의 국제화를 읽다가

문득 쳐다보는 창 너머

미8군 용산 캠프에 근무하는 앰프슨 중사 집

샹드리에를 끄고

붉은 취침등을 켜는 것은

어느 봉숭아꽃 물들인 손톱의 끝인가

네가 벗어놓은 고향 뒷산

달맞이꽃이 피던가

달맞이꽃이 필 때마다

한 꺼풀씩 옷을 벗던

그 산을 기억하는가

5달러씩

10달러씩

밤은 깊어가고

한국경제사를 덮고

전등을 끄면

누가 벗어놓고 떠난 어둠이기에

앰프슨의 집과

후암동 적산가옥들 넘나들며

남의 식은 잠 위로

몰려오는가 몰려오는가

『누가 두꺼비집을 내려놨나』

다음 정류장이 어디냐

기성복을 입은 한 신사가 의자에 앉아

동아일보를 읽고 있다 경찰총장의 뇌물수수 사건 기사를 읽다가

황급히 말아쥐고 시청 앞에서 내린다

붉은 루즈를 짙게 바른 여자가

그 빈 의자에 앉는다 핸드백으로 드러난 허벅지를 가리고

눈을 창밖으로 튼 채 꼼짝하지 않고 있다

광화문에서 내린다

허리가 꼬부라진 백발의 노인이 다가서자

붉은 루즈 다음에 앉았던 대학생이 공손히 일어난다

백발의 노인이 그 빈 의자에 앉는다

그는 계속해서 주위 사람에게 무엇인가 묻는다

다음 정류장이 어디냐, 지금 몇 시나 됐냐, 나이가 몇 살이냐, 박정희 각하

이후에 나라가 망해간다, 다음 정류장이 어디냐, 지금 몇 시냐

버스가 한강철교를 건너

사육신 묘 정류장에 이르자 노인이 내린다

사람들 틈을 비집고 튀어나온 뚱뚱한 아줌마가

그 빈 의자를 차지한다 미안해요 관절염이 심해서 미안해요

아무도 쳐다보지 않는 주위를 향해

그녀는 연신 주억거린다 운좋게 利子에 자리잡고 앉은

利子들이 묵묵히 장승처럼

창밖의 노량진을 내다보고 있다

『사자 도망간다 사자 잡아라』(문학과지성사, 1993)

하얀 전쟁을 향하여

지하철 4호선 회현역에서 내려

중국 대사관 쪽으로 利子가 걸어간다

자판기에 동전 두 개를 넣고 利子는 밀크커피 버튼을 누른다
벽보판에 붙어 있는
영화 포스터(원초적 본능, 결혼 이야기, 戀人,
퐁네프의 연인들, 하얀 전쟁, 황비홍) 들을 더듬다가
利子는 하얀 전쟁 쪽으로 발길을 돌린다
'과거가 아름다운 것은
그것이 우리를 아프게 하지 않기 때문이다'라고
그는 생각한다 그의 생각은 수정될 수도 있다
'오늘 내가 아픈 것은
과거가 아직도 나를 지배하기 때문이다'라고
생각하는 것이 옳을 것이다
그러나 그 생각이 반드시 옳은 것은 아니다
고통의 많은 원인이 미래에 있기 때문이다 '나는 낙오될지도 모른다' '나는 그녀를 잃을지도 모른다' '나는 암에 걸릴지도 모른다' '나는 죽을거야'라고
생각하는 그는 불안에 쫓기고 있는 것 같다
그러나 늘 그런 생각에 잠겨 있는 것은 아니다
지금 그는 하얀 전쟁을 향하여 가고 있다
왼발과 오른발이 번갈아가며 그의 위경련과
티셔츠와 멜빵 가방을 하얀 전쟁 쪽으로 실어나르고 있다
가방에서 수첩을 꺼내 번호를 확인하고 나서 利子는
친구인 김모씨에게 전화를 건다
통화중이다 잠시 후 다시 건다 웬 여자가 받는다

부재중이라고 한다 수화기를 내려놓으며
그는 부.재.중. 하고 되뇌어본다
'利子가 사라진다는 것은 끔찍한 일이다'라고
그는 생각해본다 어떻게 살아가며,
왜 살아가는가에 앞서,
'利子가 살아 있다는 것 자체가 소중한 것이다'라고
중얼거리는 그의 불안감을 통해 멸종된 利子들이
울부짖고 있는 것일지도 모른다 그러나 그가 늘
그런 생각에 잠겨 있는 것은 아니다 모든 생각의 끝
지하철 2호선 을지로 입구역에서 그는
利子들로 만원이 된 지하철을 타고
하얀 전쟁을 향하여

『사자 도망간다 사자 잡아라』

장만호

김밥 마는 여자

눈 내리는 수유중앙시장
가게마다 흰 김이 피어오르고
묽은 죽을 마시다 보았지, 김밥을 말다가
문득 김발에 묻은 밥알을 떼어 먹는 여자
끈적이는 생애의 죽간(竹簡)과
그 위에 찍힌 밥알 같은 방점들을,
저렇게 작은 뗏목이 싣고 나르는 어떤 가계(家系)를
한 모금 죽을 마시며 보았지
시큼한 단무지며 시금치며
색색의 야채들을 밥알의 끈기로 붙들어놓고
붓꽃 같은 손이 열릴 때마다 필사되는
검은 두루마리, 이제는 하나가 된
그 단단한 밥알 속에서 피어오르는

삼색의 꽃들을

『무서운 속도』(랜덤하우스코리아, 2008)

정규화

어머니

옥종장 아니고는 가 본 곳이 없는
그 흔한 단풍놀이 한 번 못 간
불쌍하고 처참하고 안스럽고……
그런 어머니
수삼 년 벼르고 벼른 뒤 완행열차에 실려
동서남북도 구분 안 되는 서울역에 내린 어머니
여독이 가시기 전 창경원의 원숭이 새끼나 둘러보고
그것으로 서울구경 세상구경 마친 뒤
설밑 추석밑 같은 대목에는
옥종장에도 서울만큼 사람이 모인다고
특별시 서울을 뭉개 버리던 어머니
단칸방이라 며느리 눈치가 보인다며
찬 바람 휙휙 몰아치는 새벽

고향으로 떠나며 개찰구에서 아들의 얼굴 한 번 더 보고

제사고 명절이고 오지 말고

오는 차비만 보내 달라며 당부하던 어머니

다른 집 아들은 집 사고 논 샀다는 소문

소문으로만 돌리고

서울 아들에게 매달 쌀을 보내면서

쌀자루 속에 담겨온 어머님의 말씀

고향에 오는 차비로 손주들 옷이나 사 입히라고……

땟물이 흐르는 저의 서울 십여 년은

촌에서는 자랑거리가 못 되어

사탕 한 봉지 권련 한 갑까지 넣어 보낸 오늘

남쪽 하늘로 비행기는 날면서

당신의 한이 하늘에까지 사무치면서……

어머니 저는

양심 하나 지니고 살기가 퍽 힘듭니다

『농민의 아들』(실천문학사, 1984)

영등포

귀신님이나 도깨비님에게는

죄송하오니 귀를 좀 거둬주십시오

땀흘리지 않고 돈버는 방법 있을까 봐
서울까지 왔지만
간이며 허파 등 깊이 감춰뒀던 것마저
다 빼앗긴 다음(물론 어떤 놈에게 빼앗겼는지도
모른다) 영등포 시장 노점에다 벌린 닭장수
누가 알아달라고 나섰겠는가
각박한 것이 더 각박하여 변두리만 헤매다가
이제 인천 간석동까지 밀린 다음
남은 힘을 다 동원하여 집을 나서는 새벽
눈먼 돈 몇 푼 만질 것 같았다
영등포 시장이 떠나가라고
싸구려 닭이 싸구려……
목이 쉬어도 들은 척도 않는다 무심한
사람들아 내가 시인인데
내가 그래도 양심적인 시를 쓴다는 놈인데
틀림없이 이 닭은 싱싱하다 비싸지 않다
사는 것이 전쟁이라는 걸 알면
벌써 어두운 다음이더라
날마다 닭피로 얼룩지는 나의 영등포여

『농민의 아들』

명희

서울은, 내 어머니가
식모살이로
청춘을 보낸 곳
필동 2 가 어디쯤이라 하셨는데
지금이사 헐리고 없는
일신국민학교도 가끔 들먹이시며
그 집 딸 명희가
다니는 학교라고 하셨던 것 같다
이박사 초기엔 끝발을 날리던 집이었다는데
부정을 하지는 않았던 것 같고
항명으로 밀려난 것 같지도 않은 그 집 내력,
가정부는 모르고 지내는 게 약이었으리
고통은 접어두고 자랑만 하는거야
요새 젊은 것들은 더하지만
요새처럼 보일러도 없고 가스도 없던
1950년대의 서울,
장작 대신 청솔가지 대신
연탄 피워 밥짓는 게 그렇게 좋아 보였을까
개숫물통에 손 넣어, 당신의 설움
씻고 씻었으나
명희가 자라듯이 아들도 튼튼히 자라고 있었으니

한 많고 눈물 많고 설움 많고 말 많던 식모살이……

당신이 보고 싶으면 달려갑니다, 필동 2가를

유랑의 세월따라 새겨진 옛 번지를

찾을 수는 있어도, 어느 길바닥이 당신이 눈물

흘린 곳인지 붙들고 물을 사람 없는 서울

명희라는 명희라는

낯선 이름만 가물거릴 뿐.

『문학과 역사 1』(윤정모 편, 한길사, 1987)

정영상

가랑잎 카랑잎

퇴근길 발 앞에
가랑잎이 굴러 간다
가랑 가랑 소리를 내다가
내가 뚫어져라 바라보니
갑자기 카랑 카랑 소리를 낸다
겨울엔 가랑잎이 카랑잎이 되어
내 가슴 후벼 파고든다
영등포 어디 정비공장에서 일하는
막내 아우의 편지를 받은 탓인가
겨우 세끼 밥을 먹고 살 텐데
그래도 돈 부쳐 달라고 하지 않는
막내를 생각하니 더욱 가슴이 아프다
가랑잎 카랑 카랑

굴러가는 소리
그 소리 속에는
셋방살이 하는 우리 형수
새벽 쌀 씻는 소리 들려오고
서울의 막내 동생
천원짜리 지폐 한 장
꼬깃 꼬깃 닳도록 만져보는 소리 들려온다.

『행복은 성적순이 아니다』(실천문학사, 1989)

교보문고에서

서울은 생각만 해도 속이 매스껍다는
너를 연수교육장까지 바래다주고
누군가 등덜미라도 잡을 듯한
서울에 홀로 되어
지방 서점을 몽땅 잡아 먹겠다던
괴물 아닌 괴물 교보문고엘 왔다.
아버지 어머니는 오늘도
키보다 더 높이 치솟는 7월의
막바지 더위 속에서
논둑풀을 베고 고추밭 김을 맬 텐데

밸이 꼴릴 만큼 교보문고 안은

어디를 가도 땀나는 데는 없구나

분수는 쉬지 않고 뿜어져

물소리는 산속마냥 들려오고

젊은 남녀들은 무엇이 저리 기쁜가

사람들 속을 일일이 어찌 다 들어가 보리오만

최루탄 앞에 터지는 함성 대신

지지배배 지지배배

상처 하나 없이 맑고 깨끗해 보이는

저 많은 지껄임이 내 눈에는

어쩐지 환장할 것 같은 슬픔으로만 보이는구나

한 나라의 상아탑 총장 목이

두부 잘려지듯 그리도 쉽게 날아갔다는

조간신문을 움켜쥐고

다시 한번 교보문고 안을 둘러보니

으리으리한 대리석 기둥 호화로운 실내장식 앞에

그만 어안이 벙벙해져서

꼭 사고 싶었던 그 책마저 ×같이 보이는구나.

『행복은 성적순이 아니다』

삼청동을 떠나며

눈이 얼어붙은 육교를 오르내리며
우리는 자주 팔을 붙잡았다
청량리 발 제천행 특급 열차표를 쥔 손등 위로
삼청동의 칼빛 같은 눈은 내리고
이미 우리들 손을 빠져나간 교육원 연수비와
십칠만원 너의 한달 하숙비에도 눈은 나려
우리는 오른손 왼손
번갈아 가방을 옮겨 쥐며 팔을 붙잡았다
삼청동 굳게 잠긴
괴물 같은 저 대문과 정원을 보라
그리고 눈 녹은 물이 새 들어오는
우리의 젖은 신발을 보라
어젯밤 얼어붙었던 뼈 마디 마디를 돌고 돌아
우리들 두근거리는 심장 두 개의 방을 돌고 돌아
분노를 몰고 일어서던 피가
눈길에 미끄러지는 우리들 발목에서
소스라치며 곤두박질 칠 때도
우리는 어머니를 부르는 대신
씨팔을 먼저 내뱉으며 팔을 붙잡았다.

『행복은 성적순이 아니다』

정종목

기억 속의 마들 · 셋

휴가 나왔다 들른 상계동 173번지
깨진 기왓장과 블록과 벽돌만 쌓여 있었습니다
찢겨진 루핑쪼가리만 울음처럼 바람에 들썩이고
술래잡기, 전쟁놀이 하던 골목길
어린 날의 은밀한 소근거림이 오가던 옥운이네 보신탕가게 다락방도
웅규네 싸전도 어머니 고향친구가 하던 약방도
우리들의 성장기도 파묻혀 보이지 않았습니다
눈요기로 배를 채우며 거닐던 시장길도 보이지 않았습니다
전동차가 들어서고 낯선 사람들만 게워냈습니다
다들 어디 갔을까
이 도시의 최후에서 포천 부근까지 밀려갔다 합니다
마지막까지 버텨내다 명동성당으로 천막을 치러 갔다 합니다
슬프지 않았습니다

감상에 길들여지기엔 너무 고된 삶 곁을 지나왔으니까요

휴가 나왔다 들른 173번지 철거촌

무너진 거리에서 다시 하나씩 툭툭 먼지를 털어내며

머언 옛날을 꺼내고 있었으니까요

그때도 우리는 가진 것 없이 시작했습니다

우리들의 마들은 아직 무너지지 않고

저는 끝이 나지 않는 폐허의 거리를 걸어가고 있었습니다

『어머니의 달』(실천문학사, 1991)

도봉동 거미

이 방과 옆집을 연결해주는 것은

한밤중에 귀가하는 그 집 사내의 문 두드리는 소리나

유난히 사나운 개 짖는 소리나

한낮에 이 집 마당까지 원정와서 시끄럽게 놀다가는 그 집 아이놈의

목청 높은 소리만이 아니다

창문을 열면 닿을 듯이

처마와 처마가 드리워 있고

기왓장 밑으로 꼬리를 감추는 쥐새끼가 있고

지붕을 넘나드는 도둑고양이의 추적도 있다

이 집 마당에 심어진 등나무 넝쿨이 여름이면 온통 지붕을 장악한 채

호시탐탐 옆집을 넘보기도 하고

또 있다 우리가 공유하는 건

전동차가 지나갈 때마다 일어나는 도봉동 89번지의 땅울림

뚝방 시유지 90번지가 헐려나가고

그 흔들림의 타전이 어느새 우리들의 일부로 스며들었다

그리고 처마와 처마 사이

쬐그맣게 올려다뵈는 하늘을 배경으로 걸린

거미줄도 있다 벌써 몇 달째 철거되지 않은

거미줄 속의 거미를 나는 아침마다 본다

낡은 뒷집이 허물어지고 그 자리 5층 6층 상가가 올라가느라고

하루종일 일대를 뒤흔들며 쿵쾅거리고 먼지들이 날아와 덮이지만

이 집 마당이 송두리째 노출되고 앞집도 옆집도 마찬가지지만

그러나 쉽사리 드러나지 않고 허물어지지도 않는 거미줄은

끈질기게 걸려 있다 처마와 처마 사이

낡은 지붕 사이를 넘나드는 고양이와 쥐들의 숨바꼭질이 이어지고

어김없이 아이놈이 이 집 마당에 놀러와서 악을 쓰다 돌아가면

한밤중에 가끔은 그 집 가장의 술취한 귀가나 티격거림도 아주 잘 들린다

오늘은 무엇이 서러워

사내는 주먹으로 벽을 때리며 울부짖는 것일까

아침에 창문 열면 처마와 처마 사이 오늘도 집을 엮는 거미, 아슬한

생업의 공중곡예여 세상 속으로 한 가닥 줄을 늘이며

도봉동 일대의 하루는 시작되고

이제 나는 알겠다 옆집에 통화를 하지 않아도

오래 전부터 끈질기고 끈끈하게 연결되어왔던 그 무엇을

『어머니의 달』

미아 삼거리

미아 삼거리 고가도로 밤중에 기를 쓰고 오르는 버스 속에 흔들리다 보면
보이지 삼양동이나 미아리 산꼭대기 동네의 등불들이 촘촘히
마치 보석 같고 먼저 나온 별빛 같은 그 등불들이
문득 잊고 지내던 많은 사람들의 삶을 떠오르게 하고
아아 저 비탈 위에 경일이가 살지 그리고 또 누가 있나
한낮의 노동과 지친 발걸음을 거두어 가파른 생업의 비탈길을 올라
비로소 집집마다 등불을 켜고 돌아누워 있을 사람들의 휴식과 벽에 기댄 밥상
많기도 해라 자꾸만 하늘 가까이 밀려가며 한숨 같고 슬픔 같은 삶의 가락들을
멀리 별빛에 닿아가는 하나의 심지로 키우고 있는 사람들의 생애가
미아 삼거리 고가도로 밤중에 기를 쓰고 오르는 버스 유리창에 와 박히고
저것 봐 어쩌다가 그 불빛 사이로 살별 하나라도 숨어들면
피곤한 귀가길 나의 하루도 돌아가 그 별빛 속에 묻힐 것을
또 누가 있어 오늘 밤 무슨 간절한 바람 같은 것을 문으며 잠들지
그러나 때론 아우성 같고 성난 눈빛 같은 등불을 밤새워 밝혀두고

우리들의 하루가 솟구쳐 올랐다가 서서히 스러지는 것이
미아 삼거리 밤중의 고가도로 그 위에선 너무너무 잘 보이지

『어머니의 달』

중랑천은 흘러 어디로 가나

가난한 살림에 하나 둘 백열등을 켜던 시절에
삐딱하게 기운 전봇대, 축 늘어진 고압선 아래
마을이 있었다. 날이 저물고
무너지고무너지고무너지고……
다 허물어져 깊은 적막을 포클레인이 헤집는다.
추억을 실은 덤프트럭이
오래된 노래 속으로 흙먼지를 날리고
폐허를 빠져나가는
저녁

바닥을 드러낸 개천.
스무 해 전쯤에, 아니아니 그보다 먼 시간 속
줄배를 당겨오는 얼굴, 얼굴, 화아한 얼굴들이
풀밭에 몰려와 듬성듬성 쥐불을 놓는다.
휘잉휘잉 깡통을 돌리며 황혼을 넘는 아이들과

만월을 띄우는 바람개비, 바람개비.
달집 태우던 기인 그림자.
폭약을 놓던 조무래기들 골목 어귀에 숨어 귀청 막으면
달처럼 봉긋한 젖가슴, 새청 지르던
밤길의 공장 누이들.
검은 물이
가랑잎 같은 시간을 밀어간다.

부글부글 끓어오르는 거품을 안고
흘러간 생들은 어디에 몸 푸나.
저 너머 철골을 쌓는 타워크레인.
기억의 한귀퉁이로 징검돌을 놓고
비닐봉지 든 여자가 마른 개천을 건너
하늘에는
붉은
달.

『복숭아뼈에 대한 회상』(창작과비평사, 1995)

정호승

고요한 밤 거룩한 밤

눈은 내리지 않았다
강가에는 또다시 죽은 아기가 버려졌다
차마 떨어지지 못하여 밤하늘에 별들은 떠 있었고
사람들은 아무도 서로의 발을 씻어주지 않았다
육교 위에는 아기에게 젖을 물린 여자가 앉아 있었고
두 손을 내민 소년이 지하도에 여전히 엎드려 있었다
바다가 보이는 소년원에 간 소년들은 돌아오지 않고
미혼모보호소의 철문은 굳게 닫혀 있었다
집 나온 처녀들은 골목마다 담배를 피우며
산부인과 김과장 이야기로 꽃을 피웠다
돈을 헤아리며 구세군 한 사람이 호텔 앞을 지나가고
적십자사 헌혈차 속으로 한 청년이 끌려갔다
짜장면을 사먹고 눈을 맞으며 걷고 싶어도

그때까지 눈은 내리지 않았다
전철을 탄 눈먼 사내는 구로역을 지나며
아들의 손을 잡고 하모니카를 불었다
사랑에 굶주린 자들은 굶어 죽어 갔으나
아무도 사랑의 나라를 그리워하지 않았다
기다림은 용기라고 말하지 않았다
죽어가는 아들을 등에 업은 한 사내가
열리지 않는 병원문을 두드리며 울고 있었고
등불을 들고 새벽송을 돌던 교인들이
그 사내를 힐끔 쳐다보고 지나갔다
멀리 개 짖는 소리 들리고
해외 입양가는 아기들이 울면서 김포공항을 떠나갔다

『서울의 예수』(민음사, 1982)

서울의 예수

1

예수가 낚싯대를 드리우고 한강에 앉아 있다. 강변에 모닥불을 피워 놓고 예수가 젖은 옷을 말리고 있다. 들풀들이 날마다 인간의 칼에 찔려 쓰러지고 풀의 꽃과 같은 인간의 꽃 한 송이 피었다 지는데, 인간이 아름다와지는 것을 보기 위하여, 예수가 겨울비에 젖으며 서대문 구치소 담벼락에 기대어 울고 있다.

2

술 취한 저녁. 지평선 너머로 예수의 긴 그림자가 넘어간다. 인생의 찬밥 한 그릇 얻어먹은 예수의 등 뒤로 재빨리 초승달 하나 떠오른다. 고통 속에 넘치는 평화, 눈물 속에 그리운 자유는 있었을까. 서울의 빵과 사랑과, 서울의 빵과 눈물을 생각하며 예수가 홀로 담배를 피운다. 사람의 이슬로 사라지는 사람을 보며, 사람들이 모래를 씹으며 잠드는 밤. 낙엽들은 떠나기 위하여 서울에 잠시 머물고, 예수는 절망의 끝으로 걸어간다.

3

목이 마르다. 서울이 잠들기 전에 인간의 꿈이 먼저 잠들어 목이 마르다. 등불을 들고 걷는 자는 어디 있느냐. 서울의 들길은 보이지 않고, 밤마다 잿더미에 주저앉아서 겉옷만 찢으며 우는 자여. 총소리가 들리고 눈이 내리더니, 사랑과 믿음의 깊이 사이로 첫눈이 내리더니, 서울에서 잡힌 돌 하나, 그 어디 던질 데가 없도다. 그리운 사람 다시 그리운 그대들은 나와 함께 술잔을 들라. 눈 내리는 서울의 밤하늘 어디에도 내 잠시 머리 둘 곳이 없나니, 그대들은 나와 함께 술잔을 들라. 술잔을 들고 어둠 속으로 이 세상 칼끝을 피해 가다가, 가슴으로 칼끝에 쓰러진 그대들은 눈 그친 서울밤의 눈길을 걸어가라. 아직 악인의 등불은 꺼지지 않고, 서울의 새벽에 귀를 기울이는 고요한 인간의 귀는 풀잎에 젖어, 목이 마르다. 인간이 잠들기 전에 서울의 꿈이 먼저 잠이 들어 아, 목이 마르다.

4

사람의 잔을 마시고 싶다. 추억이 아름다운 사람을 만나, 소주잔을 나누며 눈물의 빈대떡을 나눠 먹고 싶다. 꽃잎 하나 칼처럼 떨어지는 봄날에 풀잎을 스치는 사람의 옷자락 소리를 들으며, 마음의 나라보다 사람의 나라에 살고 싶다. 새벽마다 사람의 등불이 꺼지지 않도록 서울의 등잔에 홀로 불을 켜고 가난한 사람의 창에 기대어 서울의 그리움을 그리워하고 싶다.

5

나를 섬기는 자는 슬프고, 나를 슬퍼하는 자는 슬프다. 나를 위하여 기뻐하는 자는 슬프고, 나를 위하여 슬퍼하는 자는 더욱 슬프다. 나는 내 이웃을 위하여 괴로와하지 않았고, 가난한 자의 별들을 바라보지 않았나니, 내 이름을 간절히 부르는 자들은 불행하고, 내 이름을 간절히 사랑하는 자들은 더욱 불행하다.

『서울의 예수』(민음사, 1982)

파고다 공원

아버지 파고다공원에서
'영정 사진 무료 촬영'이라고 써놓은
플래카드 앞에 줄을 서 계신다
금요일만 되면 낡은 카메라 가방을 들고
무료 봉사 하러 나온다는
중년의 한 사진사가
노인들의 영정 사진을 열심히 찍고 있다
노인들은 흐린 햇살 아래 다들 흐리다
곧 비가 올 것 같다
줄의 후미에서 차례를 기다리는 아버지는
사진은 나중에 찍고 콩국수나 먹으러 가시자고 해도
마냥 차례만 기다린다
비둘기가 아버지의 발끝에 와서 땅바닥을 쪼며 노닌다
어디서 연꽃 웃음소리가 들린다
원각사지 십층석탑에 새겨진 연꽃들이 걸어나와
사진 찍는 아버지 곁에 앉아 함께 사진을 찍는다
사람이 영정 사진을 준비해야 하는 나이가 되면
부처님께 밥 한 그릇은 올려야 하는가
빗방울이 떨어진다
소나기다
나는 아버지와 비를 맞으며 종로 거리를 걷다가

양념통닭집으로 들어간다
아버지는 무료로 영정 사진을 찍었다고
이제는 더이상 준비해야 할 일이 없다고
열심히 양념통닭만 잡수신다

『눈물이 나면 기차를 타라』(창작과비평사, 1999)

정희성

용산시장에서
―어느 여성근로자의 일기

공장은 문을 닫았다
가진 것이라곤 노동밖에 없는 우리
꼬쟁이의 모가지는 열두 개
상처마다 옹근 매듭 아리고 쓰리어라
눈물 고인 눈으로 서로를 바라보며
모두들 열심히 살아가자며
용산시장 골목길을 빠져나가네
어디서들 이렇게 흘러왔는지
너무도 많은 사람들이 등을 떠밀고
떠밀리며 듣는 저 아우성과
발끝마다 질척이는 비릿한 냄새
철교 위를 지나는 기차소리는

멀고 먼 고향길을 달려가는가
용산시장의 공기는 끈끈하여
차마 우리의 발길을 붙드는구나
노동밖에는 팔 것이 없는 우리
꼬쟁이의 모가지는 열두 개
저마다 자기들의 상품을 놓고
내일을 향해 외쳐대는 아우성이
어쩌면 재미있는 노래일 수 있으련만
삶이란 역시 힘겨운 것일까
노동판에서 돌아와 지게를 받치고
국수그릇 앞에 쭈그려 앉은
저 사람들을 보며 우리는 이제
어디다 대고 무릎을 꿇어야 하나
처음엔 쳐다보기도 싫던 그 모습
어느덧 아버지의 얼굴로 떠오르며
모두들 그렇게 꺾여서는 안되느니
힘을 합쳐 열심히들 살아가라고
당부하면서 눈물 속에 흐려지면서

『한 그리움이 다른 그리움에게』(창작과비평사, 1991)

서울역 1998

침침한 지하도 한구석에
지쳐 쓰러진 사람들
죄 많은 내가 누워야 할 자리에
다른 사람이 먼저 와 있다
이 꼴을 볼라고 작년에
하느님이 나를 인도에 보내셨던지
북인도가 아프게 꿈에 보였다
노란 겨자꽃이 한창이었다
마알간 거울 속처럼
이상하게도 세상은 고요했고
말을 해도 소리가 되지 않았다

『詩를 찾아서』(창작과비평사, 2001)

조
기
원

풍자시대에서
―Video의 꿈

　여기는 17inch의 꿈과 사랑 그리고 당신이 원하시는 충족량의 서스펜스가 준비되어 있읍니다. 마음껏 즐기시기를…………… 태양계 한쪽에선 유성들이 별빛을 털며 사라져가고…………… 치지익 치익 …… 우리들의 애인은 전자오락실에서 갤러그 십만점을 역사적으로 돌파하고 있었다……………… 치지직 칙……………… 경찰은 결코 여러분과의 충돌을 원치 않읍니다 민족의 앞날을 지켜나갈 여러분, 학생 여러분의 주장과 요구는 조국과 민족을 아끼는 여러분의 뜨거운 충정에서 우러나온 것임을 우리 경찰들은 잘 알고 있읍니다 그러나 과격한 시위는 여러분의 이같은 애국심을 의심받게 할 뿐이며 학생―시민―경찰 모두에게 피해만 주게 됩니다. 경찰은 여러분들이 돌을 악……치이― ㄱ 사과탄 맞아 횡한 가슴 달콤한 아몬드로 고독을 달래십시요 루루 아몬드 초코렛………… 도시재개발사업이란 허울좋은 이름 아래 도시 빈민들의 생존권이 무참히 악 치지직 칙………… 사당………… 칙지직…………치지직………… 물자절약을 생활화합시다. 공익광고협의회……………………… 휴먼테크의 명성을 얻고 있는 주식회사 별하나는 노동자를 협박·회유·납치하는 데만 120억 악칙…………치 치지직………… 아 아 종종 공포는 좌절을 부르러 가고…………치지직 칙……어머니 이젠 지쳤어요 집으로 돌아가고 싶어요………………마 모든 재벌의 상속된 재산에 대한 정당성은 재산의 이익을 사회에 환원한다는 조건에서만이 가능하지 않겠느냐는 솔직한 심정입니다…… 치지— 치직 치— ㄱ………… 노동자의 눈물과 피를 짜아내 만든 별하나 제품 절대로 쓰지 맙…억…아 여기는 관제된 아니 통조림의 세계 완제품만이 유통과정에서 우리를 만족합니다.………… 놀라운 사실입니다 오랜 공장생활이 여성 근로자들의 「여성성」과 「모성」을 파괴시킨다는 칙………………………그때 그의 나이 스물둘이었다. 눈물지며 교정 밖에서 외치는 어머니의 울부짖음 아, 어머니 모포 네 장을 덮어도 치가 떨리며 역역히 보이는 당신의 사랑 어머니 우리는 이렇게 떠나야만 했읍니다………… 애야 네가 아니더라도………… 애야 제발……………… 치직 치—ㄱ…… 잔 죄송합니다 재벌들이 기부한 돈은 노동자의 식탁 위에서 콩나물 하나와 멸치 두 마리 그리고 생선 몇 토막쯤 빼앗은 바로 그것이 아니냐는 사실을 충분히 보여주지 못해 안타깝습니다 이런 시각에서 단 한번의 보도도 못한 언론도 책임을 치직 억………………………치지직………………………그해 눈이 내리고 인공위성은 치근 거리며 지구를 맴돌고 몇 마리의 워키토키 같은 쥐들이 우리를 기웃 거리고………… 아무 일도 일어나지 않았다

『경향신문』, 1989. 1. 4.

● 조기조

구로동 아리랑

구로동 구종점 네거리 인력시장
가로등은 꺼지고 해는 높았는데
아라리요 아라리요 얼굴 보고 골라가고
쓰라리요 쓰라리요 덩치 보고 골라가고
팔려가지 못한 사람들 진눈깨비로 서성이네
서울에 일할 곳이 이다지도 없단 말가
일자리 없는 사람 이다지도 많단 말가
아리랑이 쓰리랑인가 쓰리랑이 아리랑인가
몇 개비 던져놓은 모닥불은 사그라지는데
찬바람에 멱살 잡히고 발만 동동 굴러보네
아리랑 동동 굴러보고 쓰리랑 동동 굴러보네
몇몇은 애가 타서 화투판 일당 벌어볼까
몇몇은 속이 쓰려 한잔 대포로 풀어볼까

구로동 고개 넘어간다 진양조로 넘어간다
일하고 싶네 일하고 싶어 젊어서 일해야지
늙어서도 일할 팔자 일하다가 죽고 싶네
아리랑 쓰리랑 아라리요 쓰리리요
혼자 남은 내 발길은 공단 쪽으로 돌려지는데
일하던 우리 공장은 문 닫은 지 석 달째라
아라리요 쓰라리요 쓰라리가 지라리요
밀린 월급 떼어먹고 도망간 사장님은
십 리도 못 가서 새 공장을 차렸다네.

『낡은 기계』(실천문학사, 1997)

난시청 지역에서

 가리봉은 난시청 지역 옥상 위에 세워둔 안테나를 아무리 돌려보아도 무슨 얘기 한 토막 개운하게 잡히지 않지 어쩌다 방향을 제대로 잡았는가 하면 오 분마다 지나는 비행기가 흩트려놓고 말아 30분만 가면 크나큰 방송국들이 있지만 듣고 싶은 얘기 알고 싶은 소식 알려져야 할 사건 하나 제대로 듣고 볼 수가 없어 모든 것이 유인물로 유비통신으로 출근길 버스 안에서나 퇴근길 횡단보도 앞에서나 수신돼 가리봉은 난시청 지역 그러나 궁금한 것이 있으면 가리봉으로 와봐.

『낡은 기계』

조동범

둘둘치킨

명동 둘둘치킨 앞에서 애인을 기다린다
튀김닭 냄새가 자신의 영역을 그리는 둘둘치킨,
앞으로 퇴근하는 사람들 지나간다
사람들은 고개를 돌려
유리 너머의 닭을 바라본다
오지 않는 애인
튀김옷을 둘둘 말아 입은 닭들의 천국 안에는
몇 개의 만남과 사소한 시비,
닭들의 죽음이 자신의 영역을 지키고 있다
서로 넘나드는 일도 없이,
경계는 늘 견고하다
오지 않는 애인
둘둘치킨의 네온이 켜진다

닭들이 분주히 기름으로 들어간다
몸 안의 수분이 빠져나가기 전에
경쾌하게 튀겨지는 닭
오지 않는 애인
나는 둘둘의 경계 밖에서 시계를 본다
뜨겁게 펼쳐지는 닭들의 천국 둘둘
그곳으로 한 무리의 양복이 들어간다
둘둘치킨 안에서 간간이 즐거운 폭죽이 터진다
나는 둘둘의 경계 밖에 있다
몇 개의 만남과 사소한 시비,
닭들의 죽음으로부터
비껴 있다
오지 않는 애인,
을 기다린다
둘둘 돌아가는 닭들의 천국,
지루한 닭들의 장례 앞에서

『심야 배스킨라빈스 살인사건』(문학동네, 2006)

서울외곽순환고속도로

한 무리의 자동차가 외곽을 달리고 있어

혜성처럼 환하게 빛을 뿜으며

어둠을 꿰뚫고 있어

외곽을 순환하는 빛나는 질주가

나를 미치게 만들어

외곽 너머는

낡고 위태로운 폐경으로 가득해

붉게 물든 후미등이

유곽처럼 웃음을 흘리고 있어

눅눅한 어둠은

유곽의 여자를 떠올리며

후미등의 붉은 궤적을 어루만지고 있어

적도로 가는 비행기가

양떼구름 가득한 공중을 지나

사라지고 있어

빛나는 궤도를 따라

어둠이 도열해 있어

중심을 파고드는 속도를 놓치면

그것으로 끝이지

혜성이 충돌할 때

얼마나 아름다운 섬광이 번쩍일까

외곽을 이탈한 속도는

얼마나 평화로운 공중이 될까

한 무리의 혜성처럼 질주하는 속도

거대한 궤적을 만들어
외곽을 이루고 있어
단 한 번도 중심인 적이 없는
외곽의 질주
궤도를 이탈하지 않기 위해
끊임없이 중심을
파고드는, 빛나는
외곽의
궤적

『심야 배스킨라빈스 살인사건』

● 조
　영
　석

노량진 고시촌

조선왕조가 문을 닫은 지 백 년이지만
노량진에는 여전히 지방 사람들이 모여들었다.
서울 사람들의 텃새쯤은 사투리로 밟아두고
저마다 고향의 특산물이 아닌
특산물을 팔아치운 돈 몇 푼을 거머쥔 채
배 대신 기차를 통해 들어와
땅을 사서 뿌리를 박았다.
뜨내기 보부상처럼 봇짐 하나씩을 짊어지고
어디를 걸어도 골목뿐인 길을 돌아다녔다.
출신을 알 수 없는 어깨들과 부딪치며
온몸에 붙은 졸음을 쫓았다.
길이 끝나는 곳에 다다르면
고시원으로 들어가거나 식당 앞에 줄을 섰다.

처마 밑에 모여 시험에 대해 떠도는 소문들을
담배 한 갑으로 나누어 피웠다.
길바닥에는 단풍보다 화려한 전단지들이 뒹굴었다.
다달이 시험은 멈추지 않았고 한번 뿌리가 걸린 사람들은
쉽사리 노량진을 뜨지 못했다.
어느 누가 손에 잡힐 듯한 금의환향을 마다하겠는가.
한번 떠난 사람들은 다시는 돌아오지 않으며
웃음은 모두 증발해버린
비린내 대신 짠내만 가득한 동네
노량진 고시촌.

『선명한 유령』(실천문학사, 2006)

당나귀

두 평 골방에 누워 지내는 밤들
이름을 알 수 없는 사내들이 코를 곤다.
하루치의 노동이 활처럼 휜 등뼈 속에서 꿈을 꾼다.
지붕을 활짝 열어젖히면 까마득한 천장
먼 곳에 있는 여인이 별들을 휘저으며
내려다본다. 입을 벙긋거린다.
귀를 쫑긋 세워도 좁은 구멍 속으로 들어오는

여인의 입술은 흐물흐물 녹아버린다.
어둠이 여인을 집어삼키는 동안
안개들은 들개 떼처럼 몰려다니며
숲의 광대뼈를 씹어 먹는다 소리 없이
눈먼 아이들은 방향을 가리지 않고 돌을 던지고
기름에 찌든 풀을 씹어 먹으며
어느새 나는 고집 센 당나귀가 되어 잠을 잔다.
눈곱 낀 눈을 끔벅이며 악몽을 쫓는다.
내 무릎은 오래되고 낡은 무게에도 삐걱거린다.
이끼 낀 땅을 온종일 디디며
웅덩이를 찾아 방울을 딸랑거린다.
싸늘한 골방에 누운 두 평 남짓한 저녁
형광등 불빛 짙은 어둠을 힘겹게 잡아먹고
나는 오래전 셈하는 법도 잊어버린 당나귀
가위에 눌린 사내들이 신음 소리를 내고
나는 피곤한 리듬에 맞춰 뱃가죽을 부풀려본다.
눈에 괴는 물방울이 눈동자를 붙들고
둥실둥실 떠오른다.
사람의 가죽을 영영 벗어놓고
눈 감고도 잠들지 못하는 나는 장님 당나귀
날이 새면 또 먼 길을 가야 한다.
고집스럽게 어딘지 모를
고향 마구간을 찾아

『선명한 유령』

선명한 유령

그는 일종의 유령이므로 어디든 막힘없이 떠돌아다닌다.
그의 모습은 선명하지만 누구의 눈길도 받지 않는다.
다만, 개들이 알아채고 짖을 뿐이며 비둘기들이 모여들 뿐이다.

그에게는 땅이 없지만 발을 딛는 곳이 모두 그의 땅이다.
그는 사람의 집이 아닌 모든 집에 세 들어 살 수 있다.
쥐와 함께 자기도 하며, 옷 속을 바퀴벌레에게 세 주기도 한다.

그의 땅은 기후가 사납다. 폭우가 내리기도 하고
폭설이 내리는가 하면 모래바람이 불기도 한다.
그래도 그는 걱정이 없다. 그가 지나가면 그의 땅은 사라지므로.
오히려 그가 입고 있는 옷은 물과 먼지를 빨아들여 갑옷처럼 단단해진다.
그의 옷은 그의 살갗이다.

그의 몸은 카드와 화투 마권 등으로 이루어져 있다.
그가 그것들을 먹었는지 그것들이 그를 먹었는지 알 길은 없다.
분명한 것은 그것들이 발효된다는 사실이다.
그에게서는 썩어가는 생선 대가리의 냄새가 난다.

사람들, 저마다 작은 집과 작은 땅을 갖고 있는 사람들이
자기 몸만큼의 권리를 지닌 채 실려가는 지하철에서

그를 본 적이 있다. 그는 7인용 의자에 누워 있었다.

그가 누우면 의자는 침대가 되었다.

그가 움직이면 그 칸은 그의 전용 객차가 되었다.

그의 냄새 앞에서 사람들은 권리를 주장하지 못했다.

그는 냄새의 포자를 뿌리며 번식한다.

포자를 덮어쓴 사람들은 잠재적 유령이 된다.

그가 걷는 길이 곧 그의 길이며, 그가 먹는 것은 모두 음식이다.

일단 그가 되고 나면, 그를 막을 자는 아무도 없다.

그는 냄새로만 돌아다니기 때문이다.

그는 일종의 유령이다.

『선명한 유령』

조
재
도

철거민촌에서

가르치는 것만큼이나
배우는 것도 싸움이다 아이야
네가 그렇게 생각하지 않더라도
네가 그렇게 되길 원하지 않더라도
교과서의 내용과
능력의 척도를 가늠하는 사지선다의 늪 속에서
길들여지는 추락하는 끝내 헤어나오지 못하는
네 학교생활의 지루함은
배우는 것도 하나의 싸움임을 증명하는
구체적 증거다

명동성당 철거민촌 막사 안에서
나는 보았다 널려진 옷가지 사이 놓여 있는

이층 책꽂이
무표정한 표정으로 꽂혀 있던 책 가운데
눈 아프게 들어와 박힌
필승 중2 국어자습서

정성스레 지은 집이 포크레인에 무너지고
소망의 담벼락이 해머에 부서지고
아버지의 노동과
어머니의 행상이 철거반원에게 짓밟혀
도시의 섬이 되어 떠밀려온
철거민촌에서

그러나 아이야
자습서 안의 깨알 같은 글씨는 너를 외면한다
네가 살던 집의 무너짐을 말해주지 않는다
길들임의 언어가 은유로 포장되고
포크레인 해머의 폭력성이 정당화되고 있을 뿐

왜 배우는 것이 싸움이 돼야 할까
싸우며 새로 만나는 아픔들을 껴안아야 할까
무엇에 대하여 너는 반드시 이겨야 할까.

『몸은 비록 떠나지만—해직교사 신작시집』(실천문학사, 1989)

조정권

매혈자들

그들은 제각기 얼어붙은 몸으로 찾아와 병원 침대에서
한 삼십 분 정도 누워 있다가
삼삼오오 짝을 지어 선지국 집으로 몰려왔다
사골뼈 대신 공업용 쇼팅 기름을 쓴
이백원짜리 국밥을
바닥까지 긁어 먹었다
개중에는 아편을 사듯 소주 반 병을 시켜 먹고 의자 뒤로 스르르 주저앉
아 못 일어나는 이도 있었다
적십자병원 뒤 靈泉시장
말바위산이 올려다보이던 어둠침침한 밥집에서
서로 등 돌리고
서로의 밥에다 가래침을 뱉는 그 바닥.
갈 곳 없는 심연 속을 그들은 걸어 내려갔다

제각기 몸을 등잔으로 삼고 어두움 속으로.
육신에 가둬놓은 영혼의 어둠이 견딜 수 없이
몸을 누르고 눈을 봉할 때
그들은 다시 와서 피를 뽑았다.

『신성한 숲』(문학과지성사, 1994)

채 광 석

밧줄을 타며

밧줄을 탄다

히말라야 산맥 우리의 형제와 동료들의
목숨을 머금은 봉우리에 오르기 위하여
도봉산 인수봉의 바위벽, 설악산 골짜기의 얼음벽
벽을 탄다 기어오른다
하나의 밧줄에 차례로 몸을 엮고 하나의 운명 되어
목숨을 걸고 한 발 두 발 비지땀을 흘리며
식은땀 훔치며 목숨을 걸고 한 발 두 발
땡볕 아우성치는 여름이나 혹한 내리꽂히는 겨울이나
저 꿈에도 못 잊을 원한과 열망의 봉우리
꼭대기에 두 발을 딛고 새 하늘 새 땅을 보기 위하여

산사나이들 밧줄을 탄다

비바람이 밀치고 설한풍이 손끝 발끝을 흔들고
뇌성벽력이 몰아친다 해도
밧줄을 놓을 수는 없다

그것은 목숨이기에 단속반원들 우르르 달겨들어
패대기치더라도 리어카는 우리들 목숨의 줄이므로
비루먹이고 병들게 하고 꼬드김 손찌검
발길질 똥바가지질 몽둥이질 이간질
처대도 노동삼권은 우리의 목숨이므로 민주화는
통일은 우리의 목숨이므로

목숨을 탄다

민주 민족 민중의 산맥 우리의 선열과 형제들의
목숨을 머금은 봉우리에 오르기 위하여
공장 농촌의 얼음벽 학교의 바위벽
벽을 탄다 기어오른다
하나의 밧줄에 차례로 몸을 엮고 하나의 운명 되어
목숨을 걸고 한 발 두 발 비지땀을 흘리며
식은땀을 훔치며 목숨을 걸고 한 발 두 발
아우성치는 압제의 손길 내리꽂히는 수탈의 손길을 뚫고

저 꿈에도 못 잊을 원한과 열망의 봉우리
꼭대기에 두 발을 딛고 새 하늘 새 땅을 보기 위하여
외치며 노래하며

민족의 아들딸
밧줄을 탄다 목숨을 탄다

민주주의여
통일이여
질기디질긴 목숨의 밧줄이여

『밧줄을 타며』(풀빛, 1985)

최
두
석

귀가

시흥 산동네 언덕길을 오르는 아낙의 등 뒤로 땅거미가 내린다. 아낙은 땀 맺힌 이마를 문지르며 길가 토마토나 수박을 올려놓은 리어카들을 슬쩍 둘러본다. 그녀가 청소부로 일하는 여의도 상가에서 보던 것과는 사뭇 때깔이 다르다. 길바닥에서 노는 아이들의 입성은 영판 다른 나라다. 그녀의 핼쑥한 홀쭉이 아들이 귀가하려면 아직 한참 멀었다. 올봄 고등학생이 된 아들은 밤 열시가 넘어야 돌아온다. 그녀는 무조건 늦게까지 붙잡아놓는 학교가 고맙기만 하다. 학교는 물론 출세를 위한 사다리, 그렇지만 한편 불안해진다. 아득하기만 한 대학, 더구나 학사 건달도 여럿 보았으므로. 그녀는 가게에서 콩나물을 한 봉지 사들고 다시 언덕길을 오른다. 오를수록 목이 타고 더욱 불안해진다. 재개발 소문은 돌림병처럼 떠돌고 갑자기 집이 신기루같이 사라져 버리지나 않을까 하고. 그녀는 얼른 방정맞다고 자신을 나무라며 고개를 젓고 또 생각한다, 어릴 적 무심코 가지고 놀았던 항아리 조각과 거기에 늘어붙어 있던 머리카락 몇 올을. 공동묘지를 뭉개고 신축한 시골

국민학교 운동장가에서……

『성에꽃』(문학과지성사, 1995)

김기섭

　가느다란 목과 핼쑥한 낯빛이 유난하지만 수업중에는 별로 눈에 뜨이는 아이가 아니었다. 겨울에는 빚을 지게 되고 겨울이 지나면 빚을 갚기 바쁘다는 그의 작문을 보고서야 호암산 기슭 시흥 산동네를 찾아가게 되었다. 아버지는 형틀 목공, 어머니는 채소 장수, 어머니가 그를 낳을 때 양식이 떨어져 인절미 세 개를 급히 구해 먹고 낳았다 한다. 집과 집들이 담도 없이 마당도 없이 엉켜 있는 골목길을 오르며 겨울로 옮겨진 보릿고개의 가파름을 생각했다. 두 시간 남짓 걸리는 채소밭에서 배추와 열무를 사서 손수레로 끌어올리는 그의 어머니의 힘겨운 노동을 생각했다. 산길로 접어들기 직전에 그의 집이 있고 그는 책가방을 던져두고 함께 호암산을 올랐다. 호랑이 형상을 하고 멀리 궁성을 넘보는 바위산. 그 산기운을 누르느라고 호압사니 사자암이니 하는 절들이 들어섰다는데 동네 사람들은 기어이 부자가 되어 동네를 뜰 거라고 벼른다. 왜냐하면 동네가 호랑이의 배에 해당되기에. 그렇지만 올림픽이 열리기 전에 동네가 철거될 거라고 한단다. 특히 비행기 항로 아래이기에. 그는 이 사회가 분명히 잘못된 것 같다고 말했다. 부모가 맞벌이로 죽도록 일하지만 산동네 꼭대기집의 셋방살이를 못 면하니까. 그는 또한 말했다. 아버지는 사관학교나 경찰대학에 들어가기를 간절히 원하신다고.

『성에꽃』

산길

구로공단 매연이 눈 아래 짙게 깔리고
찻소리의 소음이 멀리 들리는
호암산 등성이
호젓한 산길에서 만났다
무우 짠지에 도시락을 먹는 청년을
그의 등뒤로 산국화 몇 송이
뜻밖에 흔들리며 반기고
그는 몇 해 전의 제자였다
최근 타이어 공장에서 밀려나
새 직장을 찾는 중이라고 한다

스무 살 나이에 벌써 몸에 밴
쓸쓸한 미소를 띠며
뭔가 손해를 각오해야
세상을 올곧게 살 수 있다고 하는
그의 이른바 사회물 먹은 말을
빈 도시락 떨렁이는 소리를 반주로 들으며 하산하다가
그날 따라 엉뚱하게
까까머리 소년 시절
나뭇짐을 산감에게 들켜 빼앗기고
빈 지게로 터벅거리던 날의

가을 하늘을 보고 있었다.

『성에꽃』

고재국

　유난히 뚝심 세었던 동갑내기 고종사촌 고재국은 중학교 중퇴의 학력으로 상경해 쟈크 염색 기술을 배웠다. 지독한 염료 냄새에 콧구멍은 진즉 마비되고 늘 골머리까지 띵하더니 상경한 지 삼 년 만에 한 모금 피를 토하고 고향으로 내려왔다. 내려와서 굼벵이로 술을 담거 먹었다. 초겨울 마람 엮어 지붕 갈 때 썩은새 속에 굼실거리는 살진 굼벵이로. 매미의 유충이 굼벵이라던가. 농사일 뒷전에서 거들며 지내기 일 년 만에 매미 소리처럼 가슴이 시원해진 그는 다시 상경하였고 굼벵이술을 계속 먹으며 십여 년 고생해서 모은 돈으로 쟈크 염색 공장을 차렸다. 비록 동업이지만 바야흐로 찌든 얼굴 펴지고 내 선생 월급을 묻고는 미소짓는 게 참 다행이다 싶었는데 그는 요즘 미칠 지경이란다. 아니 미쳐서 돌아다닌단다. 예비군 훈련간 사이 공장 들어먹고 잠적한 동업자를 찾으러.

『대꽃』(문학과지성사, 1984)

● 최
　석
　하

청계천변 1

그 시절 동대문 전차 종점께의 청계천변엔
미제 콜라, 맥주 깡통 들로 지붕한 판잣집들이
게딱지처럼 따닥따닥 붙어 있었는데 사내는 밤중에 나무다리 위를 활보하며
오징어도 사고 땅콩도 사고 별 얄궂은 잡지도 사고
가스불 아래서 별 얄궂은 사진도 기웃거리다가 여자가 붙어 찝적거리는 대로
삐걱거리는 나무다리의 난간에 매달려
여자의 가늘어빠진 팔목과 팔찌도 매만지다가
몇 해 전 항구에서 만났던 엄전한 얼굴을 기억해내다가
어느 산동네를 퍼뜩 머리에 떠올리기도 하면서
짐짓 팔찌에 코가 꿰어가지고
더 이하로 내려갈 수 없는 퀴퀴한 판자집으로 따라 내려갔다

기름때 묻은 작업복에서 떨어진 전당표 아니면 극장표 같은 걸
가리키며 여자는 이게 뭐냐고 물었고
불온 삐라는 아니라니깐! 광신도마냥 말없이 쏘아봤고
여자는 돈을 건네받으며 껌을 짝짝 씹었는데
통금 시간이 호루라기 불며 골목으로 막 들어서고 있었다
미처 봉하지 못한 널빤지 벽의 작은 창 하나
근사한 초승달이었어.

『희귀식물 엄지호』(문학과지성사, 1996)

청계천변 2

그 시절 청계천변을 바라본 이들은 기억할 게다
판잣집들이 이층, 삼층으로 빽빽이 들어차 있던 것을
집이란 집은 모두 놋요강처럼 누렇게 부황뜬 얼굴들
깡통 쓰레기들과 파리떼와 거미줄과 잡초뿐인
천변에 무질서하게 박힌 수상 가옥 받침목들은
왜 그리 또 삐딱하고 앙상했던지
여기저기 창문을 온통 가린 울긋불긋한 빨래들. 연기들. 펄럭이는 판자들.
가차이 다가가 볼라치면 판자에는 여태
철사가 끼인 채 쭈뼛쭈뼛 남았고
꼬부랑 글자며 x표 같은 페인트가 대바구니 앞에서 연해

무얼 중얼거리는 노파의 검버섯처럼 그대로 남았다

등에 업은 아이 달래며 물가에서 빨랫방망이질하는 아낙과

바닥이 말짱 드러나뵈는 물에 비친 허연 허벅지

암고양이 한 마리 곁에서 졸고 있고

『희귀식물 엄지호』

최
성
수

서울에 살기 위해

서울에 살기 위해 아침마다 머리를 빗는다
불거진 베갯자국을 지우고, 물칠도 조금 하고
나의 가리마는 왼쪽, 부드럽게 빗어넘긴다
오늘도 하루를 무사히- 머리를 다듬듯
차근차근 넘기기로 한다
붐비는 버스 타고 마이동풍 우이독경의
아침 방송을 들으며 떠나는 나의 시간은 0시
창경궁이 복원되고 국립 중앙박물관은
총독부 건물이던 중앙청으로 옮겨지고
(기이하게도 이것들은 모두 식민지 시대를 연상시킨다)
이 새벽 늘어선 행렬을 바라보는 나의 시계도 0
                생각 : 외출중
                말 : 출타중

           모든 일은 어제와 동일
갈아타려는 버스는 더러 그냥 지나쳐버리고
주먹으로 한 대 열리지 않는 문을 내지르기도 하지만
너무 흥분하지는 말 것 아무것에도 신경 쓰지 말고
되지 않는 소리로 공자왈 맹자왈 떠들다
소금에 절인 무청으로 돌아오는 저녁
건물 너머로 길게 눕는 검은 노을
돌아보면
서울에 살기 위한 내 하루 노동의 대가도
0

『장다리꽃 같은 우리 아이들』(실천문학사, 1990)

문화방송, 지금 파업중입니다

여의도 문화방송 그 휘황한 건물 벽에
두 개의 현수막이 걸려 있다
'화합의 길을 여는 방송'은 회사측에서
'노조와 함께 국민의 방송으로'는
파업중인 노조에서
이 기묘한 조화 속으로
여전히 밤 아홉 시 뉴스는 공전중인 국회와

여당 대통령 후보의 동정을 방송한다
그러나 노조의 파업 소식은
뉴스 시간 어느 구석에도 자리잡지 못한다
그렇다, 이제 대통령 선거가 다가왔으므로
방송을 장악하는 자만이 당선된다는
굳은 신념과 의지로 사장은 노조의 목줄을 조인다
왜 세상은 이렇게 비슷한 걸까
문화방송 파업 소식을 들으며 나는
문득 그 해 여름을 떠올린다
방송으로 신문으로 마구 쏟아지던
가슴에 비수가 되어 꽂히던 그 말들
전교조는 아이들을 볼모로 하고 있습니다
그 볼모의 사이 사이로
한일 청소년 핸드볼 경기가 이어지고
또 그 사이에 민자당 총재 수락 연설이
확실하게 전파를 탄다
전교조 지지 발언을 한 교사가 해임되고
대통령 동정을 빼고 방송한 기자는
국장의 호출을 받는다
구교대 교사의 공기총 사건은 징계 사유가 아니듯
안기부 직원이 저지른 교통 사고 소식은 방송에서
눈을 감는다
교장이 교사를 고발하듯

사장은 조합원을 고소하다

그러나 분명한 것은 늘 가까이에 있다

저 휘황한 문화방송 건물

출입증을 젖가슴 가까이에 붙이고도 괜히 주눅들어

맨질맨질한 바닥이 더욱 조심스러운

그 건물 안에도 싱싱한 아침이 있다.

기차놀이로 끌려가는 선생들의 처진 어깨 너머로

목 메인 입술을 깨무는 수십만의 교사가 있다

어느 날 오후 벌떼처럼 쏟아져 들어온 경찰들의 강제 진압 속으로

눈물을 훔치는 방송인의 옷소매에

공정 방송의 목 쉰 외침이 살아 있다

닭장차로 연행되는 우리 시대의 얼굴들 사이에

사장과 반대로 굳은 의지와 신념을 가진

아침 방송이 솟아오른다

중요한 것은 바로 우리 곁에 있다

비슷한 것을 엮어 볼 줄 아는 분

비슷한 것끼리 어깨 걸 수 있는 팔

우리 옆에 비슷한 우리를 감싸줄 수 있는 마음

그 사람들 사이로 내일 아침에는

싱싱한 전파가 날아다닐 것이라는 믿음 위에

문화방송, 지금 파업중이다

『작은 바람 하나로 시작된 우리 사랑은』(내일을 여는 작가, 1994)

새벽 명동

사람은 없고
건물들만 부스스하다

불침번을 서다 바라보는
새벽 명동
얽어 세운 천막 위로
장마비는 내리고
내려 흩어지고
눈꺼풀도 무거워 가라앉은
사람들의 마음속으로
드문드문 불 밝힌
가로등

이름이 좋아 해직 교사인
단식 농성자들의
단잠 너머 퍼지는 복직의 꿈

자본주의 대한 민국의
가장 비싼 땅 한 귀퉁이
집 잃은 사람들의 허기진 잠 속으로
비안개만 자욱하다

불빛은 없고

키 큰 건물들만 스스스하다

『작은 바람 하나로 시작된 우리 사랑은』

최영숙

도로확장공사
―혜화동 플라타너스

밤새 안녕한지, 플라타너스여

오늘도 길은 넓어졌다
긍정하자 긍정하자 머리를
주억거리다 황급히
쓰러지는 혜화동 플라타너스

야간 조명등 아래
잔뿌리까지 걷어내며 누군가
푸른 줄기 밀어올리던 호흡 위로
절명의 검은 마스크
콜타르를 휘덮고 있다

거대한 공룡의 등뼈를 이루는
빌딩 사이를 너 하나 표적 삼아
매일 오가던 나는
여전히 이방인으로 남고

헐은 위벽을 따라가는 지하철 표를
오늘도 서투르게 끊는다

별이 뜨지 않아도
쉽게 잠드는
이 도시에서 언젠가는
버림당하리라 생각하면서

플라타너스여, 오늘도 길은 넓어지고

『골목 하나를 사이로』(창작과비평사, 1996)

최종천

화곡역 청소부의 한달 월급에 대하여

올해 문화예술위원회에서 주겠다는
지원비가 드디어 한달에 100만원씩
1200만원으로 올랐다, 용렬하게
이 몸도 신청했다, 문득 화곡역 청소부에게
한달 월급이 얼마나 되느냐고
왜 물어보고 싶었을까?
63만원이라고 했다.
시집도 내고 목돈으로 1200만원이나 벌었으니
행복은 역시 능력있는 사람의
권리지 의무가 아니라고
누군가는 생각할 것이다, 솔직히
배때지가 꼴린다, 내가 못 받았기 때문이다
"모든 예술은 사기다."

백남준의 이 말은 은유도 비유도 아니다
예술은 부를 창출하는 게 아니다, 그 청소부는
얼마나 많은 부를 창출하고도 그것밖에 가지지 못하나
예술은 허구를 조작하는 것이다.
이 사실을 자각하는 시인만이 시인이라고
단언하기는 그렇지만, 시인들이여
행복은 권리라고 생각하지 마라, 그렇다면 그대는
시인은 못되리라, 행복은 누구나의 의무다
우리의 행복함은 곧 우리가 선함이요
우리의 불행은 우리가 악하기 때문이라
이러한 행복과 불행의 원리는,
화곡전철역에서 하루종일 허리 구부리고 청소하시는
아주머니의 월급이 63만원밖에
안 되기 때문이다.

『나의 밥그릇이 빛난다』(창작과비평사, 2007)

- 표
  광
  소

섬
―노동자 구보 씨의 일일(5)

내리는
눈 떼는
용역 깡패들이 트럭에 실어 난지도에 버린 사람들의 피
묻은
작업복에
쌓이고
쌓이고
쌓이고

움츠러드는 강에 깃드는 얼음 소리만 깊고 먼

내리는

눈 떼는

용역 깡패들이 트럭에 실어 난지도에 버린 사람들의 붉은

머리띠에

쌓이고

쌓이고

쌓이고

괜찮을까?

내리는

눈 떼는

난지도 쓰레기 더미 위에 버림받은 노동자 구보 씨의

자꾸 잠이 오는

두 눈에

쌓이고

쌓이고

쌓이고

『지리산의 달빛』(갈무리, 2002)

하종오

중랑천 나나노집 3

중랑천 썩은 물을 슬쩍 내려다보니
이목구비 없이 죽은 아이들이 놀고 있네
먹구름만 끼어도 무서워라, 니기미 ××
비 오는 밤에 처음 간직했던 천둥이
이제는 젖가슴 속에서 늘 울어싸
서른 알의 피임약에 어미 노릇 팔곤 했지만
물살은 요리조리 헤쳐가는 저 아이들
어리디어린 숨결을 주지 못해 안슬프구나
볼장 다 본 몸뚱이에 고운 숨이 어디 있겠느냐
세상 모르게 몸짓하는 저 아이들
가 버려라 안 보이는 땅으로
이 목소리가 숨결 되어 빗소리를 잠재운다면
나나노 노랫가락 버선 속에 감추고

생젖을 쥐어짜며 중랑천을 떠나겠지만
지어미 되어 이목구비 찾아줄 수 있을까
오늘밤 오는 비는 천둥을 데려가거라
맑은 마음을 간직하고 싶다, 니기미 xx
중랑천 썩은 물을 슬쩍 내려다보니
어매 어매 우리 어매 우릴 버린 우리 어매
이목구비 없이 죽은 아이들이 놀고 있네

『벼는 벼끼리 피는 피끼리』(창작과비평사, 1981)

청량리 역전

하나씩 켜 놓은 간데라 불빛들이
서로의 얼굴을 밝혀주는 동안은
서울에 살려고 우리는 말이 없다
불빛에 띄워 보내는 우리 눈빛들이
땅 끝까지 못 가고 여기에 다시 모여
가난에 겨운 저녁을 지키는데
바람 빠진 타이어 녹슨 리어카
성냥갑 속에 숨어 있는 뜨거움과
고향이 각기 다른 과일들을 늘어놓고
서러운 인생은 언제까지 서러운가

제 먹을 것은 다 타고 난다지만
털어봐야 먼지뿐인 팔자들
바람 찬 지방행 완행열차 떠나면
언 발을 동동 굴리며 주머니를 뒤져
꽁초 꼬나물고 간데라 불을 댕긴다
흐린 담배 불빛이 점점이 모여서
서울 하늘 별빛 대신 시려올 때
하룻밤 더펄머리 흔드는 창녀들이
남몰래 별을 안고 치는 눈웃음으로
우리는 추위 속에서도 온몸이 단다
그럼 이제부터야 한 몸 눕힐 곳 없어도
청량리 역전 낯설은 상경자들에게
간데라 불빛 한 줄기씩 나눠주며
꺼지지 않는 목숨으로 막판까지 온 우리는
장한몽도 꿈이니 눈뜨고 꿈꾸며
서울에 살려고 간데라 불을 돋운다

『벼는 벼끼리 피는 피끼리』

면목동 죽세공

세상 밖에 밀려나와 시린 눈 홀로 뜨고

낮별이나 찾으며 바구니를 엮는다
생긴 대로 살고 싶어 대나무를 쪼개고
칼날에 반짝이는 햇빛으로 비쳐보면
그립고 그리워라 대창 던지던 시대에
대활로 푸른 하늘 겨누던 아버지
대피리 불면서 하염없던 어머니
대나무에 맡겼던 생애는 왜 덧없었을까
꺾이지 말거라 당부하던 이곳에서
아버지 피 쏟으며 대밭에 쓰러졌고
어머니 댓잎을 흔들며 미쳤어도
어우러져 살고 싶어 바구니를 엮는다
둥글게 둥글게 휘어가는 삶으로
마디마다 옹근 세월 불에 달궈 구부리고
빈 마음도 비틀어 얼기설기 곁지른다
날과 씨 여러 오리 엇갈려 밑바닥 되고
서너 겹 둘러서 테두리가 짜여지면
예전엔 이웃들 살림살이 담았건만
무얼 담나 지금은 걱정이 앞서나니
희망없는 세상 밖에 바구니를 들고 서서
낮별이나 떨어지길 기다리며 눈을 감는다

『벼는 벼끼리 피는 피끼리』

코리안 드림 2

지하철이 청량리역을 출발했다
이쪽 좌석에는 동남아인 노동자 둘 웃으며 잡담하고
저쪽 좌석에는 미군 백인 병사 둘 잠들어 있었다
마악 앞 객차에서 건너온 한국인 중년 사내 하나
눈자위가 풀린 채 통로에서 비틀거렸다

동남아인 노동자 둘에게 다가간
한국인 중년 사내는 남버완 남버완 소리치며
오른쪽 엄지손가락을 치켜세워서 눈 앞에 갖다대고
당당하게 왼손을 펴 내밀었다
동남아 노동자 둘 번갈아 선한 웃음을 띠고는
서로 주머니에서 천원권을 꺼내어주었다

또 히죽이죽 웃으며 미군 백인 병사 둘에게 다가간
한국인 중년 사내는 남버완 남버완 소리치며
오른쪽 엄지손가락을 치켜세워서 눈 앞에 갖다대고
당당하게 왼손을 펴 내밀었다
미군 백인 병사 둘 잠결에 손사래 치고는
서로 머리를 맞댄 채 계속 잠만 잤다

의정부행 지하철이 이윽고 지상으로 달려나오고

실내에 햇빛이 훤히 스며들었다
미군 백인 병사 둘 잠시 눈을 찡그릴 때
다시 한국인 중년 사내는 남버완 남버완 소리치며
오른쪽 엄지손가락을 치켜세워서 눈 앞에 갖다대고
당당하게 왼손을 펴 내밀고 있었다
다음 역에서 못 본 척 동남아인 노동자 둘 내렸다

『반대쪽 천국』(문학동네, 2004)

한 아시안

면목동 한갓진 골목길 걸어갈 때
거무스름한 한 아시안 다가와 말을 걸었다
파키스탄이나 스리랑카나 네팔 말로 들려서
나는 손 내젓고 내쳐 갔다

일요일 낮에 이따금 국제공중전화 부스에
줄 서서 통화하던 외국인 노동자들이
평일날 밤에는 목재공장 일 마치고 거리에 나와
서로 알아듣지 못하는지 손짓발짓하며
내가 더욱 알아들을 수 없는 말들을 했었다
그 앞 지나며 나는 엉뚱한 목수를 생각했었다

같은 말을 하는데도 달리 듣는 이방인 때문에
평생 슬퍼한 사나이 지저스 크라이스트
젊은 한때 집을 떠나 다른 나라 떠돌며
나무를 다듬다 지치면 저렇게 떠들었을 거라고

오래 전 내가 워싱턴 디시 번화가에 갔었을 때
백인에게 말을 걸자 두 손 펴 보이고 가버렸었다
발음 틀리게 주절거렸던 영어 단어가
한국이나 일본이나 중국말로 들렸었겠다 싶으니
거무스름한 한 아시안 너무 서툴게 우리말을 해서
내게 파키스탄이나 스리랑카나 네팔 말로 들렸다는 걸
큰길에 나와서야 알았다
다시 돌아가니 한 아시안 이미 없었다

『반대쪽 천국』

함민복

금호동의 봄

똥차가 오니 골목에
생기가 확, 돕니다
비닐 봉지에 담겨
골목길 올라왔던 갖가지 먹을 것들의 냄새가
시공을 초월 한통속이 되어 하산길 오르니

마냥 무료하던 길에
냄새의 끝, 구린내 가득하여

대파 단을 든 아줌마가 코를 움켜쥐고 뜁니다
숨 참은 아이가 숨차게 달려 내려갑니다
부르르 몸 떨며 식사중인 똥차의 긴 호스 입 터질까
조심, 목욕하고 올라오던 처녀가 전봇대와 몸 부딪쳐

비눗갑 줍느라 허둥대는
살내음

라일락꽃에 걸쳐 있던 코들도 우르르 쏟아지고 말아

『모든 경계에는 꽃이 핀다』(창작과비평사, 1996)

달의 눈물

금호동 산동네이 밤이 깊다
고단한 하루를 마친 사람들이
노루들의 잠자리나 되었을 법한
산속으로 머리를 눕히러 찾아드는 곳
힘들여 올라왔던 길
누군가를 위해 자신의 몸 더럽히고
흘러내리는 하수도 물소리

숨찬 산중턱에 살고 있는 나보다
더 위에 살고 있는 사람들 많아
아직 잠 못 이룬 사람들 많아
하수도 물소리
골목길 따라 흘러내린다

전봇대 굵기만한 도랑을 덮은

쇠철망 틈새로 들려오는

하수도 물소리

누가 때늦은 목욕을 했는지

제법 소리가 커지기도 하며

산동네의 삶처럼 경사가 져

썩은내 풍길 새도 없이 흘러내리는

하수도 물소리

또 비린내가 좀 나면 어떠랴

그게 사람 살아가는 증표일진대

이곳 삶의 동맥처럼

새벽까지 끊기지 않고

흐르는

하수도 물소리

물소리 듣는 것은 즐겁다

쇠철망 앞에 쭈그려 앉아 담배를 물면

달의 눈물

하수도 물소리에 가슴이 젖는다

『모든 경계에는 꽃이 핀다』

서울역 그 식당

그리움이 나를 끌고 식당으로 들어갑니다
그대가 일하는 전부를 보려고 구석에 앉았을 때
어디론가 떠나가는 기적소리 들려오고
내가 들어온 것도 모르는 채 푸른 호수 끌어
정수기에 물 담는 데 열중인 그대
그대 그림자가 지나간 땅마저 사랑한다고
술 취한 고백을 하던 그날 밤처럼
그냥 웃으면서 밥을 놓고 분주히 뒤돌아서는 그대
아침, 뒤주에서 쌀 한 바가지 퍼 나오시던
어머니처럼 아름답다는 생각을 하며
나는 마치 밥을 먹으러 온 사람처럼 밥을 먹습니다
나는 마치 밥 먹으러 온 사람처럼 밥을 먹고 나옵니다

『모든 경계에는 꽃이 핀다』

황규관

안양천을 건너며

야근 끝내고 아침에 퇴근하는 날은
꼭 구로공단에서 집까지 안양천을 걸어다닌다
딴에는 혼자 천변의 바람맞으며
밤새 헝클어진 마음의 갈래나 헤아려보자는 것이지만
뿌연 스모그가 되려 나를 어지럽히는 날에는
세상에게 버림받은 느낌이 든다
산줄기도 물줄기도
나에게 등 돌렸다는 생각이 드는 것이다
새소리와 마음이 얇으면 들리는
햇빛에 잎사귀가 몸 여는 소리와
새벽길 떠난 사람의 점점 멀어져가는 발소리로부터
너무 멀리 와버렸다는 생각에
야근에 지친 마음이 자꾸 잔가지를 친다

누구는 밥을 못구해 집을 나가고
여편네를 두들기고 제 새끼 가슴속에
날 선 칼 한자루 부양하고 있다는데
나는 고작 안양천변에 부는 바람이 없어 괴로운 것이다
삶을 벼랑으로 내모는 세상이 증오스러운 것이다
걸음 걸음이 위태로운
야근 끝내고 아침에 퇴근하는 날은 안양천을 건너며
돌아갈 수 없는 옛시절을 생각하다가
뿌연 스모그 속으로 흘러가는 검은 물살에게
무너지는 눈빛만 던진다

『물은 제 길을 간다』(갈무리, 2000)

황인숙

工作所 거리

비 멎은 오후
진흥 파이프 보일러, 동아 기계 제작소, 세일 철강 기계 상사,
자동차 시트 카바 전문점을 지나

꽃은 용접 불꽃, 소리는 드릴 소리, 냄새는 납땜 냄새

'잠만 잘 분'을 찾는 전봇대와 가로등 제어 분전함을 지나
고시원을 지나 실비 식당을 지나 삼도 프레스를 지나

꽃은 용접 불꽃, 소리는 드릴 소리, 냄새는 납땜 냄새

'황태자 CUSTOM TAILOR' 앞에서 걸음을 멈춘다
파르스름 물망초빛 와이셔츠, 벚꽃 분홍 남방셔츠

누가 저걸 사 입을까?
꼬깃꼬깃 접혔던 자국이 아직 선명한
막 봉오리에서 펼쳐진 꽃 같다!

꽃은 용접 불꽃, 소리는 드릴 소리, 냄새는 납땜 냄새

진흥 파이프 보일러, 동아 기계 제작소, 세일 철강 기계 상사
자동차 시트 카바 일꾼들이 사 입지

노란 도날드덕이 호스를 들고
춤을 추듯 차를 씻는 세차장을 지나
무지갯빛 기름이 뜬 웅덩이를 지나

꽃은 용접 불꽃, 소리는 드릴 소리, 냄새는 납땜 냄새

『자명한 산책』(문학과지성사, 2003)

해방촌, 나의 언덕길

이 길에선 모든 게 기울어져 있다
정일학원의 긴 담벼락도 그 옆에 세워진 차들도
전신주도 오토바이도 마을버스도

길가에 나앉은 툇돌들도 그 위의 신발짝들도
기울어져 있다
수거되기를 기다리는 쓰레기 봉투들도
그 위에 떨어지는 빗줄기도
가내공장도 거기서 흘러나오는 라디오 소리도
무엇보다도 길 자신이
가장 기울어져 있다.

이 길을 걸어 올라갈 때면 몸이 앞으로 기울고
내려올 때면 뒤로 기운다.
이름도 없고 번호도 없는
애칭도 별명도 없는
서울역으로 가는 남영동으로 가는
이태원으로 가는 남산 순환도로로 가는
그외 어디로도 가고 어디에서든 오는
급, 경사길.

『자명한 산책』

황
지
우

신림동 바닥에서

내 失業의 대낮에 시장 바닥을 어슬렁거리면,
그러나 아직, 나는 아직, 바닥에 이르려면 아직, 멀었구나.
까마득하게 멀었구나.
나는 탄식한다.
아, 솔직히 말하겠다. 까마득하게 멀리 보인다.
까마득하게 멀리 있는 것이 보인다. 내 발 바로 아래에 놓인,
비닐 보자기 위에 널퍼덕하게 깔아놓은,
저 냉이, 씀바귀, 쑥, 돌갓, 느릅나무 따위들이여,
그리고 그 옆의, 마찬가지로 널퍼덕하게 깔아 놓은,
저 멸치, 미역, 파래, 청강, 김가루, 노가리 등이여.
그리고 또 그 옆의, 마찬가지로 널퍼덕하게 깔아 놓고 앉아서,
스테인레스 칼로 홍합을 까고 있는,
혹은 바지락 하나하나를 까고 있는,

혹은 감자 껍질을 벗겨 물 속에 넣고 있는,
바로 내 발 아래에 있는, 짓뭉개져 있는,
저 머나먼, 추운 바닥이여,
나의 어머님이시여.

『새들도 세상을 뜨는구나』(문학과지성사, 1983)

⑨⑤ 청량리

—서울대

기껏 토큰 한 개를 내미는 나의 무안함을
너는 모르고
졸고 있는 너의 야근과 잔업을
나는 모르고
간밤엔 빤스 속에 손 한번 넣게 해준 값으로
만 원을 가로채간 년도 있지만
지금 내가 내민 손 끝에 光速의 아침 햇살, 빳빳하게 밀리고 있구나
참 멀리서 왔구나, 햇살이여, 노곤하고 노곤한 지상에,
그 햇살 받으며 빨간 모자, 파란 제복,
한남운수 소속, 너의 이름, 김명희
너의 가슴에 단
"친절 · 봉사"의 스마일 마크를 물끄러미 내려다보고 있는 나를

모성의 누이여 용서하라

나는 왜 이러는지 세상을 자꾸만

내려다보려고만 한다 그럴 적마다

나는 왜 그러는지 세상이 자꾸만

짠하고, 증오심 다음은 측은한 마음뿐이고, 아무리 보아도

그것은 수평이 아니다 승강구 2단에 서서

졸고 있는 너를 평면도로 보면

아버지 실직 후 병들어 누움,

어머니 파출부 나감,

남동생 중3, 신문팔이

生計는 고단하고 고단하다

뻔하다

빈곤은 충격도 없다

그것은 네가 게으르기 때문이다?

너의 아버지의 무능 때문이다?

너의 어머니의 출신 성분이 좋지 않아서이다?

네가 재능도 없고 지능이 없어서이지 악착 같고 통박만 잘 돌려봐?

그렇다고 네가 몸매가 좋나 얼굴이 섹시하나?

TIME 誌에 실린 전형적인 한국인처럼, 몽고인처럼

코는 납짝 광대뼈 우뚝 어깨는 딱 벌어져 궁둥이는 펑퍼져 키는 작달

아, 너는 욕먹은 한국 사람으로 서서

졸고 있다

일하고 있다

그런 너의 평면도 앞에서

끝내는 나의 무안함도, 무색함도, 너에 대한 정치·경제·사회·문화적 모독이며

나의 유사─형제애도, 너에 대한 정치·경제·사회·문화적 속죄는 못 된다

그걸 나는 너무 잘 안다

그걸 나는 금방 잊는다

『새들도 세상을 뜨는구나』

제1한강교에 날아든 갈매기

이름도 알 수 없는 간밤의 수많은 간이역들을 깨우고 달려온 목포발 보통열차가 막 철교를 통과하여 용산역으로 들어가던 오늘 아침,

그보다 빠른 속도로 그 옆을 먼저 비켜 달려간 성북행 전철이 러시아워대의 지하 서울로 기어들어가던 오늘 아침,

그리고 신경질나게 느린 속도로 사육신 묘지 앞을 지나 밀리고 밀린 제1한강교로 들어서는 오늘 아침,

나는 보았다 출근길 시내버스 속에서, 남자 여자 할 것 없이, 얼굴도 알 수 없는 사람들의 둔부와 치골이, 치골과 둔부가, 둔부와 둔부가, 치골과 치골이 서로 곤두서게, 빽빽하게 맞닿은 사이에서

나는 보았다

제1한강교 철제 아치 사이로 날아든 갈매기 한 마리를 나는 보았다 보았는데
서울역, 갈월동, 남영동, 미8군 본부 앞에서부터 노량진까지 차량이 밀려 있는
인내와 순종과 관용과 무관심과 체념과 적응력의 이 긴 대열 속에서
이 연체의 시간 속에서
일천구백오십년 북으로부터 남하하기 시작한 피난민들과
일천구백육십일년 남으로부터 북상했던 해병 제공공사단 병력들이
내려오고 올라갔던 제1한강교, 철제 아치 위를 유유히 지나 동부이촌동과 반포 아파트 쪽으로 가고 있는 갈매기 한 마리를
보았는데, 나는 그것이
꼭 그의 죽음의 자기 예고의 풍향과 관계가 있다고는 생각지 않았지만
저도 먹고 살려고 바둥대다 보니까 여기까지 왔겠지, 라고만 생각했지만
그는 잘못 날아가고 있었다
그는 잘못 날아왔었다
그는 잘못 날아가고 있었다
그는 잘못 날아왔었다
아, 이렇게 정지된 순간에, 제1한강교에서 반포 아파트 쪽으로 바라본 한강은
얼핏 보면 바다 같고
자세히 보면 사이비 바다다
장산곶, 백령도 용기포, 대청도, 장자도, 소연평도, 주문도, 교동도……
혹은 어청도, 궁시도, 흑도, 가덕도, 백아도, 선미도, 소야도, 장봉도……

혜화동 영세 출판사 사무실에 붙은 백만분지 일 우리나라 지도에서 나는 그의 海圖를 찾는다.

『새들도 세상을 뜨는구나』

徐伐, 셔블, 셔볼, 서울, SEOUL

張萬燮氏(34세, 普聖物産株式會社 종로 지점 근무)는 1983년 2월 24일 18 : 52 ♯26, 7, 8, 9……, 화신 앞 17번 좌석버스 정류장으로 걸어간다. 귀에 꽂은 산요 레시바는 엠비시에프엠 "빌보드 탑텐"이 잠시 쉬고, "중간에 전해드리는 말씀," 시엠을 그의 귀에 퍼붓기 시작한다.

    쪼옥 빠라서 씨버 주세요. 해태 봉봉 오렌지 쥬스 삼배권!
    더욱 커졌쑵니다. 롯데 아이스콘 배권임다!
    뜨거운 가슴 타는 갈증 마시자 코카콜라!
    오 머신는 남자 캐주얼 슈즈 만나 줄까 빼빼로네 에스에스 패션!

보성물산주식회사 종로 지점 근무, 34세의 장만섭 씨는 산요 레시바를 벗는다. 최근 그는 머리가 벗겨진다. 배가 나오고, 그리고 최근 그는 피혁 의류 수출부 차장이 되었다. 간밤에도 그는 외국 바이어들을 만났고, "그년"들을 대주고 그도 "그년들 중의 한년"의 그것을 주물럭거리고 집으로 와서 또 아내의 그것을 더욱 힘차게, 더욱 전투적이고 더욱 야만적으로, 주물러주었다. 이것은 그의 수법이다. 이 수법을 보성물산주식회사 차장 장만섭 씨의 아내 김민자 씨(31세, 주부, 강남구 반포동 주공아파트 11325동 5502호)가 낌새챌 리 없지만, 혹은 챘으면서도 모른 체해 주는 김민자 씨의 한 수 위인 수법에 그의 그것이, 그가 즐겨 쓰는 말로, "갸꾸로, 물린 것" 인지도 모르지만, 그가 그의 아내의 배 위에서, "그년" 과 놀아난 "표"를 지우려 하면 할수록, 보성물산주식회사 차장 장만섭 씨는 영동의 룸쌀롱 "겨울바다"(제목이 참 고상하지. 시적이야. 그지?)의 미스 췬가 챈가 하는 "그년" 을 더욱 더 실감으로 만지고 있는 것이다.

아저씨 아저씨 잇짜나요 내일 나제 아저씨 사무실 아프로 나갈께 나 마신는 거 사 줄래

커 죠티(보성물산주식회사 장만섭 차장은 '일간스포츠'의 고우영만화에 대한 지독한 팬이다)

잇짜나요, 그리구,

어쩌구 저쩌구 해서 오늘 장만섭 씨는 미스 췬가 챈가 하는 여자를 낮에 만났고, 대낮에 여관으로 갔다. 그리고 1983년 2월 24일 19 : 08 #36, 7, 8, 8, 9……, 그 장만섭 씨는 화신 앞 17번 좌석버스 정류장에 늘어선 열의 맨 끝에 서 있다. 1983년 2월 24일 19 : 10 #51, 2, 3, 4…… 장만섭씨는 열의 중간쯤에 서 있다. 1983년 2월 24일 19 : 15 #27, 8, 9…… 先進祖國의 서울 시민들을 태운 17번 좌석버스는 안국동 방향으로 떠나고 장만섭 씨는 그 열의 맨 앞에 서 있다. 그의 손에는 아들, 장일석(6세)과 딸, 장혜란(4세)에게 줄 이·티 장난감이 들려져 있다. 보성물산주식회사 장만섭 차장은 무료했다. 그는 거리에까지 들려 나오는 전자 오락실의 우주 전쟁놀이 굉음을 무심히 듣고 있다.

송송송송송송송송송송송송송송송

띠리릭 띠리릭 띠리리리리리리릭

피웅피웅 피웅피웅 피웅피웅피웅피웅

꽝! ㄲ ㅗ ㅏ ㅇ!

PLEASE DEPOSIT COIN

AND TRY THIS GAME!

또르르르륵

그리고 또다른 동전들과 바뀌어지는

송송과 피우피웅과 꽝!

  그리고 송송과 피우피웅과 꽝!을 바꾸어 주는, 자물쇠 채워진 동전통이 주입구(이건 꼭 그것 같애, 끊임없이 넣고 싶다는 의미에서 말야)에서,

  그러나 정말로 갤러그 우주선들이 튀어 나와, 보성물산주식회사 장만섭 차장이 서 있는 버스 정류장을 기총 소사하고, 그 옆의 신문대를 폭파하고, 불쌍한 아줌마 팩 쓰러지고, 그 뒤의 고구마 튀김 청년은 끓는 기름 속에 머리를 처박고 피 흘리고, 종로 2가 지하철 입구의 戰警 버스도 폭삭, 안국동 화방 유리창은 와장창, 방사능이 지하 다방 "88올림픽"의 계단으로 흘러내려가고, 화신 일대가 정전되고, 화염에 휩싸인 채 사람들은 아비규환, 혼비백산, 조계사 쪽으로, 종로예식장쪽으로, 중소기업협동조합중앙회 쪽으로, 우미관 뒷골목 쪽으로, 보신각 쪽으로

  그러나 그 위로 다시 갤러그 3개 편대가 내려와 5천 메가톤급 고성능 핵미사일을 집중 투하, 집중 투하!

짜 자 잔
GAME OVER
한다면,

『새들도 세상을 뜨는구나』

지하철에 기대고 서 있는 석불

지하철로 내려가는 계단;

供養菩薩坐像들이 입구에 쭈그리고 앉아

오징어, 삶은 옥수수, 김밥, 랩지로 싼

떡들을 놓고 팔고 있고,

雲舟寺 계곡에 기대어 있던 문둥이―석불 한 점이

계단 중간쯤, 졸면서 서 있다

지하철로 내려가는 계단들이, 바쁘게,

지하철로 올라가는 계단들에게 밟힌다

오르가슴을 표현하는 화장품 광고 사진,

그리고 영성체처럼, 담배 자동 판매기 마일드 세븐이 螢光한다

젊은 남자 목소리: 난, 개새끼야, 죽어야 돼. (계속 같은 문장을 중얼거린다)

신갈 저수지 옆 버즘나무 밑으로 갈 거야.

중년 여자 목소리: 어머, 문을 안 잠그고 나왔잖아!

중년 남자 목소리: 이 나이 되도록 난 아무것도 이뤄놓은 게 없구나. 치과엔 언제 가보나, 어머닌 잘 계실까? (가래 돋는 신음 소리)

젊은 여자 목소리: 어딜 가나 꼭 날 미워하는 사람이 한 사람씩 있어, 어쩌지? 종이컵 커피는 안 마실래.

늙은 여자 목소리: 벽제 공원 묘지에도 지금 비가 오려나? 뿌연 날 나타나는 숲, 생각나는구만. 빨리 가야 할 텐데.

다른 젊은 남자 목소리: 짜식들은 아직 내가 누군지 몰라. 임마, 내가 고개 한번 돌리면 우주를 한바꾸 돌고 온단 말야. 내가 입 한번 열면 늬들은 다 죽어.

굵은 남자 목소리: 담배를 끊어야 할 텐데……

울먹이는 여자 목소리: 거짓말이었어.

다른 중년 남자 목소리: 이번 결제 안 되면 난 끝장이야. 어음을 어떻게 막나……

또다른 중년 남자 목소리: 서울대학병원 가려면 어디서 내려야 하나? 그나저나 터미널까지 온 암 환자에게 뭐라고 말해야 하지? 그 녀석이 더 잘 알고 있을 텐데.

다른 중년 여자 목소리: 애 아빠, 이번 감사에 무사할까?

또 다른 젊은 남자 목소리: 하루종일 섹스만 생각나. 뇌가 다 녹아버릴 지경이야.

늙은 남자 목소리: 난, 희생자야.

또 다른 중년 여자 목소리: 지하철 갱도가 무너지지 않을까?

다른 늙은 남자 목소리: 평양에 우리집이 있지. 보통문 근처 네 칸짜리 한옥 기와집이 있었어. 아들놈에게 주소와 약도를 줬으니까. (유언하듯)

다른 젊은 여자 목소리: 벌겋게 달아오른 귀두를 빨아먹고 싶어.

또 다른 중년 남자 목소리: 이 사기꾼아, 널 꼭 잡고 말 테다! (고함)

어린 소녀 목소리: 학교가 무서워요.

소녀 목소리: 이상해.「사랑을 그대 품안에」서 신애라가 초록색 털스웨터를 입고 나왔는데 나도 초록색 스웨터를 입었거든. 내가 볼펜을 들고 있으니까 신애라도 테레비에서 볼펜을 들고 있잖아. 이상해애.

늙은 청년 목소리: 여긴 너무 비좁아. 아까 분식점 유리문 밖으로 내다볼 때 느꼈어. 인도 갈 거야. 가서 안 와.

그때, 바람을 밀면서 지하철, 들어온다

新挑林을 지나온 지하철 유리문에

비 젖은 나뭇잎들이 스티커처럼, 붙어 있었다

『어느 날 나는 흐린 酒店에 앉아 있을 거다』

| 해 설 |

음각된 서울, 핍진한 노동 형상

―1980년대 이후의 서울과 노동시

유 성 호

1

　서울의 외관은 하나의 통일된 인상으로 그려질 수 없다. 그것은 이제 세계적인 메트로폴리스가 되어버린 대도시로서의 복잡성 때문이기도 하지만, 단기간에 생성되고 사라지는 것들이 너무도 많아 시간대별로 달라지는 속도가 어마어마하기 때문이기도 하다. 그만큼 단일한 모습의 서울은 어디에도 존재하지 않는다. 더구나 그것이 강북과 강남, 노동과 자본, 도심과 변두리, 중산층과 서민층, 아파트와 산동네, 고층 아파트와 반지하 주거 양식 등의 다양성까지 포괄하고자 한다면, 그야말로 서울은 삶의 만화경(萬華鏡) 그 자체로 다가올 수밖에 없을 것이다.
　그럼에도 불구하고 본질적으로 서울은 자본과 노동의 교차적 집약지이다. 소비 도시로서의 위용은 물론 생산 거점으로서의 속성을 서울은 세계적인 규모로 지니고 있다. 그런데 서울이 이렇게 거대한 규모와 발전을 구가하기 시작한 것은, 관주도 민족주의(official nationalism)와 도시화 정책이 가속도를 얻었던 1960년대 이후일 것이다. 그러다가 1980년대 이후 산업화나 도시화의 열기가 일정하게 민주화나 정보화의 에너지로 이월되면서, 서울은 자본주의적 욕망의 집결지, 자본과 노동의 집약적 거점, 무엇보다도 우리나라 계층적 양극화의 양상을 적나라하게 보여주는 일종의 '깨진 거울'로 다가오기 시작하였다. 말하자면 서울은 인간

행복의 참다운 모습을 역설적으로 가르쳐주는 일종의 역상(逆像)으로 존재해온 것이다. 우리 시대의 시인들은 이렇게 일그러진 서울의 맨 얼굴을 깊이 바라보고 사유하고 상상하고 표현해왔다.

자연스럽게 1980년대 이후 우리 시에 나타난 '서울' 형상은, 세계적인 인구 밀집 도시가 되어버린 서울에서 도시 생활자로 활동하는 시인들의 경험 세계를 담고 있다. 그 안에는 도시의 다양하고도 중층적인 감각과 경험이 담겨 있거나, 이러한 양상에 대한 비판과 폭로의 언어가 스며들어 있다. 그래서 우리는 이러한 시편들을 통해 지금 우리가 살고 있는 '서울'의 구체적 풍경이나 풍속은 물론, 문화의 변모 양상까지 경험할 수 있게 된다.

이 길지 않은 글은, 1980년대 이후 '서울'을 발생론적 모태로 삼고 있는 일련의 노동시편들을 통해, 서울의 어둑한 이면을 들여다보려는 작은 기획이다. 이를 통해 우리는 '노동시'로 범주화할 수 있는 시사적 실례가 얼마나 지속적인 흐름을 이어왔는가를 인지하는 동시에, 아직도 미완인 채로 우리 사회에 온존해 있는 근대적 과제들을 새삼 공감하게 되고, 탈(脫)근대적 담론들을 성급하게 주류화했던 지적 포즈들에 대해 깊은 반성의 기회를 얻게 될 것이다. 나아가 수치화를 통한 통계학적 처리보다는 구체적 경험을 다룬 시편들을 통해, 매우 구체적인 '서울'을 만나볼 수 있을 것이다. 이로써 '서울'이 보여주는 자본과 노동의 비대칭의 모습, 생태적 사유의 반면교사(反面敎師)로서의 모습 등이 징후적으로 탐색될 것이다. 그래서 궁극적으로 자본과 권력에 의해 배치되고 음각된 서울의 모습을, 핍진한 노동 경험의 시적 형상을 통해 발견하게 될 것이다.

2

근대 노동시는 주체와 현실을 두 축으로 하여, '계급(성)'이 인간을 규정하는 배타적이고 결정적인 준거임을 선명하게 보여주었다. 그리고 한 시대를 표상하는 데, 서정적 주체의 주관보다는 타자들이 구성하는 사회적 현실을 우선하는 태도를 꾸준히 견지해왔다. 아닌게아니라 우리는 '노동'이라는 관념 및 행위와 결부되어 나타난 타자성의 흐름을 통해, 우리 시사가 서정적 주체의 자기 표현 외에도 사회적 자아의 현실 인식이라는 커다란 지분으로 구성되어 있음을 경험해왔다. 이러한 '노동'의 가장 선명한 집약적 거점이 바로 대한민국의 심장 '서울'이었음은 두말할 것도 없을 것이다. 그런데 시인들이 겪고 재현하는 서울은, 그 심장의 열도보다는, 이면에 잠복해 있는 구체적 사람살이의 어둑함으로 구성되어 있을 때가 훨씬 더 많다. 그래서 그들이 경험한 서울은, 서울이기도 하고, 동시에 서울이 아니기도 하다.

여기는 서울이 아니다
팔도 각 고장에서 못살고 쫓겨온
뜨내기들이 모여들어 좌판을 벌인 장거리
예삿날인데도 건어물전 앞에서는 한낮에
윷이냐 삳이냐 윷놀이판이 벌어지고
경로당 마당에서는 삼채굿가락의
좌도 농악이 흥을 돋군다
생선장수 아낙네들은 덩달아 두레삼도 삼고
늙은 씨름꾼은 꽃나부춤에 신명을 푸는데
텔레비전에서 연속극이라도 시작되면
일 나간 아낙들이 돌아올 시간이라면서
미지기로 놀던 상쇠도 중쇠도 빠지고
싸구려 소리가 높아지면서
길음시장은 비로소 서울이 된다

_신경림, 「길음시장」 전문

'이야기성'의 잔영(殘影)이 깊이 드리워 있는 신경림 초기시인 이 작품은, 서울의 주변부에서 살아가는 이들의 삶을 담고 있는 일종의 외곽성 시편이다. '길음시장'의 왁자한 풍경이 사실적으로 제시되면서, 그 안에 팔도에서 쫓겨온 뜨내기들의 삶이 가득 펼쳐진다. '좌판'과 '윷놀이판'과 '좌도 농악'이 흥을 돋우면서, 길음시장의 '생선장수 아낙네들'과 '늙은 씨름꾼'과 '일 나간 아낙들'의 기억과 경험이 활달하게 중첩된다. 순간 길음시장은 '싸구려' 소리가 높아지면서 비로소 서울의 일부가 된다. 그래서 이 시편은 시장 사람들의 노동과 휴식, 고단함과 신명, 흥성스러움과 싸구려, 일상과 축제가 교차하는 모습을 통해 '서울'의 어둑한 축도(縮圖)를 보여준다 할 것이다.

결국 시인은 길음시장이, 온갖 곳에서 쫓겨온 이들의 삶이 집약된 거점임을, 그리고 비루한 '싸구려' 인생들이 모여든 인공적 메트로폴리스의 한 외곽임을 증언한다. 하지만 우리는 이 시편 안에 시장 사람들의 남다른 활력이 어둑한 서울의 폐부를 뚫고 살아 움직이고 있다는 점도 기억하고자 한다. 신경림 시학의 생동감이 바로 이런 것일 터이다. 이러한 모습은 가령 "서울이여,/내 함께 숨쉬고 어울려 살아가는 서울이여/용달차들 바쁘게 짐을 부리고/지겟군들 땀을 훔치며 피륙과 제품을 지고 뛰어가는 서울이여/저들이 하루 종일 웃음을 잃지 않고/저들이 하루 종일 활기차게/싸구려 싸구려 물건 파는 고함소리 그치지 않는 서울이여"(김명수, 「청계천 평화시장」)라는 다른 시인의 표현과도 잇닿아 있다. 노동 환경의 열악함과 노동 과정의 활력이 공존하는 것은, 우리 근대 노동시의 엄연한 속성이 아닐 수 없다.

>아름드리 포플라 나무 쭉하니 뻗은 이 길은
>한때는 돌자갈 툭툭 날리는 신작로길이었으리
>강원도에서 달려온 산판트럭이 무거운 목재를 싣고
>땀 흘리며 뻘뻘 넘는.
>바큇살 빠진 납짝한 자전거가
>중절모 쓴 중늙은이를 싣고 퇴근길 비칠거리는.

그러나 오늘은 이 거리에 국제도시의 뒷골목이 들어서 있다
게이 바와 유엔 클럽이 나란히,
디스코 나잇 크리스탈과 세븐 돌핀스 클럽과 침례교회가
쥬얼리 일 스킨 샾과 호돌이 국산인형가게와 모닝 슈즈가 노오란 엉덩이를 맞부비고 있는
매음의 거리 소음의 거리 수치의 거리
아스팔트 덕지덕지 묻어나는
내일은 이 거리가 무엇이 될까
가지 않는 773번 좌석버스 의자에 쭈그리고 앉아
나는 내일의 그 모습이 생각나지 않는다

_이시영,「이태원길」전문

시인의 기억 속에 웅크리고 있는 이태원과 외국인의 자본과 문화가 들어와 구축된 이태원이 싸늘하게 교차하면서, 이 시편 안에는 아련한 기억의 통증이 번져간다. "아름드리 포플라"의 길이자 "돌자갈 툭툭 날리는 신작로길"이었던 곳에서는 "무거운 목재"와 "바큇살 빠진 납짝한 자전거" 그리고 "중절모 쓴 중늙은이"의 모습이 보였다. 그러던 낡고 무겁고 오래된 풍경이, "국제도시의 뒷골목"이 들어서고 "게이 바와 유엔 클럽"과 "디스코 나잇 크리스탈과 세븐 돌핀스 클럽"이 들어서면서 현저하게 변해버렸다. 시인은 그 거리를 "매음의 거리 소음의 거리 수치의 거리"라 명명하면서, 내일 이 거리가 어떻게 변하게 될까, 의구심과 두려움을 동시에 가진다. 노동 현장을 담은 것은 아니지만 자본의 집중 투하로 인해 변해가는 서울의 한 모습을 선명하게 보여준 실례일 것이다.

이처럼 중견 시인들의 눈에는 자본과 노동의 비대칭을 이루어가는, 소비 도시로 급속하게 편입되어가는 서울의 모습이 선명하게 들어와 있다. 이를 발원지로 하여 유하나 장정일의 도시 시편도 펼쳐질 수 있었을 것이다. 이러한 전경(前景)을 토대로 하여, 우리는 "흙 묻은 작업복을 툭툭 털며 사람들은/영등포의 심장으로

풀을 실어 나르고/밤이 되면 영등포는 풀의 도시"(김진경, 「영등포」)가 되어간다는 증언과, 이태원의 인근 용산에서 "노동밖에는 팔 것이 없는 우리"(정희성, 「용산시장에서」)의 모습을 만날 수 있게 되는 것이다.

3

두루 알다시피, 1980년대는 폭력으로 집권한 파시즘 체제와 자본의 무한 확장이 결속하여 만들어낸 시대이다. 이러한 근대의 불구적 외관을 심층에서부터 비판한 것이 바로 '노동시'인데, 그 점에서 노동시는 오랫동안 식민지와 분단 극복을 제일의 가치로 추구해온 시사적 자산이었다. 하지만 근대 노동시는 모순의 극복에 대해서는 일정하게 문제의식을 가졌지만, 근대 자체의 내파(內破)나 대안적 근대의 구축에는 매우 소홀하였다. 그럼에도 불구하고 사적(私的) 차원에 존재 근거를 드리우고 있는 시의 영역을 공적 영역으로 확장하면서, 사회적 상상력과 미적 감각을 결합한 것은 근대 노동시가 거둔 가장 양도할 수 없는 미학적 의의일 것이다. 1980년대에 등장한 일군의 노동시편들은, 한 시인이 "노동이란/굶주림의 추억으로부터 사슬의 두려움으로부터 일어나/사람의 일을 하는 것이다/사람의 땅에 서는 것이다"(박영근, 「노동 2」, 『대열』)라고 했듯이, 이러한 불구적 근대를 극복하려는 열정으로 가득 차 있었다. 그 대표적 주자가 박노해와 백무산이었음은 주지의 사실일 것이다. 하지만 서울의 구체적 현장에서는 여전히 노동자의 삶의 비애를 담고 있는 어둑한 노래들이 불리고 있었다.

    나는 평화시장의 일급 미싱사
    손이 안 보이도록 옷을 만들지
    서울 시내 와이셔츠 십분의 일은
    이 손으로 만들었지 나는 미싱사
    이 바닥에서 구른 지 벌써 칠 년째

나는 미싱사 옷을 만들지
이 옷을 누가 입을까 나는 관심이 없어
죽어라 뺑이치며 미싱만 밟을 뿐
이 옷이 얼마에 팔릴까 나는 몰라
하루 빨리 이곳에서 벗어나고 싶어

빡빡한 미싱에 기름칠 하고 벨트도 조이고
장딴지에 힘주어 쉴 새 없이 발판을 밟아대지
졸린 눈 부릅뜨고 한 땀 한 땀 신경을 곤두세워
에리와 소매와 몸통을 이어 옷을 밀어내지

밀려드는 잠 쫓으려 타이밍을 먹고
입술을 깨물고 허벅지를 꼬집어 옷을 만들지
미싱을 타는 지금은 철야 이틀째
미싱을 타는 지금은 철야 이틀째

_김해자, 「미싱사의 노래」 전문

평화시장의 일급 미싱사를 자임하는 여성을 화자로 삼고 있는 이 시편은, 7년여 동안 이 바닥에서 뒹굴며 손이 안 보이도록 옷을 만들어온 한 여성 노동자의 삶의 고백을 담고 있다. 그녀는 이 옷을 누가 입을까, 얼마에 팔릴까에 관심이 없다. 다만 주어지는 물량을 완수하느라 미싱만 밟을 뿐이다. 그런데도 그녀는 "빡빡한 미싱에 기름칠 하고 벨트도 조이고/장딴지에 힘주어 쉴 새 없이 발판을 밟아"대며 한 땀 한 땀 신경을 곤두세우는 삶의 형식에서 벗어날 길이 없다. '타이밍'을 먹으면서 "철야 이틀째"를 버티는 이 미싱사의 아침은 아직 도래하지 않았다. 이때 그녀의 고단한 삶은 다른 시편에서 노래하듯이 "그가 사용하는 용접봉은/전류의 충전으로 불꽃을 일으키는 것이 아니라/자신이 숨기고 있는 恨으로 불꽃을 점화시킨다"(김종해, 「항해일지 12」)거나, "하루 14시간/손발이 퉁퉁 붓도록/유명브랜드 비싼 옷을 만들어도/고급오디오 조립을 해도/우리 몫은 없어,/우리 손으로 만들고도 엄두도 못내"(박노해, 「가리봉 시장」)는 노동자의 구체적 형상으로 이어지고 있다.

> 올해 문화예술위원회에서 주겠다는
> 지원비가 드디어 한달에 100만원씩
> 1200만원으로 올랐다, 용렬하게
> 이 몸도 신청했다, 문득 화곡역 청소부에게
> 한달 월급이 얼마나 되느냐고
> 왜 물어보고 싶었을까?
> 63만원이라고 했다.
> 시집도 내고 목돈으로 1200만원이나 벌었으니
> 행복은 역시 능력있는 사람의
> 권리지 의무가 아니라고
> 누군가는 생각할 것이다, 솔직히
> 배때지가 꼴린다, 내가 못 받았기 때문이다
> "모든 예술은 사기다."
> 백남준의 이 말은 은유도 비유도 아니다
> 예술은 부를 창출하는 게 아니다, 그 청소부는
> 얼마나 많은 부를 창출하고도 그것밖에 가지지 못하나
> 예술은 허구를 조작하는 것이다.
> 이 사실을 자각하는 시인만이 시인이라고
> 단언하기는 그렇지만, 시인들이여
> 행복은 권리라고 생각하지 마라, 그렇다면 그대는
> 시인은 못되리라, 행복은 누구나의 의무다

우리의 행복함은 곧 우리가 선함이요
우리의 불행은 우리가 악하기 때문이라
이러한 행복과 불행의 원리는,
화곡전철역에서 하루종일 허리 구부리고 청소하시는
아주머니의 월급이 63만원밖에
안 되기 때문이다.

_최종천, 「화곡역 청소부의 한달 월급에 대하여」 전문

이 시편에는 이른바 비정규직 노동자의 삶의 애환이 잘 나타나 있다. 일찍이 조직화된 노동자가 아니라 변방으로 몰린 인생들 혹은 비정규직 일용 잡부들의 고단한 생애를 증언해온 김신용의 "날품팔이지게꾼부랑자쪼록꾼뚜쟁이시라이꾼날라리똥치꼬지꾼"(김신용, 「陽洞詩篇 2」)의 시학이 있었다. 그런데 위 시편에서는 정부 지원금을 "용렬하게" 신청한 것에 자괴감을 가지면서, 문득 "화곡역 청소부"에게 한 달 월급을 묻고 싶은 충동을 가진 시인의 이야기가 펼쳐진다. "63만 원"이라는 청소부 월급에 비한다면 예술은 허구를 조작하는 것이 아닐까 하고 시인은 생각한다. 순간 "이 사실을 자각하는 시인"이 중요하다는 것, 행복은 '권리'가 아니고 '의무'라는 것, 그리고 그 원리는 "화곡전철역에서 하루종일 허리 구부리고 청소하시는/아주머니의 월급이 63만원" 밖에 안 된다는 것을 시인은 힘주어 말한다. 그야말로 행복과 선, 불행과 악을 깊이 연동시킨 이 시편은, 시와 윤리의 상관성에 대한 깊은 성찰을 요청하고 있다.

이렇게 노동과 자본의 비대칭적 구조를 여실하게 보여준 일련의 노동시편들은 배타적이고 고유한 경험적 직접성을 통해 한국 시의 변경을 개척해왔다. 가령 그것은 "잊혀져버린 철근/철근을 메고 간 사람들"(김해화, 「철근쟁이」)의 이야기나, "야근 끝내고 아침에 퇴근하는 날은 안양천을 건너며/돌아갈 수 없는 옛 시절을 생각하다가/뿌연 스모그 속으로 흘러가는 검은 물살에게/무너지는 눈빛만"(황규관, 「안양천을 건너며」) 던지는 이들의 경험을 담아낸다. 그러면서 "아침이면 다시

지하방에서 솟아오른 사람들이 공단으로 피와 땀을 팔기 위해 활기차게 넘던 그 고가, 그 길밖에 없었던, 젊은 날들을 다 보낸, 지금은 테크노 디지털밸리가 된 굴뚝 공단에 흉물처럼 남아 있는, 나처럼 남아 있는, 나는 아직도 그 불우하고 불온했던 삶의 고가에서 내가 잊혀질까 두렵다"(송경동, 「이 삶의 고가에서 잊혀질까 두렵다」)는 정서마저 세목으로 충실하게 담아낸다.

여상을 졸업하고 높은 빌딩으로 출근했지만 높은 건 내가 아니었다 높은 건 내가 아니라는 걸 깨닫는 데 꽃다운 청춘을 바쳤다 억울하진 않았다 불 꺼진 방에서 더듬이가 긴 곤충들이 나 대신 잘 살고 있었다 빛을 싫어하는 것 빼곤 더듬이가 긴 곤충들은 나와 비슷했다 가족은 아니었지만 가족 같았다 불 꺼진 방 번개탄을 피울 때마다 눈이 시렸다 가끔 70년대처럼 연탄가스 중독으로 죽고 싶었지만 더듬더듬 더듬이가 긴 곤충들이 내 이마를 더듬었다 우우, 우, 우 가족은 아니었지만 가족 같았다 꽃다운 청춘이었지만 벌레 같았다 벌레가 된 사내를 아현동 헌책방에서 만난 건 생의 꼭 한 번은 있다는 행운 같았다 그 후로 나는 더듬이가 긴 곤충들과 진짜 가족이 되었다 꽃다운 청춘을 바쳐 벌레가 되었다 불 꺼진 방에서 우우, 우, 우 거짓말을 타전하기 시작했다 더듬더듬, 거짓말 같은 시를!

―안현미, 「거짓말을 타전하다」 부분

이 이채로운 산문시편은, 여상을 졸업하고 더듬이가 긴 곤충들과 아현동 산동네에서 살았던 기억을 담고 있다. 가족은 아니었지만 가족 같았던 곤충들의 '더듬이'와 고아는 아니었지만 고아 같았던 자신이 말을 '더듬었던' 기억을 긴밀하게 유추시키면서, 시인은 고된 사무원으로 살아온 기억을 술회한다. 그렇게 높은 빌딩으로 출근하여 높은 건 내가 아니라는 걸 깨닫는 데 꽃다운 청춘을 바쳤던 시인은, 더듬이가 긴 곤충들이 자신과 비슷한 점을 발견하고는, 아현동 헌책방에서 한 사내를 만나 "더듬이가 긴 곤충들과 진짜 가족"이 된다. 그러고는 이젠 불 꺼진 방에서 정말 그 벌레들처럼 "우우, 우, 우 거짓말을 타전하기 시작"했다. 그야말로 더듬더듬 "거짓말 같은 시"를 쓰기 시작한 것이다. 물론 시쓰기를 '거짓말 타전'으로 은유하는 시인의 언어에는 역설의 긴장이 숨겨져 있지만, 노동과 시쓰기를 병행해온 여성 시인으로서의 성장통이 그 안에 선명하게 담겨 있음을 충분히 알 수 있다. 이러한 속성은 "그래 저 십 분은/간밤 아기에게 젖 물린 시간이고/또 저 십 분은/간밤 시어머니 약시중 든 시간이고/그래그래 저 십 분은/새벽녘 만취해서 돌아온 남편을 위하여 버린 시간일 거야"(고정희, 「우리 동네 구자명 씨」)라는 이 땅의 여성 노동자들의 수난사와 깊이 잇대어 있다고 할 수 있을 것이다.

이처럼 서울에서 씌어진 노동시편들은 길음동, 이태원, 평화시장, 화곡동, 구로동, 아현동을 돌면서, 그 고되고 핍진한 노동 현실을 일관되게 그리고 견고하게 중언해왔다. 아직 강남이 적극적인 배경으로 나오지는 않았지만, 우리 노동시는 이렇게 여러 지명의 구체성을 동반하면서 항구적인 현재 진행형으로 남아 있는 것이다.

4

1980년대 이후 화려한 소비 도시로서의 서울, 이제는 하나도 낯설 것 없는 익숙한 공간으로서의 거대 도시 서울의 생태학은 우리 시의 간단없는 제재가 되어왔다. 물론 이때의 '도시(근대)' 형상은 '농촌(전통)'이라는 당대의 주류적 사회 유형과 대타적 의미를 띠면서 형성되고 착근된 것이다. 대규모의 탈향(脫鄕)과 이산(離散)을 동반한 도시화 과정 자체가 농촌 해체라는 사회적 재편 과정과 깊이 연관되어 있기 때문이다. 따라서 우리 시의 '서울' 수용은 처음에는 농촌 해체 과정과 관련되었다가, 점점 도시 자체의 경험 유형으로 관심이 옮겨지는 수순을 밟는다.

우리가 읽어온 것처럼 1980년대 이후 펼쳐진 서울에서의, 서울에 관한, 서울을 사유하는 노동시편들은, 우리에게 '서울'이 가지는 어둑한 이면을 적나라하게 보여주었다. 그래서 우리는 "아름다운 서울에서/서울에서 살렵니다"라거나 "우리의 서울 거리마다 푸른 꿈이 넘쳐흐르는 아름다운 서울을 사랑하리라"라는 노랫

말이, 얼마나 그 어둑한 비가(悲歌)들을 등진 채 불린 송가(頌歌)였는가를 절절히 경험하게 된다. 그런데 이제 21세기 서울은 새로운 어둑함 하나를 더 얹어가고 있다. 마지막으로 다음 시편을 보자.

> 일요일 낮에 이따금 국제공중전화 부스에
> 줄 서서 통화하던 외국인 노동자들이
> 평일날 밤에는 목재공장 일 마치고 거리에 나와
> 서로 알아듣지 못하는지 손짓발짓하며
> 내가 더욱 알아들을 수 없는 말들을 했었다
> 그 앞 지나며 나는 엉뚱한 목수를 생각했었다
> 같은 말을 하는데도 달리 듣는 이방인 때문에
> 평생 슬퍼한 사나이 지저스 크라이스트
> 젊은 한때 집을 떠나 다른 나라 떠돌며
> 나무를 다듬다 지치면 저렇게 떠들었을 거라고
>
> ─하종오, 「한 아시안」 부분

　이주 노동자들의 삶을 포괄하기 시작한 것은 최근 노동시의 한 풍경일 것이다. 이러한 적공에 남다른 심혈을 기울이고 있는 하종오는, 단일민족이나 순혈주의 신화의 재생산에 골몰하지 말고 그들과 융화하고 '다민족' 사회에서의 노동과 자본의 관계에 대해 성찰할 것을 우리에게 주문한다. 평일날 밤에 공장 일 마치고 거리로 나온 이주 노동자를 대하면서 시인은 "같은 말을 하는데도 달리 듣는 이방인 때문에/평생 슬퍼한 사나이 지저스 크라이스트"를 떠올린다. 예수가 순회 노동자 '목수'였다는 사실을 상기하면서 그 역시 "젊은 한때 집을 떠나 다른 나라 떠돌며/나무를 다듬다 지치면 저렇게 떠들었을" 것이라 상상하는 것이다.
　결국 이주 노동자들은 한국에서 이주자 타국인(metics)인 셈인데, 그들은 산업연수생 신분이나 고용허가제 같은 법규를 통해 입국하여 한국 사회의 3D 업종에서 저임금 노동에 종사하고 있다. 환율 차이에서 오는 목돈을 마련하여 귀국하는 것을 목표로 하고 있는 경우가 많다. 그 점에서 이들의 고통은 한국 사회 현실의 계층 구조를 고스란히 닮았고, 그래서 더욱 구체적인 통증이 가슴에 와 닿는다고 할 수 있을 것이다.

이제 이렇듯 오랜 진화와 굴곡을 이어온 노동시는, 이렇게 다양하게 서울을 음각하면서, 핍진한 노동 형상을 담은 채 펼쳐져왔다. 이는 앞으로도 더욱 달라진 노동 환경을 반영하면서, 새로운 자본과 노동의 비대칭을 증언하면서, 새로운 시대를 견인해갈 것이다. 우리가 여전히 우리 사회를 '노동'의 시선으로 보아야 하는 근원적 까닭이 바로 여기에 있다.

유성호 | 문학평론가, 한양대 교수. 저서 『한국 시의 과잉과 결핍』, 『침묵의 파문』, 『상징의 숲을 가로질러』 등.

● 부록_수록 시인 약력

강세한 1956~. 강원 주문진 출생. 『창작과비평』(1988)으로 등단. 『월동추』(1990), 『바닷가 사람들』(1994), 『상계동 11월 은행나무』(2006) 등.

강은교 1945~. 함흥 홍원 출생. 『사상계』(1968)로 등단. 『허무집』(1971), 『빈자일기』(1977), 『소리집』(1982) 등.

고은 1933~. 전북 군산 출생. 『현대시』(1958)로 등단. 『피안감성』(1960), 『문의 마을에 가서』(1974), 『만인보』(1986~2010) 등.

고정희 1948~1991. 전남 해남 출생. 『현대시학』(1975)으로 등단. 『누가 홀로 술틀을 밟고 있는가』(1979), 『이 시대의 아벨』(1983), 『아름다운 사람 하나』(1991) 등.

고형렬 1954~. 전남 해남 출생. 『현대문학』(1979)으로 등단. 『대청봉 수박밭』(1985), 『성에꽃 눈부처』(1998), 『나는 에르덴조 사원에 없다』(2010) 등.

공광규 1960~. 충남 청양 출생. 『동서문학』(1986)으로 등단. 『대학일기』(1987), 『마른 잎 다시 살아나』(1989), 『지독한 불륜』(1996) 등.

구광렬 1956~. 경북 대구 출생. 『현대문학』으로 등단. 『나 기꺼이 막차를 놓치리』(2006), 『불맛』(2009) 등.

권혁웅 1967~. 충북 충주 출생. 『중앙일보』(1996; 평론)와 『문예중앙』(1997; 시)으로 등단. 『황금나무 아래서』(2001), 『마징가 계보학』(2005), 『그 얼굴에 입술을 대다』(2007) 등.

권환 1903~1954. 경남 창원 출생. 『신민』(1926; 희곡)으로 등단. 『자화상』(1943), 『윤리』(1944), 『동결』(1946) 등.

김경미 1959~. 서울 출생. 『중앙일보』(1983)로 등단. 『쉿, 나의 세컨드는』(2006), 『고통을 달래는 순서』(2008) 등.

김광규 1941~ . 서울 출생. 『문학과지성』(1975)으로 등단. 『우리를 적시는 마지막 꿈』(1979), 『좀팽이처럼』(1988), 『시간의 부드러운 손』(2007) 등.

김광섭 1905~1977. 함북 경성 출생. 『시원』(1935)으로 등단. 『동경』(1938), 『해바라기』(1957), 『성북동 비둘기』(1969) 등.

김광현 생몰연대 미상. 해방 직후 조선문학가 동맹에 가담. 합동 시집 『전위시인집』(1946).

김교서 1954~ . 전북 출생. 『시여 무기여』(1984)로 등단.

김기림 1908~?. 함북 학성 출생. 『조선일보』(1930)로 등단. 『기상도』(1936), 『태양의 풍속』(1939) 등.

김기택 1957~ . 경기 안양 출생. 『한국일보』(1989)로 등단. 『태아의 잠』(1991), 『사무원』(1999), 『소』(2005) 등.

김기홍 1957~ . 전남 순천 출생. 『실천문학』(1984)으로 등단. 『공친 날』(1987), 『슬픈 희망』(2002) 등.

김남주 1946~1994. 전남 해남 출생. 『창작과비평』(1974)으로 등단. 『진혼가』(1984), 『나의 칼 나의 피』(1987), 『조국은 하나다』(1988) 등.

김동석 1913~?. 인천 출생. 『동아일보』(평론)로 등단. 『길』(1946) 등.

김명수 1945~ . 경북 안동 출생. 『서울신문』(1977)으로 등단. 『월식』(1980), 『피뢰침과 심장』(1986), 『아기는 성이 없고』(2000) 등.

김명환 1959~ . 서울 출생. 『시여 무기여』(1984)로 등단. 『우리를 헤어져서 살게 하는 세상은』(1990), 『어색한 휴식』(2000) 등.

김사이 1971~ . 전남 해남 출생. 『시평』(2002)으로 등단. 『반성하다 그만둔 날』(2008).

김상동 미상. 합동 시집 『전위시인집』.

김상민   미상. 1930년대 후반 정지용에게 사사하면서 시작 활동. 합동 시집 『전위시인집』(1946), 『옥문이 열리던 날』(1948) 등.

김상훈   1919~?. 경남 거창 출생. 『민중조선』(1945)으로 등단. 합동 시집 『전위시인집』(1946), 『대열』(1947), 『가족』(1948) 등.

김석송   1900~?. 충남 강경 출생. 『삼광』(1920)으로 등단. 『석송김형원시집』(1979).

김선우   1970~ . 강원 강릉 출생. 『창작과비평』(1996)으로 등단. 『내 혀가 입 속에 갇혀 있길 거부한다면』(2000), 『도화 아래 잠들다』(2003), 『내 몸속에 잠든 이 누구신가』(2007) 등.

김성택   미상.

김수영   1921~1968. 서울 출생. 『예술부락』(1947)으로 등단. 『달나라의 장난』(1959), 『거대한 뿌리』(1974) 등.

김신용   1945~ . 부산 출생. 『현대시사상』(1988)으로 등단. 『버려진 사람들』(1988), 『개 같은 날들의 기록』(1990), 『몽유 속을 걷다』(1998) 등.

김영한   미상.

김영환   1955~ . 충북 괴산 출생. 『시인』(1986), 『문학의 시대』(1986)로 등단. 『따라오라 시여』(1988), 『지난날의 꿈이 나를 밀어간다』(1994) 등.

김용만   1957~ . 전북 임실 출생. 『실천문학』(1987)으로 등단.

김정환   1954~ . 서울 출생. 『창작과비평』(1980)으로 등단. 『지울 수 없는 노래』(1982), 『황색 예수전1·2·3』(1983~1986), 『순금의 기억』(1996) 등.

김종해   1941~ . 부산 출생. 『자유문학』(1963)과 『경향신문』(1965)으로 등단. 『인간의 악기』(1966), 『바람 부는 날은 지하철을 타고』(1990), 『풀』(2001) 등.

김주대   1965~ . 경북 상주 출생. 『민중시』(1989), 『창작과비평』(1991)으로 등단. 『도화동 사십계단』(1990), 『꽃이 너를 지운다』(2007) 등.

김준태 1948~ . 전남 해남 출생. 『시인』(1969)으로 등단. 『참깨를 털면서』(1977), 『아아 광주여 영원한 청춘의 도시여』(1988), 『지평선에 서서』(1999) 등.

김지하 1941~ . 전남 목포 출생. 『시인』(1969)으로 등단. 『황토』(1970), 『애린 1·2』(1986), 『검은 산 하얀 방』(1986) 등.

김진경 1953~ . 충남 당진 출생. 『한국문학』(1974)으로 등단. 『갈문리의 아이들』(1984), 『닭벼슬이 소똥구녕에게』(1991), 『슬픔의 힘』(2000) 등.

김진완 1967~ . 경남 진주 출생. 『창작과비평』(1993)으로 등단. 『기찬 딸』(2006).

김창술 1903~1950. 전북 전주 출생. 『개벽』(1925)과 『동아일보』(1925)로 등단. 『촛불』(1925), 『카프시인집』(1931), 김해강과의 공동 시집 『기관차』(1938) 등.

김창완 1942~ . 전남 목포 출생. 『서울신문』(1973)으로 등단. 『인동일기』(1978), 『우리 오늘 살았다 말하자』(1984), 『나는 너에게 별 하나 주고 싶다』(2000) 등.

김태정 1963~ . 서울 출생. 『사상문예운동』(1991)으로 등단. 『물푸레나무를 생각하는 저녁』(2004).

김해강 1903~?. 전북 전주 출생. 『조선문단』(1925)과 『동아일보』(1933)로 등단. 『청색마』(1940), 『동방서곡』(1968) 등.

김해자 1961~ . 전남 목포 출생. 『내일을 여는 작가』(1998)로 등단. 『무화과는 없다』(2001), 『축제』(2007) 등.

김해화 1957~ . 전남 순천 출생. 『시여 무기여』(1984)로 등단. 『인부수첩』(1986), 『우리들의 사랑가』(1991), 『누워서 부르는 사랑 노래』(2000) 등.

김혜순 1955~ . 경북 울진 출생. 『문학과지성』(1979)으로 등단. 『또 다른 별에서』(1981), 『나의 우파니샤드, 서울』(1994), 『당신의 첫』(2008) 등.

돌이   미상.

동령   미상.

문병란 1935~ . 전남 화순 출생. 『현대문학』(1962)으로 등단. 『문병란시집』(1971), 『5월의 연가』(1986), 『지상에 바치는 나의 노래』(1990), 『아무리 쩨쩨해도 사랑은 사랑이다』(2002) 등.

문익환 1918~ . 북간도 용정 출생. 『새삼스런 하루』(1973), 『난 뒤로 물러설 자리가 없어요』(1984), 『두 하늘 한 하늘』(1989), 『옥중일기』(1991) 등.

민영   1934~ . 강원 철원 출생. 『현대문학』(1957)으로 등단. 『단장』(1972), 『엉겅퀴꽃』(1987) 등.

박로아 미상.

박노해 1957~ . 전남 함평 출생. 『시와 경제』(1983)로 등단. 『노동의 새벽』(1984), 『참된 시작』(1993), 『겨울이 꽃핀다』(1999) 등.

박몽구 1956~ . 광주 출생. 『대화』(1977)로 등단. 『우리가 우리에게 묻는다』(1982), 『개리 카를 들으며』(2001), 『마음의 귀』(2006) 등.

박봉우 1934~1990. 광주 출생. 『조선일보』(1956)로 등단. 『휴전선』(1957), 『황지의 풀잎』(1976), 『서울 하야식』(1986) 등.

박산운 미상. 합동 시집 『전위시인집』(1946).

박선욱 1960~ . 전남 나주 출생. 『실천문학』(1982)으로 등단. 『그때 이후』(1985), 『다시 불러보는 벗들』(1990), 『세상의 출구』(1993) 등.

박세영 1902~1989. 경기 고양 출생. 『산제비』(1938), 『진리』(1946), 『승리의 나팔』(1953) 등.

박영근 1958~2006. 전북 부안 출생. 『반시』(1981)로 등단. 『취업공고판 앞에서』(1984), 『김미순전』(1993), 『지금도 그 별은 눈뜨는가』(1997), 『저 꽃이 불편하다』(2002) 등.

박인섭　『삶, 사회 그리고 문학』(1994)으로 등단. 『산동네 백일홍』(2000).

박일환　1961~ . 충북 청주 출생. 『내일을 여는 작가』(1997)로 등단. 『푸른 삼각뿔』(2001), 『끊어진 현』(2008).

박찬일　1956~ . 강원 춘천 출생. 『현대시사상』(1993)으로 등단. 『화장실에서 욕하는 자들』(1995), 『나는 푸른 트럭을 탔다』(2002), 『모자나무』(2006) 등.

박철　1960~ . 서울 출생. 『창작과비평』(1987)으로 등단. 『김포행 막차』(1990), 『너무 멀리 걸어왔다』(1996), 『영진설비 돈 갖다 주기』(2001) 등.

박팔양　1905~?. 경기 수원 출생. 『동아일보』(1923)로 등단. 『여수시초』(1940), 『박팔양시선집』(1949) 등.

박해석　1950~ . 전북 전주 출생. 『국민일보』(1995)로 등단. 『견딜 수 없는 날들』(1996), 『눈물은 어떻게 단련되는가』(1999), 『하늘은 저쪽』(2005) 등.

박후기　1968~ . 경기 평택 출생. 『작가세계』(2003)로 등단. 『종이는 나무의 유전자를 갖고 있다』(2006), 『내 귀는 거짓말을 사랑한다』(2009) 등.

박홍식　1956~ . 충북 옥천 출생. 『자유문학』(1962)으로 등단. 『아흐레 민박집』(1999).

백철　1908~1985. 평북 의주 출생. 『전위시인』으로 등단.

송경동　1967~ . 전남 벌교 출생. 『내일을 여는 작가』(2001)와 『실천문학』(2001)으로 등단. 『꿀잠』(2006), 『사소한 물음들에 답함』(2009) 등.

송상진　미상.

송종찬　1966~ . 전남 고흥 출생. 『시문학』(1993)으로 등단. 『그리운 막차』(1999), 『손끝으로 달을 만지다』(2007) 등.

신경림　1936~ . 충북 충주 출생. 『문학예술』(1955)로 등단. 『농무』(1973), 『남한강』(1987), 『가난한 사랑노래』(1988), 『뿔』(2002) 등.

신동엽   1930~1969. 충남 부여 출생. 『조선일보』(1959)로 등단. 시집 『아사녀』(1963).

신현림   1961~ . 경기 의왕 출생. 『현대시학』(1990)으로 등단. 『지루한 세상에 불타는 구두를 던져라』(1994), 『세기말 블루스』(1996), 『침대를 타고 달렸어』(2009) 등.

안현미   1972~ . 강원 태백 출생. 『문학동네』(2001)로 등단. 『곰곰』(2006), 『이별의 재구성』(2009).

양정자   1944~ . 서울 출생. 『아내일기』(1990)로 등단. 『가장 쓸쓸한 일』(2000), 『내가 읽은 삶』(2004) 등.

여상현   1941~?. 전남 화순 출생. 『시인부락』(1936)으로 등단. 시집 『칠면조』(1947).

오규원   1941~ . 경남 밀양 출생. 『현대문학』(1968)으로 등단. 『분명한 사건』(1971), 『왕자가 아닌 한 아이에게』(1978), 『두두』(2008) 등.

오장환   1918~ . 충북 보은 출생. 『조선문학』(1933)으로 등단. 『성벽』(1937), 『헌사』(1939), 『병든 서울』(1946), 『나 사는 곳』(1947) 등.

유종순   1958~ . 서울 출생. 『문학과 역사』(1987)로 등단. 『고척동의 밤』(1988).

유종인   1968~ . 인천 출생. 『문예중앙』(1996)으로 등단. 『아껴 먹는 슬픔』(2001), 『교우록』(2005), 『수수밭 전별기』(2007) 등.

유진오   1922~1950. 전북 완주 출생. 합동 시집 『전위시인집』(1946), 『창』(1948) 등.

윤재철   1953~ . 충남 논산 출생. 『오월시』(1981)로 등단. 『아메리카 들소』(1987), 『그래 우리가 만난다면』(1992), 『생은 아름다울지라도』(1995) 등.

윤중호   1956~ . 충북 영동 출생. 『실천문학』(1984)으로 등단. 『본동에 내리는 비』(1988), 『금강에서』(1993), 『청산을 부른다』(1998) 등.

이강산　1959~ . 충남 금산 출생. 『삶의 문학』(1988)과 『실천문학』(1988)으로 등단. 『세상의 아름다운 풍경』(1996), 『물속의 발자국』(2005) 등.

이대흠　1968~ . 전남 장흥 출생. 『창작과비평』(1994; 시)과 『작가세계』(1999; 소설)로 등단. 『눈물 속에는 고래가 산다』(1997), 『물 속의 불』(2007), 『귀가 서럽다』(2010) 등.

이병승　1966~. 서울 출생. 『사상문예운동』(1989), 『경남신문』(2009)으로 등단.

이병윤　미상.

이병철　1918~?. 경북 양양 출생. 『조광』(1943)으로 등단. 합동 시집 『전위시인집』(1946).

이상화　1901~1943. 대구 출생. 『백조』(1921)로 등단.

이성범　미상.

이성부　1942~ . 광주 출생. 『전남일보』(1959)와 『동아일보』(1966)로 등단. 『이성부 시집』(1969), 『지리산』(2001), 『작은 산이 큰 산을 가린다』(2005) 등.

이수익　1942~ . 경남 함안 출생. 『서울신문』(1963)으로 등단. 『우울한 샹송』(1969), 『아득한 봄』(1991), 『꽃나무 아래의 키스』(2007) 등.

이승철　1958~ . 전남 함평 출생. 『민의』(1983)로 등단. 『세월아, 삶아』(1992), 『총알택시 안에서의 명상』(2001) 등.

이승희　1965~ . 경북 상주 출생. 『경향신문』(1999)으로 등단. 『저녁을 굶은 달을 본 적이 있다』(2006).

이시영　1949~ . 전남 구례 출생. 『월간문학』(1969)으로 등단. 『만월』(1976), 『길은 멀다 친구여』(1988), 『우리의 죽은 자들을 위해』(2007) 등.

이영광　1967~ . 경북 의성 출생. 『문예중앙』(1998)으로 등단. 『직선 위에서 떨다』(2003), 『그늘과 사귀다』(2007), 『아픈 천국』(2010) 등.

이영진 1956~ . 전남 장성 출생. 『한국문학』(1976)으로 등단. 『6·25와 참외씨』(1986), 『숲은 어린 짐승들을 기른다』(1995) 등.

이용악 1914~1971. 함북 경성 출생. 『신인문학』(1935)으로 등단. 『분수령』(1937), 『낡은 집』(1938), 『오랭캐꽃』(1947), 『이용악집』(1949) 등.

이용한 1968~ . 충북 제천 출생. 『실천문학』(1995)으로 등단. 『정신은 아프다』(1996), 『안녕, 후두둑 씨』(2006) 등.

이재무 1958~ . 충남 부여 출생. 1983년 『삶의문학』, 『실천문학』, 『문학과사회』 등으로 등단. 『온다던 사람 오지 않고』(1990), 『위대한 식사』(2002), 『저녁 6시』(2007) 등.

이재성 1964~ . 서울 출생. 『조선일보』(1991)로 등단.

이진명 1955~ . 서울 출생. 『작가세계』(1990)로 등단. 『밤에 용서라는 말을 들었다』(1992), 『단 한 사람』(2004), 『세워진 사람』(2008) 등.

이진심 1966~ . 인천 출생. 『동서문학』(1992)으로 등단. 『불타버린 집』(2002), 『맛있는 시집』(2005) 등.

이호 1903~?. 경북 달성 출생.

임동확 1959~ . 전남 광주 출생. 『매장시편』(1987)으로 등단. 『살아 있는 날들의 비망록』(1990), 『운주사 가는 길』(1992), 『처음 사랑을 느꼈다』(1998) 등.

임화 1908~1953. 서울 출생. 『조선지광』(1929)으로 등단. 『현해탄』(1938), 『찬가』(1947), 『회상 시집』(1947) 등.

장경린 1957~ . 서울 출생. 『문예중앙』(1985)으로 등단. 『누가 두꺼비집을 내려놨나』(1989), 『사자 도망간다 사자 잡아라』(1993), 『토종닭 연구소』(2005) 등.

장만호 1970~ . 전북 무주 출생. 『세계일보』(2001)로 등단. 『무서운 속도』(2008) 등.

장영수 1947~ . 강원 원주 출생. 『문학과지성』(1973)으로 등단. 『메이비』(1977), 『나비 같은, 아니아니, 빛 같은』(1987), 『그가 말했다』(2006) 등.

정규화 1949~ . 경남 하동 출생. 『13인 신작시집—우리들의 그리움은』으로 등단. 『농민의 아들』(1984), 『지리산 수첩』(1989), 『다시 부르는 그리운 노래』(1998) 등.

정영상 1956~1993. 경북 영일 출생. 『삶의 문학』(1984)으로 등단. 『행복은 성적순이 아니다』(1989), 『슬픈 눈』(1990), 『물인 듯 불인 듯 바람인 듯』(1994) 등.

정종목 1961~ . 충남 공주 출생. 『실천문학』(1973)으로 등단. 『어머니의 달』(1991), 『복숭아뼈에 대한 회상』(1995) 등

정호승 1950~ . 경북 대구 출생. 『한국일보』(1972; 동시), 『대한일보』(1973; 시), 『조선일보』(1982; 단편소설)로 등단. 『슬픔이 기쁨에게』(1979)』, 『사랑하다가 죽어버려라』(1997), 『포옹』(2007) 등.

정희성 1945~ . 경남 창원 출생. 『동아일보』(1970)로 등단. 『답청』(1974), 『저문 강에 삽을 씻고』(1978), 『시를 찾아서』(2001) 등.

조기원 1963~ . 『경향신문』(1989)으로 등단.

조기조 1965~. 충남 서천 출생. 『실천문학』(1994)으로 등단. 『낡은 기계』(1997), 『기름美人』(2005) 등.

조남령 1920~?. 전남 영광 출생. 『문장』(1939; 시조)으로 등단.

조동범 1970~ . 경기 안양 출생. 『문학동네』(2002)로 등단. 『심야 배스킨라빈스 살인사건』(2006).

조영석 1976~ . 서울 출생. 『문학동네』(2004)로 등단. 『선명한 유령』(2006).

조재도 1957~ . 충남 부여 출생. 『민중교육』(1985)으로 등단. 『교사일기』(1988), 『백제시편』(2004), 『좋은 날에 우는 사람』(2007) 등.

조정권　1949~ . 서울 출생. 『현대시학』(1970)으로 등단. 『산정묘지』(1991), 『비를 바라보는 일곱 가지 마음의 형태』(1997), 『떠도는 몸들』(2005) 등.

조종현　1906~1989. 전남 고흥 출생. 『조선일보』(1929; 동요), 『동아일보』(1930; 시조)로 등단. 시조집 『자정의 지구』(1969).

조허림　미상.

채광석　1948~1987. 충남 태안 출생. 『시인』(1983)으로 등단. 『밧줄을 타며』(1985).

최두석　1955~ . 전남 담양 출생. 『심상』(1980)으로 등단. 『대꽃』(1984), 『성에꽃』(1990), 『사람들 사이에 꽃이 필 때』(1997), 『투구꽃』(2009) 등.

최석하　1941~2009. 경북 포항 출생. 『문학과지성』(1975)으로 등단. 『바람이 바람을 불러 바람 불게 하고』(1981), 『물구나무서기』(1987), 『희귀식물 엄지호』(1996) 등.

최성수　1958~ . 강원 횡성 출생. 『민중시』(1987)로 등단. 『장다리꽃 같은 우리 아이들』(1990), 『작은 바람 하나로 시작된 우리 사랑은』(1994), 『천 년 전 같은 하루』(2007) 등.

최영숙　1960~2003. 서울 출생. 『민족과 문학』(1991)으로 등단. 『골목 하나를 사이로』(1996), 『모든 여자의 이름은』(2006) 등.

최종천　1954~ . 전남 장성 출생. 『세계의 문학』(1986), 『현대시학』(1988)으로 등단. 『눈물은 푸르다』(2002).

최하림　1939~2010. 전남 목포 출생. 『조선일보』(1964)로 등단. 『우리들을 위하여』(1976), 『굴참나무숲에서 아이들이 온다』(1998), 『풍경 뒤의 풍경』(2001) 등.

표광소　1961~ . 전남 신안 출생. 『노동해방문학』(1991)으로 등단. 『지리산의 달빛』(2002).

하종오　1954~ . 경북 의성 출생. 『현대문학』(1975)으로 등단. 『벼는 벼끼리 피는 피끼리』(1981), 『사월에서 오월로』(1984), 『님』(1999) 등.

함민복　1962~ . 충북 청주 출생. 『세계의 문학』(1988)으로 등단. 『모든 경계에는 꽃이 핀다』(1996), 『자본주의의 약속』(1993), 『말랑말랑한 힘』(2005) 등.

황규관　1968~ . 전북 전주 출생. 1993년 전태일문학상을 수상하며 작품 활동 시작. 『철산동 우체국』(1998), 『물은 제 길을 간다』(2000), 『패배는 나의 힘』(2007) 등.

황명걸　1935~ . 평양 출생. 『자유문학』(1962)으로 등단. 『한국의 아이』(1976), 『내 마음의 솔밭』(1996) 등.

황인숙　1958~ . 서울 출생. 『경향신문』(1984)으로 등단. 『새들은 하늘을 자유롭게 풀어놓고』(1988), 『우리는 철새처럼 만났다』(1994), 『자명한 산책』(2003), 『리스본행 야간열차』(2007) 등.

황지우　1952~ . 전남 해남 출생. 『중앙일보』(1980), 『문학과지성』(1980)으로 등단. 『새들도 세상을 뜨는구나』(1983), 『게 눈 속의 연꽃』(1990), 『어느 날 나는 흐린 주점에 앉아 있을 거다』(1998) 등.